D1641714

**Oskar Maria Graf
An manchen Tagen**

Oskar Maria Graf Werkausgabe Band XII
Herausgegeben von Wilfried F. Schoeller

Oskar Maria Graf
An manchen Tagen

Reden, Gedanken und
Zeitbetrachtungen

List Verlag
München · Leipzig

Typographie Hans Peter Willberg
Umschlaggestaltung Klaus Detjen

ISBN 3-471-77696-6

© 1994 Paul List Verlag
in der Südwest Verlag GmbH & Co KG München
Alle Rechte vorbehalten
Printed in Austria
© 1989 für das Nachwort Büchergilde Gutenberg
Frankfurt am Main

Meinen geliebten Freunden
Else und Gustav Fischer

Inhaltsverzeichnis

Um Mißverständnissen vorzubeugen

Statt einer Einleitung

Dieses Buch – eigentlich für später und umfangreicher geplant – verdankt seine Veröffentlichung einem Zufall. Als mir die Wayne State University in Detroit, Michigan, USA, die Ehrendoktorwürde verlieh, baten mich die dortigen Deutschprofessoren, einen Vortrag zu halten, und stellten mir das Thema frei. Zur Vorbereitung war nicht viel Zeit, denn schon am anderen Tag sollte ich sprechen. Es blieb mir also nichts anderes übrig, als in meinen Erinnerungen zu kramen und daraus etwas Passendes zusammenzudenken, das diesem literarisch gebildeten Kreis einigermaßen angemessen war. Mein Vortrag wurde denn auch nichts anderes als eine etwas flüchtige feuilletonistische Plauderei aus dem Stegreif. Ich erzählte meine persönlichen Erinnerungen an Rilke und Thomas Mann, die ich ja beide halbwegs gekannt hatte. Ich wage gewiß nicht zu behaupten, daß diese zwei Großen mit mir befreundet waren, aber sie haben mir Kleinem von Anfang an eine so aufrichtige Sympathie entgegengebracht und mich stets so teilnehmend in meinem Schaffen ermuntert, daß wir einander im Laufe der Jahre doch nähergekommen sind, als dies sonst bei solchen Bekanntschaften der Fall zu sein pflegt. Daß ich mich schon vorher durch ihr Werk mit ihnen verbunden fühlte, brauche ich wohl kaum zu erwähnen.

Rilke, den ich kurz vor dem Zusammenbruch des deutschen Kaiserreiches kennenlernte, schätzte meine frühen Verse und empfahl mich dem Münchner Universitätsprofessor Roman Woerner, der mich gleichfalls für einen begabten Lyriker hielt und mir ein kleines Monatsstipendium verschaffte. In den darauffolgenden hektischen Zeiten der Revolution, der Münchner Räterepublik und während des Wütens der Gegenrevolution, die ihn für immer aus Deutschland vertrieb, kam ich mit dem Dichter oft zusammen, und wir führten mitunter lange Gespräche, die mir unvergeßlich geblieben sind. Wir sprachen nicht nur über Dichtung und Dichter. Rilke, der mit den Revolutionsführern Kurt Eisner, Ernst Toller und Professor Jaffe befreundet war, interessierte sich lebhaft für die politischen Geschehnisse, und es wird vielleicht viele verwundern, die in ihm nur den weltabgewandten esoterischen Dichter sehen, daß er nicht selten die damaligen turbulenten Massenversammlungen besuchte. Ich begleitete ihn manchmal nach Hause, und der sonst so zugeknöpfte Mensch ging bei der Unterhaltung, die wir dabei führten, ganz aus sich heraus. Schon am Klang seiner Worte merkte ich, wie sehr ihn das politische Geschehen beschäftigte, denn er erhoffte, wie er später schrieb, als Folge des Zusammenbruches und der Revolution die große »Einkehr und Umkehr« der Deutschen, die bis heute nicht eingetroffen ist.

Thomas Mann war der erste, der für meine Autobiographie *Wir sind Gefangene* mit unmißverständlicher Entschiedenheit eingetreten ist, und es versetzte mich immer wieder in Rührung und in ein fast stolzes Gefühl von Dankbarkeit, mit welcher Bewunderung er sich über meine folgenden Bücher äußerte. Obgleich wir in vieler Hinsicht, und besonders politisch, keinesfalls übereinstimmten und ich ihm das nie verschwieg, hat er mir bis an sein Lebensende eine wahrhaft ergreifende Anhänglichkeit erwiesen. Innere Scheu und tiefe Ehrfurcht vor seiner Größe hemmten mich, ihm damals mit einem beglückten Ja zu antworten, als er mir einmal während unseres gemeinsamen Exils in Amerika schrieb: »Was trennen uns eigentlich für Welten? Können wir nicht Freunde sein?« Heute noch, nachdem er längst in der Schweizer Erde liegt, empfinde ich, beschämt und erbittert über mich selber, etwas wie eine unabgetragene Schuld dem Toten gegenüber, wenn ich an meine damalige Kleinmütigkeit denke.

Überraschenderweise erweckte meine kleine Detroiter Plauderei ein derartiges Interesse, daß mir der Leiter der Wayne University Press, Herr Professor Harold A. Basilius, und seine Freunde den erstaunlichen Vorschlag machten, meine gesammelten Werke in deutscher und später in englischer Sprache herauszubringen. Zuvor aber wollten sie ein Buch von mir, in welchem im großen Ganzen ähnliche Dinge wie mein eben gehaltener Vortrag stehen sollten. Ich war – insbesondere in bezug auf die Veranstaltung einer Gesamtausgabe – fürs erste etwas bestürzt, denn sicherlich gab es dabei allerhand geschäftlich-verlagsrechtliche Komplikationen mit meinen jetzigen deutschen Verlegern, eine Menge sonstiger Schwierigkeiten und ungemein viel zusätzliche Arbeit für mich. Wir einigten uns schließlich dahingehend, daß die Ausgabe in Gemeinschaft mit einem dieser Verleger gemacht werden sollte, und verschoben die Angelegenheit auf einen späteren Zeitpunkt. Erwünscht war den Herren zunächst nur, das Manuskript des erwähnten Buches recht bald zu erhalten, und obgleich ich mitten in der Arbeit an meinem *Großen Bauernspiegel* war, sagte ich leichtsinnigerweise zu. Die Zusammenstellung des Manuskriptes aber erwies sich als ungemein schwierig und zeitraubend, denn ich bin alles andere als ein ordnungsliebender Schriftsteller, der fertige Arbeiten sorgfältig und systematisch aufbewahrt. Es begann nun ein langes Suchen in meinen Schränken, ein Herumschreiben an alle möglichen Redaktionen von Zeitungen und Zeitschriften, die diese Arbeiten veröffentlicht hatten, und als ich endlich den ganzen Stoß vor mir hatte, begann das Auswählen und das Zusammenstellen nach immer wieder neuen Gesichtspunkten. Gewiß ließ mir der Titel *An manchen Tagen – Reden, Gedanken und Zeitbetrachtungen* einen weiten Spielraum in der Auswahl, doch soviel ich mich auch abmühte, es kam nichts Abgerundetes, Geschlossenes und Ganzes zustande. Jede neue Anordnung des Inhaltsverzeichnisses verstärkte den Eindruck des Improvisatorischen, bis ich schließlich nach allen vergeblichen Anstrengungen zur Einsicht kam, daß jede Rede nur das Produkt eines bestimmten Anlasses und Zeitpunktes ist, daß jeder Gedanke schon vielhunderttausendmal gedacht ist und nur durch das Blitzlicht einer reizvollen Formulierung einen neuen

Glanz erhält und daß jede Betrachtung, die ein Mensch anstellt, nichts anderes als die persönliche Sinngebung eines glücklichen oder melancholischen Augenblickes ist, daß also all unser Denken, Betrachten, Reden und Schreiben Improvisation bleibt, mit anderen Worten: das nie zu Ende gehende Spiel unserer intellektuellen Eitelkeit.

An manchen Tagen, da mich der Schmerz über den Tod eines Menschen, der mir viel bedeutete, überwältigte oder die Erinnerung an das Leben eines anderen tief ergriff, mußte ich wohl so reden und schreiben über ihn, wie es nun in diesem Buch steht. Ob es heute noch genauso ausfallen würde – und zwar nicht nur stilistisch und der Form nach, sondern auch im Geistigen –, das bezweifle ich. Ein Mensch, der sich zeitlebens nie innerlich wandelt, bleibt eine engstirnige, spießbürgerliche Angelegenheit, und was wir gemeinhin als »unverrückbare Haltung« bezeichnen, ist oft nichts anderes als Sterilität oder manische Verranntheit. Wobei ich jene immanente Grundhaltung eines Menschen, die mehr vom Instinkt aus bestimmt und nur in Zeiten der Aktivität vom Hirn unterstützt wird, nicht ableugnen will. Sie ist das urtümliche Charakteristikum, das ihn unverwechselbar macht, und das von Kind auf mitbekommene Element der Abwehr gegen alles, was seiner innersten Natur widerstrebt.

An manchen Tagen erschien mir urplötzlich ein altbekannter Gedanke so überraschend und neu, daß mich eine seltsame Erregung überkam, eine starke glückliche Gewißheit, als sei es möglich, durch das Bloßlegen seiner Vielschichtigkeit in ein unerforschtes, tiefes Geheimnis des Lebens vorzudringen. Wenn ich heute das, was ich im Anschluß an dieses rauschhafte Erlebnis niedergeschrieben habe, nüchtern kontrollierend überlese, beschleicht mich etwas wie eine ironische Rührung ob meiner Einfalt. Immerhin tröstet es mich, daß ich dabei zu einer nützlichen Stilübung gekommen bin.

Dennoch war es Glück. Und dennoch weicht die bohrende Unruhe und die heißeste Hoffnung nicht aus mir, daß schließlich aller Gedankenfaszination ein Stück Erkenntnis abzuringen ist.

An manchen Tagen überläßt man sich grundlos dem undefinierbaren Fallenlassen ins Träumerische und kann nicht mehr unterscheiden, geschieht dies nun aus Melancholie oder einem Glücksempfinden, aus dem Überdruß an allem, was sich rundherum so wichtig macht, oder aus dem fast lechzenden Bedürfnis, endlich einmal ganz und gar mit und in sich allein zu sein. Aber, so schrieb ich in einem früheren Gedicht: »Wo wehn die Träume hin, wenn wir erwacht sind?« und ließ die Frage offen, welche Spuren sie in uns hinterlassen. Jedenfalls ähnelt der Zustand des Wachträumens auf eine geradezu erschreckende Weise dem jähen Herausbrechen aus jeder menschlichen und gesellschaftlichen Bindung, und nur blindwütig Hassende, rasend Verliebte oder Affektverbrecher kennen ihn, am meisten aber weiß der schöpferische Künstler über ihn Bescheid. Wie von selbst enthüllt sich vor ihm das Verborgenste seines Inneren, und alles, was sonst um ihn vorgeht, sieht er gleichsam mit dem unverstellten Blick des Entrückten. Er bleibt, solange dieses Fallenlassen anhält, immun gegen jede Beeinflusssung von anderer Seite. Nichts von alledem, was ihn bisher unsicher und unfrei machte, ficht ihn mehr an, und das rauschhafte Losgelöstsein verwandelt ihn in einen Menschen, der vollkommen ehrlich zu sich selbst ist und auch anderen gegenüber keine feigen Rücksichten mehr gelten läßt. Ein stummer Monolog beginnt in ihm, der – entzündet von Hingerissensein und Besessenheit ohnegleichen – einer unbarmherzigen Rechenschaft gleichkommt. Nur in solchen Stunden ist der Befallene in Wahrheit Mensch, aus dem jede unfruchtbare Gleichgültigkeit und mörderische Eintönigkeit gewichen ist. Dunkel und hartnäckig müht er sich ab, über seine Stellung zu seinen Mitmenschen und sein Verhältnis zu den Dingen und Erscheinungen zur Klarheit zu kommen. Er verliert sich ins uferlose Betrachten, bis er zuletzt erschöpft einhält und tief erschauernd erkennen muß, daß mit alldem, was ihn so unerwartet heimgesucht hat, kein Fertigwerden ist. Nichts als einige Einsichten und die uneindämmbare Sehnsucht nach den Spuren, die ins Unergründliche führen, ist in ihm geblieben.

An manchen Tagen versank ich in einen solchen Zustand und erstaunte immer wieder darüber, wie stark dabei der innere Zwang war, die daraus entsprossenen Betrachtungen niederzuschreiben. Da ich aber seit langem davon überzeugt bin, daß das Wort in unserer jetzigen Zeit nichts anders mehr ist als ein Kommunikationsmittel und längst jede moralische Wirkungskraft verloren hat, halte ich auch diese Stücke nur für mehr oder weniger gelungene schriftstellerische Erzeugnisse. Freilich waren manche davon, sofern sie manifestanten Charakter haben, für mich verbindlich und sind es auch heute noch. Es ist aber wohl anzunehmen, daß solche Dinge in der heutigen intellektualistischen und hoch künstlerisch ausgerichteten Zeit keineswegs mehr ernst genommen und lediglich als Privatsache des Autors angesehen werden. Deswegen habe ich mich auch bemüht, in einige Beiträge etwas Humor hineinzumischen, der ja immer eine gewisse Vieldeutigkeit zuläßt, damit sozusagen jedem gedient ist. Ich hoffe also, daß das Ganze recht unterhaltlich und ein bißchen anregend ist. Mehr erwarten zu wollen, hielte ich für anmaßend, denn nachdem auch im Bereich des Geistigen das Wort nur noch Instrument ist, mit dem man jene unverpflichtende Denkspielerei betreiben kann, die sich je nach ihrer Art als »Philosophie« oder »Kunst« firmiert, kann man von einem gewöhnlichen Schriftsteller nicht mehr verlangen.

Oskar Maria Graf

Verbrennt mich!

Protest anläßlich der deutschen Bücherverbrennungen 1933
Mit einer Nachschrift 1960

Wie fast alle linksgerichteten, entschieden sozialistischen Geistigen in Deutschland habe auch ich etliche Segnungen des neuen Regimes zu spüren bekommen: Während meiner zufälligen Abwesenheit aus München erschien die Polizei in meiner dortigen Wohnung, um mich zu verhaften. Sie beschlagnahmte einen großen Teil unwiederbringlicher Manuskripte, mühsam zusammengetragenes Quellenstudienmaterial, meine sämtlichen Geschäftspapiere und einen großen Teil meiner Bücher. Das alles harrt nun der wahrscheinlichen Verbrennung. Ich habe also mein Heim, meine Arbeit und – was vielleicht am schlimmsten ist – die heimatliche Erde verlassen müssen, um dem Konzentrationslager zu entgehen.
Die schönste Überraschung aber ist mir erst jetzt zuteil geworden: Laut ›Berliner Börsencourier‹ stehe ich auf der »weißen Autorenliste« des neuen Deutschlands, und alle meine Bücher, mit Ausnahme meines Hauptwerkes *Wir sind Gefangene*, werden empfohlen: Ich bin also dazu berufen, einer der Exponenten des »neuen« deutschen Geistes zu sein!
Vergebens frage ich mich: Womit habe ich diese Schmach verdient? Das »Dritte Reich« hat fast das ganze deutsche Schrifttum von Bedeutung ausgestoßen, hat sich losgesagt von der wirklichen deutschen Dichtung, hat die größte Zahl ihrer wesentlichsten Schriftsteller ins Exil gejagt und das Erscheinen ihrer Werke in Deutschland unmöglich gemacht. Die Ahnungslosigkeit einiger wichtigtuerischer Konjunkturschreiber und der hemmungslose Vandalismus der augenblicklich herrschenden Gewalthaber versuchen all das, was von unserer Dichtung und Kunst Weltgeltung hat, auszurotten und den Begriff »deutsch« durch engstirnigsten Nationalismus zu ersetzen. Ein Nationalismus, auf dessen Eingebung

selbst die geringste freiheitliche Regung unterdrückt wird, ein Nationalismus, auf dessen Befehl alle meine aufrechten sozialistischen Freunde verfolgt, eingekerkert, gefoltert, ermordet oder aus Verzweiflung in den Freitod getrieben werden.

Und die Vertreter dieses barbarischen Nationalismus, der mit Deutschsein nichts, aber auch rein gar nichts zu tun hat, unterstehen sich, mich als einen ihrer »Geistigen« zu beanspruchen, mich auf ihre sogenannte »weiße Liste« zu setzen, die vor dem Weltgewissen nur eine *schwarze* Liste sein kann!

Diese Unehre habe ich nicht verdient!

Nach meinem ganzen Leben und nach meinem ganzen Schreiben habe ich das Recht, zu verlangen, daß meine Bücher der reinen Flamme des Scheiterhaufens überantwortet werden und nicht in die blutigen Hände und die verdorbenen Hirne der braunen Mordbanden gelangen.

Verbrennt die Werke des deutschen Geistes! Er selber wird unauslöschlich sein wie eure Schmach!

Oskar Maria Graf

Nachschrift zu diesem Protest 1960

Der Inhalt dieses Protestes, der nach dem 10. Mai 1933 in der Presse der ganzen Welt erschien, berichtet über die Fakten, die dazu Anlaß gaben. Die Folge davon war, daß die Münchner Studenten im Beisein der Professorenschaft meine Bücher in der Aula der Münchner Universität verbrannten. Im Juni des gleichen Jahres wurde ich von der Hitlerregierung aus dem Deutschen Reiche »ausgebürgert« und lebte 25 Jahre lang als paßloser Emigrant und Staatenloser in den Ländern meines Exils. Erst im März 1958 erhielt ich die USA-Bürgerschaft.

Heutzutage, da fast jeder Mensch davon überzeugt ist, daß in den letzten Jahrzehnten alle Politik Bankrott gemacht hat, empfindet man sicherlich Bezeichnungen wie »entschieden sozialistisch« oder

»sozialistische Genossen« als längst überholte, inhaltlose Phrasen, oder man versteht darunter etwas politisch höchst Anrüchiges, das man, schon rein aus Gründen des privaten Fortkommens, energisch ablehnt. Bei einer Gesellschaft, welche mit aller Hartnäckigkeit bemüht ist, die durch barbarische Diktaturen erzeugte Entmenschlichung unseres gesamten Lebens hinzunehmen oder zu vergessen, ist das weiter nicht verwunderlich. Eine solche Gesellschaft gebärdet sich, je nach dem Machtbereich, in welchem sie sich befindet, konformistisch oder nonkonformistisch, was im Grunde genommen auf das gleiche hinausläuft. Keiner nämlich glaubt mehr an das, was er sich vormacht, und paßt sich der jeweiligen Situation an. Dazu kommt nunmehr seine dauernde Angst vor dem unerwarteten Atomtod, die ihn gänzlich zukunftslos gemacht hat, so daß er sich nur noch dem leeren Sichgehenlassen und der hektischen Jagd nach dem ablenkenden Augenblick ergibt, weil ihm alles andere unwichtig und sinnlos erscheint. In diesem Zustand fällt es ihm um so leichter, sich jeder Selbstverantwortung zu entziehen.

Ich war nie Parteisozialist und habe mir nicht erst von marxistischen Schriftgelehrten sagen lassen müssen, was Sozialismus ist. Mir ist - um mit Gorki zu reden - »mein Sozialismus von Kind an auf den Rücken geprügelt worden«. Das hat mich - nicht etwa aus einem inneren Wagnis, sondern gleichsam instinktiv und zwangsläufig - zum Rebellen gemacht, über dessen Wesen ich mir längst vor Camus Klarheit verschafft habe. Der Rebell bedarf keiner sozusagen moralischen Zurede von anderer Seite, er handelt nicht nach dem Rezept einer politischen Überzeugung, die ihm von irgendwelchen politischen Ideologen oktroyiert worden ist, sondern einzig und allein aus einer grundmenschlichen Empörung gegen jeden Mißbrauch der Schwächeren durch die Stärkeren, aus der erlittenen Einsicht, daß Unrecht und Unmenschlichkeit, niederträchtiger Massenbetrug und chauvinistische Völkerverhetzung gemeine Verbrechen asozialer Machthaber sind. Das macht ihn zum Sozialisten, denn kein Mensch kann schließlich allein und für sich wirken, und bei allem provokativen Einzelgängertum, das ihn kennzeichnet, wird die Grundhaltung des Rebellen doch von dem unzerstörbaren Glauben an die Solidarität der Gleichen bestimmt. Mehr als für jeden anderen Menschen besteht für ihn die unabweisbare Verpflichtung, zu jeder Zeit und mit allen seinen Kräften dafür einzustehen und zu kämpfen, was im Grunde genommen alle wahrhaft sozialistischen Parteien erringen wollen: eine Gesellschaftsordnung, in welcher der einzelne und die Völker das gleiche Recht erhalten, in Freiheit und Frieden am Aufbau einer glücklichen Welt mitzuwirken. Danach habe ich stets zu handeln versucht, und jeder, der dafür kämpfte – ganz gleich, ob er sich nun Kommunist, freier Sozialist oder Sozialdemokrat nannte –, war und ist für mich ein »Genosse«. Dafür haben viele meiner Freunde, und nicht nur Arbeiter, sondern auch Geistige, gläubige Christen und Priester, die Folterungen in den Konzentrationslagern oder den Märtyrertod erlitten. Dies je zu vergessen, hielte ich für einen schamlosen Verrat.

Oskar Maria Graf

Die deutsche Literatur ist unteilbar

Eine nicht gehaltene Rede

Diese Rede – geschrieben 1945 bis 1947 und nunmehr mit einigen Ergänzungen versehen – wollte ich bei einem Besuch meiner Heimat im Jahre 1948 halten. Da ich aber damals noch nicht amerikanischer Bürger war und als »linksverdächtig« kein sogenanntes Permit, das meine Wiedereinreise in die USA gesichert hätte, von den amerikanischen Behörden bekam, blieb die Rede ungehalten.

Man sagt uns Deutschen von jeher nach, wir seien die heftigsten Vereinsmeier, und jeder Deutsche komme eigentlich schon als Vereinsmitglied oder Vereinsvorstand zur Welt. Mir scheint fast, als hätten wir deswegen auch so viele politische Parteien, denn im Grunde genommen sind diese für uns ja auch nichts anderes als etwas weiter gespannte Vereine. Vielleicht hängt das alles damit zusammen, daß wir – wie scharfsinnige Psychologen und Historiker festgestellt haben – trotz Bismarck und Hitler nie zu einer wirklichen Nation zusammengeschmolzen sind, sondern es bestenfalls zu einer reglementierten Organisation gebracht haben. »Organisation«! Das Wort hat für uns einen geradezu magischen Zauber. Wir waren und blieben stets ein Konglomerat von sehr verschiedenen Volksstämmen, die sich wirtschaftlich und politisch von Zeit zu Zeit wohl mehr oder weniger straff zusammenpressen ließen – in seinem Innersten, seinem Wesen nach blieb jeder Volksstamm immer sehr eigenbrötlerisch heimatlich, also eigentlich dem Nationalen entgegenstehend. Dafür gäbe es viele Beispiele. Das augenfälligste erlebt man sicher in Amerika, wo die zahllosen deutschen Einwanderer von jeher rein landsmannschaftliche Vereine erhalten, aber nur selten einen, der sich schlicht als deutscher bezeichnet und dementsprechend verhält. Eines aber hält uns alle zusammen, das sich im Jahrhundertlauf weit dauerhafter zeigte als alle wechselnden politischen Konstellationen: unsere Sprache.

Als Luther diese Sprache schuf, hatte sie noch alle Merkmale des engen, bodenständigen Dialekts, und es dauerte fast ein Jahrhundert, bis sie sich zur allgemein anerkannten Schriftsprache entwikkelte. Erst die deutsche Klassik und vor allem Goethe hob sie ins Weltgültige. Erst dadurch wurde sie zum Instrument unserer weithin wirkenden Philosophen, Dichter und Wissenschaftler, die den Weltgeist so nachhaltig befruchtet und mitgeformt haben.

Nicht nur, weil ich mich selber in bescheidenem Maße mit dieser Sprache beschäftige und abmühe, sondern aus einem undefinierbaren Dank- und Glücksgefühl behaupte ich sehr zuversichtlich, daß nur unsere Sprache und nichts anderes uns als Volk existent erhalten und schließlich wieder einigen wird. Wem das nicht einleuchten will, dem möchte ich nebenbei nur entgegenhalten, daß beispielsweise das tschechische Volk durch seine Sprache während der jahrhundertelangen Unterdrückung unzerstörbar blieb. Diese einst als nicht bestehend geltende Sprache wuchs und reifte in ihrer Verfemtheit, und als Palacký sie zu vollem Leben erweckte, hat sie schließlich den tschechischen Staat geschaffen. Mehr noch, in der kurzen Zeit, da Masaryk und Benesch diesen Staat leiteten, ist eine weltgültige tschechische Literatur entstanden, und bekanntlich war Karel Čapek kurz vor seinem Tode für den literarischen Nobelpreis in engere Wahl gezogen worden. Mit vollem Recht hätte dieser große Zivilisator und Dichter eine solche Ehrung verdient.

Die Sprache kann keinem Volk genommen werden. Selbst die brutalste und ausgeklügeltste Tyrannei kann sie nicht zerstören, höchstenfalls zeitweise verunstalten. Unsere Sprache ist dasjenige, was uns als Volk nach den letzten grausigen Heimsuchungen geblieben ist, und je treuer und inniger wir in ihr verbleiben, um so mehr hebt sie das Trennende zwischen uns auf und wird zum Bindenden, zum unzerreißbaren Band aller Gleichsprechenden. Gerade dem deutschen Schriftsteller, dessen einziges Werkzeug ja die Sprache ist, erwächst dadurch die stärkste Verpflichtung. Es kann und darf ihm nicht mehr nur darauf ankommen, an das rein Künstlerische zu denken. Seine Aufgabe ist vielmehr eine zivilisatorische, ja eine eminent politische, worunter durchaus nichts eng Parteipolitisches und Tendenziöses gemeint ist. Kunst um der Kunst willen wird schließlich steril und verliert jede sittigende Kraft, verliert alles gesellschaftlich Befruchtende. Ists denn nicht beklemmend, überkommt uns denn immer noch nicht ein kalter Schauer, wenn wir uns nach der Katastrophe, die der Nazismus über uns gebracht hat, fragen: »Wohin sind wir mit unserem Ansehen als Kulturvolk, mit unserer hohen Geistigkeit, unseren großen Künstlern und Schriftstellern gekommen?« Hat uns die viehische Hitlerbarbarei, die jeder geistige Mensch lang vor ihrem endgültigen Ausbruch heraufkommen sah, noch immer nicht darüber belehrt, daß wir – die Geistigen – ein gut Teil Schuld an ihr haben? Wir blieben »apolitisch« und ließen den Dingen ihren Lauf, wir verfertigten meisterhaft geschriebene Romane und Dichtungen, in denen ängstlich vermieden war, auf die drohenden Gefahren hinzuweisen und gegen die herankommende Barbarei Stellung zu nehmen. Das ziemte sich nicht für einen »Dichter«. Er schützte Weltfremdheit vor und entzog sich jeder Verantwortung, um sich dann, nachdem das Debakel da war, der Diktatur der Verantwortungslosen zu fügen. Wenn es auch hundertmal wahr sein sollte, daß alles Schöpfertum auf einer inneren Berufung beruht, wenn der Berufene niemals einsieht (oder einsehen will), daß er nicht im luftleeren Raum des Schönen lebt, sondern als Künder und Sprachrohr des Humanen mehr als jeder andere für dasjenige, was mit seinem Volk geschieht, verantwortlich ist, wenn er sich auch heute noch weigert, dieses Humane in jedem einzelnen immer bewußter zu machen und schließlich so zu stärken, daß es aller Unmenschlichkeit und Tyrannei zu widerstehen vermag, dann allerdings schrumpft seine Berufung zur überheblichen, snobistischen Eigenbrötlerei zusammen, die niemand mehr ernst nimmt. Dann nämlich sinkt auch die vollendetste Dichtung zur mehr oder weniger gelungenen Unterhaltungsliteratur herab. – Nach den Erlebnissen, die wir alle gehabt haben, hat sich ja allenthalben eine fühlbare Verachtung des Geistigen breitgemacht. Abgesehen vom Praktisch-Technischen, überläßt man sich – sobald etwas politisch oder wirtschaftlich nicht mehr stimmt – nur allzu leicht dem atavistischen Wunderglauben an die sichtbare »Tat«, an den »starken Mann«. Wir Deutsche haben durch solche Taten und starken Männer Rückschläge erlitten, die wohl mit der Zeit rein äußerlich noch ausgeglichen werden können, innerlich und moralisch dagegen sind sie kaum mehr reparabel. Grund genug, sich keinem derartigen Wunderglauben mehr hinzugeben. »Ihr Deutsche«, sagte einmal ein amerikanischer Deutschprofessor zu mir, »habt nie begriffen, was euch Sympathie und Geltung in der Welt einbringt. Eure Tüchtigkeit allein schafft das nicht.« Hat er etwa nicht recht? Nach zweihundert Jahren feiert die ganze Welt Goethe, niemals wird es ihr einfallen, einen Bismarck oder gar einen Hitler zu feiern. Goethe besaß keine Macht, er hatte nur unsere Sprache. Er hat ihr einen Klang, einen Glanz gegeben, der die Welt für uns erobert, der sie für immer bezaubert hat.

Begreift man nun, weswegen ich gerade der Sprache eine solche Bedeutung beimesse? Der Satz »Am Anfang war das Wort!« scheint nicht nur unwiderlegbar wahr zu sein, er enthält auch die ständige, tief moralische Aufforderung für uns, bei ihm zu bleiben. Wort und Sprache sind Teile des Geistigen, und alles wahrhaft Geistige zielt ab aufs Humane. Selbst da, wo Wort und Sprache nur noch Kommunikationsmittel sind, bleiben sie im Humanen. Solange mit Worten argumentiert wird, schießen Menschen einander nicht tot. Sie suchen sich zu verständigen. Hätten wir uns nur immer unverdrossen an diese positive Kraft von Wort und Sprache gehalten – unbeschreibliches Elend wäre uns und der Welt erspart geblieben. Es genügt freilich nicht, dies zu erkennen und es sozusagen als resigniertes Eingeständnis für sich zu behalten. Sicherlich gibt es heute Millionen und aber Millionen von Menschen auf der Welt, die zur Einsicht gekommen sind, daß Kanonen und Bomben keine Schwierigkeiten zwischen den Völkern mehr lösen können. Jeder verdammt den Krieg, die meisten nennen sich »Pazifisten« – wie werden sie im Ernstfall handeln? Sie werden vor allem Ausschau halten, was ihre vielen Gesinnungsgenossen tun, und je nachdem, wie diese sich verhalten, dasselbe tun. Ganz sicher aber wird jeder von ihnen den Blick auf die Geistigen und insbesondere die Schriftsteller richten und fragen: »Was tun sie?« Von der Antwort dieser Befragten hängt nach meinem Dafürhalten möglicherweise das Schicksal unserer Welt ab. Gerade der Schriftsteller hätte an diesem Schnittpunkt der Entscheidung über Leben oder Vernichtung zu beweisen, daß er einzig und allein an das Wort und niemals an die brachiale Gewalt glaubt. Erst dadurch wird das Wort wieder ausschlaggebend und zum Alleinwert, der alle anderen Werte übertrifft. Das Wort war die weltbewegende Kraft Christi und war dasselbe für Tolstoj und war dasselbe für Gandhi. Etliche kleine Worte bezwangen nach der Schlacht bei Solferino drei Armeen. Man erinnert sich: Dunant, damals noch Großkaufmann, ging nachts über das von Toten und Verwundeten übersäte Schlachtfeld und hörte das hilflose Klagen der Todwunden und das Röcheln der Sterbenden. Statt zum Kaiser Napoleon III. vorzudringen, um ihm ein Angebot in warmer Unterwäsche für seine Soldaten zu machen, ging er – ergriffen von Schaudern, Entsetzen und Mitleid – in die umliegenden Bauernhütten, weckte die Leute auf und flehte sie an, den Verwundeten zu helfen und sie in ihre Hütten zu tragen. Er beschwor sie, und schließlich folgten sie ihm. Sie gingen übers Schlachtfeld und lasen die Verwundeten auf. Und als sie dastanden, auf ihren Armen die jämmerlich Klagenden, da marschierten Regimenter der piemontesischen, der österreichischen und französischen Armeen auf und richteten die Gewehre auf die Helfer. Und was taten die?

Mit Dunant an der Spitze sagten sie nur: »Aber das sind doch Menschen, das sind doch unsere Brüder!«

Und die aufmarschierten Regimenter der Piemontesen, der Österreicher und Franzosen ließen ohne jeglichen Befehl ihre Gewehre sinken. So entstand durch die Erschütterung eines einzelnen Menschen die größte menschliche Errungenschaft der neueren Zeit: das internationale Rote Kreuz. Wahrscheinlich muß immer erst eine solche Erschütterung über einen Menschen kommen, damit er jäh und bis ins tiefste begreift, wie stark und weitreichend die Wirksamkeit von Wort und Sprache ist.

Ich erinnere mich zweier unvergeßlicher Erlebnisse, die meine Auffassung wesentlich verstärkt haben. Auf dem Schiff, das mich nach Amerika brachte, lernte ich einen jungen amerikanischen Quäker kennen, der in Paris Literatur studiert hatte und ausgezeichnet Deutsch sprach. Wir hatten die gleichen Interessen und freundeten uns bald an. Er fragte mich, ob ich in Amerika meine Bücher englisch publizieren wolle. »Oh«, sagte ich ziemlich skeptisch, »wer wird denn dort für bayrische Bauern und Landmenschen Interesse haben!« Mein Freund riet mir nicht, rasch Englisch zu lernen und mich zu amerikanisieren. Er schaute mich nur nachdenklich an und sagte: »Wenn Sie von Menschen schreiben, werden sich auch die Menschen für Ihre Bücher finden.« Hätte dies ein Irgendjemand gesagt, ich hätte darüber hinweggehört. Mein Freund aber war ein von gutem Geist tief durchdrungener Mensch, der nicht leichtsinnig etwas hinsagte. Bereits als zwölfjähriger Junge war er bei einem blutigen Zusammenstoß zwischen streikenden Stahlarbeitern und Polizisten in Pittsburgh in die Reihen der Kämpfenden gelaufen, hatte sich an einen blind dreinschlagenden Polizisten geklammert und, ohne auf die Hiebe zu achten, die er dabei abbekam, in einem fort gerufen: »Das darfst du nicht tun! Nein, nein, das darfst du nicht, nein, nein!« So lange gerufen, bis der irritierte Polizist ihn wütend wegstieß, ärgerlich fluchend den Kopf schüttelte und das Schlagen sein ließ ...

Und es war mitten im Krieg, als man deutsch und Hitler schon gefährlich gleichsetzte, da war ich einmal etliche Monate in einer amerikanischen Künstlerstiftung eingeladen, die erfreulicherweise stets je einen Künstler oder Schriftsteller anderer Nationalität einlud. Da ich wegen meiner Faulheit und Begriffsstutzigkeit das Englische wohl nie erlernen werde, befand ich mich als einziger Deutscher in einer etwas unbehaglichen Lage. Außer den lustigen Trinkereien mit den anderen Kollegen fand sich rein gar nichts, was uns einander näherbringen konnte. Eines Nachts aber, beim Heimgang aus dem nahen kleinen Städtchen, fing ich in höchster Trinkerlaune plötzlich laut an, deutsche Gedichte zu zitieren, und – merkwürdig – nach und nach wurde die Runde meiner Begleiter stumm, ganz stumm und lauschte aufmerksam den fremden Lauten, die doch niemand verstand. Und zum Schluß klatschten alle begeistert, ja noch mehr – im Überschwang eines ganz echten Gefühls umschlangen wir uns so herzhaft, als wäre uns das Schönste und menschlich Verbindlichste begegnet! Seitdem wurde ich in dieser Umgebung oft und oft dazu angehalten, irgendein deutsches Gedicht vorzutragen, und schließlich konnten einige meiner Kumpane manches davon sogar selber.

Wenn ich an diese beiden kleinen, gewiß sehr persönlich ausgelegten Erlebnisse denke, will es mir immer scheinen, als komme es auf der Welt stets nur darauf an, daß einer das bleibt, was er ist, und das Beste und Schönste, was er von seinem Volk mitbekommen hat, unverstellt weitergibt. Er wird damit auch das Herz der Welt gewinnen. Und Amerika? Ist es denn nicht gleichsam die ganze, bunte, völkergemischte Welt in einem einzigen Land? Ist denn nicht jede amerikanische Großstadt eigentlich schon so etwas wie der verwirklichte Grundplan der Vereinten Nationen? Jeder von uns weiß, daß dieses verhältnismäßig junge Amerika von eingewanderten Europäern sein Leben erhalten hat. Daraus hat sich ein merkwürdig geglücktes Amalgam von gewachsener Demokratie und wildem Individualismus entwickelt, ein Menschenschlag, der weder englisch insular noch europäisch kulturprovinziell, sondern unerhört aufgeschlossen, neugierig und im großen und ganzen durchaus weltbürgerlich gesinnt ist. Es ist kein Zufall, daß es jedesmal ein Amerikaner war – einmal Wilson und einmal Franklin D. Roosevelt –, der die Idee des Völkerbundes verkündet und mitverwirklicht hat. Und mit was für einem – ich möchte fast sagen – ungenierten Optimismus sich Amerika stets für das Geistig-Bedeutsame einsetzt, das beweisen am besten gerade die von der Hitlerischen Unmenschlichkeit vertriebenen europäischen und besonders die deutschen Wissenschaftler, Musiker und Dichter. Sie sind begeistert aufgenommen und – vergessen wir es nie! – gerade in jenen Zufluchtsjahren, als in ihrer Heimat die schauerlichste Barbarei wütete, in Amerika oft erst weltbekannt geworden! Die echte Popularität und Verehrung, die Thomas Mann und Albert Einstein bei den breitesten Schichten genossen, ist unbestreitbar. Freuds Psychoanalyse ist führend in diesem Land. Kurt Weill und Hindemith sind hoch angesehen. Stefan Zweig, Feuchtwanger und Werfel sind in Amerika weit berühmter und gelesener als in ihrer Heimat. Erich Kästners Prosa steht in den Schulbüchern für Deutschunterricht, Rilke wird in letzter Zeit mustergültig übersetzt und gewinnt immer stärkeren Einfluß auf die geistigen Kreise, besonders auf die neue Lyrik. Eine so umstrittene Dichtergestalt wie Kafka wird seit langem an den amerikanischen Universitäten erforscht und diskutiert. Alfred Neumann und Hermann Kesten sind erfolgreiche Autoren, und der hochbegabte Stefan Heym, der als kaum bekannter literarischer Anfänger 1933 ins Exil mußte, ist in diesem Land zu einem sehr bedeutenden Schriftsteller geworden. Und Brecht gilt mit vollem Recht als der größte deutsche Dramatiker. Das alles geschah in einem Amerika der ausgeprägtesten Toleranz und Aufgeschlossenheit, im Amerika Franklin D. Roosevelts, dem jeder Exilant zu tiefstem Dank verpflichtet ist. Es hat seine vielgeschmähte Uniformität längst abgelegt, die geistige ganz und gar. Und mir will fast scheinen, als habe Amerika die große Kulturtradition

Europas übernommen, denn es wußte den geistigen Zufluß, den ihm Hitler unfreiwillig verschafft hat, nicht nur zu schätzen, es machte ihn auch auf allen Gebieten wirksam.

Die Sage vom Schmelztiegel Amerika stimmt erst recht nicht, zum mindesten trifft sie nur äußerlich zu. Ich habe auf meinen vielen Vortragsreisen in den Jahren 1938 und 1940 durch den Osten und Mittelwesten eine Unmenge Deutscher, Österreicher und Schweizer kennengelernt, die so unverändert heimatlich geblieben waren, als hätten sie vor langer Zeit nur zufällig ihren Wirkungsort verlegt. Was mich aber am meisten verblüffte, war, daß diese in einer scheinbar ganz anderen Welt alt gewordenen Menschen nach fünfzig oder sechzig Jahren auf einmal wieder anfingen, neben dem gewohnten Englisch ihre Muttersprache zu sprechen, und zwar – merkwürdigerweise – fast dialektrein. Sie sangen die Lieder ihrer Jugend wieder und lasen wieder Bücher aus der alten Heimat. Sie lebten ganz im amerikanischen Alltag, aber das innerlich Ererbte, das Besondere war ihnen unverlöschbar verblieben. Wer für das Geistige, dieses Besondere, wirkt, dem bieten sich in Amerika noch viele unerschlossene Möglichkeiten. Ich selber, dem man von jeher ein unverändertes Urbayertum nachsagt, habe in all den Jahren von den amerikanischen Kurzgeschichtenerzählern ungemein viel gelernt. Vor allem ihre treffsichere Knappheit, ihre Vermeidung aller unnötigen Breiten. Da ich nämlich nicht Englisch sprach und las, fing meine verstorbene Frau an, mir solche Kurzgeschichten aus amerikanischen Magazinen – sie war fähig, das Englische sofort in fließendes Deutsch zu übersetzen – Abend für Abend vorzulesen. Je mehr ich in diese Stilwelt eindrang, um so mehr gewann ich. Man gewinnt immer, wenn man unvoreingenommen aufzunehmen versucht. Wir dürfen uns nur nicht isolieren. Da erst beginnt die gefährliche Verengung, jene muffig-arrogante Abart des Provinzialismus, die mir auch in meinem Exil sehr oft begegnet ist, wenn beispielsweise überaus beflissen-tüchtige Mitemigranten bei allem, was ihnen in der Fremde ungewohnt vorkam, verächtlich sagten: »So was hats bei uns nie gegeben!« Auf die Gefahr hin, gründlich mißverstanden und angefeindet zu werden, möchte ich dennoch nicht verschweigen, daß das – wenn mans ganz zu Ende dachte – für mich, der ich nie ein Nationalist, ja nicht einmal ein Patriot sein konnte, immer so geklungen hat wie das überheblich-herausfordernde »Deutschland, Deutschland über alles!« Ich kann mir nur vorstellen, daß der gewiß freiheitlich gesinnte Hoffmann von Fallersleben, als er dieses Lied dichtete, *sein* Deutschland meinte, ein subjektiv ersehntes Wunschdeutschland etwa. Nichts auf der Welt kann man »über alles« setzen, sein Volk und seine Heimat schon gar nicht. Das Resultat einer solch blinden Vermessenheit ist eben die völlige Verengung, die Verödung unserer inneren Welt, die wir in der Hitlerzeit so erschreckend erlebten und die auch jetzt noch nachwirkt. Das entspricht und entsprach nie und nimmer unserer eigentlichen seelischen Beschaffenheit als Deutsche, denn wir wollen doch nicht vergessen, daß Deutschland in der Mitte Europas liegt und daß wir als Volk in guten Zeiten mit vollem Recht als das Herz Europas bezeichnet wurden. In diesem Herzen flossen einst alle geistigen Strömungen aus Ost und West, aus Nord und Süd zusammen, und all das wurde von Generation zu Generation fruchtbar, denn wir haben es stets mit einer Hingerissenheit ohnegleichen aufgenommen! Hat nicht die deutsche Klassik die großen griechischen und römischen Dichter und Geister zu neuem Leben erweckt und die Romantik Cervantes, Calderón und Lope bei uns heimisch gemacht, und wer will abstreiten, daß die geniale Übersetzung von Tieck und Schlegel dem Genius Shakespeare Europa erobert hat? War es nicht Herder, der uns die Dichtung fast unbekannter Völker erschloß, und brachte uns nicht Goethe in seinem *West-östlichen Divan* den Zauber orientalischer Spruchweisheit nahe? Durch Paul Heyse lernten wir den fast unerschöpflichen Schatz altitalienischer Novellen kennen, und wenn ich nicht irre, war Bodenstedt der erste, der Puschkin und andere russische Dichter übersetzte. Ununterbrochen setzte sich – wenn ich so sagen darf – diese wahrhaft geistige Verbrüderung mit der Welt bei uns fort. Wir erlebten es ja selber: Zola, Ibsen und Björnson, Strindberg und die Lagerlöf. Dostojewskij, Tolstoj und Gorki, Knut Hamsun ganz besonders, nicht weniger aber Bernard Shaw, Jack London, Upton Sinclair, Theodore Dreiser und Hemingway – um ganz willkürlich nur einige zu nennen –, wie gewaltig erweiterte sich ihr Weltruhm gerade durch mustergültige deutsche Übersetzungen, durch unsere großartige Anteilnahme an ihren Werken!

Das ist unsere wesentlich deutsche Art! *Das* ist, innerhalb der anderen gesitteten Völker, unsere ganz spezifische Berufung! *Diese* Tradition müssen wir wiederaufnehmen und weiterentwickeln!

Nie ist mir das klarer geworden als im Exil, und das ist auch einer der Gründe, weswegen ich meinem Schicksal dankbar bin, daß es mich zum Emigranten hat werden lassen. Emigrant sein hieß für mich allerdings stets, sich innerlich bewähren. Es hieß, sich beständig auseinanderzusetzen mit dem, was man geistig und gefühlsmäßig mitbekommen, und mit dem, was unablässig als scheinbar Fremdes in diesen seelischen Bezirk einströmte. Das erzeugte in jedem einzelnen von uns oft weit gefährlichere Krisen als der tägliche harte materielle Existenzkampf. Gerade jene Emigranten, die sehr stark mit allem, was ihnen Heimat im weitesten Sinne bedeutete, zusammenhingen, gerade diese zutiefst im Deutschen Verwurzelten standen oft jahrelang vor der Gefahr der Verengung. Sie waren unfähig, das Fremde in sich zu verarbeiten, ja sie wehrten sich oft, es auch nur unvoreingenommen aufzunehmen! Dieses trotzige Abschließen sah mitunter einer uneingestandenen nationalen Überheblichkeit verteufelt ähnlich, und das Bedrohliche war, daß diese Menschen gar nicht merkten, wie sie langsam hinabsanken in die schauerlichste Vereinsamung, in eine innere Ödnis, in welcher man auf keine Frage mehr eine Antwort erhält. Eine solche Krise begann meistens mit einem unbeschreiblichen Heimweh nach allem, was einem einst Antrieb, Kraft und Zuversicht gegeben hatte, und endete mit dem, was wir mit dem Ausdruck »Er ist vor die Hunde gekommen« bezeichneten. Da erst wurden diese Menschen in des Wortes traurigster Bedeutung Emigranten, denn sie machten sich in dieser letzten Verzweiflung gleichsam selber unbrauchbar, sie gehörten auf einmal nirgends mehr hin, nicht einmal mehr in die Bewegung der Zeit! Der in London elend und verlassen verstorbene Max Hermann-Neisse, einer der innigsten und stärksten Lyriker meiner Generation, hat das erschütternd zum Ausdruck gebracht, als er sich diese Klage von der Seele schrieb:

> Ein deutscher Dichter bin ich einst gewesen,
> die Heimat klang in meiner Melodie,
> ihr Leben war in meinem Lied zu lesen,
> das mit ihr welkte und mit ihr gedieh.

> Die Heimat hat mir Treue nicht gehalten,
> sie gab sich ganz den bösen Trieben hin,
> so kann ich nur ihr Traumbild noch gestalten,
> der ich ihr trotzdem treu geblieben bin.

> In ferner Fremde mal ich ihre Züge
> zärtlich gedenkend mir mit Worten nah,
> die Abendgiebel und die Schwalbenflüge
> und alles Glück, das einst mir dort geschah.

> Doch hier wird niemand meine Verse lesen,
> ist nichts, was meiner Seele Sprache spricht;
> ein deutscher Dichter bin ich einst gewesen,
> jetzt ist mein Leben Spuk wie mein Gedicht.

Die Zahl der Selbstmörder im Exil ist beträchtlich. Die wenigsten davon waren politisch Enttäuschte. Auch Erfolglosigkeit und materielle Not spielten dabei keine ausschlaggebende Rolle. Kurt Tucholsky, Ernst Toller, Stefan Zweig und zuletzt noch der unglückliche Klaus Mann, sie hatten nie darunter zu leiden. Gewiß waren die ersten zwei auch politische Kämpfer, aber sie konnten nie irgendeiner Partei hörig sein. Ihrer inneren Berufung nach blieben sie Streiter für das allgemein Menschliche, für Toleranz und Freiheit schlechthin. Was sie zusammenbrechen ließ, hatte eine sehr menschliche Ursache, die unlösbar mit ihrem künstlerischen Antrieb zusammenhing. Sie waren deutsche Schriftsteller, sie waren Gefangene ihrer Sprache wie jeder von uns. Die Sprache, in die wir hineingeboren werden, formt unser Denken zeitlebens. Wir können, selbst wenn wir all unseren Willen dafür einsetzen, nicht einfach übersiedeln in eine andere Denkform. Es vergehen oft Jahrzehnte, bis ein solcher Schriftsteller im Exil das Fluidum der Vernunft in den Wendungen und Nuancen einer anderen Sprache ganz erfaßt. »Wortgetreu kann man eure Werke leicht übersetzen«, sagte mir einmal ein amerikanischer Schriftsteller, der einige unserer Bücher glänzend übertragen hatte, »aber es kommt darauf an, sie ins Englische umzudenken.« Tucholsky, Toller, Zweig und Klaus Mann befanden sich in jenem höchst gefährlichen Zustand der entnervenden Ungeduld, der ihnen auf einmal den zersetzenden Zweifel aufzwang, daß ihre Sprache keine Schlagkraft mehr habe, daß sie keine tiefe, weitgreifende Wirkung mehr hatte. Darum beschloß zum Beispiel Klaus Mann, nur noch englisch zu schreiben, und Toller und Zweig fanden kein Genüge daran, wenn sie auch noch so oft übersetzt wurden. Immer lähmender wurden sie sich bewußt, daß all das, was ihr schöpferischer Antrieb zutage brachte, in einem Bereich blieb, in welchem es kein Zurück und kein Weiter mehr gab. Das schrecklichste Eingeständnis, das einen geistigen Menschen überkommen kann, trieb sie dazu, ihrem Leben ein Ende zu machen. Diese Schriftsteller kamen alle aus der großen deutschen humanistischen Bildung, und mit einer fast tragischen Unerbittlichkeit hatte sie unsere geistige Tradition geformt. Mit sogenannter »Erdverbundenheit«, mit nazistischer Auslegung von einer Verwurzeltheit in »Blut und Boden« hat das nichts zu tun, und wenn Thomas Mann einmal von sich sagte: »Wo ich bin, da ist Deutschland!«, so konnte er, dessen mütterliche Vorfahren aus Südamerika stammten, dies mit weit mehr Recht sagen als diejenigen, die sich bei uns zu jeder Zeit so unecht und wortreich etwas darauf zugute tun. Denn eine solche Verstricktheit wurzelt in der Ewigkeit unseres Geistes, im Erbe unserer organisch gewachsenen, jahrhundertealten Bildung. Zweifellos beeinflußt das Landschaftliche unseres Herkunftslandes dieses Erbe. Jedes Volk hat seine typisch ausgeprägten Eigenschaften. Wenn man aber von uns Deutschen nur sagen könnte, wir seien gründlich und tüchtig – das würde uns nie zu einer so hohen Geltung in der Welt verholfen haben. Die weite Spannung und die lebendige Vielschichtigkeit unserer Bildung hat uns den Platz unter den gesitteten Völkern gesichert. Ein gebildeter Mensch (ganz gleich, welchem Volk er angehört) wird beständig von der urmenschlichen Unruhe bedrängt, das – wenn ich so sagen darf – spirituelle Glück, welches ihm zuteil geworden ist, in vielen anderen wirkend zu machen. Und wem läge das näher als dem Schriftsteller, der aus den Elementen der Muttersprache das Sagbare zu klarster Präzision steigert, um die Seele seines Volkes begreifbar zu machen! Die vier genannten, in den Freitod gegangenen Schriftsteller und ihre in der Fremde entstandenen Bücher sind nicht wegzudenken aus der Leistung der Emigration, und diese Leistung war ebenso erstaunlich wie groß. Am Anfang des Exils, als die Zeiten noch leichter waren, konnte man das besonders deutlich beobachten.

»Ihr wißt gar nicht, was für einen kulturellen Aufschwung wir in Amerika erleben, seitdem ihr zu uns gekommen seid. Solche Konzerte, Ausstellungen, Theateraufführungen und literarischen Veranstaltungen hat es früher nie gegeben«, haben Hunderte von alteingesessenen Deutschamerikanern bestätigt, und kein gebildeter Amerikaner hält mit dieser respektvollen Anerkennung zurück. Das künstlerische und geistige Berlin während der Weimarer Republik war für die amerikanischen Intellektuellen der stärkste europäische Anziehungspunkt. Paris bot schon lange nicht mehr soviel Neues und Erregendes. Ich werde nie vergessen, was ein weltbekannter amerikanischer Journalist kurz nach meiner Ankunft in New York zu mir sagte. Er wies auf Max Reinhardt, Jessner und Berthold Viertel, auf Bassermann und all die bedeutenden Berliner Schauspieler, Künstler und Schriftsteller hin, die jetzt in New York oder Hollywood wirkten, und meinte mit einem gewinnend-freudigen Lächeln: »Jetzt werden wir Berlin sehr schnell überflügeln!« Begreift man, was wir durch die Herrschaft Hitlers verloren haben? Wer konnte denn, nachdem dieser in jeder Hinsicht gemeingefährliche Geisteskranke unser Volk systematisch von der fortschreitenden Bewegung der Weltkultur abgeriegelt hatte, noch für das Unverlierbare am Deutschen zeugen als die in allen Ländern verstreuten Emigranten? Und sie besannen sich keinen Augenblick lang, diese Chance auszunützen. Es klingt vielleicht ein wenig pathetisch, aber es ist deswegen nicht weniger wahr: Zum erstenmal in unserer langen Geschichte standen sich zwei Gegner in klaren Kampffronten gegenüber – hier der vertriebene, scheinbar machtlose deutsche Geist und dort die blind wütende diktatorische Staatsmacht.

Während das Naziregime in der Heimat die wesentliche Literatur verbrannte und ausrottete, weltberühmte Wissenschaftler, Künstler und Schriftsteller verjagte und die geringste geistige Selbständigkeit unterdrückte, begannen emigrierte deutsche Verleger in Amsterdam, Paris, Prag, Stockholm, Zürich und London die verfemten und neuen Bücher der geflüchteten Schriftsteller zu publizieren, Journalisten gründeten Zeitungen und Zeitschriften von höchstem Niveau, klassisches und gegenwärtiges deutsches Theater wurde auf einmal in Nord- und Südamerika, in den Städten aller Kontinente, wo noch nie deutsche Dichtung hingedrungen war, mit besten Schauspielern aufgeführt. Die Dramen und Schauspiele Bertolt Brechts und Ferdinand Bruckners, die in New York und Hollywood zum ersten Male gezeigt wurden, fanden einen mächtigen Widerhall in den Zeitungen und wurden viel diskutiert. Friedrich Wolfs Film »Professor Mamlock« lief wochenlang in den Kinos

33

aller amerikanischen Städte. Erwin Piscator gründete seine glänzende Versuchsbühne in New York und führte junge deutsche und amerikanische Dramatiker auf. In der New Yorker »New School of Social Research« lehrte neben allen europäischen und amerikanischen fortschrittlichen Professoren eine ganze Anzahl der besten deutschen Wissenschaftler und Philosophen.

Aus Deutschland selber drang nichts mehr heraus als die Nachrichten der abscheulichsten Pogrome und die Schreckensberichte aus den Konzentrationslagern, aber das andere, das freie und ewige Deutschland, das bisher nur durch die Namen und Leistungen der Berühmtesten bekannt war, breitete sich jetzt in seiner ganzen fortzeugenden Vielfalt in der Welt aus. Dabei darf man nicht übersehen, daß das Naziregime all diesen unverdrossenen Bemühungen die folgenschwersten Schläge versetzte. Zwar erklärte es unsere Bücher als zersetzend und staatsgefährlich und verbot sie, aber dessenungeachtet ließen diese überaus geschäftstüchtigen Regierer die noch in rohen Bogen in den Buckdruckereien lagernden riesigen Restbestände aufbinden und verhandelten sie zu Spottpreisen an die deutschen Buchhändler der angrenzenden Länder. Kostenlos lieferte die Goebbelssche Propagandazentrale fix und fertige, sehr geschickt getarnte, vielbebilderte Artikel über das »neue Deutschland« in Matern an alle ahnungslosen Redaktionen der deutschen Zeitungen im Ausland. Dieses Dumping ruinierte viele emigrierte Verleger, es raubte den meisten Schriftstellern und Journalisten die kärgliche Existenz. Aber das war erst der Anfang des ungleichen Kampfes.

Als ich die schon erwähnten Vortragsreisen in den Vereinigten Staaten machte, sah ich mir fast in jeder Stadt die deutschen Abteilungen der »public libraries« an – und was konnte ich feststellen? Die deutsche Literatur war dort höchstenfalls bis Ganghofer und Sudermann vertreten, dann aber begann eine große Lücke, und dann – man beachte wohl, es war in den Unheilsjahren 1938 bis 1940 –, dann fingen stoßweise die Bücher aus dem Dritten Reich an. Nicht gerade die offen propagandistischen, sondern die belletristisch camouflierten. Ich habe mich oft mit den Abteilungsleitern unterhalten und auf diese Merkwürdigkeit hingewiesen. Und was bekam ich für eine Antwort? Hier ist eine, die sich fast mit allen deckt.

»Ja sehen Sie, die deutsche Republik hat sich nie um uns gekümmert. Für sie waren wir Deutschamerikaner kaum vorhanden. Der Hitler aber, der schickt uns freiwillig und kostenlos stets zwei Exemplare aller Neuerscheinungen jetziger deutscher Verlage, und – wissen Sie – unsere Departments haben nicht viel Geld für Neuanschaffungen. Verlangt aber, verlangt werden immer wieder deutsche Bücher!« Das sagte mir in einer mittelwestlichen Stadt ein resignierter deutscher Sozialdemokrat, ein Mann, dem die Weimarer Republik viel gegolten hatte. Ich schämte mich noch nachträglich für unsere einstige deutsche Republik, aber ich überlegte auch zugleich, welche Möglichkeiten sich für uns emigrierte deutsche Schriftsteller daraus ergaben, und mit der Zeit sind gerade unsere Bücher von diesen Departments stets bestellt worden. Der Deutschamerikaner kam dadurch in Kontakt mit der deutschen Gegenwartsliteratur.

Als noch nicht Krieg war, schickte die Hitlerregierung Herrn Colin Ross und mehrere redegewandte Nazischriftsteller mit Schmalfilmen durch ganz Amerika. Sie kamen, mit viel Geld versehen, wohl ausgerüstet und mit eigenen deutschen Autos an und fuhren in die verstecktesten Dörfer und in alle Städte, wo sich starke deutsche Minderheiten befanden, und ungehindert konnten sie vor diesen einfachen, heimatanhänglichen Menschen die Taten und Leistungen ihres »Führers« preisen. Kein Wunder, daß viele der Deutschamerikaner sich bald für den Nazismus begeisterten. Wir emigrierten Schriftsteller und Intellektuellen, die sich in New York zusammengeschlossen hatten, um alldem entgegenzuwirken, mußten das den wenigen politischen Antinazis überlassen, die hin und wieder in die großen Industriestädte reisten und dort meist vor der freiheitlichen Arbeiterschaft Vorträge hielten – wir hatten weder die Mittel noch die geeigneten Redner.

Für uns fing damals die schlimmste Zeit an. Unsere Bücher waren seit 1933 meistens deutsch in der Tschechoslowakei, in Holland oder Norwegen erschienen, aber als Hitler nun seinen Krieg in Europa begann und in diese Länder einmarschierte, beschlagnahmte er auch diese Buchbestände sofort und vernichtete sie. Unsere Verleger mußten fliehen und konnten uns keine Tantiemen mehr zahlen, denn sie waren jetzt genauso arm wie wir. Außer den weltbekannten Autoren, die in Amerika bereits früher schon übersetzt worden und gut eingeführt waren, fand nur selten einer von uns weniger Bekannten einen amerikanischen Verleger. Viele meiner Freunde wurden damals Tellerwäscher, Hilfsarbeiter oder Ausläufer. Neben der materiellen Existenz schien nun auch unsere künstlerische bedroht. Einige meiner Kollegen gingen daran, mühsam in den literaturinteressierten deutschamerikanischen Einwandererkreisen Subskribenten zu sammeln, und publizierten etliche ihrer Bücher selber. Den Rest verkauften sie auf Vortragsabenden oder an Biertischen an Unbekannte. Wir waren gewissermaßen wieder zu wandernden Scholaren geworden, die ihre geistigen Erzeugnisse stets verkaufsbereit bei sich trugen. Ich selber konnte mir wenigstens durch meine Vorträge eine bescheidene, aber feste Abnehmergemeinde organisieren, die mir bis heute treu geblieben ist. Mich hatte außerdem der liebe Gott, von dem meine selige Mutter immer sagte, daß er »keinen guten Katholiken nie nicht verläßt«, auch mit einem robusten Humor ausgestattet. Ich fand diesen Hausiererhandel mit der Zeit ganz lustig, aber ich gewann dadurch auch einen sehr lebendigen, unmittelbaren Kontakt zu meinen Lesern, den ich nicht mehr missen möchte. Ich habe auch schriftstellerisch dabei manches gelernt.

So lebten die meisten emigrierten deutschen Schriftsteller damals, und viele leben heute noch so. Damals aber fühlten wir besonders beklemmend, wie isoliert wir waren. Unsere Resonanz reichte nicht über unseren Kreis hinaus, wenn auch manche, die das Englisch einigermaßen beherrschten, in amerikanischen Zirkeln verkehrten. Die Amerikaner haßten uns nicht, nicht einmal im schlimmsten Krieg, aber langsam wurde ihnen alles Deutsche irgendwie unbegreiflich und unheimlich. Es war für sie nur noch ein höchst gefährliches, beunruhigendes Politikum geworden.

»Der Deutsche ist kriegerisch und genügsam.« Diese Charakterisierung habe ich einmal als Schulbub in unserer Monatszeitschrift ›Über Land und Meer‹ gelesen, und sie stammt von einem Schriftsteller, den unsere national Betonten stets sehr schätzten, von Wilhelm Raabe. Erst im Exil in Amerika, in dem einer, der ganz in seiner Muttersprache zu Hause bleibt, merkwürdig wortbesonnen und sehr sprachempfindlich wird, bin ich über diesen Satz Raabes erschrocken. Und im Weiterdenken, als ich jeden Tag erschreckender erlebte, daß die Welt durch die fragwürdigen Triumphe Hitlers immer mehr dazu neigte, diesen raufsüchtigen Kasernenhofbarbaren und sein Regime als den Inbegriff des Deutschen gelten zu lassen, da fiel mir auf einmal unser protzig-kraftmeierisches Schlagwort aus dem ersten Weltkrieg ein: »Viel Feind, viel Ehr!« Hitler setzte diese schauerlich-unfriedliche These nur fort.

Da wurde nicht nur mir, sondern allen Gleichgesinnten fürchterlich klar, daß uns dies bei allen Völkern in einen unausrottbaren Mißkredit bringen mußte. Denn wer sollte noch Vertrauen haben zu einem Volk, das seine höchste Ehre darin sah, möglichst viele Feinde zu haben!

Feinde! – Nicht Freunde!

Aber durch wen und durch was war es denn in jenen fast ausweglosen Jahren überhaupt noch möglich, unserem Volk die wenigen, wichtigsten Freunde zu erhalten und neue zu gewinnen? Wie konnte denn das immer mehr anwachsende Mißtrauen gegen alles Deutsche noch eingedämmt werden?

Ganz gewiß leistete unsere politische Emigration durch ihre unentwegte Aufklärungsarbeit im Ausland sehr viel. Dafür wird sie auch jetzt bereits wieder von »nationalen« Kreisen als vaterlandsverräterisch angeprangert. Die Wirkung des *Braunbuchs* war weltweit gewesen. Die Gestapo wußte, weswegen der ernsthafte Pazifist Berthold Jacob, der, unermüdlich warnend, die geheimen Kriegsvorbereitungen des Hitlersystems aufs genaueste entlarvte, aus der Schweiz nach Deutschland verschleppt und mundtot gemacht werden mußte, und die verschiedenen Geheimsender der politischen Emigration waren den Nazis sehr unbequem. Seitdem aber Hitler der ganzen Welt seinen unseligen Krieg aufgezwungen hatte und die Heimat zu einem fast undurchlässigen, schwerbewachten Kerker geworden war, drang so gut wie nichts mehr von der Untergrundarbeit der Emigration ins Land hinein. Die verbitterten Völker, die sich ihrer eigenen Haut wehren mußten, glaubten auch nicht mehr an irgendeine ernst zu nehmende antihitlerische Untergrundarbeit. Auch die wahrhaft heroische Tat der Münchner Studentengruppe um die Geschwister Scholl, die ein flammend protestierendes Flugblatt gegen die zynische Hinopferung einer Armee von dreihunderttausend vor Stalingrad in der Universität verteilt hatten und offen zum Sturz des Hitlerregimes aufforderten, änderte daran nichts mehr. Die Geschwister Hans und Sophie Scholl, ihre blutjungen Mithelfer Christoph Probst, Willi Graf, Alexander Schmorell und ihr Professor Kurt Huber wurden hingerichtet, und alles schien umsonst gewesen zu sein. »In Deutschland gibt es wohl da und dort noch freie Männer, aber das deutsche Volk will gar keine Freiheit.« Selbst die Bestgesinnten im Ausland blieben bei dieser Meinung, als noch einmal eine starke, reine deutsche Menschenstimme aus dem Hitlerkerker drang, diejenige Ernst Wiecherts, der dafür mutig das Konzentrationslager auf sich nahm und der schließlich aus Gram und Scham über die nachhitlerische Entwicklung in Deutschland selber emigrierte! Wie beschämend für diejenigen, die ihn damals ziehen ließen! Schon eine gute Zeit vor ihm war Stefan George, entsetzt darüber, daß die hitlerischen Mörder und Vergaser ihn zum dichterischen Nationalheros machen wollten, in die Südschweiz geflohen, um dort unbehelligt zu sterben. Als es soweit war, wollte ihm Goebbels ein gigantisch-prunkvolles Nationalbegräbnis bereiten, und die paar Freunde, die bis zuletzt um den Sterbenden waren, mußten alle Mühe und List aufwenden und schließlich sogar die Schweizer Behörden zu Hilfe rufen, um diesen satanischen Frevel zu vereiteln. Endlich konnten sie den Dichter in aller Stille auf dem Friedhof in Minusio begraben. Niemand kümmert sich mehr um dieses Grab. Und hat man vergessen, daß man Rilke längst vor Hitler aus München hinausgeekelt hat, nur weil er die Revolutionsführer von 1918 kannte? Er hat nie wieder deutschen Boden betreten, und auch er ist in der Schweiz begraben. Heute natürlich singt man ihm ein Preislied in den höchsten Tönen und versenkt sich frömmelnd in das unsterbliche Geschenk seiner Dichtung, als ob zu seinen Lebzeiten stets das schönste Einvernehmen mit ihm bestanden hätte!

Nie scheint man in Deutschland einen Sinn für den hohen Wert geistiger Potenzen gehabt zu haben. Man muß durchaus nicht auf die Knebelung des freien Geistes in der Metternich-Ära zurückgreifen, die so viele bedeutende Deutsche ins amerikanische Exil trieb. Man denke nur an Franz Lieber, der die amerikanischen Universitäten gründete. Auch die vielen Emigranten nach der Revolution von 1848 (etwa Karl Marx, Altgeld und Carl Schurz) braucht man nicht heranzuziehen, um zu beweisen, daß nur immer für eine kurze Zeit ein frischer Luftzug in die Muffigkeit unserer Verständnislosigkeit und Intoleranz dem Geist gegenüber hineinwehte. Ging nicht der urdeutsche Dichter Detlev von Liliencron in den Gründerjahren nach dem vielgepriesenen Krieg von 1870 und 71 aus Abscheu vor dieser allgemeinen Geistfeindlichkeit freiwillig nach Amerika und hungerte sich jahrelang durch, ohne daß sich jemand seiner erinnerte? Ich sträube mich dagegen, anzunehmen, daß auch jetzt wieder, nachdem das Unheil der Hitlerherrschaft überwunden zu sein scheint, deutsche Geistige den bitteren Weg Wiecherts wählen. Immerhin ist bereits Walter Bauer nach Kanada übergesiedelt,

39

und eine Menge deutscher Schriftsteller hat sich im Schweizer Kanton Tessin angesiedelt. Natürlich würden diese es, schon rein aus geschäftlichen Erwägungen, weit von sich weisen, als neue Emigranten bezeichnet zu werden. Sie sind gewissermaßen nur »gebrannte Kinder«. Zutrauen zum jetzigen Zustand des zweigeteilten Deutschlands mit dem Zankapfel Berlin dazwischen scheinen sie nicht zu haben. »Man kann nicht wissen, ob sich das hält«, gestand einer von ihnen, »da ists am besten, man setzt sich schon vorher an eine sichere Stelle ab.« Ob er stellvertretend für alle gesprochen hat, bleibe dahingestellt. Bezeichnend ist, daß sich nach Kriegsschluß eine ganze Anzahl emigrierter Schriftsteller von hohem Rang – darunter Anna Seghers und Bertolt Brecht – in die russisch dirigierte deutsche Ostzone begeben hat und dort geblieben ist, während der Rückwandererzuzug in den hauptsächlich von Amerika unterstützten sogenannten »demokratischen« Teil Westdeutschlands recht dürftig blieb. Auffallend bleibt, daß Thomas Mann von seinem amerikanischen Exil nach Zürich übersiedelte, daß Hermann Kesten nach Rom ging und Erich Maria Remarque von Kalifornien ebenfalls nach der Südschweiz zog und sich dort seßhaft machte. Und stimmt es nicht bedenklich, daß neben Lion Feuchtwanger, der inzwischen in Kalifornien verstarb, nicht wenige emigrierte deutsche Schriftsteller, Gelehrte, Architekten und Musiker im Lande ihres Exils blieben und nicht mehr heimkehrten? Offenbar ist Deutschland für diese Geister wirklich nur noch ein Zustand. Wie sang Bertolt Brecht?

> O Deutschland, bleiche Mutter!
> Wie haben deine Söhne dich zugerichtet
> Daß du unter den Völkern sitzest,
> Ein Gespött oder eine Furcht!

Mag sein, daß sich der Pesthauch der Hitlerischen Nationalseuche nun in unserer Heimat langsam verzieht. Zum »Gespött und zur Furcht« waren wir jedenfalls in den schlimmsten Kriegsjahren so vollkommen geworden, daß sogar die Aktion gegen Hitler am 20. Juli im Ausland verpuffte. Nicht nur, weil sie mißlang und viel zu spät kam, sondern – und hier zeigt sich unsere Vereinsmeierei am verhängnisvollsten – weil unsere politische Emigration viel zu voreingenommen war, um diesen sichtbaren Beweis des innerdeutschen Widerstandes im Ausland politisch gemeinsam und einheitlich auszuwerten! Die Emigration dieser Politikanten war zerspaltet in viele Richtungen, die sich, fast wie vor 1933, schon wieder derart bekämpften, als stünden letztlich auch jetzt nur ihre Parteiideologien auf dem Spiele. Damit machten sie sich überall zum Gespött und verloren jede Sympathie. So, wie sie es trieben, riefen sie nur noch ein Achselzucken hervor. Durch diese lächerliche Wichtigtuerei gewann man weder Freunde noch Achtung. Die ursprüngliche Kraft des von einer tiefen Gläubigkeit getragenen Schlachtrufes »Hitler ist nicht Deutschland!« schien verbraucht zu sein, aber für uns – die vertriebenen Geistigen – blieb er dennoch wahr und richtunggebend. Das einigte uns, obwohl unsere anfänglich bestehenden Organisationen längst aufgehört hatten und wir nur noch gleichsam imaginär zusammenhingen. Oh, ich bin darauf gefaßt, daß man nun sogleich als Gegenbeweis hauptsächlich Thomas Mann anführen wird, der sich – nach dem Urteil unserer mimosenhaft empfindlich gewordenen Patrioten – keineswegs immer an diese Richtung gehalten haben soll. Aber ich möchte diese sonderbar entrüsteten, meist nur höchst oberflächlich orientierten nationalen Moraleiferer denn doch fragen, ob in Deutschland oder in der ganzen Welt eine geistige Erscheinung von solchem Rang existiert, die ein Werk hervorgebracht hat, das von Anfang bis jetzt eine ununterbrochene, unvergleichlich durchlittene Auseinandersetzung mit allem, was der Begriff »deutsch« umschließt, darstellt. Über keine Lebensarbeit kann mit so vollgültigem Recht der Satz geschrieben werden: »Ich lasse dich nicht, du segnest mich denn!«, als über das Werk dieses in seiner Liebe zu unserem Land, unserem Volk und unserem Wesen so tief verletzten, beleidigten Mannes.

Freilich, einer, der bereits vor mehr als dreißig Jahren in dem Buch seines glühendsten Patriotismus, in den vielumstrittenen *Betrachtungen eines Unpolitischen,* den Satz schrieb: »Der Deutsche ist ein Abgrund, halten wir fest daran ...!«, der wird diesen gemütstiefen Provinzpatrioten, die so schwerhörig sind, wenn man unser Schlechtes schlecht nennt, und die so schnell vergessen, wenn wir uns vor aller Welt schuldig gemacht haben, der wird ihnen immer unbehaglich sein. Goethe und Nietzsche waren ihren Landsleuten genauso unbequem. Über mangelnde Verständnislosigkeit hat sich bei uns noch nie ein bedeutender Mensch zu beklagen brauchen.

Wenn es auch für manchen anmaßend klingen mag, jeder, der es miterlebte, und jeder, der objektiv urteilt, muß bezeugen: Die Einsicht, daß man den Hitlerstaat wohl besiegen und vernichten konnte, daß aber noch ein anderes, ewiges Deutschland existent war, das man nicht auslöschen konnte – diese Einsicht haben die emigrierten deutschen Schriftsteller in den damaligen Kriegsjahren der Welt beigebracht. Keiner von uns hat sich das etwa eingebildet, ja vielen ist es nicht einmal bewußt geworden. Damals waren ja faktisch nur noch *wir* allein das Deutschland, dem man das Vertrauen und den höchsten Respekt nicht versagen konnte. Dadurch, daß jeder von uns seiner innersten Berufung treu blieb und unverdrossen seine Bücher schrieb, ob sie nun gedruckt oder nicht gedruckt wurden, ob sie Erfolg hatten oder nicht, dadurch retteten wir nicht nur unser größtes Gut, unsere Literatur – wir erweiterten sie sehr gewaltig und verschafften ihr eine bis jetzt noch nicht erreichte Geltung in der Welt, die weit über das rein Literarische hinausging! Das bleibt auch unsere eminent politische Leistung. Abgesehen, daß die Meinungsäußerungen unserer Besten überall gehört wurden – das Riesenwerk Thomas Manns, das im Exil entstand, hat die Welt immer wieder aufhorchen lassen; ein so scharfsinnig klärender Schriftsteller wie Lion Feuchtwanger hat durch seine glänzend geschriebenen, weitverbreiteten Romane eine tiefgehende politische Wirkung ausgeübt. Der Brief an die Bonner Universität von Thomas Mann ging durch alle Länder. Daneben entstanden Werke von dauerndem Wert, von denen ich nur einige hervorheben kann: Heinrich Manns unvergeßlicher *Heinrich IV.* und seine politisch ungemein treffsicheren Polemiken, Arnold Zweigs weitgespannte Romane *Erziehung vor Verdun* und *Einsetzung eines Königs,* die den Grischa-Zyklus abschließen, Robert Musils letzter Band zu seinem gewaltigen Romanwerk *Der Mann ohne Eigenschaften,* der erst nach seinem Tode erschien, das grandiose Sprachwerk Hermann Brochs *Vergil* und Stefan Zweigs hinreißend gezeichneter *Balzac.* In Mexiko ist Anna Seghers *Siebtes Kreuz* deutsch erschienen und hatte als Buch und Film einen Riesenerfolg in Amerika. Theodor Plievier hat den stärksten deutschen Kriegsroman *Stalingrad* im russischen und Bertolt Brecht sein tiefstes Drama *Galilei* im amerikanischen Exil geschrieben, eines der schönsten Bücher des allzufrüh verstorbenen Bruno Frank, sein *Cervantes,* wurde in Kalifornien und so ein ausgezeichnetes Buch wie *Die Fischmanns* von H. W. Katz in Paris vollendet, wo es der emigrierte Schutzverband deutscher Schriftsteller zu Recht mit dem Heine-Preis auszeichnete. René Schickele und der geniale Joseph Roth haben Bücher hinterlassen, die unsere beste Prosatradition fortsetzen, und viele, viele Erzähler, Lyriker, Literaturhistoriker und Essayisten, deren Bücher jetzt erst langsam in der Heimat publiziert werden, haben unter dem fremden Himmel an Tiefe und Weite gewonnen. Nicht wenige von ihnen haben während der ganzen Jahre nur für die Schublade geschrieben. Sie blieben unverdrossen, und nichts konnte sie brechen. Ist das alles nicht der eindringlichste Beweis dafür, daß Deutschland, wenn es sich ungehindert entfalten kann, ein potentiell sehr gewichtiger Faktor in der Kultur und im friedlichen Zusammenklang der Völker bleibt und bleiben wird? Es fällt mir nicht ein, die zermürbenden Schwierigkeiten und dauernden Gefahren abzuleugnen, unter welchen die daheim gebliebenen Schriftsteller zu leiden hatten. Sie waren im Hitlerkerker eingesperrt, abgeriegelt und konnten nicht mehr frei schaffen. Die mißtrauisch gewordene Welt nahm keine Kenntnis mehr von ihnen. Die wenigen Gerechten wurden mit den vielen Ungerechten abgelehnt und verdammt. Dadurch bekam die emigrierte deutsche Literatur eine Mission, bei welcher sie sich auch für die zu Unrecht Verdammten bewähren mußte; eine Sendung, die eine unzerstörbare Brücke vom Gestern zum Morgen schlagen mußte. Und sie hat, wenn man das stolze Resultat betrachtet, diese Aufgabe redlich erfüllt. Vielleicht erkennt man das erst in viel späteren Zeiten.

Wer es aber heute unternimmt – ob in tückischer Absicht oder aus Blindheit, ist völlig gleichgültig –, unsere vielgeprüfte, große Literatur, die sich nun langsam wieder zusammenfindet, in eine emigrierte und eine daheim gebliebene, ja obendrein noch in eine westliche und östliche aufzuteilen, der begeht in Wahrheit ein ebenso schändliches Verbrechen wie Hitler und seine Mithelfer. Er verrät die Ganzheit unseres Geistes und unseres Volkes. Unsere Literatur, das edelste und einzige Mittel zu unserer gemeinsamen Selbstverständigung, ist unteilbar wie die Sprache, die uns alle verbindet. An diesen für uns einzig möglichen Weg habe ich in allen beglückenden und bedrückten Stunden meines Lebens geglaubt, so dankbar und so unbeirrbar, wie es in Bruno Franks ergreifendem Gedicht zu lesen ist:

Und ob der graue Boden kreist
und Steg und Zaun und Brücke bricht,
und alle Hallen stehn verwaist,
Du sing dein Lied und bange nicht!

Die Stunde geht, der Schrei verweht,
der Hammer fällt im Zeitgericht,
jedoch das Menschenherz besteht
und Erdenjahr und Himmelslicht.

Und keinem wird es Schande sein,
der einst zu seinem Frager spricht:
Ich sah in Nacht und Tod hinein
und sang mein Lied und bangte nicht.

Dem Gedenken Ludwig Thoma

Rede vor den Deutschprofessoren der Princeton-,
der John-Hopkins- und der Maryland-Universität, 1944

Meine Damen und Herren!
Es ist mir, dem Emigranten, der kein Englisch spricht, eine besondere Freude, vor Ihnen in meiner Muttersprache sprechen zu dürfen, denn in dieser Sprache bin ich aufgewachsen, ihr verdanke ich meine schriftstellerische Existenz, sie ist meine unverlierbare Heimat. In ihrem Geist suche ich die grenzenlose Welt in ihrer Lebensvielfalt zu begreifen. Das andere, das scheinbar Fremde zu begreifen heißt nicht nur, mit ihm in Frieden zu leben, es bedeutet vielmehr, sich von ihm beständig bereichern zu lassen und zugleich diesem Fremden, anderen sein Bestes zu geben. Die ewige Quelle einer Sprache aber war, ist und bleibt das Volk, die natürliche Gemeinschaft, aus der man stammt, und je mehr eine Sprache in diesem Volke »daheim bleibt«, um so unzerstörbarer ist sie. Die Völker – dies ist immerhin eine trostreiche Erkenntnis für mich – wissen nie viel mit Abstraktionen wie »Nation« oder »Vaterland« anzufangen. Tief, unausrottbar aber wissen sie um das Geborgensein in ihrer »Heimat«. Wenn ich es aphoristisch zugespitzt formulieren darf, so möchte ich sagen: Das Volk ist der Körper, seine Heimat ist die Seele, und die Sprache ist der Geist, durch welche das Menschliche dieser Einheit zum Ausdruck kommt. Erst die Erfülltheit von Volk und Heimat, die aus einem Dichterwerk spricht, macht es für alle Völker und Zeiten gültig. Das gilt besonders für meinen allzufrüh verstorbenen Landsmann Ludwig Thoma.
Das Leben dieses Mannes, der nur 54 Jahre alt wurde, war viel zu kurz. Er konnte seine Arbeit nicht sichten und seine endgültige Stellung zur Welt nicht klären, wie er es wahrscheinlich später im Sinne gehabt hätte. Er schrieb viel Tägliches, und er schrieb aus der unmittelbaren Eingebung, die ihm Dinge, Menschen und Begebnisse zutrugen. Er nahm diese Arbeiten künstlerisch nie allzu

ernst. In der Vollkraft seines Lebens und seiner Schöpferlust dachte er nicht daran, das Wesentliche vom Unwesentlichen zu scheiden. Und er war voll von Widersprüchen wie alle Menschen seiner Generation. Er war durchaus ein Kind der damaligen Zeit. Als diese Zeit durch eine andere abgelöst wurde, verstand er das »Neue«, das ja immer nur die Ausdrucksform der nachfolgenden Generation ist, nicht mehr. Er fing an zu poltern und zu raunzen, und was dabei herauskam – besonders während des Ersten Weltkrieges und nach dem Zusammenbruch des alten Kaiserreiches –, war zum Teil recht unerfreulich, recht mißverständlich und oft geradezu kannegießerisch dörflerisch, aber es war nichts anderes als die Abwehr eines Seßhaften, vom Herkommen Begrenzten gegen den überhitzten Betrieb in Literatur und Politik, was ja solche Übergangszeiten immer kennzeichnet. Er war nicht der einzige seiner Generation, den eine zusammenbrechende Welt, die er zeitlebens für stabil gehalten hatte, irritierte und zuweilen vollkommen blind machte. Auch Thomas Mann schrieb damals seine schriftstellerisch glänzenden *Betrachtungen eines Unpolitischen,* die voll von Verkennung und Ressentiments sind und oft geradezu ins Triviale absinken. Viele Jahre später, nachdem ihn jene national Betonten, denen er sein Wort geliehen hatte, als ausgewachsene Nazis ausbürgerten, hat er seine Irrtümer eingestanden und widerrufen. Ludwig Thoma fand keine Zeit mehr dazu, und das, was er in jenen wirren Jahren so grämlich herauspolterte, war herzlich unerheblich. Längst ist vergessen, daß er mit dem übernationalen Admiral Tirpitz und mit Walther Rathenau damals, als der Krieg für Deutschland bereits gänzlich verloren war, zur Vaterlandsverteidigung bis auf den letzten Mann aufrief. Er verstand weder die Friedenssehnsucht der hungernden Massen noch die Geister, die zu jener Zeit eine gründliche Revolution herbeiführen wollten. Als diese Revolution zusammengebrochen war und die sogenannte Weimarer Republik sehr unsicher zu agieren begann, verstand er sie sowenig wie Thomas Mann und blieb grollend abseits. Darüber starb er.

Unverhofft und zu schnell wurde er aus dem Leben gerissen. Etliche Tage vorher war er noch auf der Jagd gewesen, verspürte auf einmal heftige Leibschmerzen, die beängstigend zunahmen, wurde nach München gebracht, und in der Klinik stellten die Ärzte eine völlige Vereiterung der ganzen Bauchhöhle fest. Sie konnten nicht mehr operieren. Betroffen merkte der Sterbende, daß es zu einer Regelung seiner Hinterlassenschaft zu spät war. Er konnte nur noch einige mündliche testamentarische Anordnungen geben. Der ausgezeichnete, aber stur nationalistische Literaturkritiker Josef Hofmiller, mit dem er viele Jahre befreundet war, wurde beauftragt, seine *Gesammelten Werke* herauszugeben. Trotz aller eifrigen Bemühung gelang es auch dem nicht, das Suspekte und »Unnationale«, das in allen wichtigen Gedichten, Satiren, Geschichten, Artikeln und Romanen Thomas so überreichlich vorhanden ist, auszuschalten. Auch Hofmiller starb einige Jahre darauf, und jene Lebensgefährtin – Frau von Liebermann –, die der sterbende Dichter zur Erbin seines ganzen Nachlasses eingesetzt hatte, wurde von den Nazis auf Grund ihres nicht reinen »Ariertums« einfach der Rechte beraubt. Der tote Dichter konnte sich nicht dagegen wehren. In ihm glaubten die Büchervernichter und Mordbrenner endlich einen echten, rechten bayrischen Nationalheros und »Blut-und-Boden-Dichter« gefunden zu haben, ausgerechnet in ihm, der bereits 1905, anläßlich der ersten Marokkokrise, als ein Krieg zwischen Deutschland und Frankreich drohte, den deutschen Arbeitern in einem vielverbreiteten Antikriegsbuch den unvergeßlichen Vierzeiler »Kanonenfutter« widmete:

> Hinter den Mauern, hinter den Schlöten
> liegt euer Vaterland.
> Ihr sollt euch schlagen dafür und töten
> und habt es niemals gekannt!

Da kann man wahrhaftig nur noch sagen: »Spotten ihrer selbst und wissen nicht, wie!«

Ludwig Thoma erkannte diese Lügner und Gewalttäter, längst bevor sie sich einen parteipolitischen Namen gegeben hatten. Er wußte, welche Hilfsmittel sie anwandten und auf welch schamlose Art sie Stimmung zu machen verstanden, um das Volk zu verwirren, um die Völker aufeinanderzuhetzen. Es zeugt nicht nur für seinen Scharfblick, sondern auch für seinen unbeirrbaren Gerechtigkeitssinn, wenn er schon im Jahre 1913 in einem Artikel *Giftmischer* in seiner ausgezeichneten Monatsschrift ›Der März‹ den künstlich erzeugten Chauvinismus in Deutschland *und* in Frankreich schonungslos anprangert. Abermals droht wegen Marokko der Krieg, und Thoma schreibt, nachdem die Gefahr endlich gebannt ist:

»Die Regierungen Frankreichs und Deutschlands haben sich über die strittigen Fragen geeinigt, Verträge geschlossen und unterschrieben. Beide erklären, daß es gegenwärtig keine Differenzen gebe, beide schwören, daß sie nur für die Verteidigung rüsten. Was haben die Völker gegeneinander?

Eigentlich – nichts.

Sie lieben den Frieden, die Arbeit, das Recht, sie wollen ehrlich verdienen und sparen, sie denken nicht daran, Leben, Gesundheit, Wohlfahrt für kriegerische Abenteuer einzusetzen.

Wenn die Regierungen und die Völker aufrichtig den Frieden wollen, woher kommt der wütende Lärm, der Haß? Woher kommen die kreischenden Drohungen, als wollte man sich morgen an die Gurgel fahren?

Das Mißtrauen malt sich diese ganze Ruchlosigkeit des Vorhabens aus; die Vorstellung erregt Wut, die sich zur Raserei steigert. Was gibt Anlaß zu diesem gefährlichen Mißtrauen, unter dem alles ruhige Verständnis erstirbt?

Eigentlich – nichts.

In Frankreich verzichtet man auf die graziöse, freie Heiterkeit. Die Jugend bereitet sich für die Schicksalsstunde vor, so heißt wohl die Redensart, und in Wahrheit erlaubt man den Gassenbuben, das große Wort zu führen, erlaubt man jedem Lumpen, sich mit der

Revancheidee interessant zu machen ... In das Privatleben greift der politische Haß ... und aus der verbitterten Stimmung heraus erwachsen Zustände, die in einem friedlichen und gesitteten Lande kaum mehr erträglich scheinen.

Auch in Deutschland wirkt die immer wieder verkündete Botschaft von dem unvermeidlichen Kriege lähmend und verderblich ... Auch wir pfeifen ja leider die Propheten nicht aus, welche im Lande umherreisen und von der ›tatenarmen‹ Zeit faselieren ... Zwischen Frankreich und Deutschland türmt sich eine Mauer auf, und von der alten, verständigen Würdigung des Guten hier und dort ist kaum mehr etwas zu merken.

Man ist so weit gekommen, daß man die besten Leistungen des anderen hämisch anzweifelt; höchstens regt sich noch ein mit Sorge vermischter Respekt vor der Verwendung irgendeiner großen Erfindung im Kriege. Denn alle diese Siege des menschlichen Geistes, die Erfindungen der Flugzeuge, der lenkbaren Luftschiffe, der drahtlosen Telegraphie usw. dienen ja nur dem künftigen, unabwendbaren Zerstörungswerk.

Vor fünfzig Jahren wäre man in Europa selig gewesen über die märchenhaften Fortschritte der Technik, vor achtzig Jahren hätte Herr Biedermeier die Erfinder überschwenglich angedichtet, hätte von der Verbrüderung aller Europäer geträumt! Heute rechnet der Spießbürger aus, wie viele Zentner Dynamit aus einem Luftkreuzer herabgeschmissen werden können, und der Bourgeois von drüben läßt seine ›Adler‹ Jagd machen auf alles, was da kreucht und fleugt. Das friedliche Behagen aneinander ist verschwunden, jedes Gefühl für gemeinsame Aufgaben ist erstickt.

Michel Bréal und Anatole France predigen gegen den verbrecherischen Wahnsinn jenseits der Vogesen. Was gilts, sie werden diesseits darum verhöhnt werden!

Es ist alles vergiftet, und das verdanken wir der nationalen Presse. Es ist die Kleinarbeit von 365 Tagen im Jahre, Mosaik, zusammengesetzt aus Gemeinheiten, Entstellungen, Lügen.

Geben wir der chauvinistischen Presse, was der Presse ist. Ehre, wem Ehre gebühret.«

Sie sehen, meine Damen und Herren, Thoma macht immer einen Unterschied zwischen dem Volk und jenen, die es mißleiten. Er redet von den Franzosen nicht anders als von den Deutschen. Und derartige Äußerungen gibt es Hunderte in seinem Werk. Er, der sein Leben lang das Volk beobachtet und geschildert hat, weiß genau, wie leichtgläubig und verführbar *jedes* Volk ist – nie aber hätte er zu den Verführern gehört! Machttrieb, Eitelkeit und die Gier, über wen zu siegen, das sind die Kennzeichen aller großen und kleinen Verführer, aber lieben können sie nicht. Thoma liebte das Volk. Er gehörte so sehr zu ihm wie etwa ein herzlich besorgter Ehemann, dem der Zusammenhalt seiner Familie und die Ausgeglichenheit seines Hausstandes am meisten gilt. Eben deswegen ist er von Anfang an politischer Schriftsteller und Satiriker. Das entspricht auch ganz und gar seiner bäuerlichen Natur. Er kann nicht schweigend zusehen, wenn er etwas für schädlich hält. Er spricht es offen, derb und unzweideutig aus. Aber er versteht es ebenso, das Echte, Starke und Unvergängliche, das er immer nur im Volke findet, ins helle Licht zu rücken, denn er *glaubt* tief und wahrhaft an diese Dinge. Darum eben wird er zum Dichter.

1916, als die Flut des Chauvinismus dank den Ludendorffschen Siegen und der wilden Amtspropaganda zuhöchst getrieben worden war, schrieb Ludwig Thoma sein schönstes und innigstes Buch *Die Heilige Nacht*. Kein Wort von Krieg und Völkerhaß steht darin, wohl aber von der entrechteten Armut und vom unbarmherzigen Reichtum. Der Dichter schickt das Buch an den Bauerndoktor Georg Heim und schreibt dazu: »Man kann sich in der künstlerischen und literarischen Produktion niemals anpassen; man muß im Heimatboden wurzeln, wenn Volkstümliches die Frucht sein soll. Dann hilft alles zusammen, Abstammung, Blut, Kindereindrücke, die allemal das stärkste sind ... Ich habe das Buch mühelos geschrieben und hatte niemals Sorge zu tragen, daß der Ton echt bleibt.« Und ein anderes Mal, in einem Brief an Paul Busson, charakterisiert er ein eben beendetes Buch von sich so: »Meinen Sommerroman werde ich in zirka acht Tagen fertig haben. *Altaich* heißt er. Ohne jede Tendenz, bloß harmlos-lustige Menschen zeichnen war die Absicht. Ich glaube, daß mir gerade das gelungen ist.« Diese beiden Äußerungen kennzeichnen besser als weitschweifige Untersuchungen die Art seines Schaffens. Sie geben aber auch Auskunft über seine Stellung zu seinen Werken. Mehr noch: Mit etlichen, sicher nicht ergrübelten Sätzen erklärt ein Mensch sein ganzes Wesen. Er schreibt das, was er ist, unkompliziert hin. Sogleich weiß man, daß er trotz aller Natürlichkeit scharf unterscheidet zwischen Gewichtigem und Zufälligem, daß er sich und anderen nichts vormacht. Ein durchaus männlicher Mensch mit gesundem Selbstbewußtsein, ohne verwirrende Eitelkeit, steht vor uns.

Aber ist es nicht bezeichnend, daß er in jener Zeit ganz besonders betont, man müsse im Heimatboden wurzeln, wenn Volkstümlichkeit die Frucht sein soll? Ich nehme an, daß Ihnen dieses Beispiel am besten belegt, was ich eingangs sagte. Genau wie Ludwig Thoma bekannten auch wir Gegner des Hitlersystems uns stets zu unserem Volk, zu unserer Heimat, zu unserer Muttersprache – auch in *dieser,* der jetzigen Zeit.

Glauben Sie doch nicht, daß jeder von uns emigrierten Schriftstellern zu Hause ein wilder, wichtigtuerischer »Politikant« war! Die meisten wollten nur in Frieden und Freiheit unserem größten Kulturerbe dienen und es durch ihr Künstlertum bereichern. Weder Stefan Zweig, der sich in Brasilien auf so tragische Weise das Leben nahm, noch Thomas Mann waren ursprünglich allzusehr politisch interessiert, und ein ganz besonderer Fall ist Albrecht Schaeffer, der stets weltabgewandte, tief religiöse Sprachbildner, der ganz still nach 1933 Deutschland verließ und seitdem in der Nähe von New York eine Schule leitet. Er schweigt und hat nie wieder ein Buch veröffentlicht. Sie alle waren, wie Thomas Mann einmal meinte, weit mehr zu Repräsentanten geschaffen als zu irgendeiner Parteinahme. Doch auch sie mußten erkennen, welche dunkle, unbeschreibliche Barbarei mit dem Nazismus heraufkam und wie diese Barbarei unsere Dichtung, unsere Kunst, unsere reine Wissenschaft, kurzum, das weltgültig Geistige an unserem Volk verfälschte, schändete und erbarmungslos stupid in ihre Dienste zwang.

Die Generation der Manns, der Zweigs und Thomas – vergessen wir das nicht – erlebte das rasche Aufblühen Deutschlands und die großartige Entfaltung auf allen Gebieten. Ein gesunder Patriotismus ohne Aggressivität gegen andere Völker kennzeichnete sie. Unausgesprochen waren all diese Geistigen Bismarckianer mit starkem liberalen Einschlag. Sie waren stolz auf den großen Beitrag, den Deutschland dem Fortschritt der ganzen Welt leistete, aber sie waren zugleich tief empfänglich für alles, was die Welt ihnen gab. Darum waren sie friedliebend und rechtlich und *sehr* empfindlich gegenüber dem Treiben der herrschenden Mächte in der Heimat. Das trieb Ludwig Thoma, wie ich schon sagte, zur politischen Tagesschriftstellerei und zur Satire. Und niemand andrer als er hatte ja so sehr das Zeug dazu! Vergessen Sie aber nicht, daß es auch damals sehr bedeutende, schöpferische Menschen gab, die – einfach, weil ihnen jede kämpferische Begabung dieser Art fehlte – voll Scham und Abscheu über dieses Treiben der Oberen lieber in die Fremde und Ungewißheit flüchteten. Nach dem Kriege 1870/71, in den Jahren des wildesten Gründertums, ging einer der bedeutendsten deutschen Lyriker des ausgehenden 19. und des beginnenden 20. Jahrhunderts *freiwillig* – er war preußischer Junker und Patriot, war zu Hause keineswegs suspekt und wurde von keinem System vertrieben! – nach Amerika und lebte fünf Jahre in den kümmerlichsten Verhältnissen in New York als Stiefelputzer, Klavierlehrer, Stubenmaler und Stallbursche in diesem selbstgewählten Exil. Er hatte als tapferer Offizier in zwei Kriegen – Anno 1866 und Anno 1870/71 – mitgefochten und war durch einen Revolverschuß in den Unterleib schwer verwundet worden.

»Der Überdruß vor soviel Schwindel und Verlogenheit oben und vor soviel Unterwürfigkeit unserer protzigen, schnell reich gewordenen Bürger ist mir einfach unerträglich. Speiübel wird mir, wenn ich sehe, wie die sogenannten Gebildeten mit und ohne Macht nun darangehen, unser geduldiges Volk jeden Tag besoffen zu machen, um es um so mehr über die Löffel barbieren zu können«, schrieb er damals an einen Freund. Er hieß Detlev von Liliencron und starb, nachdem er verarmt und verbittert heimkehrte, als kärglicher Ehrenpensionist, wohl mancherlei geehrt, aber wenig bekannt zu seiner Zeit, im Jahre 1909. Er war kein Hohenzollerngeist wie etwa Wildenbruch, kein wilder »Teutscher Barde« wie etwa Nikolaus Becker, der die *Wacht am Rhein* dichtete usw., er war ein trotziger, unabhängiger Geist, der alles Echte am Deutschen unsagbar liebte – er war ein Dichter!

Das, was *er* liebte und *wie* er es liebte, rückte Ludwig Thoma nur in anderer Art und anderer Form in unser Bewußtsein. Man vergleiche nur einmal die letzten Strophen des ergreifenden Gedichtes *Abschied und Rückkehr* von Liliencron, als er heimkommt:

> »Die Mädchen lachen Arm in Arm,
> Soldaten stehen vor der Wache.
> Und aus der Schule bricht ein Schwarm
> der lustig lärmt in *meiner* Sprache.
>
> Es schreit mein Herz, es jauchzt und bebt
> der alten Heimat heiß entgegen.
> Und was als Kind ich je durchlebt,
> klingt wieder mir auf allen Wegen«

mit dem, was Ludwig Thoma nach einem langwöchigen Aufenthalt in Paris, der Stadt, die ihn wahrhaft bezaubert hat, schreibt. »Aber«, stellt er schlicht und unsentimental fest, »wenn ich an stillen Frühlingsabenden auf den gepflegten Wegen des Bois de Boulogne spazierenging und die Amseln pfeifen hörte, überkam mich doch das Heimweh. Es war mir erst wieder recht wohl, als ich etliche

Tage später in Finsterwald vor dem Sixtbauernhause saß. Und roch es auch nicht nach zartem Parfüm und klang es auch nicht nach silbernen Glöckchen, *die* Frühlingsluft wehte stärker, derber und gesunder um mich.«

Und allen jenen, die heute den Mund so voll nehmen und ihn gerne in die Reihen der heutigen Verderber unserer Heimat stellen wollen, sei in Erinnerung gebracht, was dieser scheinbar so engstirnige Bayer in seiner klassischen Betrachtung *Vaterlandsliebe* schrieb, die mit den Worten schließt:

»Ich will nicht den Finger an die Nase legen und fragen, was Vaterlandsliebe ist.

Früher einmal, da hätte ich schnell die Antwort gehabt.

Fehrbellin und Leuthen und Sedan.

Und noch ein paar Namen dazu.

Aber heute will mir das alles nicht mehr langen. Es wird mir deutscher ums Herz, wenn ich einen schlichten Arbeiter sehe oder einen Bauern, dem die Hand am Pfluge hart geworden ist, als wenn mir der schönste General begegnet.

Denn es ist wirklich eine große Frage, *wem* das Vaterland gehört.«

Immer hat dieser Mann unversteckt gesagt, was er für dumm und gefährlich hielt. Seine Stärke bestand darin, daß er nie nach einer Meinung zu suchen brauchte und immer nur aus sich selber schöpfte. Er hatte aber auch stets den Mut zur eigenen Meinung! Was für Gruppen und Parteien sich auch seinerzeit um ihn stritten und wenn auch das Hitlerregime ihn zu dem Ihrigen umlügt – nie wird er irgendwo einzureihen sein. Er war der Ludwig Thoma, nicht mehr und nicht weniger. Er war ein Kopf für sich, ein echtes Herz und ein eigener Mensch.

Man hat immer und immer wieder gesagt und geschrieben, Ludwig Thoma sei ein geborener Erzähler gewesen. Eine solche Behauptung bedarf – soll sie richtig verstanden werden – einer grundsätzlichen Erklärung. Wer es unternimmt, dem Wesen des Erzählerischen bei Thoma auf den Grund zu kommen, der darf nicht mit abgewelkten, Begriff gewordenen und vieldeutigen Worten hantieren. Er muß konkret bleiben und jedes Ding, von dem er spricht, in die Greifbarkeit rücken. *Wie* so eine Geschichte abgefaßt, aufgebaut und beschlossen wird, das muß man betrachten. Die bitterste Anklage, die hinreißendste Satire, das bewegteste Theaterstück, ja sogar noch der Zeitungsartikel – alles bleibt Erzählung. Darum diese Ausgeglichenheit. Anklage, Satire, Zorn und Bitterkeit, Spott und Hingeneigtsein zu einer Sache, alles erhält eben durch dieses Erzählerische das Maß. Thoma kann niemals fanatisieren, schon das unterscheidet ihn von den Nazis. Er kam von daher, wo man nur dann anklagen, wettern, spotten oder predigen kann, wenn sich sozusagen das Wort sogleich ins Bild umsetzt. Er konnte nicht einfach sagen »So ists!« oder »So muß es sein!«, er mußte zuerst das Drum und Dran, die Atmosphäre haben. Er war unfähig, komplizierte Erklärungen abzufassen. Ihm wurde alles zu einer Art »Geschichte«. Ein Erzähler braucht Zeit, er holt – wenn er gefragt wird – weit aus. Er gibt die Antwort mit dem Bericht eines Vorfalles und macht damit das Dafür und Dawider menschlich verständlich. Ein sehr lebendiger Humanismus wirkt dauernd in ihm. Wir wissen von Abraham Lincoln, daß er Ratschläge und Meinungen meist in Form einer Anekdote weitergab, daß er oft, zum nicht geringen Verdruß seiner Umgebung, eine lustige Erinnerung zum besten gab, um das, was er wollte, einleuchtend zu machen. Auch Lincoln blieb zeitlebens ein Stück Volk. Solche Menschen verwenden ihre Logik durch die List der Phantasie und durch die Lust an der Kombination. Alles Knappe und Trockene ist ihnen fremd. Sie sind ohne Absicht episch und darum so ursprünglich. Um überhaupt mit einer Angelegenheit in Fühlung und mit ihr ins reine zu kommen, dazu bedarf es bei einem solchen Menschen einer Erläuterung. Er verlangt stets nach einem sinnfälligen Beispiel. *Dies* ist das letzte Wunder des erzählerischen Menschen. Dies der Schlüssel zu seinem Schaffen.

Ludwig Thoma begann als Dreißiger und stand schon halb in

einem anderen Beruf. Als Gebirgler kam er in das bayrische Bauernflachland und wurde Rechtsanwalt in dem – heute so grauenhaft berühmten – Dachau bei München. Es ist – wie man in meiner Heimat zu sagen pflegt – »ein schönes Lesen«, wie er in seinen Erinnerungen seine Entwicklung schildert. Ganz so nebenher erzählte er an Stammtischen Gesehenes und Erlebtes. Ein Redakteur ermunterte ihn, diese Dinge niederzuschreiben, ganz so abzufassen, wie er sie über den Tisch weg erzählt habe. Er tuts, und der Redakteur druckt die kleinen Sachen in seiner Zeitung. Sie finden Anklang, und nach einigem Herumsuchen meldet sich auch ein Verleger in Passau, der ein Buch daraus machen will.

Agricola hießen diese ersten Erzählungen. In der Art des Tacitus wollten sie Leben, Land und Leute der bayrischen Hochebene zwischen Isar und Inn schildern. Darin standen bereits Meisterstücke wie etwa *Das Sterben* eines Bauern, der noch einmal alles regelt, bevor er in die Ewigkeit muß. Ganz sachlich, mit feinstem Instinkt für das Wesentliche, ist alles in die richtige Bedeutung gehoben. Der durchs Fenster dringende, über die Bettdecke fallende Sonnenstrahl und die peinlich genaue Berechnung der Kosten des Leichenschmauses durch den Sterbenden fügen sich zu einem Bild greifbarer Eindringlichkeit.

Der äußere Aufstieg Thomas ging nun sehr schnell. Kurz darauf wurde der Verleger Albert Langen, der Schwiegersohn Björnsons, auf ihn aufmerksam und berief ihn an den ›Simplicissimus‹, das damals künstlerisch und literarisch beste, politisch-satirisch kühnste Witzblatt Europas. Über Nacht fast war Thoma an *die* Stelle gerückt, wo er sich völlig entfalten konnte. Der Bauernanwalt wurde politischer Wortführer gegen jede Reaktion. Deutschland hatte den stärksten Satiriker seiner Zeit und den echtesten Erzähler seines Volkes.

Ganz gewiß gab es in Deutschland schon vor Thoma von Berthold Auerbach bis Anzengruber und Peter Rosegger eine ganze Reihe beachtlicher Volkserzähler, und da waren seine Zeitgenossen Wil-

helm von Polenz, den Tolstoj einmal rühmte, dann Ludwig Ganghofer, da war der kräftige Tiroler Schönherr und der viel zuwenig
beachtete, bohrende Münchner Joseph Ruederer und auch mein
engerer Landsmann, der saftige Georg Queri. Sie alle aber, selbst
der liebenswerte, meist aber zu moralisierende Rosegger, blieben
mehr oder weniger Beobachter, sie alle hafteten zu eng an der
sogenannten »Heimatkunst«. Sie blieben gewissermaßen Bildner
von außen her, durch das Anschauen und Beschäftigen mit den
Menschen, die sie interessierten. Mit Thoma aber trat zum erstenmal
der reine Bauer in die Arena der deutschen Literatur, der
bäuerliche Mensch schlechthin, der aus sich selber heraus bildete.
Nur die jüngere, geniale Bauernmagd aus dem Inntal, die unglückliche
Lena Christ, die ihn an erzählerischer Kraft und dichterischer
Unmittelbarkeit sogar manchmal übertrifft, stammt aus der gleichen
Sphäre und bleibt bis zu ihrem verhängnisvollen Selbstmord
im gleichen Kreis. Sie hat, könnte man sagen, wenn man ihr grandioses
Buch *Erinnerungen einer Überflüssigen* liest, gar keinen
Verstand, sie ist nur ein Stück rohe, unberechenbare Natur.
Nehmen wir einmal einen solchen Bauern, der – so, wie er nun
einmal ist – ins Gewirr unserer Gesellschaft gerät. Sein Herkommen,
sein Verwachsensein und seine immerwährende, harte Arbeit
mit der widerspentigen Erde haben sein Denken und sein Gefühl in
eine Richtung gezwungen, die nur den Vorteil und den natürlichen
Zweck anerkennt. Er verfügt über keine angelernte Klugheit, aber
über eine instinktive. Er hat keinen sogenannten »Geist« wie wir,
nur einen sehr konkreten Verstand, der bei ihm lediglich die Rolle
eines praktischen Hilfsmittels spielt. Jahraus, jahrein ist alles, was
er tut, den Widerständen und Wechselfällen der Natur ausgesetzt.
Er sieht den Boden an, die Erde, die ihn zeitlebens so plagt, und
fühlt seine ewige Abhängigkeit von ihr, und ohnmächtig und demütig
kommt er zu der Erkenntnis: »So werden auch wir dereinst.
Dreck, und sonst nichts!« Das ist und bleibt seine unverrückbare
Weltanschauung, die er von sich auf alle anderen Menschen über-

trägt. Diesem Bauern werden von vornherein alle unsere Angelegenheiten und Wichtigkeiten – mögen sie nun noch so scheinbar groß und bedeutend aussehen – seltsam verschroben vorkommen. Dieser ganz und gar Respektlose sieht schärfer hinter unsere Geziertheiten, unsere Heuchelei. Die Unnatur um ihn herum wird ihn in kurzer Zeit zur Abwehr zwingen. Er steht nicht etwa kämpferisch, kriegerisch auf gegen sie, nein, er ist nicht im geringsten ein Revolutionär! Er stimmt nur ein Gelächter an über all die Anmaßung und Unwichtigkeit der Kreatur! Das ungefähr – denke ich mir – hat Ludwig Thoma zum Satiriker gemacht. Ihm schien es anfänglich durchaus nicht so, als sei er dazu geschaffen. Eigentlich neigte er nach echter Bauernart sein Leben lang zur Beschaulichkeit, aber schon die Schule griff in seine lebhafte Eigenwilligkeit. Später als Rechtspraktikant und Anwalt entschleierte sich ihm das sogenannte Gesetz, die Gerichtsbarkeit. Die Richter entpuppten sich als lebensfremde Menschen. Und immer größer wird der Kreis dieses Widersinns. Schule, Gerichtssaal, Gesetz, Richter sind nur Merkmale eines Systems, antwortet er sich selber nach einigem Nachdenken und dringt vor bis zu jener Stätte, wo all dieses Wirrsal erzeugt wird, zur Volksvertretung, zur Regierung und endlich bis zum Kaiser. Alle Ströme des Einflusses erspäht er. Muckertum, Beziehungsseuche, Kriecherei und Dummheit entdeckt er, und nun hat er den ganzen umfassenden Stoff zum Kampf.

Nie hat einer so schnell innerhalb seiner inneren Berufung seine besondere Eignung gefunden wie er. Bei nur flüchtiger Betrachtung fällt einem sofort die Beweglichkeit dieses doch gewiß bodenständigen Mannes auf. Er, der ganz und gar Gegenwärtige, hat fast etwas von einer gutredigierten Zeitung – überallhin hat er seine Fühler ausgestreckt, alles berührt er, von überallher wird er angeregt und nimmt waghalsig dazu Stellung. So voll von Leben und von Lebendigem ist er, daß ihm gleichsam das Leblose an Menschen, Dingen und Einrichtungen wie eine ständige Herausforderung vorkommt. Man darf nicht sagen, er sei ein zutiefst Beunruhigter, man ginge sehr fehl, wenn man ihn etwa einen »faustischen Kämpfer« nennen würde. Nein, nein, das alles ist er nicht – er ist ein wackerer Streiter, ein echt bayrischer Prozeßhansl. Doch auch dieser Begriff darf nicht falsch ausgelegt werden. Weder etwas Kleinhumoristisches noch etwas rein Nörglerisches darf man ihm anhängen. Es soll damit nur sozusagen das Fundament einer Veranlagung gekennzeichnet werden. Denn, wie ich ja schon sagte, das Entscheidende für einen Menschen – und noch dazu für einen Schriftsteller – ist immer das *Wie. Wie* Thoma schrieb, *wie* er etwas ansah und uns übermittelte, *das* besiegte uns.

Wer von uns erinnert sich nicht an die Zeit, als Thoma seine ersten Bauerngeschichten und Satiren im ›Simplicissimus‹ veröffentlichte! Wem von uns fällt bei einer solchen Gelegenheit nicht so ein saftig-derbes Sächlein ein, bei dem er unwillkürlich ausrief: »Endlich wieder einmal ein echter Kerl!«

Warum freuten wir uns denn alle so darüber? Warum ging uns denn das alles so an? Warum war es uns so neu, so lebendig, warum riß es uns so mit? Warum gefiel uns denn dieser »echte Kerl« so?

Gewiß, er griff Dinge und Einrichtungen an, an denen jeder etwas auszusetzen hatte. Seine Schärfe und Derbheit ließen ganz Deutschland aufhorchen. Er warf seine Brandfackel in die schwärzeste Finsternis! Licht und Leben verbreitete er, Kampflust spornte er an. Er »derbleckte« – wie man als Bayer sagt – das Wilhelminertum und jene klägliche letzte deutsche Kaisergestalt mit einer derartig vernichtenden Grobheit, wie man sie nie wieder erlebt hat. Und ein schallendes Gelächter dankte ihm. Dieses Gelächter kam nicht nur von den Unteren, von den Benachteiligten und Unzufriedenen allein, es kam sogar noch von weit oben. Denn diese Späße hatten etwas Spezifisches, das nur ihnen anhaftete. Sie waren nicht nur selbstzufriedener Witz. Der Witz wächst aus der etwas überheblichen Gescheitheit, die glaubt, sie allein sei Anfang und Ende aller Dinge. Der Hohn kommt aus der Bitterkeit des Empörten und kennt keine Gerechtigkeit, der Humor aber entstammt einer ererbten Weisheit, er ist Gemeingut eines Volkes. Und er ist im tiefsten Sinn jenes demütige und unverwirrbare Lächeln, das in jedem Hauch die ewige Vergänglichkeit alles Irdischen erkennt. Der Humor entschleiert und klärt und zwingt schließlich zur Einsicht. Er ist etwas, das die Menschen *zusammenführt,* Hohn und Witz aber sondern ab. Aus der Erkenntnis der Unzulänglichkeit alles Menschlichen schöpft der echte Humorist. Ihn beengt nicht einmal der Haß. Eben deswegen, weil Thomas Satire vom Humor herkam, darum erfaßte sie uns alle so, eben weil er dieses Spezifische in höchstem Maße besaß, darum hatte sie eine solche Stoßkraft. Alles Unklare, alles Programmatische, Prophetie oder Utopie bleiben ihm stets fremd. Er kämpfte im Kreis seiner Zeit um die Erträglichmachung des Lebens, weiter nichts. Er blieb immer ein ganz Gegenwärtiger, aber wie er es verstand – zum Beispiel –, das Spezielle stets allgemeingültig zu machen, das zeigt jene klassische – wie viele andere solche Köstlichkeiten nicht ins Gesamtwerk aufgenommene – Satire auf den Ordenswahn Kaiser Wilhelms. Sie heißt *Der Orden* und stand vor langer, langer Zeit im ›Simplicissimus‹. Ich will sie Ihnen nur der Erinnerung, nicht dem Wortlaut nach erzählen:

Ein Kammersänger, der sehr darauf erpicht ist, von Seiner Majestät dekoriert zu werden, darf vor dem Kaiser singen. Er singt und singt, und als er endlich fertig ist, spricht sich Seine Majestät sehr anerkennend darüber aus. Der Kammersänger zerfließt schier vor Devotion, wartet und wartet. Seine Majestät lobt und lobt, und schließlich wird der Sänger entlassen. Es hat keinen Orden gegeben. Wie vernichtet steigt der Kammersänger drunten im Hof in seine Kutsche. Er macht ein Gesicht – zum Weinen! Die Majestät schaut gnädigst zum Fenster hinunter und bemerkt des Sängers Traurigkeit.

»Na, was ists denn? Warum machen S denn so ein Gesicht, Herr Kammersänger!« ruft Seine Majestät leger und erkundigt sich noch leutseliger: »Sagen Sies nur grad raus! Nur keine Angst!«

»Ja ... hm ... ja ... Majestät, wenn ich mir alleruntertänigst erlauben darf ... Ich mein halt! Ich mein! ... Ich hätt halt gern einen Orden mögen«, ermannt sich der Sänger endlich. Majestät ist sofort im Bilde und ruft:»Ja so! Ja so! ... Das hab ich ja ganz vergessen! ... Warten Sie ein bißl!«, geht an den Schreibtisch, nimmt *zwei* gleiche Orden, wickelt sie ein und wirft sie dem Sänger in den Wagen hinunter:»Da, bitte!« Wie aber der nun das Päckchen aufmacht, wird sein Gesicht noch verdutzter und fassungsloser. Er starrt völlig verblödet zur Majestät empor.

»Na, was haben Sie denn? Ists nicht recht? ... Hab ich schon wieder was falsch gemacht?« fragt Majestät.

»Nein - nein! Nein! ... A-aber, Majestät, es sind *zwei gleiche* Orden, *zwei*!« ruft endlich der Sänger entgeistert.

»Ja so! Ja so!« besinnt sich Majestät einen Augenblick und setzt gefaßt dazu:»Ah, geben S den anderen dem Kutscher!«

Natürlich war der Kaiser nicht genannt, sondern irgendein Fürst, und Fürsten gabs damals an die dreißig in Deutschland. Sie glichen dem Herrn in Berlin auf ein Haar.

Sie sehen, nicht die Heftigkeit, nicht heißspornige Empörung trieben Thoma, so zu schreiben, wie ers tat. Er schaut bloß auf, erspäht, sieht deutlicher hin und lacht das Jämmerliche, das er da zu sehen bekommt, nieder. Unerreicht in dieser Kunst ist er in seinem berühmten *Briefwechsel eines bayrischen Landtagsabgeordneten.* Diese Briefe, die der Bauer Joseph Filser, der durch Betreiben der Geistlichkeit in das Parlament gewählt wird, schreibt und erhält, sind wahrhaft etwas Einmaliges. Man liest sie, allerdings nur, wenn man die Feinheiten des Dialektes kennt, und fragt nicht nach der entschwundenen Zeit und nach den verschwundenen Menschen, alles ist gegenwärtig. Es sind zwerchfellerschütternde Bekenntnisse einer sehr pfiffigen Bauernseele, die oft in einem Nebensatz die ganze Lächerlichkeit der damaligen Treibereien des Klerus aufdekken, etwa, wenn dieser neugebackene bäuerliche Landtagsabgeordnete sein Tagewerk beschreibt und dabei meint, »um neun Uhr geht das Regieren an!«, oder wenn er sich bei seinem Pfarrer erkundigt: »Schreiben Sie mir meinen Standpunkt, Hochwürden!« Mit fast dämonischer, breughelscher Deutlichkeit sind in diesem unvergleichlichen Buch die Korruption, die Muffigkeit und Widersinnigkeit des damaligen Staatsbetriebes ins Ewige gerückt, in die ewige Lächerlichkeit. Nie wieder hat Thoma diese seine satirische Simplizität überboten.

Die Verfasser der üblichen Literaturgeschichten machen es sich leicht, wenn sie auf Ludwig Thoma und seine Werke zu sprechen kommen. Jeder dieser Herren scheint in seinem Gehirn eine geräumige Schublade zu haben, wo all solche Elemente leicht unterzubringen sind. Droben steht: »Gemütliche Heimatdichtung.« Ich will Sie nicht lange mit Zitaten aus diesen dickleibigen Büchern aufhalten, ich brauche nur einige Stellen etwa aus Kurt Martens *Deutscher Literatur der Gegenwart* hervorzuholen, die den meisten anderen ähneln.

»Auch der Altbayer Ludwig Thoma«, heißt es da kurz und bündig, »ist um seiner frisch-fröhlichen Bauerngeschichten und einiger bodenständiger Einakter willen den Heimatkünstlern zuzuzählen«, und etliche Seiten weiter wird folgendermaßen charakterisiert: »Die drollige Stammeseigenschaft stark umreißenden Dialektreize, auf die übrigens sich auch Wolzogen in seinen Romanen gut versteht, trugen viel zum Erfolg zweier darin – aber auch *nur* darin – verwandter Schriftsteller bei, des Oberbayern Ludwig Thoma und des Sachsen Hans Reimann.«

Ich halte mich nun nicht gerade für kompetent, diesen ausgezeichneten Kennern der deutschen Literatur etwas zu erwidern. Ich lasse lieber Thoma selber sprechen. Dies schrieb er 1910 in einem Gedenkartikel für den verstorbenen Wilhelm Raabe, der den Titel *Oberlehrer* trägt:

»Herr Professor Dr. Richard M. Meyer sagt uns denn auch, warum nicht die allerlauteste Begeisterung und solchergestalt die Note I für den Dahingeschiedenen am Platze ist. Bei der Durchsicht der von Wilhelm Raabe gefertigten Hausaufgaben kam er zu der abgewogenen und gerechten Meinung, daß der Dichter ›nicht das Höchste erreicht hat, was er hätte erreichen können‹. Leider fügt er nicht bei, ob dieses bei ›größerem Fleiße‹ oder bei ›strengerer Sammlung‹ möglich gewesen wäre, aber jedenfalls gibt er ihm die Note kaum I–II, eher II–I.

›Setzen Sie sich, Raabe! Vielmehr legen Sie das Zeugnis dem lieben Gott vor und sagen Sie ihm, daß der Professor Meyer im allgemeinen nicht unzufrieden ist mit dem Talente, das er Ihnen verliehen hat. Der nächste.‹

Ich aber halte es in dieser Schule nicht länger aus; mich überkommt es wie in der Zwetschgenzeit, und indem ich meinen Finger erhebe, rufe ich dringend: ›Herr Professor, ich bitte um die Erlaubnis, hinausgehen zu dürfen.‹«

In der von ihm und Albert Langen gegründeten politischen Wochenschrift ›März‹ schrieb Thoma eine ganze Reihe solcher Artikel, die meiner Meinung nach schon längst in die Schulbücher der deutschen Republik gehört hätten.

Auch jener umfassende, nicht nur kühne, sondern auch historisch ungemein wichtige Angriffsartikel *Die Reden Kaiser Wilhelms,* den der Dichter während einer sechswöchigen Haft schrieb, erschien im ›März‹ 1907. Emil Ludwig, der im Ersten Weltkrieg die Fahrten der deutschen Unterseeboote noch emphatisch verherrlichte und uns Deutsche heute alle in eine Strafschule für schwererziehbare Kinder schicken möchte, hat in den Jahren der deutschen Republik sicher einmal diesen Artikel gelesen und gemerkt, daß es nun, da es ja gänzlich ungefährlich geworden war, sehr ruhmreich und einträglich sei, eine solche Kaiservernichtung – wie sagt man doch? – neu zu adaptieren! Hält er doch auch jetzt wieder alle Füllfederhalter, Schreibmaschinen und Sekretärinnen bereit, um sofort nach der Vernichtung Deutschlands wenigstens dem Braunauer Verbrecher, der es in die Vernichtung getrieben hat, in Form eines sensationellen, dickleibigen Buches ein Denkmal zu setzen! Vielleicht zwar nicht ein gerade schmeichelhaftes – aber immerhin ein Denkmal!

Aber bleiben wir bei Thoma. Eben während jener Haft schrieb er in sein *Stadelheimer Tagebuch,* das erst nach seinem Tode erschien, er möchte einmal etwas Ernstes schreiben. Wohlgemerkt, das geschieht, nachdem er bereits den großen Roman *Andreas Vöst,* die an ein Gemälde von Leibl gemahnende *Hochzeit,* seine meisten Einakter, die köstlichen Lausbubengeschichten und eine ganze Reihe sehr echter Geschichten geschrieben hat. Niemand wird bestreiten, daß Thoma der vollgültige Typ des Bayern ist, aber – sehen Sie – jene Literaturgeschichtenschreiber und jene federgewandten Leute, die alles charakterisieren können, ohne es zu kennen, haben es im Laufe der Zeit wirklich fertiggebracht, daß man den Begriff »Bayern« mit einem gewissen schmunzelnden Behagen von oben herab mit »Bier, simpler Grobheit und drolligem Dialekt« gleichsetzt. Nie scheint man über diese humoristische Verallgemeinerung hinausgekommen zu sein. Als gäbe es kein bayrisches Barock, als hätten nie die mächtigen Baumeister, die Brüder Asam, eine ganze Epoche beeinflußt, als gehörten Jean Paul, Spitzweg und Hans von Marées, Slevogt, Max Reger und Richard Strauß nicht zu Bayern und als sei – um diese ganz willkürliche Aneinanderstellung von Namen nicht zu weit auszudehnen – weder Röntgen noch Albert Einstein (schließlich trennt nur eine Brücke über die Donau sein württembergisches Geburtsstädtchen Neu-Ulm vom bayrischen Ulm!) uns zugehörig, als hätten wir nicht zwei ungewöhnlich kunstsinnige Monarchen gehabt, wovon der eine dem Genie Richard Wagners die Wege ebnete, ja wahrhaftig, als seien wir ein Volk, krakeelend, saufend, fressend und Feste feiernd, aber keines, das Kultur, ernsthaften Bürgerfleiß und ruhige Gedankenarbeit kennt. Deswegen eben erscheint mir Ludwig Thoma so wichtig. Auch er hat in seinem erzählerischen Werk das wirkliche Bayern der Welt erschlossen!

Nachdem er lange Jahre im polemischen Kampf gestanden hatte, kehrte er wie nach einer ungemütlichen Fahrt auf einer unserer kleinen Lokalbahnen in seine Heimat, in die geliebten Berge zurück. Jagd trieb er, unter Bauern hockte er als einer ihresgleichen und wünschte sich gewissermaßen nichts anderes mehr, als seine Ernte noch trocken unter Dach zu bringen. Sein früh verstorbener Lebensfreund, der Bildhauer Ignaz Taschner, hatte ihm ein Haus entworfen. Als es fertig dastand, als der Dichter einzog, blickte er noch einmal ins Flachland hinaus, setzte sich hin und schrieb sein Unvergänglichstes, den *Wittiber* und die *Heilige Nacht*.

Wie ein langsam heranwachsender Wald hatte sich seine Erzählungskunst entfaltet: Heiteres, sehr wechselvolles Gebüsch wucherte zuerst aus dem Boden. Nie wurde es zum Dickicht, immer blieb es leicht durchschreitbar. Jetzt aber wuchsen die großen, tiefwurzelnden Bäume auf mit ihren patriarchalischen Kronen. Sie ragen empor aus dem heimatlichen Boden, ganz dazugehörig, eins mit Mensch und Landschaft ringsum . . .

Noch im *Andreas Vöst* waren gewaltsame Übergänge, aber wie war da schon die Sprache dem Stoff angepaßt! Klar, einfach und immer bildhaft. Niemals brauchte Thoma zu »erfinden«, niemals griff er bei irgendeiner Betrachtung in Gott weiß was für Geistigkeiten und Welten; Boden und Volk, dem er entstammte, trugen ihm die Sprache, ja sogar die Wendungen dieser Sprache zu. Und dieses Deutsch war ein viel farbigeres als das herkömmliche. Es war überzeugender, lebendiger und ist in seiner lapidaren Kraft einzigartig. Indem Thoma dieses Handwerkszeug ganz ausnützte, bereicherte er unseren Sprachschatz, der ja, seiner Meinung nach, immer vom Dialekt her neuen Zustrom bekommt, überhaupt. Wer zum Beispiel Thomas Werke nur daraufhin durchliest, wird Worte finden, die wir erst seit ihm in ihrer ganzen Ursprünglichkeit kennen, Worte wie etwa »Gesurms«, »früherszeiten«, »derweil« oder die schönen Redewendungen als Ausdruck der Verwirrung »Er weiß nicht mehr hott oder wißt« oder »Wir heimgarten so miteinander« und viele, viele dem Bauern abgelauschte Bezeichnungen. Sie stehen so sehr an der richtigen Stelle, gehören so sehr zum Ganzen, daß alles Nachdenken darüber beim Leser aufhört. Wir erleben ihre wohltuende Heimeligkeit.

Und die durchaus ungesuchten, schlagkräftigen Argumente seiner Artikel setzt er nun ins Dichterische um. Da ist im *Vöst* der Tod einer Bäuerin, noch stärker als im *Agricola*, und da wird gleich am Anfang des Romans ein Kind, das schon bei der Geburt in den Händen der Hebamme stirbt und infolgedessen nicht getauft ist, wie ein Hund in die Erde verscharrt, weil es, wie Thoma ironisch schreibt, »die Vorschrift der Religion ist«. Er aber hält als menschlich empfindender Christ der unduldsamen, muffigen Geistlichkeit entgegen: »Ich weiß nicht, ob der liebe Gott den unchristlichen Zustand eines Kindleins so hart beurteilt wie seine Geistlichen, aber das eine ist gewiß, daß es nicht in geweihter Erde ruhen darf, worein nur Christen liegen, darunter manche sonderbare.«

All die durch den Broterwerb scheinbar verschüttete, in Wirklichkeit aber aufgesparte Kraft, seine ganze Innigkeit, sein unerbittlich-wahrhaftes Anschauen kommen jetzt zur vollen Geltung, und als er den *Wittiber* fertig hat, sagt er selber, daß er mit dieser Arbeit zufrieden ist. Ohne jede Eitelkeit, genau wie ein Bauer, der sein Feld gut bestellt hat, meint er: »Das hält. Wenn jemand nach hundert Jahren noch wissen will, wie bayrische Bauern lebten und waren, der *Wittiber* sagt es ihm.« Diese harte, karge Geschichte vom Untergang etlicher Bauernmenschen ist ganz aus einer menschlichen Mitte heraus gestaltet. Aus einer solchen Mitte kam einst Jeremias Gotthelf, so in diese Mitte hinein drang noch einer: Tolstoj.

Es mag mir als Vermessenheit zugeschrieben werden, wenn ich die zwei großen Namen zum Vergleich heranziehe. Wer gerecht nachprüft, kommt zu diesem Ergebnis.

Von dem biederen Schweizer Pfarrer Gotthelf wird erzählt, er sei höchst überrascht gewesen, als man ihm erzählte, daß seine Bücher in ganz Deutschland verbreitet und sogar ins Englische (ich glaube, von John Ruskin) übersetzt seien. Er habe, so meinte er ungefähr, ja gar nichts anderes gewollt, als durch seine lehrhaften Geschichten seinen Pfarrangehörigen schmackhafte Sittenpredigten zu bieten. Er war höchlichst überrascht über seine begeisterten Leser in aller Welt.

Und was war das Lebensziel des großen Russen? Er wurde Christ und Bauer, unterrichtete das Landvolk und wollte einer sein von ihm. Er sieht im Nationalismus den Tod aller menschlichen Kultur, aller Verträglichkeit der Völker untereinander, aber er liebt unendlich sein Stück Heimat, die russische Erde. Er pflügt diese Erde, er erntet, er haßt die Kunst und die Literatur. Er erkennt nichts mehr an als Gott und eben diese Erde. Er will zurück zu den Menschen, die den Boden bebauen und keinen Feind mehr kennen, will eins sein mit ihnen. Und noch sterbend, kurz bevor er verlöscht, als alle so ein Wesens um ihn machen, ruft er in tiefster Bedrängnis: »Aber wie sterben denn die Bauern, die Bauern!«

Es nehme jemand irgendeine Geschichte Gotthelfs, die *Macht der Finsternis* oder die *Volkserzählungen* Tolstojs und Thomas *Wittiber,* und er wird überrascht sein. Überall ist das gleiche tief bäuerliche Beharren der geschilderten Menschen, überall trifft man dieselbe Schicksalsverhaftetheit, und – das Merkwürdigste – jeder der drei schaut ähnlich ein Ding an, sogar die gleichen Worte findet man, dieselbe Eindringlichkeit und Unmittelbarkeit.

Geliebt haben sie alle drei: der Schweizer, der Russe, der Bayer. Geliebt, wie man nur lieben kann, wenn man wo ganz daheim ist. Gelehrt haben sie alle drei, jeder auf seine Weise – Gotthelf wie ein glaubensfester Pfarrer aus innerster Berufung, Tolstoj aus der Unruhe des Gottgemarterten, Thoma mit einer Art gesundem Hausverstand, phrasenlos und innig.

»Innig«? Wie wenig scheint dieses Wort für Thoma zu passen, aber wer einmal erfahren will, was bäuerliche Innigkeit ist, der setze sich zu Weihnachten hin, wenn draußen die Bäume und Felder voll Schnee liegen, und lese seine *Heilige Nacht.* Nur für sein Volk scheint er es aufgeschrieben zu haben, dieses ganz im bayrischen Dialekt gehaltene, volksliedhafte Gedicht von der Legende in Bethlehem. Seit Kindheitsgedenken lebt sie als Gleichnis in uns, aber wie verunziert, wie aller Glaubhaftigkeit beraubt hat man sie im Lauf der Jahrhunderte! Thoma unternimmt nichts weiter, als daß er Christi Geburt ungefähr so erzählt wie ein Bauer meiner Heimat. Jede steife Feierlichkeit ist dieser Betrachtungsweise und Vorstellungsart fremd. Zwei arme Menschen, Joseph und Maria, müssen in die nahe Stadt, um allerhand amtliche Angelegenheiten zu erledigen. Es ist harter Winter und tiefer Schnee liegt, sie kommen nur mühsam weiter, und der Reiche, der vorbeifährt, nimmt sie nicht mit. Es wird langsam Nacht. Die zwei Leute haben keinen Pfennig Geld, und nun suchen sie in einem kleinen verschneiten Dorf billig Unterkunft, aber niemand von den Bauern läßt sie ein, bis schließlich der Ärmste, der Simmerl, ihnen seinen Stall anbietet. Und da kommt nun Maria mit dem Kind nieder.

Welche Leuchtkraft hat jedes kleinste Geschehnis! (Leider kann ich Ihnen die zarten Zwischengesänge, die wirken, als seien sie uralte Volkslieder, wegen des Dialekts nicht vorlesen.) Es mag mir vielleicht als Rührseligkeit ausgelegt werden, wenn ich gestehe, daß ich die *Heilige Nacht* beim Lesen so empfinde, als säße ich als Kind wieder daheim in der warmen Stube und sähe all das Göttliche dieser Legende so menschlich und geheimnislos, als wärs etwas, das jedem von uns geschehen könnte. Ein scheinbar ganz enger Bauer hat dieses innige Gedichtwerk geschrieben, aber jedes Wort vermittelt uns seinen Sinn – uns, dem Volk, uns, den Menschen!

Er hieß Ludwig Thoma und wird immer ein Teil aller Menschen bleiben ...

Meine Damen und Herren! Es ist tröstlich und erhebend, *heute* in einem Land, das mit Deutschland im Krieg steht und eine andere Sprache spricht, über einen deutschen Dichter sprechen zu können, der sich gleichsam als Toter in der Gefangenschaft der nichtigsten Schänder seines Volkes befindet. Es beweist, daß dasjenige, was sein Werk an Allgemeinmenschlichem enthält, die Abgrenzung längst gesprengt hat, daß man den Geist nicht gefangenhalten kann. Er gehört der gesitteten Menschheit. Wie jeder echte Dichter hat auch Thoma das Unvergängliche unseres Volkes zum gültigen Bild gestaltet. Erst wenn jedes Volk vom anderen ein solches Bild hat, sind wir auf dem Wege zu einem haltbaren Frieden. In *dieser* Zeit, da uns die unbeschreiblichen Ereignisse verwirren und oft blind machen für alles, was uns nicht äußerlich zugehört, ist ein Dichtwerk das einzige, was uns innerlich wieder verbinden kann.

Über einen Dichter reden ist immer mehr oder weniger ein Reden über sich selber. Vielleicht habe ich das Lied, das ich Ludwig Thoma sang, zu hoch gestimmt. Verzeihen Sie mir meine nicht gewollten Übertreibungen. Aber – wie sollte es denn anders sein – aus mir sprach das Glück, ihn ganz gelesen zu haben. Seine Werke haben mich durch alle Länder meines Exils begleitet wie die besten Freunde, und sie haben mich immer wieder aufgerichtet, ich empfand bei jeder Zeile, die dieser begnadete Mensch hinterlassen hat, daß ich ein wenig aus dem gleichen Stammholz geschnitten bin, und ich meine, dieses Holz wächst auf dem guten Boden aller Länder.

New York, 20. Oktober 1944

Etwas über den bayrischen Humor

In Österreich, wo ich Anno 1933 und 1934 – wie eine dortige Provinzzeitung einmal geschrieben hat – »durch mein öffentliches Auftreten in Form von Vorlesungen aus meinen lustigen Werken die Zuhörer immer wieder zu Lachsalven veranlaßt habe«, ist oft die Rede darauf gekommen, was es denn mit dem bayrischen Humor eigentlich für eine Bewandtnis habe. Wenngleich nämlich das Österreichische und das Bayrische vielfach Ähnlichkeiten aufweisen, im Humor ist das nicht der Fall. Soviel ich herausgebracht habe, ist der österreichische Humor weit, weit zivilisierter als der unsrige, man könnte auch sagen, er ist »spritziger« und weniger direkt, also mehr kulant und umschreibend. Er ist gescheiter, schlagfertiger und witziger als der bayrische. All das fehlt unserem Menschenschlag. Ob das damit zusammenhängt, daß die Österreicher im allgemeinen mehr Wein und Kaffee trinken, während unser Nationalgetränk das Bier ist, weiß ich nicht. Wein trinkende Völkerschaften, habe ich mir sagen lassen, seien leichtbeschwingter, wendiger, ausgeglichener in ihrer Heiterkeit, während das Bier stumpf, störrisch, nörglerisch und auf irgendeine Weise wurschtig, das heißt etwa animalisch gleichgültig macht. Der alte Bismarck, der überhaupt nur zwei Bayern hat leiden können, den Maler Lenbach und seinen Leibarzt Schweninger aus München, hat einmal gesagt: »Der Bayer ist eine Mischung von Österreicher und Mensch.« Ganz so unrecht kann man ihm da nicht geben, wenn es auch nicht allzu freundlich klingt. Das bezeugt auch ein uralter bayrischer Witz aus den Zeiten unseres Königtums, als wir noch ein Leibregiment in München hatten und man unverheiratete Frauenzimmer aus dem Volke, insbesondere weibliche Dienstboten auf dem Land oder Köchinnen in der Stadt, die mit so einem »Leiber« oder überhaupt mit einem Soldaten ein Verhältnis hatten, schlichtweg als »Mensch« bezeichnete, was aber durchaus nicht herabmindernd gemeint war. Kurzum, auf dem Odeonsplatz in

München hat der kunstsinnige König Ludwig I. zum ehrenden Andenken unserer zwei Feldherren Tilly und von Wrede die Feldherrnhalle erbauen lassen. Freilich trifft bedauerlicherweise zu, was man bei uns über diese zwei amtlichen Helden sagt, nämlich: »Der erste war ein Feldherr, aber kein Bayer, und der zweite war zwar ein Bayer, aber kein Feldherr.« Doch das nur nebenher. Die Feldherrnhalle ist ein massiver, offener, säulengetragener Viereckbau nach florentinischem Muster, zu dem eine Freitreppe emporführt, die von zwei steinernen Löwen flankiert wird. Oben, auf dem Freiplatz unter dem hohen Kuppelgewölbe, prangt auf der einen Seite die erzene Figur Tillys und auf der anderen die vom Wrede, doch in der Mitte, sozusagen als Symbolisierung der sieghaften Tapferkeit bayrischer Armeen, ragt eine weit mehr ins Auge fallende Gruppe empor: Ein raupenbehelmter Soldat, dessen Montur durch seine kriegerische Betätigung ziemlich zerfetzt ist, hält mit dem einen Arm die Landesfahne standhaft in die Höhe, den anderen Arm dagegen hat er um die runden Schultern einer klassisch geformten, etwas locker gekleideten weiblichen Figur gelegt. Der Leiber-Franzl steht eines Tages mit seiner Zenzi vor der Feldherrnhalle und schaut speziell zu dieser Mittelgruppe hinauf, indem er ernsthaft stolz erklärt: »Siehgst ös, Zenzl, so san mir Bayern – grauft, daß uns d'Fetzn runterhänga, die Fahne hoch und das Mensch auf der Seitn.«

Bis vor dem Ersten Weltkrieg noch hing bei uns in manchen Wirtshäusern ein alter Öldruck, der eine blutige Bauernrauferei darstellte, darunter stand: »Bayrische Volksbelustigung.« Diese uns in früheren Zeiten anhaftende Raufsucht hat schon lang, lang aufgehört oder vielmehr sich in ganz andere Gegenden verlagert: In den letzten Jahren der Weimarer Republik haben sich in allen Städten Deutschlands politische Gegner auf Versammlungen halb oder ganz totgeschlagen, und in der Hitlerzeit ist dies ein staatliches Privileg für die SA und die SS geworden, um unliebsame Elemente zum Schweigen zu bringen oder aus der Welt zu schaffen.

Auch das gegenseitige, herausfordernde Ansingen feindlicher Gruppen mit selbstgedichteten Spott-Schnadahüpferln vor einer Wirtshausrauferei, das ein geradezu unentbehrliches, humoristisches Requisit der Schilderungen unserer früheren bayrischen Lieblingsschriftsteller bildete, gehört längst der Vergangenheit an. Erhalten hat sich nur unsere von alters her übernommene Lust des spöttischen Herabminderns, das »Frotzeln«. Dabei kommt unser saftig-derber, ganz und gar unromantischer Charakter deutlich zum Vorschein. Feinere Rücksichten, Empfindlichkeit uns selber oder anderen gegenüber, bleiben uns immer fremd, obgleich wir es eigentlich nie darauf abgesehen haben, den anderen wissentlich zu verletzen. Wenn ein junger, offensichtlich unerfahrener Mensch sich wichtigmacherisch an eine Sache heranmacht, heißt es meistens: »Geh, er aa! Er aa mit dö großn Hund bieseln!«, und wenn er dann seine Blamage noch nicht einsieht oder gar siebengescheit und weitläufig erklären will, wird er mit der hämisch-gelassenen Bemerkung abgefertigt: »Jaja, dich wenn wir nicht hätten und an Löffel, nachher müßtn wir d' Suppn pfeilgrad mit dö Händ fressen.« Gegen Frotzeleien indessen gibt es eine ebenso altgewohnte Abwehr, das »Hinausgeben«, das aber eine gewisse gelernte Schlagfertigkeit verlangt, die jeden echten Bayern stets überrascht und zum Lachen bringt, obgleich ihm die dabei gebrauchten Redewendungen von jeher bekannt sind. Fängt ein älterer Mensch mit vollen, grauen Haaren an, seinen schon ziemlich kahlköpfigen Nachbarn deswegen zu frotzeln, so trifft ihn schnell der Gegenhieb. »Dö gscheiten Leut werden plattert, und d' Esel werden grau«, sagt der Kahlkopf bloß, und alle zwei lachen.

Um einem nichtbayrischen Menschen unseren Humor auch nur halbwegs begreiflich zu machen, dazu muß man im Erklären ein bißchen weitschweifig sein. Weitschweifigkeit oder, besser, das langsame, leicht umständliche Heranpirschen an das Eigentliche einer Sache gehört zu unserer Natur. Alles Knappe, logisch scharf Umrissene ist uns zuwider. Wir sind für das Kommode. »Kamott«, wie wir es aussprechen, heißt soviel wie sich in allem gemütlich Zeit lassen und das zuträglich Behagliche voll auskosten. Meistens springt dabei sogar ein Vorteil für uns heraus, und wenn es auch nur der ist, daß ein anderer Mensch sich darüber ärgert oder nervös wird. Ein »kamotter« Mensch mag das Durchdenken, das in heutigen Zeiten so beliebte Zu-Ende-Denken nicht, er ist für das Betrachterische. Das hängt vielleicht mit unserer weltberühmten Kunst, dem »Bayrischen Barock«, zusammen, bloß, meine ich immer, daß »barock« überhaupt eine persönliche Veranlagung jedes einzelnen Bayern ist. Barock, das ist das Breitausladende, Schnörkelnd-Verquellende und immer wieder in alle möglichen, wunderlichen Details Abirrende. Es ist das sich strotzend zur Schau stellende Reich- und Prächtigtun mit viel Himmelblau und Gold, eine – um es bayrisch auszudrücken – »wamperte« Gesundheit und sich immer wieder überschlagende Fidelität, eine durchtriebene Schlauheit mit dem unnachahmlichen schlichten Einfaltsgesicht, freche Schauspielerei mit protzendem Naturburschentum, wobei – oft ganz überraschend – ungemein feinwitternde Nerven durchbrechen, die etwas von Mozart und von den Brüdern Asam gleicherzeit hervorzaubern, freilich bäuerlich derb und sogar scheinheilig frömmelnd, aber immer lugen aus irgendeinem scheinbar vergessenen Winkel jene dickbackigen, Posaune blasenden, rumpflosen, kurzbeflügelten Engel hervor wie kecke Vignetten, und ihre mit zartesten Fleischfarben übermalten prallen Gesichter sehen aus, als wären es Firmlinge, die mit gieriger Lust und hemmungsloser Wucht saftige Weißwürste bampfen. Denn wir haben es stets auf die strotzendfarbige Fülle abgesehen, nicht auf die farblose, ungewisse Tiefe. Was kommt denn, wenn man eine solche erreicht hat, schon dabei heraus? Eine sogenannte »ewige Weisheit«, die bei genauerem Anschauen nichts anderes ist als eine grundsolide Banalität, die sich von den Sprüchen der Bibel bis zu unseren alten Bauernregeln immer gleichbleibt. Daran mögen andere ihren Witz verschwenden. Der Witz ist denkerisch und rechthaberisch, er verlangt Schärfe

73

und will treffen durch seine geschwinde, auf Wirkung bedachte Gescheitheit. Wie gesagt, das liegt uns nicht. Bei uns hat man Humor. Das ist etwas Absichtsloses, »Kamottes«, Barockes, etwas mit vollem Behagen Ausschöpfendes, Unterhaltliches. Das zieht sich bis in unsere eigentümlich störrische Sprachart hinein, in unseren Dialekt, den kein Schriftdeutsch, das wir in der Schule gelehrt bekommen, je ausrotten wird. Unser Lehrer, selig hab ihn Gott, er ist an einem Magenkrebs gestorben, hat sich alle Mühe gegeben, diesem Übelstand abzuhelfen. Von der ersten bis zur letzten Schulklasse hat er uns immer wieder eingeschärft: »Man sagt nicht – ich habe gelitten, sondern – ich habe geläutet«, und: »Es heißt nicht – ich bin in die Hosen geschloffen, sondern geschlüpft.« So abrupt abbrechende Worte blieben uns, wenigstens im Aussprechen, immer etwas fremd. Wenn der gute Mann auch hundertmal versucht hat, uns beizubringen, daß man einem Glück wünscht oder gewinkt hat, bei uns hieß es und heißt das immer noch »gewunschen« und »gewunken«, und wir finden es tausendmal schöner, wenn wir sagen: »Es hat geschnieben«, statt »es hat geschneit«. Das muß was mit dem Gehör zu tun haben, meine ich, und schließlich ists auch Auffassungssache.

Jetzt merke ich, daß ich fast den Faden verloren habe. Die Rede war doch, meiner Erinnerung nach, von unserem Humor.

Bayrischen Humor gibt es allerdings zweierlei: *den*, über welchen wir Eingesessenen lachen, und *jenen*, den die Fremden an uns belachen. Der erstere beruht auf unserer scheinbaren Unlogik und auf der Langsamkeit im Begreifen. Bei der Beurteilung des letzteren bin ich nicht kompetent. Hier etliche Beispiele zum Aussuchen:

Ich klopfe in einem Münchner Mietshaus an eine Tür und frage: »Verzeihung, wohnt hier im Haus vielleicht ein Fräulein Schall?« »Na«, verneint die Frau und besinnt sich: »Naa . . .! Aber warten S, im zweiten Stock, die vermieten Zimmer . . .« Und nach einer sekundenkurzen Pause fährt sie wie in einer plötzlichen Erleuchtung auf: »Meinen Sie vielleicht den Herrn Baumeister?«

Oder etwa:

Ein Bayer fragt seinen Freund: »Hast jetz du den Much-Franzl kennt?« – »Naa«, schüttelt der Befragte den Kopf.

Darauf der erste, ohne Rücksicht auf die Verneinung: »Der ist nämlich jetz Wachtmeister worden.«

Oder:

Aus dem Schwabinger Krankenhaus kommt ein Mann mit frisch verbundenem Kopf und steigt in die Trambahn, die davor eine Haltestelle hat.

Fragt der eine den Verbundenen leger: »Kommen Sie jetz ausm Schwabinger Krankenhaus, Herr Nachbar?«

»Ja«, antwortet der.

»Drum!« gibt sich der Fragende zufrieden: »Drum!«

Und damit klar wird, daß wir auch feinerer Regungen fähig sind und uns stets taktvoll ans Gebräuchliche halten:

In Reichelsberg ist der Krämer Hunglinger gestorben. Etliche Verwandte aus der Stadt kommen. Droben in der Ehekammer liegt der Verstorbene im offenen Sarg. Der Pfarrer, zwei Ministranten, das Totenweib und Familienangehörige mit den Verwandten verrichten davor die letzten Sterbegebete. Inzwischen ist unten der Totenwagen vorgefahren. Der Pfarrer besprenkelt die Leiche noch mal mit Weihwasser, dann wird der Sarg geschlossen, über die Stiege hinuntergetragen und auf den Totenwagen geladen. Die Trauernden formieren sich, um, wie es Brauch ist, dem Verstorbenen das Geleit bis zum Pfarrort zu geben. Diskret tritt die Zigarrenhändlersgattin Therese Blieml aus München, eine Verwandte der Hunglingers väterlicherseits, an die tieftrauernde Witwe heran und fragt halblaut, indem sie ihr Taschentuch herausnimmt: »Wie ist jetz das, Hunglingerin . . .? Weint man jetz da schon vom Haus weg oder erst aufm Friedhof?«

Und zum anderen:

In der Schule fragt der Lehrer: »Pfisterer-Johann, was bekommen wir also von der Henne?«

»Von der Henne bekommen wir Eier«, antwortet der Pfisterer-Johann und wird belobigt, weil er es so schön hochdeutsch gesagt hat.

»Und was bekommen wir von der Henne noch?« forscht der Lehrer weiter, und weil der Pfisterer-Johann plötzlich verlegen wird und sich schwer besinnt, wiederholt der Lehrer die Frage freundlich aufmunternd: »Von der Henne bekommen wir Eier, sehr gut! . . . Aber was bekommen wir von der Henne noch?« Auf das hin drückt der Pfisterer-Johann die Brust mannhaft heraus und antwortet mit lauter Stimme: »Von der Henne bekommen wir *noch* Eier!«

Des weiteren jene schöne Sommerunterhaltung:

Ich fahre im heißen August auf einer Münchner Straßenbahn und stehe neben dem Wagenführer auf der vorderen Plattform. Ein Bekannter von mir steigt ein, und wir unterhalten uns über die verschiedenen Badegewässer in der nächsten Umgebung Münchens.

»So was Weiches und Gesundes wie das Wasser von der Amper«, rühme ich, »mein Lieber, das gibts weitum nicht!«

»Ah, geh! Seewasser bleibt Seewasser!« widerspricht mein Bekannter eifrig: »Der Starnberger See, da gibts nichts! Seewasser –«

Weiter kommt er nicht, denn plötzlich dreht sich der Straßenbahnführer um, mißt uns gemütlich und sagt leger: »Aber das Kraillinger Bier, meine Herrn! . . . Das Bier! Da schenk ich Ihna dö ganzen Wasserln dafür!«

Im übrigen kann der bayrische Humor im Gegensatz beispielsweise zum österreichischen mitunter mannhaft zotig und unzweideutig anzüglich sein, eins dagegen fehlt ihm völlig: die ordinäre Zweideutigkeit. Wir haben keinen rechten Sinn dafür, daß etwas Natürliches anstößig sein soll. Wir sagen ja auch den Ausspruch Götz von Berlichingens bei jeder Gelegenheit und in allen erdenklichen Nuancen, ohne uns dabei etwas zu denken, wir sagen ihn nicht etwa umschreibend, wir sagen auch nicht etwas wie »Auf Kirchweih laden« oder das stumpfsinnig herrenabendmäßige »Du kannst mich mal am Abend« dafür, nein, nein, wir sagens wirklich so - na ja, Sie wissens schon! Unsere Auffassung von moralisch geheiligten Dingen ist mitunter von einer entwaffnenden Gleichgültigkeit, oder handelt es sich dabei nur um eine spezifisch bayrische Gehirnsubstanz?

Vor langen, langen Jahren stand einmal in Traunstein ein reicher Bauernsohn vor Gericht, der eine Stalldirn in der Nachbarschaft unter der Vorgabe, sie zu heiraten, verführt hatte. Er wurde verurteilt, und als der Richter, nachdem er die Dirn darüber aufgeklärt hatte, was das sei, genau fragte, wieviel sie denn für die schandmäßige Deflorierung Entschädigung fordere, besann sich die Dirn ziemlich lange und sagte, verlegen mit den Achseln zuckend: »No, drei Mark is mir gnua, wenns dem Herrn Amtsrichter recht ist.«

Das ist *eine* blitzartige Beleuchtung unseres Wesens in dieser Beziehung, es gibt aber noch eine andere, wobei unsere eingeborene Pfiffigkeit unverstellt zum Vorschein kommt, nämlich hier:

In der Stadt wird nachts ein Bauernbursch von einem gefälligen Fräulein zum Mitgehen eingeladen. Der Bursch schaut das einladende Ding gar nicht geschreckt von unten bis oben an und zwinkert zweideutig. »Naa, naa, Frailein«, sagt er alsdann: »Na, na! Dös, wos i will, dös könna Sie ja doch net.«

»Was? P-ha! . . . Was?« fängt das Fräulein, sich schnell fassend, zu prahlen an und versucht, seine diesbezüglichen Qualitäten und Künste aufzuzählen, aber der Bursch bleibt unverblüfft und schüttelt nur in einem fort leicht lächelnd den Kopf: »Na, na, Frailein! So, wias ich möcht, dös könna Sie net! . . . Ausgschlossen, daß Sie dös könna!«

Das verblüfft die gefällige Dame denn doch einige Augenblicke lang, dann aber wird sie neugierig und fragt schließlich mit der einnehmendsten Interessiertheit: »Na, Schatzerl, das ist mir doch noch nie passiert! Wie ist denn dann das, was du möchtst? . . . Red doch deutlicher, Schatzi! Nur nicht genieren! Wie willst es denn dann du?«

»Umasunst, Frailein, umasunst! . . . Können Sie dös vielleicht?«
grinst der Bursch und geht unbekümmert weiter.

Wenn bei uns ein Kartenspieler mit ganz schlechten Karten zu
seinem Partner, der alle Trümpfe in der Hand hat, gelassen sagt:
»No ja, mit der volln Hosen ist leicht stinka«, so denkt er dabei
keinesfalls an die unappetitliche Realität, sondern er meint wirklich nur die Hand voller Trümpfe. Über so altgewohnte Sprüche
können wir immer lachen, ihre Echtheit rührt uns an. Bei uns nennt
man alles beim richtigen Namen, keine Deutlichkeit schreckt uns.
Alles ist schlechthin menschlich und infolgedessen nicht allzu wichtig. Vor allem aber – bei uns ist man noch immer unangekränkelt
katholisch, und das schaut so aus:

Ein alter Bauer sitzt nach Feierabend auf der Bank vor seinem
Haus und schaut sinnend vor sich hin. Er sinnt und sinnt, und die
andern neben ihm denken auch stumm. Auf einmal schnauft der
alte Bauer kräftig und sagt aus einer tiefen Betrachtung heraus:
»Hm, lacha tät i, wenn mir an falschen Glauben hättn!«

Wir alle haben seit Urväterzeiten den Katechismus auswendig
gelernt, und natürlicherweise ists brauchmäßige Gewohnheit bei
uns, daß man seine kirchlichen Pflichten erfüllt, aber glauben?
Glauben tun wir bloß eins: Alles, was auf der Welt ist, vergeht. Jeder
Mensch muß einmal sterben, da hilft ihm alles nichts. Und weil uns
das schon schier ins Blut übergegangen ist, weil wir gewissermaßen
mit dieser instinktmäßigen Voraussetzung an alles herangehen, so
kann man sich ausmalen, daß wir vor nichts Respekt haben, vor uns
selber sowenig wie vor anderen Leuten.

»Was ist so ein Mensch schon!« hat meine Mutter selig, die eine
Katholikin durch und durch gewesen ist, meistens gesagt, wenn
eine aufgedonnerte Herrschaftsfrau des Sommers in unseren Bäk-
kerladen gekommen ist und sich ganz empört über etwas beschwert
hat; die gleiche Meinung hat sie geäußert, wenn man ihr von weiß
Gott was für reichen Leuten und ihrem Luxusleben erzählt hat; die
protzig-prunkenden Bilder eines gekrönten Monarchen und sogar

der heiligmäßige Papst in Rom in seinem Ornat haben sie nicht davon abhalten können.

»Hm«, hat sie in ihrer unnachahmlich altbayrischen Art gesagt: »Was ist so ein Mensch schon? Nackert ist er nackert, und wenn er gestorben ist, ist er ein Haufen Dreck wie wir.« Wenn das auch recht pessimistisch klingt – mir ist es immer vorgekommen, als komme von *daher* unser Humor. Gottgefällig ist er gewiß nicht, sondern ganz und gar von unserem kurzen Leben bestimmt, und dieses Leben nehmen wir, wie es ist und wie es kommt. Es ist von Anbeginn ein unabänderliches, langsames Zu-Ende-Gehen, ein zäh dahinrinnendes Absterben, das nach unserm Dafürhalten mit Geduld ertragen werden muß und das sich leichter erträgt, wenn der Humor dazukommt. Darum ist unser Humor nie protestlerisch-aggressiv. Er ist – vom Moralischen her gesehen – charakterlos. Sein Ausgangspunkt ist das gelassene Zuschauen. Er ist »kamott«, derb, direkt und äußerst respektlos. Und so ist auch unser Verhältnis zum Herrgott. Es ist viel Heidnisch-Fetischhaftes dareingemengt, auch unser fast animalischer Hang zum Greifbaren wirkt dabei mit, denn was man uns auch von Kind auf in den Religionsstunden über die Dreifaltigkeit »Vater, Sohn, Heiliger Geist« in den Kopf hineinreden mag, für uns bleibt die Vorstellung bestimmend und unausrottbar, daß da irgendwo im Himmel droben ein imponierend überlebensgroßer Greis mit einem riesigen grauen Vollbart und alles sehenden Augen sitzt, der sich von keinem was einreden läßt und der die Welt und uns regiert, wie ers für richtig hält. Schon allein deswegen wird ein Bayer nie die für ihn völlig abstrakte Bezeichnung »Gott« gebrauchen, er sagt stets »Herrgott«, weil in dieser Verbindung die unantastbare Autorität des »Herrn« über alle vermeintlichen Herren den gültigen Ausdruck findet. Unsere Feldkreuze mit dem leidenden Christus, die in den Kirchen und die in den sogenannten »Herrgottswinkeln« unserer Stuben sind für uns nur fetischhafte Erinnerungszeichen, meinetwegen auch wundertätige Mahnmale des Herrn über uns und spielen oft eine sehr

79

sonderbare Rolle. Nicht jeder nämlich kann so mit ihm stehen wie
eine arme, alte unverheiratete Tante von mir, die nach jedem guten
oder schlechten Tag – so, als sitze der Herrgott in ihrer engen
warmen Stube – halblaut auf ihn einredete.

»Also, das versteh ich ganz einfach nimmer! ... Mei liaber Herrgott«, fing sie ärgerlich zu raunzen an und fragte gradhin drohend:
»Wenn du mich alleinige Person so sekkieren läßt vom ganzen Dorf,
bloß weil ich als dumms jungs Madl zwei ledige Kinder ghabt hob
und net den nächstbestn Haderlumpen heiraten hab mögen – also,
mei liaba Herrgott, is das vielleicht a Recht und a Gerechtigkeit?«
Und sie zählte ihm genau auf, wie sie seither ihre Pflicht und
Schuldigkeit getan habe, daß ihre Kinder längst versorgt seien, und
ob er ihr, der alten, armen Person, vielleicht was Sündhaftes vorwerfen könne! Und so ging das weiter bis in die Winzigkeiten ihres
alltäglichen Lebens. Nach einem guten Tag aber meinte sie aufge-
frischter: »Also heut hast ös wieder guat gmacht, Herrgott! Heut
hast amal wieder ein Einsehn ghabt mit mir...« Sie betete nie für
sich allein, das tat sie gewohnheitsmäßig in der Kirche. »Der Herrgott und ich, wir wissen schon, wie wir miteinand dran sind«, sagte
sie manchmal, und das klang, als spreche sie von ihrem Ehemann
und verbitte sich jede Einmischung in ihr Verhältnis zu ihm. Dieselbe Verwurzelung, nur nicht so unmittelbar und vergröberter, finde
ich auch bei jenem bayrischen Gebirgler, der mit seinem Schlitten
dürres Brennholz vom Berg herunterholt. Als er endlich den Schlitten voll hat und in die Tiefe schaut, kommt ihm doch ein leichter
Zweifel, ob er da – vorn droben sitzend und lenkend – heil hinunter-
käme. Er überlegt hin und her, schließlich nimmt er das winzige,
oftmals geweihte Kreuz mit dem Erlöser von seiner Uhrkette, prüft
es noch einmal nachdenklich und heftet es vorn ans rechte Horn
des Schlittens. »So, also probiern wirs halt«, brummt er, hockt sich
hinauf, und los gehts. Unbändig saust der Schlitten, er verliert die
Gewalt über ihn, mit aller Wucht wirft es ihn herab, er rollt ein
Stück weiter im Schnee, und der sausende Schlitten kracht an

einen Baum. Eine Zeitlang ists ganz still. Der Alte prüft seine Knochen, merkt, es ist ihm nichts weiter passiert, arbeitet sich aus dem Schnee und watet torkelnd auf seinen zerkrachten Schlitten zu. Da findet er das abgebrochene rechte Horn mit den Kreuzlein drauf. Er nimmt es herab, schaut es ein bißchen zweiflerisch an und brummt: »Hm, jaja, ich hob mirs drobn schon denkt, daß du kloans Mannderl den Mordsschlittn net derhaltst!«

Und nicht anders steht es mit jenem vielbeliebten bayrischen Gastwirt, in dessen umfänglicher Wirtschaft unsere Sozialdemokratische Partei vor dem Ersten Weltkrieg an jedem Sonntag nach dem 1. Mai ein großes Massenfest abhielt. Tausende kamen da aus München und weiterwärts herbeigeströmt. Um allseits zu befriedigen, mußte der umsichtige Wirt schon tagelang vorher alle Vorbereitungen treffen und den Einkauf von Riesenmengen an Bier, Würsten, Fleisch und dergleichen besorgen. Aber es lohnte sich stets. Damals gab es noch nicht die exakte Wettervorhersage wie heutigentags. Am Freitag regnete es etliche Stunden lang dünn, dann aber hellte sich der Himmel auf. Der Wirt ging leicht besorgt in der weitläufigen Stube umher und raunzte. Hin und wieder, fast mechanisch, schaute er auf das Holzkreuz im »Herrgottswinkel« und drohte leicht humoristisch: »Du, mein Liaber, mein Gschäft wennst du mir verpfuschst, nachher krachts zwischen uns!«

Etliche Bauern am Tisch lachten leicht und hänselten ihn gutmütig: »Der Herrgott wird sich jetz grod nach dir richtn, Barthl!« Aber das wollte der gereizte Wirt gar nicht mehr hören.

Der Samstag war abwechselnd sonnig und trüb, aber warm und trocken. In der Nacht darauf nebelte es sich ein, und gegen Sonntag früh fing es erst zaghaft, dann aber immer dichter zu regnen an. Keine Hoffnung auf eine Besserung gab es mehr, zuletzt schüttete es schon gottserbärmlich. Der Wirt geriet außer Rand und Band. In seiner Berserkerwut riß er das hölzerne Kruzifix aus dem Herrgottswinkel, rannte mordialisch fluchend in die große Kuchl und warf das Kreuz mit den lästerlichen Worten ins lodernde Herdfeuer: »Jetzt konnst mi gern hobn, daß d'ös woaßt, du kloans bißl Hoiz, du! Jetzt is's oa für oimoi aus zwischen üns, basta!« – –

Da leuchten sie ganz grell auf, die zwei Seiten unseres bayrischen Katholischseins: das allen Naturvölkern eigene konkret Fetischistische und unsere heidnische Respektlosigkeit selbst dem Höchsten gegenüber. Aber dahinter spürt man eben doch so was wie die ohnmächtige Verstricktheit der Naturkraft mit dem, was wir das »Göttliche« nennen. Zur Illustration dieser zwei Seiten will ich noch diese uralte bayrische Schnurre hinzufügen:

Wiegelbach ist ein weltberühmter Wallfahrtsort, und besonders zu Pfingsten kommen Tausende frommer Beter aus nah und fern dorthin. Das kommt daher, weil dort einst ein Mesner ein sogenanntes »Pfingstwunder« erfunden hat, welches seither alle seine Nachfolger mit Hilfe einer zahm gezogenen Taube getreu fortsetzen.

Beim Hochamt zu Pfingsten also breitet der Hochwürdige Herr Pfarrer am Altar seine zwei Arme feierlich aus, schaut andächtig in die Höhe und bittet mit lauter Stimme: »Heiliger Geist, komm hernieder auf uns und erleuchte uns.« Und wirklich, es vergehen einige spannende Minuten – wirklich, aus einem Loch in der hochgewölbten Kirchenkuppel fliegt eine Taube langsam in die Tiefe. So was überraschend Feierliches gibts kaum noch einmal.

Vor etlichen Jahren war die Kirche wieder gepfropft voll. Die Orgel im Chor setzte aus, der feierliche Augenblick kam, atemlos gespannt schauten die Wallfahrer in die Höhe, als der Herr Pfarrer seinen frommen Spruch emporrief. Einige Minuten vergingen. Nichts vom »Heiligen Geist« kam herab. Der Pfarrer wiederholte seine Bitte dringlicher, alles wartete, und die Stille wurde schier schrecklich.

»Heiliger Geist, komm hernieder«, rief der bedrängte Pfarrer noch einmal, aber weiter kam er nicht.

»Den hot d' Katz gfressen!« schrie plötzlich der Mesner aus dem Kuppelloch . . .

Für enge Frömmler mag das recht lästerlich klingen, aber schaut euch doch einmal das Innere unserer berühmtesten Barockkirchen genauer an, was da für ein sinnlich-unfrommer Witz, für eine ausschweifend weltliche Phantasie, was für eine geradezu knisternd-listige Humorigkeit und unbändig saftige Lebenslust herumgeistert, dann begreift ihr vielleicht, warum auch die heiligmäßigen Sachen für uns etwas Komisches und Fideles haben müssen wie alles Lebendige. Wärs anders – wie könnten wir überhaupt katholisch sein! Das ist vom großen Bonifatius bis zur Ausformung des streng dogmatischen Kirchenkatholizismus bei uns so geblieben, und nur deswegen, weil die Kirche unsere urheidnischen Volkselemente gewissermaßen in ihr Ritual übernommen hat, ist es ihr im Lauf der Jahrhunderte so glänzend gelungen, uns unter ihr Dach zu bringen. Unser animalisches Gesundsein verträgt büßerische Zerknirschung und finstere Bigotterie nicht. All das hat für uns etwas fast Anrüchiges. Wir wittern dahinter stets etwas Unnatürliches, Gemachtes, Abstraktes, etwas – wenn ich so sagen darf – von einem unausgelüfteten schlechten Gewissen. Darum auch unser tiefes Mißtrauen gegen Religionseiferer und sonstige Fanatiker, darum unsere Verachtung der sogenannten »Betschwestern« und unser unausrottbares Gegengefühl, wenn Konvertiten aus anderen Glaubenslagern so pedantisch danach trachten, alles an unserer alteingeführten Religion todernst zu nehmen und jede kirchliche Regel nur ja recht genau zu befolgen. Mir fällt dabei immer der unvergeßliche, grundgescheite Pfarrer Johst aus meiner Dorfschulzeit ein, dem eine Zeitlang solche Betschwestern und ein Konvertit durch ihre vielen Besuche, ihren Eifer und ihr ewiges Gefrage alle Gemütlichkeit störten und der einmal in den bezeichnenden Ruf ausbrach: »Du liaber Herrgott, wenns lauter solcherne gebert, könnt einem der ganze gute Glaubn zuwider werden!« Er war ein ungewöhnlicher Menschenkenner, der Johst, und es ist ihm sicher nie in den Sinn gekommen, sein Priestertum so aufzufassen, als sei man dazu etwa innerlich berufen. Er betrachtete es als einen ordentli-

chen, handfesten Beruf wie irgendeinen anderen. Deswegen verstanden wir ihn und er uns so gut; deswegen erschien er uns allen als die reinste Ausprägung des echten bayrischen Katholiken. Wahrscheinlich hat auch er sich unsern Herrgott schlichtweg so vorgestellt wie etwa meine arme alte Tante oder irgendein Bauer: als großmächtigen, allwissenden Greis, der zwar hinter all unsere kleinen Schliche und großen Lumpereien sieht, aber auch den Humor dazu hat, vieles gutmütig lächelnd zu übersehen oder hinzunehmen, ja noch mehr sogar – der, weil er zu genau unsere Irrnisse und täglichen Sorgen kennt, auch hin und wieder mit sich handeln läßt. Nur so ein Herrgott, der ein unverwirrbares Zutrauen, eine arglose Heiterkeit und ein warmes Gernhaben in uns erweckt, entspricht unserer bayrischen Art, nicht aber einer, vor dem man Angst und Furcht hat. Wir Bayern sind kein »gottesfürchtiges«, sondern ein gottanhängliches Volk. Wir wollen nicht zittern vor dem Höchsten, ganz im Gegenteil! Beim Vorbereitungsunterricht für die erste heilige Beichte schärfte uns – es war nicht mehr der gute Johst – der Pfarrer ganz besonders ein, daß wir gestohlene Sachen wieder zurückgeben müßten. Bei der Gewissenserforschung kam ich zu dem Ergebnis, daß ich sehr oft Kuchen und Schokolade in unserm Laden gestohlen hatte – und ich war recht froh darüber! So was ließ sich schließlich nicht mehr zurückgeben, also war ich einer solchen Peinlichkeit enthoben, und die zwölf Vaterunser als Buße, die ließen sich schnell und leicht beten. In meiner Einfalt, die man sicher als zynische Frivolität auslegen wird, sagte ich mir nach dieser ersten Beichte, wenn ich wieder Kuchen oder Schokolade stahl, jedesmal: »Dös kost't zwoa, vielleicht auch drei Vaterunser!«
Ich habe fast den Verdacht, daß die katholische Religion speziell für uns Bayern erfunden worden ist. Sie ist so sehr zu einem nicht mehr wegdenkbaren Teil unseres Volkscharakters geworden, daß man kaum noch unterscheiden kann, was von ihr auf uns übergegangen ist und umgekehrt.
Um noch mal auf den Pfarrer Johst zurückzukommen. Der tarockte

für sein Leben gern. Wenn er dann in der Wirtsstube hockte und kurz vor Mitternacht zur Kellnerin sagte: »Wally, drei Viertel auf zwölf Uhr ists schon vorbei, bring mit noch drei Maß Bier!« Verständnisinnig und verkniffen lachten seine Mitspieler in ihren Bart, denn am andern Tag in der Frühmesse den Leib des Herrn in sich aufnehmen, dazu mußte, dem Ritus entsprechend, der hochwürdige Herr von Mitternacht ab grundnüchtern bleiben. Kein Brotbrösel und kein Schluck Flüssigkeit durfte mehr in seinen Magen kommen. Das wußte der Johst so genau wie jeder am Tisch. In aller Seelenruhe aber trank der hochwürdige Herr nach und nach seine drei Maß aus. Das dauerte meistens bis lang nach Mitternacht. Ganz gelassen erklärte der Johst, daß der weise, allgütige Herrgott doch zugeben müsse, daß das Bier, welches einer *vor* Mitternacht *bestellt*, nichts gelte, auch wenns erst hernach getrunken würde.

Solche Pfiffigkeiten gehören zu unserem Humor. Sie sind, wenn mans genau überlegt, das einzig Aktive an ihm. Dieses Aktive bleibt jedesmal ganz persönlich und privat, leicht abwehrend wie etwa eine gute Ausrede, nie aber aufdringlich und moralisierend. Auf uns Bayern, die wir alle aus dem Bäuerlichen kommen, wirkt nur jener Humor, der zum Schluß irgendwie überrascht und nachdenklich macht. Nachdenklich nicht im Sinne eines »In-sich-Gehens«, sondern gewissermaßen als Erstaunen, als abruptes Überfallenwerden von einer Sache, deren Sinn uns jäh klar wird.

In meiner Schulzeit gab es einmal in unserer Gegend ein königlich bayrisches Manöver. Kriegerisch hat das für uns gar nicht ausgeschaut, eher schon krachlustig und ein bißchen fastnachtsmäßig. Denn da gabs viel zu sehen und zu hören. Irgendwo in den Feldern krachten Schüsse, Reiter galoppierten über die Wiesenhänge, Pfiffe schrillten, und bunte Soldatenrudel rannten hin und her. Das Schönste aber war, als diese Soldaten, um und um voll Dreck und Staub, aber doch heiter farbig in ihren hellblauen Uniformen, gegen Abend ins Dorf einmarschierten. Die Trommeln schlugen und Trompeten schmetterten, und an der Spitze der Kolonnen ritten drei blitzblanke, betreßte, ordengeschmückte Offiziere. Steif saßen sie auf ihren dampfenden Rössern und nickten uns leutselig herablassend zu.

Ein solcher Offizier kam zu uns ins Quartier. Sein Anblick wirkte auf uns schier wie etwas Überirdisches in der himmelblauen Montur mit den goldglänzenden Knöpfen, den breiten roten Streifen an den Hosen, den langen Reitlackstiefeln mit vernickelten Sporen und dem blitzenden Schleppsäbel. Und der wunderschöne Helm erst, die Orden an der wattierten Brust – einfach großartig. Uns Kindern ist bei all der Pracht fast schwummelig geworden.

Kurz und laut hat der Herr Offizier geredet und so befehlshaberisch, daß uns fast angst und bang geworden ist vor ihm. Kurzum, mit einem Wort: eine gebieterische Erscheinung! Daß wir nicht alle aufs Knie vor ihr gefallen sind, wundert mich heute noch.

Damals habe ich schon manchmal nachts in der Bäckerei mitarbeiten müssen. So um zwölf herum ist auf einmal der Herr Offizier mit verschlafenem Gesicht und unordentlich zerzaustem Haar, in einem Trikothemd, bloß notdürftig bekleidet mit seiner schönen, diesmal aber vielzerfalteten Biesenhose und ausgelatschten Pantoffeln über die Stiege heruntergekommen. Ganz verdattert war er und hat ziemlich dringlich nach dem »Abtritt« gefragt. Mir hat es im Augenblick das Wort verschlagen. Wie entgeistert habe ich in einem fort auf die Brusthaare, die aus dem Trikothemd von dem Herrn Offizier hervorgelugt haben, geglotzt und auf den kugelrunden, gespannten Bauch.

»Na, na, Kleiner!« so hat der Herr noch verstörter, ja schon fast wehleidig gefragt, und geschlottert hat er wie ein Hund im Schnee: »Na, Kleiner, so sag doch geschwind mal, wo euer Häuschen ist!«

»Da! Da hinten, draußen überm Hof, Herr –«, habe ich gesagt, aber weiter bin ich gar nicht gekommen. Wie der Wind ist der Herr Offizier an mir vorbeigeschossen, und hinaus ist er durch die hintere Tür, schier wie ein jäh davonhuschender Geist. Im Moment ist mir gewesen, als wie wenn mir einer den Bierschlegel auf den Kopf gehaut hätte – denn der glanzvolle Held, die noch vor kurzem überirdische Erscheinung, und sie muß *dahin* gehen, *dahin*, wo wir alle hin müssen, wenn Not am Mann ist...

Und zum guten Ende jene unvergeßliche kleine Episode, bei welcher ich viel nützliches Mißtrauen gewann und den meisten Respekt verlor:

Bei uns im Haus ist von jeher viel gelesen worden. Ich mag damals etwa zehn Jahre alt gewesen sein, als mir ganz plötzlich der ganze hintergründige Sinn von dem, was man gemeinhin »Geschichte« nennt, aufgegangen ist. Nämlich damals habe ich gerade die Geschichte der beiden Feldherren Tilly und Wallenstein gelesen. Mein Vater – ich muß sagen, er hat sein Leben lang nur immer flüchtig die Zeitung überlesen, und von Geschichte hat er nicht das mindeste gewußt –, mein Vater hatte die merkwürdige Gewohnheit, daß er sich, wenn ich so ein Buch ausgelesen hatte, den Inhalt von mir immer erzählen ließ. Auf das hin machte er mir stets eine Belehrung.

Ich habe ihm also die gewaltigen Taten mit großer Begeisterung erzählt, aber – sonderbar – als ich fertig gewesen bin, hat mein Vater leicht lächelnd den Kopf geschüttelt und ziemlich wegwerfend gesagt: »Ah, was die nicht alles schreibn! 's Papier ist ja geduldig!... Dös ist doch alles gar nicht wahr, Oskar! Dös ist doch ganz anders gwesen!«

Da bin ich stutzig geworden.

»Der Tilly«, sagt man Vater drauf, »der hat nämlich im Böhmischen drübn viel Holz ghabt, und der Wallenstein noch weit mehrer bei uns im Bayrischen ... Wegen dem sind sie ins Streiten kommen, die zwei ... Der Krieg ist nachher gleich beinand gwesen!«

Baff und enttäuscht habe ich ihn angeschaut, denn in meinem Buch war davon doch gar keine Rede gewesen.

»Ja«, habe ich endlich ein bißchen zaghaft und zweifelnd gefragt: »Ja, Vater, nachher glaubst du, daß die zwei bloß wegen dem Holz Krieg geführt haben?«

»Bloß wegen dem Holz, verlaß dich drauf«, hat mein Vater genickt: »So mir nichts, dir nichts führt man doch keinen Krieg!«

Das hat mir gar nicht gefallen, aber schließlich – meinen Vater habe ich doch gescheiter gehalten als mich. Von da ab bin ich nachdenklich geworden, und seither, wenn ich so ein Geschichtsbuch gelesen habe, das von großartigen Staatskonflikten und Kriegen erzählte, ist mir immer der Satz eingefallen: »So mir nichts, dir nichts passiert doch so was nicht ... Es muß doch was dahinter sein!«

Ich muß zugeben, es war immer bloß »das Holz«. Es hat nur jedesmal einen anderen Namen gehabt ...

Unser Dialekt und der Existenzialismus

»Man frage mich nur nicht nach Gründen. Ich habe
meist so viele, einander widersprechende Gründe, daß
ich aus diesem Grund keine Gründe angeben kann...«

Sören Kierkegaard

»No nix forciere...«

Eduard Mörikes künstlerischer Leitspruch

Sicher weiß mancher, daß der seinerzeitige bayrische Hofdichter
Geibel, ein geborener Lübecker und Mann voller Pathos, einmal
im Auftrag unseres seligen Königs Max II. nach Stuttgart gekommen ist, um seinen allseits geschätzten Fachkollegen, den Dichter
und pensionierten Pfarrer Mörike, ehrenvollst nach München zu
berufen. Da sind die zwei spazierengegangen, und der Geibel hat in
den Himmel hinaufgezeigt und gesagt: »Sehn Sie doch mal, Mörike, dieses hehre Spiel der Wolkenheere! Diese grandios dahinflie-
genden Lenzenswolken!«
»Bei uns«, hat drauf der Mörike waschecht geschwäbelt, »bei uns
heißt man die Schäfele...«
Der Dialekt vernichtet mit wenig Worten alle unechten Übertriebenheiten und verweist uns immer wieder in die natürlichen Grenzen. Ich weiß nicht, in wieviel Abwandlungen schon geschrieben
worden ist, daß die Sprache den Charakter und die Begabung eines
Menschen zeigt. Wie einer spricht und schreibt, heißt es, so denkt,
sieht und empfindet er. Absolut darauf versteifen möchte ich mich
nicht, aber eins ist sicher: Jeder Dialekt, und unser altbayrischer
ganz besonders, hat eine schier bestürzende Kraft des respektlosen
Profanierens. Es ist auch ein ganzer Haufen Bosheit dareinge-
mischt, gegen deren spezifische Direktheit kein Witz, keine Schlagfertigkeit aufkommt. Der Witz ist eitel, übertreibt und verzerrt aus
Effekthascherei und entspringt der Absicht, zu treffen. Die Schlagfertigkeit ist nicht weniger eitel und zielt schließlich auch nur aufs

Übertrumpfen, aufs augenblickliche Rechthaben ab. Der Dialekt hingegen hat keinerlei solche Eigenschaften und Absichten – er rückt bloß alles ins greifbar Alltägliche, in das kleine, gewöhnliche Leben von dir und mir.

Nimm dem Johann Wolfgang Goethe oder dem Friedrich Nietzsche den schriftdeutschen Vornamen weg und sage statt dessen: »Der Goethe-Wolferl« oder »der Nietzsche-Fritzl«, und auf einmal sind das durchaus Menschen wie wir. Das ganze Pathos, mit welchem die gelehrten Biographen und Literaturprofessoren diese zwei Männer im Lauf der Zeit in eine undurchdringliche Staubschicht eingekrustet haben, fällt ab von ihnen. Wie weggeblasen ist ihr historischer Nimbus, aber du hast sie lebendig vor dir. Mit zerzaustem Haar und schlafverklebten Augen wachen sie auf in der Frühe, schweißig riechen sie, in der Nacht haben sie öfter Wasser lassen müssen und sich dabei erkältet, sie spürens beim Schlucken und sind brummig darüber; dem Alten in Weimar tun die steifen Knochen weh, und dem in einem fort kränkelnden Professor Nietzsche, der sein Lebtag lang so kraftmeierisch vom strotzend gesunden »Übermenschen« daherschreibt, dem gehts mit dem Kopf so. No ja, wenn einer ewig bloß in sich hineinsinniert, da ists kein Wunder! Also gut, alsdann schlüpfen sie mit den Füßen in die ausgelatschten Pantoffeln, legen leicht fröstelnd den abgewetzten, schmuddligen Schlafrock um, und ihre dünnen, sehr weißen, mit vielen bläulichen Adern durchzogenen Waden, die unten dickhaarig herausschauen – schön ist anders, aber sie sind unseresgleichen, basta. Bloß ein Glück für sie, daß sie sich bereits ein festes Renommee in der Öffentlichkeit erworben haben.

Ja, und...? Also bei uns war einmal ein pensionierter Hofschauspieler – nicht wegzukennen vom Goethe-Wolferl selig! Wenn der zur Sommerfrischlerzeit gewaltsam grad und würdig auf der Dorfstraße dahergekommen ist, du hast gemeint, es kommt leibhaftig das von einem Denkmal herabgestiegene, lebendig gewordene Standbild unseres Dichterfürsten daher. Schätzungsweise muß er auch in dem seinem Alter gewesen sein. Hingegen deswegen, hat es geheißen, ist er nicht pensioniert worden, sondern er hat nicht mehr reden können. Das heißt, reden schon, aber wenn er angefangen hat, ist ihm immer sein falsches Gebiß herausgefallen. Drum hat ers bleibenlassen, ist streng für sich geblieben und hat sich das Essen immer vom Gasthaus »Zum König Ludwig« schicken lassen. Sein notgedrungenes Stummsein, das vornehme Herumstolzieren und seine aufgezwungene Zurückhaltung haben ihm bei allen Herrschaften und Sommerfrischlern eine solche Ehrfurcht eingebracht, daß dieselbigen überall gesagt haben, er ist »ein großer Einsamer wie der Dichterfürst von Weimar«. Man weiß, daß der letztere auch mit der Zeit zahnlos geworden ist, und ob es selbigesmal schon künstliche Gebisse gegeben hat, ist mir nicht bekannt, aber allgemein wird von ihm berichtet, daß er bis zu seinem Tod recht redselig gewesen ist und in alleinigen Stunden oft und oft laut vor sich hin geredet hat, sogar halb frankfurterisch und halb sächsisch, wobei das »g« bei ihm immer als »ch« herausgekommen ist. Beim Diktieren seines Faust-Gedichtes »Ach neige, du Schmerzensreiche« ist ihm das auch passiert. »Neiche« hat er wegen des Reimes gesagt, aber sein Schreiber ist das schon gewohnt gewesen und hat »Neige« dafür hingesetzt, wenn dabei auch der Reim nicht mehr ganz gestimmt hat.

Die Angewohnheit des Vorsichhinredens haben bei uns die meisten alten Mannsbilder, bloß sie brümmeln in einem fort, daß man nichts davon versteht. Sie »spinnen halt«, heißt man so was bei uns. Eine Ausnahme ist bloß der alte Kramerfeicht gewesen. Der ist bis in seine Achtziger hinein barfuß herumgelaufen und immer sehr schnell. Dabei hat er in einem fort fuchsteufelswild gradaus geschaut und wie geschimpft geschrien: »Regiern tuat bloß no der Teifi! Vo Tog zu Tog werd d'Welt schlächter. Froh bin i, wenns aus ist mit mir!« Dies ist ihm schließlich auch erfüllt worden. Einmal in der Frühe haben ihn die vom Kramerfeicht in seiner Austragsstube maustot im Bett aufgefunden, und bevor sie das Beten angefangen haben, hat der junge Kramerfeicht gesagt: »Guat is's ganga mit eahm ... Koa Krankheit und koane Schmerzen und Kostn ... Der konn froh sei ...«

Aber ich bin, glaub ich, ganz vom Thema abgekommen, von der heilsam ausgleichenden Wirkung unseres Dialekts. Er hat neben der Bildkraft seiner Ausdrücke und Bezeichnungen auch noch eine echt bäuerliche Eigenschaft: Er läßt sich kein X für ein U vormachen, und das nirgends und nie.

Mir ist zum Beispiel stets aufgefallen, daß Bekannte, wenn sie mit mir das schon zum allgemeingültigen Klischee gewordene Nietzsche-Bild von Max Klinger betrachteten, sich sofort eine sonderbar bedeutsame Miene zugelegt haben. Das betreffende Bild mit seinen tief hinter den eckigen Backenknochen liegenden, fast nachtschwarzen Augen und dem gewaltigen, dicken Schnurrbart, der die Lippen ganz und gar verdeckt, ist fast unvorstellbar martialisch, ja, eher schon dramatisch. Komischerweise hat mich dieser Schnurrbart immer an die Karikatur des bärbeißigen Feldwebels aus der Kaiser-Wilhelm-Zeit erinnert, hingegen einen solchen hab ich nie gesehen. Der meinige war klein und kugelrund, hat überhaupt keinen Bart gehabt und Stichelhaare auf seinem Billardkopf, und im großen ganzen ist er recht handsam gewesen. Aber bei uns daheim der Moosbauer von Kempfenhausen, der war dieses Nietzsche-Gesicht auf und nieder. Denk ich bei dieser Gelegenheit an den Erfahrungssatz, an den wir Altbayern uns seit ewiger Zeit halten: »Wenn dir im Leben wer unterkommt, der wo einem Menschen, den du in- und auswendig genau kennst, zum Verwechseln ähnlich schaugt, nachher ist er auch ein und derselbige Mensch«, mein Gott, dann wird mir ganz angst und bang. Als so ein unkultivierter Kerl, der einer weltberühmten Persönlichkeit wie dem Professor Nietzsche den erworbenen Respekt versagt, welcher ihm zusteht, möchte ich denn schließlich doch nicht gelten. Aber, wie gesagt, immer drängt sich dabei der Moosbauer mit seiner auffallenden Ähnlichkeit dazwischen. Haargenau den gleichen dicken

Schnurrbart hat er gehabt, an dem ihm beim Essen jedesmal die Suppennudeln hängengeblieben sind und beim Trinken der Bierschaum. Das hat er dann immer mit der Unterlippe heruntergezogen. Der Nietzsche als Mann aus besseren Kreisen hat das sicher stets mit der Serviette weggewischt, aber wenn ich mir vorstelle, daß er vielleicht wie der Moosbauer geschnupft hat (infolge seines Kopfwehs wäre das möglich gewesen), alsdann wird mans mir nicht übelnehmen, wenn ich einbekenne: Appetitlicher war dem Fritzl sein Bart auch nicht.

Überhaupt, akkurat das gleiche knochige Gesicht mit den tief hineingesteckten, unguten kohlschwarzen Augen und die gleiche, immer gewichtig gefurchte Stirn hat der Moosbauer gehabt, und bei jeder Kleinigkeit hat er sie noch mehr gefurcht, daß du gemeint hast, er denkt wunder was, der humorlose Grobian. Ekelhaft rechthaberisch, regiererisch und streitsüchtig ist er gewesen, daß sich keiner gern mit ihm abgegeben hat. Einen Bovel hat er dahergeredet, wenn er ins Politisieren gekommen ist, rein zum Grausen, aber vorgekommen ist er sich dabei wie der Bismarck. Bloß gut, daß er den Hitler nicht mehr erlebt hat.

»I wenn regierert, mei Liaba, do wererds über Nocht anderst!« hat er immer zu plärren angefangen: »I wissert, wos i ztoan hätt. . .« Es hat ihn aber nie einer danach gefragt.

Noch ärger ists bei ihm mit der Religion gewesen. So einen eifernden Katholiken hat es nicht leicht gegeben. Für uns Altbayern im allgemeinen ist die Religion ein gewohnter Brauch, der keinem weh tut und allerhand Annehmlichkeiten hat. Eiferei ist uns zuwider. Der Moosbauer hingegen: kreuzbrav und bigottisch augenverdrehend in der Kirche, süßmäulig lammfromm vor dem Hochwürdigen Herrn Pfarrer, aber daheim im Haus, im Umgang mit den Dienstboten und eigenen Leuten oder gar im Wirtshaus, ganz das Gegenteil! Ich seh ihn noch, wie er einschichtig hinter seinem Maßkrug hockt, und hör ihn, weil er durchaus will, daß man sich auf ihn einläßt, aus sich herausbellen: »Die ganze Schand und Sauerei auf der Welt kimmt bloß doher, weils überoi an Herrgott obgschafft hobn . . . Jetz ists besser! Jetz konn jeder selber schaugn, wie er ausn Dreck kimmt!«

Seltsames Zusammentreffen! Erinnerlich ist mir, daß auch der Nietzsche-Fritzl einmal geschrieben hat: »Gott ist tot« und »Die Wüste wächst«. Daß dieses der Moosbauer vielleicht einmal gelesen haben könnte, »entbehrt sicher« – wie es in unserer Amtssprache heißt – »jeder tatsächlichen Grundlage«. Gelesen hat der überhaupt bloß das Gebetbuch und den wöchentlichen ›Kirchenanzeiger‹, und jeden Tag hat er aus dem Radio die Preise für landwirtschaftliche Produkte abgehört. Trotzdem aber steigt mir ein weitläufiger Verdacht auf, als wie wenn sein Wirtshausspruch mit den liederlichen Sätzen vom Nietzsche-Fritzl eine gewisse Ähnlichkeit hat. So grundverschieden, mein ich, ist das schließlich nicht, ob der eine sagt, »abgeschafft« ist er, unser Herrgott, und der andre sagt, er ist »tot«. Außer Kurs gesetzt ist er damit auf jeden Fall. Hinwiederum die Sache geht noch viel weiter. Aus der göttlichen Todesanzeige vom Nietzsche-Fritzl nämlich hat ein Professor aus dem Badischen, mit Namen Heidegger-Martin, »Martl« also und aus Meßkirch gebürtig, die jetzige, reichhaltige Philosophie, den »Existenzialismus«, erfunden, der – wenn ichs recht überdenke – auch auf das hinausläuft, was der Moosbauer mit dem gemeint hat: »Jetz konn jeder selber schaugn, wie er ausn Dreck kimmt.« Den Moosbauer aber deswegen einen »Philosophen« zu heißen, das wäre direkt hirnrissig. Abgesehen davon, daß man auf so was lange studieren muß, dazu gehört schon eine ganz wuchtige Portion Verstand, die selten einer hat. Und was solche Herren verfassen, das ist oft wie unsere komplizierten Steuerbogen, wo du jedes Wort drei- und viermal lesen mußt, eh du draufkommst, was damit gemeint ist.

Zum Beispiel darf man da nicht einfach wie unsereiner annehmen, daß mit »Existenz« etwa unser gesichertes Aus- und Fortkommen gemeint ist, sondern unser inwendiger Zustand, das »Existentielle«. Das Wort hat seinerzeit ein recht sonderbarer Mensch im Dänischen droben aufgebracht, Kierkegaard hat er sich geschrieben, und die Schriftstellerei hat er betrieben. Wenn man dem seine Schriften liest, kennt man sich nicht aus: Ist er bloß ein recht aufsässiger Glaubenseiferer wie der Moosbauer gewesen, oder macht er sich über uns lustig. Kirchenfromm dagegen ist der durchaus nicht gewesen, nein, nein! Sein Leben lang hat er sich in seinen Schriften mit den Pfarrern und Bischöfen herumgestritten, weil die für ihn bloß durchtriebene Verfälscher der christlichen Religion waren.

Das hat ihm natürlicherweise sehr geschadet. Gebracht hat er es dabei zu nichts, und bereits mit 42 Jahren ist er Anno 1855 bettelarm gestorben. Daß er vielleicht deswegen, weil er fort und fort recht arge private Existenzsorgen gehabt hat, daraufgekommen ist, den Grundsatz abzufassen: »Das Existieren ist des Existierenden höchstes Interesse«, kann nicht stimmen. Dazu war er ein zu eigensinniger Tüftler, und außerdem hat er dummerweise ein ganz ernsthafter, fanatischer Christ werden wollen. Dabei aber muß ihm die Unkeuschheit, zu der es uns ja mehr oder weniger immer wieder hinzieht, sehr oft einen Strich durch die Rechnung gemacht haben, und er hat – wie er sie betitelte – diesen »Pfahl im Fleisch« nie mit seinem Religiössein in eins gebracht, sozusagen zu dem natürlichen Ausgleich, von dem wir Altbayern sagen: »No ja, die Malefizsündhaftigkeit kimmt hoit über oan'n. Do kann ma nix macha, aber macht nix, man konns ja wieda beichtn! ... D'Sünd is weg, und schön is's doch gwesen...« Mir kommts vor, als wie wenn sich das arme Mannsbild im Dänischen droben alles das viel zu hart gemacht hat. Unsre altbayrische Auffassung ist da kommoder und gemütlicher, denn wenn es keine Sünde nicht geben täte, was täten denn dann die Pfarrer? Eine Hand wäscht die andre.

Wie es bei so seltsamen Eigenbrötlern meistens ist, es läßt sich auch denken, daß sich der Kierkegaard nicht bloß deswegen furchtbar gegiftet hat, weil die Geistlichkeit aus dem Herrgott, der Reli-

gion, der Sünde und Vergebung usw. nur noch ein einträgliches Geschäft gemacht hat, bei dems die Hauptsache war, daß ihre Kirchen und Beichtstühle voll und viel dafür gestiftet wurde, sondern vor allem, weil damit rein alles, was bis dahin für einen Christenmenschen bindend und verbindlich war, zum gleichgültigen, inhaltslosen Wort geworden war, zu einem ausgedörrten »Abstraktum«, an das sich keiner mehr innerlich halten konnte. Er kann nichts und keinen mehr fragen, wie er sich verhalten soll, er muß es schon selber wissen, er ist ganz und gar auf sich verwiesen, auf sein spezifisch »Existentielles«, in dem nicht mehr gilt, »was man tut«. Unser alter Pfarrer Johst hat das in seinen Predigten immer so ausgedrückt: »Und, meine christkatholischen Zuhörer und Zuhörerinnen, den Glauben verloren, alles verloren – die Nichtsigkeit geht an, wo dir der Allmächtige nicht mehr und noch viel weniger dein Nächster beistehen kann.« Die Nichtsigkeit heißen die Studierten »das Nichts«, und dieses ist seither auch hochseriöses Schlagwort geworden. Diesen inwendigen Zustand vom Kierkegaard hat der Heidegger-Martl, weil man ja einen alten Gedanken, der bereits Moos angesetzt hat, immer wieder mit neufassonierten Wörtern ausdrücken muß, damit er wieder wie was Eigenes und Originales aussieht, als unser »jemeiniges und jeeigenes In-der-Welt-Sein«, ein »In-Sein« betitelt. Er ist aber mit seiner Denkerei nicht arm geworden, wie der Dänische da droben, er hat es bis zum hochangesehenen Professor gebracht damit, und schwärmerische Verehrer und Jünger von ihm gibts jetzt auf der ganzen Welt. Auch Nachahmer hat er, aber über die ärgert er sich bloß, weil sie ihm vielleicht wie der Sartre-Pauli im Französischen Konkurrenz machen könnten. Kurzerhand sagt er einfach, er hat mit ihnen absolut nichts zu tun, und die Denkerei von denselbigen ist ganz was anderes. –
Heute ist der Martl vielleicht kein Katholik mehr, aber am Anfang muß er auch ein recht eifernder gewesen sein, scheint mir, weil er auf Geistlichkeit studiert und Jesuit hat werden wollen. Bis man als ausgelernter Geistlicher vom schlechtbezahlten Kooperator zum

Pfarrer aufrückt und alsdann fürs Leben versorgt ist, das geht ja auch oft arg lang her, und bis einer zum gelehrten Jesuiten wird, ist vielleicht noch schwieriger. Wahrscheinlich hat das Philosophiefach schnellere und leichtere Erfolgsaussichten, insbesondere wenn man ein gewitzter Kopf ist und die Zeit versteht. Das ist dem Heidegger-Martl gewiß nicht abzusprechen, denn genau wie jeder Geschäftsmann, der neu aufmacht und seine Konkurrenz aus dem Feld schlagen will, hat er von Anfang an einfach gesagt, alle seine Fachkollegen, ob schon verstorben oder noch am Leben, haben bisher radikal falsch gedacht, »denken« tut bloß er richtig. Folgedessen hat er sich auch nicht mehr als »Philosoph« firmiert, sondern als »Denker«, und hat – wie die Zeitungen geschrieben haben – »eine von Grund auf neue Denkweise« in Schwung gebracht. Was das für einen Staub aufgewirbelt hat bei seinen Fachkollegen, nicht zum Sagen! Jeder aber weiß, wie nützlich so was geschäftlich ist, und dem Martl war das ganz recht. »Überrollen« – was ein Lieblingswort von ihm ist – hat sich der nicht lassen, im Gegenteil, er hat alle anderen überrollt. Wie er das gemacht hat, das hat mir furchtbar imponiert, als ich mich mit seinen Schriften befaßt habe, mit seiner überaus originellen Denkerei. Dabei bin ich schnell darauf gekommen, daß »Denken« nicht das ist, was man im allgemeinen über eine Sache denkt, sondern einzig und allein, was ich speziell in sie hinein- oder aus ihr herausdenke. Genau wie der Kierkegaard nämlich ist auch der Martl gegen das »man«, weil er darin eine Ausflucht, ein Abwälzen der »jemeinigen« Verantwortung auf die Allgemeinheit sieht. In meinem grenzenlosen Respekt vor so hochgebildeten Professoren traue ich mich kaum, dieses schlicht und schlecht als eine dringende Aufforderung zum selbständigen Denken aufzufassen!

Hinwiederum, ich will mich in Anbetracht des hochwichtigen Themas nicht mehr mit Kleinigkeiten aufhalten und weiß Gott wie und wo herumreden. Also, daß der Martl eine Unmasse Bücher liest, wo das drinnensteht, was man weiter um- oder ausdenken kann, ist natürlich selbstverständlich. In dieser Hinsicht ist er einfach großartig. Da läßt er alsdann nicht mehr locker, da wird er so angeregt, daß er seine Denkerei nicht mehr zurückhalten kann, da fängt dieselbige förmlich zu galoppieren an, und keiner kann sie mehr einholen. Schätzungsweise um die Zeit – nach dem Ersten Weltkrieg, der Revolution und in der Inflation –, wo der Moosbauer immer vom »abgeschafften Herrgott« herumräsoniert hat, da muß der Heidegger-Martl wieder einmal auf die windigen Nietzsche-Sätze gestoßen sein: »Gott ist tot« und »Die Wüste wächst«. Er überlegt, schaut hinum, schaut herum und muß sich – um es mit einem hochmodernen Gelehrtenwort auszudrücken – umgreifenderweise eingestehen: Der einzelne Mensch steht nach alldem, was ihm zusammengebrochen ist, wirklich im blinden Nichts, er ist ihm in- und auswendig überliefert. Wie Butter in der Hochsommersonne ist ihm das, an was er sich bisher noch halbwegs hat halten können, zerronnen und verdampft, und nichts mehr ist ihm geblieben als sein nacktes Dasein, die lumpige Sorgerei um dieses und schließlich die Angst vor dem Tod. Denn wenn zum Beispiel, wie wir es ja damaligerzeit alle mitgemacht haben, der Preis von zehntausend Mark für ein Viertelpfund Leberkäs in einer Stunde auf das Doppelte steigt und du dir, wenn du nicht gleich zugreifst, schließlich auch für den lumpigen Zwanzigtausender bloß noch eine trockene Semmel kaufen kannst, da gilt nicht mehr bloß das Geld nichts mehr, da hört sich alles auf. Aus ists da mit dem Glauben an den Herrgott, der bloß noch die Schieber prassen und die anderen Leute verhungern läßt, aus ists mit jeder Religion, und Anstand und Rücksicht auf den Nächsten gelten bloß noch als Dummheiten. Wolf ist der Mensch unter Wölfen, tückischer Feind einer dem anderen, und handeln tut der einzelne nur noch nach dem altbewährten Grundsatz: »Jeder ist sich selber der Nächste.«

Daß dieser abscheuliche Zustand nicht von ungefähr gekommen ist und auch nicht was Zeitweiliges bleiben wird, hat verdienstvollerweise der Heidegger-Martl sofort erkannt und also entschlossen argumentiert: In einer solchen Nichtsigkeit, wo es überall aschenfad nach Nichts riecht, da kann man mit so altmodischem Zeug wie »Gott«, »Religion« und allem, was drum und dran hängt, aus dem Publikum keine Aufmerksamkeit mehr herauslocken, da muß was durch und durch Neues her! In richtiger Witterung hat er deswegen auch den einzelnen Menschen nur noch als »Platzhalter des Nichts« bezeichnet, und dieses Charakteristikum hat sich alsogleich jeder saudumme Geck als Vorwand für seine Nichtsnutzigkeit zugelegt. Ob einer freilich etwas für nichts sein kann, fragt sich, und der Martl selber hat sich natürlicherweise auf so eine schäbige Platzhalterei nicht eingelassen, denn, hat er gesagt: »Der Denker sagt das Sein.« Und um seinen unterschiedlichen Rang zu bekräftigen, hat er also gleich seine eigene Denkerei aufgezeigt und so manipuliert: Statt »Gott« hat er nicht etwa das damals schon weitverbreitete, abgebrauchte »Nichts«, sondern das kulantere Wort »Sein« gesetzt. Er schreibt es, damits tiefsinniger und geheimnisvoller aussieht, mit Ypsilon. Und, gibt er an, dieses »Seyn« hat jeden von uns in ein leeres »Da«, in die »jemeinige und jeeigene Existenz unseres Da-Seins« geworfen. Das ist unser »Seinsgeschick«. Dadurch sind wir zum »Gegenwurf«, zu einer Art Bumerang geworden, der – man möchte es nicht glauben, was das für eine Plage ist – immer wieder ins »Seyn« zurückgeworfen wird, aber dort doch nie ankommt, solange sich nicht jeder von uns einen »Existenzentwurf« gemacht hat, eine Art Gebrauchsanweisung, damit wir fähig sind, es von Fall zu Fall zu merken, ob wir wenigstens eine »Lichtung des Seins« erreicht haben. Das Ausschlaggebende aber ist vorderhand, um es mit einer lustigen altbayrischen Redewendung auszudrücken: »Do san mir beim Dosei.« Komisch, daß ich jetzt auf das komme! Mit dem Martl seiner Denkerei, die – wohlgemerkt – mit jeder seiner Schriften immer weitläufiger wird, kann unser Sprücherl doch nichts zu tun haben? Eher könnte damit schon unsere uralte bayrische Bauernauffassung zusammenhängen, daß eben jedem sein Schicksal »aufgesetzt« ist. Und noch näher kommt

dem allem sicher, was mein verstorbener Vetter, der Hintermeier-
bauer von Deining, im betrachterischen Verschnaufen immer hat
verlauten lassen. Er hat dabei seine Weichselpfeife aus dem Bart-
maul genommen, langsam sinniert, hat gradaus in die Luft geschaut und jedesmal urgemütlich vor sich hin gesagt: »Hm, tja, do
stehn mir jetz in ünserm bschissenen Elend! Hergsetzt hot ma üns,
und gfrogt san mir net wordn, obs üns recht is . . . Einfach hergsetzt
und basta . . .! Tuast und überlegst, wos dmogst, ois muaßt alloa
macha . . . Do hilft dir dei Beterei nix und net amoi der Herrgott . . .«
Lästerlich hat er das durchaus nicht gemeint, mein Vetter selig. Er
war ein ordentlicher Katholik, aber natürlich ein bayrischer. In
seinem ledernen Faltengesicht habe ich bei solchen Gelegenheiten
nie irgendeine weltschmerzlerische, süß-saure Wehleidigkeit gesehen, ohne die ich mir einen »Existentialisten« nicht recht vorstellen kann, zum wenigsten einen deutschen.
Der Franzos, der Sartre-Pauli, den der Martl nicht ausstehen kann,
weil er sogar so ordinär ist, Romane und Theaterstücke zu schreiben, worinnen er seinen Existentialismus erklärt, der Pauli ist da
ganz anders, wenn er einmal sagt: »Das Hauptergebnis existentiel-
ler Psychoanalyse muß sein, daß man auf Ernsthaftigkeit verzichtet.« Romane und Theaterstücke zu schreiben und seine Denkerei
nicht ernst nehmen, so was Unwürdiges ist beim Heidegger-Martl
einfach undenkbar! Eher hat schon mein Vetter selig mit dem Pauli
eine leichte Ähnlichkeit. In dem seinem Geschau und seiner Miene
war auch immer so ein ungeschmerztes, leicht listiges Nichternst-
nehmen, ein humorvolles Resignate, das sich mit der Unabänder-
lichkeit alles dessen, was ist, gelassen abfindet und spöttisch-
zweiflerisch sagt: »Nichts Gewisses weiß man nicht.«
Auffällig ist mir bloß, was der Heidegger-Martl in einem fort mit
seiner Werferei hat. Das, mein ich, könnt ihm vielerorts sehr
schlecht ausgelegt werden. »Geworfen« hat mich meine Mutter
selig nicht, sie hat mich geboren. Werfen tut bei uns bloß eine Sau,
und zwar einen Wurf Ferkel, der gewiß nicht als »Gegenwurf«

aufgefaßt werden kann. Noch bedenklicher ists, wenn unterstellt wird, daß der Martl vielleicht mit »Seyn« wirklich Gott meint. Daß unser Herrgott »geworfen« hat, ist schon rein zum Grausen. Dabei ist doch der Martl durchaus kein zynischer Verneiner wie der Sartre-Pauli, sondern eher ein religiöser Gesundbeter, der uns immer und immer wieder dem reinen Sein näherbringen will. Ich begreif nicht, wie ihn seine Verehrer und Jünger noch nie auf seine mißverständliche Werferei aufmerksam gemacht haben. Wahrscheinlich aber sind sie von allem, was er von sich gibt, so hingerissen, daß sie es ihm einfach wie Papageien nachplappern. Mich aber täuscht der nicht mit seiner verworfenen Denkerei. Ich hab sogar gemerkt, daß ihm dabei oft selber angst wird, weil er alsdann oft und oft umsteckt und seinem »Seyn« eine ganze Preisliste der besten Eigenschaften zudichtet, wie zum Beispiel, daß es »das Offene, Lichtende, das Schickende« und noch allerhand viel Besseres ist, welches »lichtet«, in dessen »Gunst« und »Huld« wir stehen, und daß wir manchmal von seiner Stimme »angerufen« werden usw. usw. Dieses gefällige Ausschmücken macht ihm so schnell keiner nach, dem Martl. Da erfindet er originalneue Wörter, die bloß noch er und seine nächsten Jünger verstehen, und den falsch angewandten gibt er kurzerhand seinen »jeeigenen« Sinn. So reichhaltig wird dabei sein Sprachschatz wie etwa bei einem »Billigen Jakob« auf unseren altbayrischen Jahrmärkten oder wie beim unvergeßlichen Schauspieler Pallenberg in der *Familie Schimeck,* wenn er seine immer neuen Wortverdrehungen aus sich herausgesprudelt hat.

Schad ist bloß eins beim Martl: Er muß in der Volksschule unser Schriftdeutsch nicht richtig gelernt haben. Das trifft man ja oft bei Leuten aus Gegenden, wo jahraus, jahrein der unveränderte Dialekt gesprochen wird. Da nehmen es auch die Lehrer beim Unterricht in diesem Fach nicht immer allzu genau, aber im Alter, je nachdem, was für einen Beruf so ein Schüler dann ergreift, da rächt sich das, da ist oft in Nullkommafünf ein Malheur da. Vom Martl ist mir erzählt worden, daß er auch heute noch bei seinen Vorträgen stark schwäbelt, was natürlicherweise die Wirkung derselbigen abschwächt. Geschrieben und gedruckt ist das anders, da heißt es aufpassen, sonst merkt der Leser, wie leichtsinnig und unaufmerksam der Verfasser als Schulbub gewesen ist. Aber ob mangelhaftes Schriftdeutsch oder fehlerhaftes Rechtschreiben, das geniert den Martl nicht im mindesten. So dumm ist der nicht, daß er seinen Mangel zugibt, er macht ihn sogar zum Vorzug! Wer einmal so ausgekocht denkt wie der, gegen den ist nicht aufzukommen. Der dreht einfach den Spieß um und behauptet steif und fest, *wir* wissen nicht, was mit dem und dem Wort gemeint ist, das er erfunden hat, es kommt überhaupt nicht darauf an, was es faktisch und bildlich bezeichnet, sondern darauf, was in ihm »west«. Und über dieses darin »Wesen« weiß selbstredend nur der Martl allein das Richtige. Das Wesentliche an allem ist überhaupt und immer, daß das Wesen in ihm drinnen »west«, ganz gleich in was. Um dieses im Druck augenfällig und recht eindringlich zu machen, trennt er sehr oft die Wörter nach eigenem Ermessen, wie etwa »Ek-sistenz«, damit gleich zwei Wesenheiten darin aufblitzen sollen, das ekstatische Hinstreben des Existierenden ins »Sein« oder »Da-Sein«, beides groß gedruckt, um zu betonen, daß eins ohne das andere nicht sein kann, oder – entschuldigen Sie bitte – statt Abort bedeutsamkeitshalber das getrennte »Ab-Ort«. Die Herrschaften werden sich vielleicht unter dem, was da drinnen »west«, recht was Unappetitliches vorstellen, aber – wie wärs auch möglich? – das ist beim Martl durchaus nicht der Fall! An diesem Ort west vielmehr das von uns Abwesende ins Verwesende, und wie das vonstatten geht, kann sich jeder, je nachdem, was er für einen Stuhlgang hat, selber ausdenken.

Gefälligkeitshalber sollen die Drucker, in der Annahme, der Herr Professor habe einen Schreibfehler gemacht, so was oft von selber ausgebessert haben, doch der Martl bestand jedesmal drauf, daß alles rücksichtslos genauso gedruckt werden müsse, wie ers hingeschrieben habe. Was wagt schließlich so ein einfacher Drucker gegen einen eigensinnigen, strengen Professor! Für Martl muß jedes Wort wirklich purer Tiefsinn sein, und da verfährt er sicher wie der Mann in dem bekannten jüdischen Witz, der seinem Freund folgendes Rätsel aufgibt: »Sag mir, Moischi, was ist das? Es hängt auf dem Baum, ist grün, hat zwei rote Backen und zwei Flügel!« »Grün? Hat rote Backen – hängt am Baum? ... A Apfel«, zögert der Moischi unsicher und fragt erstaunt: »Aber der hat doch keine Flügel! Wieso Flügel?«

»Nu«, gesteht sein Freund Aron pfiffig, »nu – ich habs machen wollen e bißl schwerer ...«

Seit dem Martl ist dieses Schwierigmachen in der Schriftstellerei schier schon obligatorisch. Alles andre gilt als unseriös. Man wirbelt einen undurchdringlichen Wortstaub auf, damit keiner merkt, daß nichts dahinter ist. Aber was red ich da! Nachdem der Martl und seine Kollegen das »Nichts« so alles überrollend in Schwung gebracht haben, sind alle Schriftsteller bloß noch auf dasselbige aus, und sie schreiben bereits so flüssig, eingehend und unentwegt von und über dieses »Nichts«, daß wirklich nichts mehr als nichts herauskommt. Sie wissen, was sie ihrer beruflichen Reputation schuldig sind.

Herrgott, ich solls eigentlich gar nicht herschreiben, weil es recht blamabel für mich ist – da entdecke ich mich jetzt wieder dabei, daß ich nicht das mindeste vom Martl seinem denkerischen Höhenflug verstanden hab. Ich und meinesgleichen nämlich haben uns in unserm Hausverstand immer vorgestellt, daß das »Nichts« bloß eine unendliche, eigenschaftslose, unbewegliche Leere ist, aber das ist grundfalsch! Das ist strohdumm! Dem Martl sein Nichts ist ganz was anderes und so verschieden von dem unsrigen wie eine Krawatte vom Sputnik. Sein »Nichts« ist was Aktives, es übt eine Tätigkeit aus, nämlich es »nichtet«. Darüber, ob wir »Platzhalter des Nichts« auch »nichten«, hat er zwar nichts verlauten lassen, aber ich glaub bestimmt nicht, daß er so oberflächlich denkt und annimmt, wir könnten uns in absehbarer Zeit mit den vollends verbesserten Wasserstoffbomben samt der ganzen Welt vernichten. Ausgeschlossen, da drinnen »west« doch nichts! Immerhin aber sind wir für ihn was »Seiendes«, und einmal fragt er gradhin: »Warum ist überhaupt Seiendes und nicht vielmehr Nichts?« Das gibt zu denken. Jaja, der Martl, der laßt nicht aus! Der fingert und bohrt und grabt in all dem »Seienden«, in den Existenzialien herum, bis wirklich nichts mehr drinnen zu finden ist als seine Wörter! Deswegen heißt er auch seine Denkerei »Existenzanalyse«. Er untersucht. Da ist er wie die meisten Ärzte, die es genauso machen. Endlich glauben sie, sie haben gefunden, was dir fehlt, und dafür gibt es eine Unmasse Pillen und Medikamente. Damit haben sie auf jeden Fall bewiesen und dir beigebracht, daß du die und die Krankheit hast, und kurieren an dir herum. Heilen tun sie dich nicht, du als Patient gewöhnst dich bloß an dein Leiden und findest dich ab damit. Das ist genug. Bis einer sich an dem Martl seine Wörter gewöhnt, das ist viel schwerer und oft fast unmöglich, aber »Denker« wie er wissen, daß sie nicht für jede x-beliebige Person schreiben, sondern für ihresgleichen, und da heißt es, jeden Konkurrenten übertreffen. Je mehr so eine Schrift einem Vexierbild ähnlich wird, in dem einer stunden- und tagelang nach der darin versteckten Figur sucht, um so seriöser und gehaltvoller wirkt sie. Daß das der Martl wie kein andrer versteht, leuchtet jedem sehr schnell ein.

Unsereiner schreibt »Technik«, hingegen der Martl heißt sie »das Gestell«. So was liest sich fürs erste recht komisch und geht nicht gleich in den Kopf. Landläufigerweise ist für uns ein Gestell eben ein Gestell, weiter nichts; ob groß oder klein, ob aus Holz oder Eisen, es steht da und kann sich nicht rühren, es hat bestimmt nicht die Eigenschaft der Beweglichkeit, die wir uns einbilden, wenn uns das Wort »Technik« einfällt. Nebenher gesagt, heißt man im Altbayrischen auch ein grobknochiges, sehr linkisches Weibsbild »a ausgreckts Gstell, a hoglbuacherns«! Dieses Gestell ist freilich beweglich, aber ob das ihr Wesen ist, da bin ich überfragt.

Nur auf dasselbige aber kommts dem Martl jedesmal an. Ich glaub aber nicht, daß er als hochgebildeter Professor – auch wenn es vielleicht im Schwäbischen eine wörtlich ähnliche Dialektbezeichnung für solche Weibsbilder geben sollte – von daher seine Gleichstellung »Technik = Gestell« hat. Ah, woher denn? Bei einem derartig scharfsinnigen Wesenskriminalisten ist doch so was ganz und gar unmöglich! Die Technik ist für ihn »das Gestell«, weil sich ihr Wesentliches aus den Wörtern »stellen«, »vorstellen«, »herstellen« und »bestellen« herleiten läßt. Diese ganze Stellerei »west« in ihr.

Als lernbegieriger Mensch hab ich mich auf das hin einmal an einen Tisch gesetzt und stundenlang darüber nachgesinniert. Kopfweh hab ich bekommen. Es macht sich keiner einen Begriff davon, wie ich mich geplagt hab – nicht um alles in der Welt hat sich das Tischwesen ausfindig machen lassen! Aber schließlich – Geduld bringt Rosen! –, schließlich lege ich meinen Kopf auf die Tischplatte, halte einige Schnaufer lang an, horche und schnüffle und komme endlich darauf, daß es nur der Holzwurm sein kann, der da drinnen »west«. Nach dieser freudigen Entdeckung bin ich zu meinem hiesigen Freund, dem Literaturprofessor Lachmüller-Gustl, gegangen. Der nämlich ist für mich in allen existenzialistischen Sachen durchaus maßgebend, weil er ein Buch verfaßt, »Tausend Worte Heideggerisch«. Wie ich dem alles erzählt hab, hat er mich ganz ekelhaft verächtlich angeschaut und ziemlich unwirsch angefahren: »Herrgott, so was Blödes! Wie banal, wie trivial … Der Tisch tischt natürlich!« Einen Augenblick hab ich ihn arg baff und verlegen angeglotzt, mich aber alsdann schnell zusammengenommen, um nicht gar zu einfältig zu erscheinen.

»Ja so … ja so – tischt«, hab ich sozusagen denkerisch routiniert gesagt, wenn ich auch absolut nicht draufgekommen bin, was das heißt. Gewurmt hat es mich aber insgeheim doch, daß mich der Gustl für so dumm angeschaut hat, und ich hab mich sofort wieder streng beflissen über dem Martl seine Schriften hergemacht. Und richtig, bei dem heißt es bei jeder Gelegenheit, die Welt »weltet«, die Zeit »zeitigt«, das Wesen »west« ab oder an, die Sprache »spricht«, das Ding »dingt«, das »Unheil als Unheil spurt uns das Heile«, die »Ortschaft im Ort ortet« und sein bekanntes Nichts »nichtet«. Bloß beim »Sein« macht er eine Ausnahme. Es »seint« zwar nicht, aber es hat eine Masse anderer Eigenschaften, wie etwa es »ist«, es »lichtet«, es »verbirgt« oder »entbirgt« sich, es »ereignet sich«, und unter anderem »nichtet« es auch. Dieses letztere hat mich stutzig gemacht, und zwar nicht bloß wegen dem, weil das Nichts auch »nichtet«, sondern weil ich dabei wiederum dahintergekommen bin, was doch der Martl für ein zweideutiger, gotteslästerlicher Tropf ist und wie scheinheilig er sich hinter dem farbenreichen Schlingpflanzengewurl seiner Wörter versteckt.

Als Mensch, der das Katholischsein von Kind auf gelernt hat, fürcht ich mich fast Sünden, seine eben erwähnte nichtsnutzige Nichtserei bis zuletzt auszudenken. Hab ich nicht schon deutlich genug ausgeführt, daß er beim Anrollen seiner Denkerei für »Gott« lediglich bloß das Wort »Sein« gesetzt hat, um wunder wie originell zu erscheinen? Jetzt hingegen stellt sich auch noch heraus, daß dasselbige gleicherzeit auch »Nichts« bedeutet. Auch der Martl wird von seiner geistlichen Studienzeit her noch wissen, daß die Gelehrten längst nachgewiesen haben, daß »Nichts« früherszeiten gleichbedeutend mit »allseiender Gottheit« war. So was Zerlaufenes hingegen hat unsere altrenommierte römisch-katholische Kirche kurzerhand zu »Gott« verfestigt, weil sie gemerkt hat, wir Gläubige müssen uns vom vielgeliebten Allmächtigen ein Bild machen können. Seither ist er für uns ein gigantengroßer Himmelsfürst mit einem Riesenbart, der zwar unsichtbar für uns, aber allsehend und allwissend von sich aus, da droben auf den Wolken in einem gewaltigen Thronsessel sitzt, umgeben von seinen unzähligen blitzgeschwinden Engeln und nicht nur der Herr über die, sondern der Herr über alle Heerscharen, wo die auch immer herumziehen und Krieg führen, und darum eben der »Herr-Gott« ist.

Kann man da vielleicht sagen, wie der Martl von seinem »nichtenden Nichts«, »Gott gottet«?

Ist der Himmlische vielleicht ein Weibsbild? Heißts etwa »der« Weibsbild? Oder – heiliger Herr Jesus und alle Heiligen, verzeihet mir – will der Martl vielleicht frevelhafterweise, daß Schlechtgesinnte und eiskalte Heiden unserem Herrn der Heerscharen etwa eine ganz anrüchige, zwieschlächtige Geschlechtsveranlagung zudichten? Da hört sich denn doch schon alles auf! Wie er sich bloß nicht schämt, der saubere Herr Denker!

So grundschlecht kann er doch gar nicht sein! Wo er doch in einem fort so frömmlerisch und himmelnd vom Sein aus sich herausgeistert, daß es das große Geheimnis, das Offene, Lichtende, Heilende und Heilige, kurzum, das »Allerseiendste« ist, das für uns gewöhnliche »Seiende« unfaßbar und verborgen bleibt und nur hier und da erahnt werden kann, wenn es sich »entbirgt« und zeitweilig in uns »anwest«. Schier schon langweilig ists – wiederum sagt er bloß einen anderen Namen für unseren altgewohnten Herrgott, den er so höllensündhaft beleidigt! Aber an den kann man nur glauben, sonst nichts. Daß das seine Vorteile hat, weiß jeder, denn gibts denn was Ausgezeichneteres und Kommoderes als ihn, unsern Himmlischen? Gehts schlecht bei uns, sagt man: »No ja, kannst nix macha! Er ist halt wieda verschnupft über uns, aber dös geht scho wieder rum.« Und gehts gut, lobt man ihn: »Dös host wieder amoi schön gmacht, Herrgott! Besten Dank dafür und ein anderes Mal wieder.« Freuen tut man sich, es kostet kein Geld und braucht keine umständliche Denkerei, die bloß zu lauter Überspanntheiten führt. Wir Altbayern sind, das möcht ich ein für allemal sagen, durchaus gegen alles Überspannte, Übersteigerte und Außerordentliche, weil selbiges, wie schon aus dem Wort hervorgeht, außer der friedlichen Ordnung herumtobt und frecherweise immer verlangt, daß es besonders respektiert und behandelt wird. Wir sind für Ordnung in jeder Hinsicht. Uns kommt es nicht auf das Höchstmaß an, sondern immer auf das mittlere Maß, auf die Mittelmäßigkeit, weil sie das

Bescheiden ist, das Sichvertragen mit anderen Leuten und das ungeschmerzte Einfügen in das gewöhnliche Leben. Und dahinein paßt unser grundsolider Herrgott wie nichts anderes; auch er macht kein besonderes Aufheben um sich und um uns, er gibt uns das Leben und löscht jeden von uns ohne Unterschied aus, wenns Zeit zum Sterben ist. Für uns hat es ihn immer schon gegeben wie unser Felsgebirg, und halten wird er sich auch in Ewigkeit als etwas, das von einer Generation zur anderen übergeht. Im Vergleich zu ihm – was ist da dem Martl sein windiges »Sein«? Weniger wie der Rauch aus einer Weichselpfeife. Den gibts auch bloß, solang einer raucht. Und was sagt der Martl von seinem Sein? Das gibt es auch nur, »insofern und solange Dasein ist«. Gradraus gefragt: »Und wer bevölkert dieses Dasein?« Wir, die »Seienden«. Demnach kommts nach ihm ja gradso heraus, als wie wenn *wir* den Herrgott gemacht hätten und nicht *er* uns. Direkt lachhaft, so was! Und noch frecher finde ich, daß uns der Martl zumuten will, wir sollen an sein unreelles, verschwommenes »Sein«, das er uns notabene samt seiner winkeladvokatischen Wortverdreherei absolut nie und nirgends erklären kann, *glauben!* Dieses hitzige Aneifern zum Glauben, ich kann mir nicht helfen, das ist schon arg verdächtig für einen »Denker«. So einer muß uns doch, meiner Auffassung nach, durch seine messerscharfe Logik *überzeugen* und nicht einfach *überreden!* Meiner Erfahrung nach trifft man dieses letztere meistens bloß bei Leuten, die in dem, was sie betreiben, nicht ganz sattelfest sind. Wahrscheinlich sitzt eben im Martl doch noch immer die Geistlichkeit, und vielleicht hat er insgeheim ein schlechtes Gewissen, weil er seinerzeit so voreilig und leichtsinnig von unserer hochgeachteten Religion abgefallen ist. Da hätte er predigen können, was der Verstand hält, oder auch nicht. Jetzt natürlich, wo ers mit seiner gottlosen Denkplackerei so weit getrieben hat, daß man weithin auf ihn aufmerksam geworden ist, jetzt geniert er sich, das einzubekennen, und ärgert sich, weil er nicht mehr zurück kann in die Ordentlichkeit. So was macht griesgrämig und boshaft, und ich möchte wetten, bloß aus Boshaftigkeit will er uns jetzt unsern schönen Herrgott verkleinern und verkrüppeln, der Neidhammel! –

Selbstredend werden gescheite Leute, die sich mit Haut und Haar dem Martl seiner Originaldenkerei verschrieben haben, über das, was ich bis jetzt dagegen vorgebracht habe, bloß mitleidig lächeln. Wenn sie mich persönlich kennen, werden sie mir vielleicht gönnerhaft auf die Schulter klopfen und allereinnehmendst sagen: »Recht lustig hast dus gemacht, aber vom Existenzialismus verstehst du natürlich nicht die Bohne.« Es sind das meistens Leute, die sich ohne festgelegte Statuten zu einem Geheimzirkel zusammengeschlossen haben, in welchem außer einer kultischen Verehrung des Meisters auch die »jemeinige und jeeigene« Sprache desselbigen gesprochen wird. Die Mitglieder erkennen einander sofort, wenn sie zu reden anfangen. Was da alles aus ihnen herausfällt an »Unterwurf« und »Gegenwurf«, an »ineins« und »umwillen«, an »Überschritt« und »Vormeinung« und »Kehre« – dir bleibt das Schnaufen weg bei dem überwendischen Durcheinander, und wenn du dich endlich halbwegs gefangen hast, kommst du langsam drauf, daß diese »Platzhalter des Nichts« sich genau an die Regel ihres Denkereimeisters halten, der gesagt hat, es kommt gar nicht darauf an, was ein Autor wörtlich gemeint hat, sondern darauf, ihm »abzuringen«, was er nicht gesagt hat, aber hat sagen wollen. Und dieses, das versteht sich, bleibt dem »jeeigenen« Ermessen überlassen. Gradheraus gesagt, bin ich darüber sehr froh, denn jetzt brauch ich nicht verraten, ob ich den »Existenzialismus«, und den vom Martl speziell, verstanden hab oder nicht, und schlicht und grob kann ich auf gut bayrisch sagen: »Schmecks, Kropferter, wennst eine Hundsnasn hast!«, was auf hochdeutsch ungefähr soviel heißt: »Nimm dein eigenes Hirn zusammen und leg dir das Zeug selber aus.«

Solches, möcht ich betonen, entspricht auch durchaus der Dynamik dieser hochinteressanten Denkerei, die uns keiner augenfälliger praktiziert hat als der Heidegger-Martl, gebürtig aus Meßkirch und jetziger Professor in Freiburg. Am Anfang hat er alles, was für uns allgemein gegolten hat, in Frage gestellt und weggeschrieben, alsdann hat er in unserer »existentiell heillosen Leere« wieder langsam das »Heile« ausfindig machen wollen und mitten drinnen, wie der Schickelgruber-Adi, alias Hitler, über uns gekommen ist, wieder eine »Kehre« gemacht, indem er mit seiner bombastischen Wortaufbauscherei feierlich verkündet hat, daß die Nazibewegung »eine völlige Umwälzung des deutschen Daseins« ist und daß die »Herrlichkeit« dieser blutselendigen Gaunerei »das Schicksal des deutschen Volkes in das Gepräge seiner Geschichte gezwungen« hat. Und wie sichs für einen vaterländisch gesinnten Professor gehört, hat er natürlicherweise auch in der gleichen Tonart zum »Wehr«- und »Wissensdienst« kräftig aufgerufen. Wie dieses »schicksalhafte Geprägtwerden« ausgelaufen ist, wissen wir, unseligen Angedenkens, ja alle. Viele von den »Seienden«, die er dazumal auf seine existenzialdenkerische Manier zum herrlichen deutschen Volk umgemodelt hat, haben ihm das, als sie monatelang gehetzt, hungernd, frierend und absolut »unbehaust« tagaus, tagein in den rauchenden Ruinenstädten herumgeirrt sind, arg übelgenommen. Anderen Leuten kann so was oft schaden. Beim Martl war das absolut nicht der Fall, und das kommt daher, weil er die seinerzeit gehaltene Rektoratsrede an der Freiburger Universität, aus der die angeführten Zitate stammen, durchaus nicht popularisiert hat, ganz im Gegenteil, dieselbige kursiert bloß gewissermaßen illegal unter seinen Getreuen – und die natürlich fühlen sich hoch geehrt, daß bloß *sie* die damalige Botschaft zu lesen bekommen. Und natürlicherweise legen sie alles ganz anders, sozusagen heideggerisch tragisch aus. Und was passiert da? Der Martl, als unnahbarer Denker, bleibt ganz aus dem Spiel, er braucht nicht einmal was auf die Angriffe erwidern – sein eifriges Fußvolk macht das, indem es die lumpigen Schreiberlinge, die ihren Meister so rücksichtslos und flegelhaft an seine damalige berüchtigte »Kehre« erinnern, von oben herabmindernd beschuldigt, mit herausgerissenen Sätzen ein ganz ordinäres Falschmünzerstück zu treiben.

Dennoch aber, auch dem Martl ist das fortwährende Erinnern mit der Zeit zuwider geworden. Es ist ihm aufgestiegen, daß er sich bei seiner damaligen Rede auf dem »Holzweg« befunden hat, und er hat später eine Rechtfertigungsschrift mit diesem Titel verfaßt. Daß er nicht schriftdeutsch »Waldwege« schreibt, beweist, daß ihm der Dialekt noch immer anhängt, denn auch bei uns im Bayrischen sagt man, wenn einer sich irrt oder täuscht: »Do bist aufn Holzweg.« Selbstverständlich gibt der Martl einfach nicht zu, daß er sich geirrt hat, nein, nein, er imaginiert einfach den Irrtum »an sich«. In diesen *Holzwegen,* wo er das »Seyn« – er schreibts altertümelnd wieder einmal mit Ypsilon – mit dem Wald vergleicht, also da wird er direkt idyllisch wie ein Heimatschriftsteller aus echtem Schrot und Korn. Holzwege, meint er, gibts da, ganz dick verwachsene, wo selten einer drauf geht, und wenn, dann kommt er wohl hie und da auf eine Lichtung, aber meistens verläuft er sich. Sie selber hingegen laufen immer wieder in den Wald, ins »Seyn«, das – schon wieder eine neue Wesensart – die Wahrheit birgt. »Holzmacher und Waldhüter«, schreibt er, »kennen die Wege. Sie wissen, was es heißt, auf einem Holzweg zu sein.« Und wie altdeutsch sinnig er sich also in der Verwandlung zum wissenden Holzmacher und Waldhüter über seinen unqualifizierten Fehltritt im Politischen hinwegsetzt, der Martl, einfach prima! So weit läßt er sich als nobler Mensch nicht herab, daß er sich etwa über die blutige Sauwirtschaft vom Schickelgruber und seinen Totschlägern und Vergasern entrüstet. Das Ganze ist für ihn lediglich eine Folge der »Seinsverlassenheit«. Wie alle Weltgeschichte war auch das ein »Seinsgeschick«, und es hat sich dabei wie immer dasselbe abgespielt, daß das Sein in dem, was es schickt, die Wahrheit »an sich hält«. Dieses Ansichhalten, also das ist etwas ganz und gar Gefährliches und Tückisches. Nämlich die Wahrheit birgt oder vielmehr verbirgt natürlich auch wieder was Wesentliches, die »Irre«, und auch sie kann »an-sich-halten«. Überhaupt ists mit ihr wie mit einem gutgemachten Falschgeld. Es kommt auf deine hurtige Findigkeit

an, ob du sofort merkst, daß es falsch ist. Nicht um ein Haar anders ists mit der Wahrheit, wenn sie sich »entbirgt« und »an sich hält«. Sobald sie eintrifft, wird sie gegenwärtig, heutig und alltäglich, verliert also ihre Ewigkeitskraft, und morgen ist sie schon nicht mehr gültig. Und unsereins, wie es ja immer ist, hält sich an ihr Heutiges und – schwuppsti, haben wir uns geirrt, die Kalamität ist da. Dafür aber können wir nichts, denn da uns diese hinterlistige Wahrheit schon im Moment ihrer Ankunft auf unserem »Irrstern« Welt zu was ganz anderem, viel Minderwärtigerem und ungemein Kurzlebigem wird, passiert es uns notwendigerweise jedesmal, daß wir die Wahrheit »an sich« mißdeuten. Weg ist sie, sie hat sich wieder verborgen und bloß ihren staubigen Abfall hinterlassen, den die momentane Geschichte herumwirbelt. So, und in dem heillosen Wirbel stehn wir jetzt, und da begehen wir eben die Ungeschicklichkeit, daß wir uns »irren«. Aufpassen heißts da wie ein Haftelmacher, aber wer kann das schon in einem fort? Insbesondere, wenn dem Martl sein »Sein«, sein »Heiles und Heiliges« und seine »Wahrheit« immer bloß so ungreifbar und verschwommen herumwest und schon im Moment, wo es ankommt, ganz was andres wird. Kein Wunder, wenn einer da ungeduldig wird und das Wesentliche nicht mehr vom Unwesentlichen unterscheiden kann, ja das letztere meistens als das erste ansieht und mißdeutet. Darum, meint der Martl, braucht man sich gar nicht so aufhalten über seine seinerzeitige existenzialische Hitler-Eingenommenheit, und er doziert infolgedessen: »Durch dieses Mißdeuten hindurch wartet das Geschick ab, was aus seiner Saat wird. Es bringt die, die es angeht, in die Möglichkeit des Geschicklichen und Ungeschicklichen.«
Mein Gott, bei ihm ists eben so gewesen, daß er sich »in die Möglichkeit des Ungeschicklichen« gebracht hat. Immerhin weiß ich aber jetzt, wie das niederträchtige »Sein« mit seiner Schickerei mit uns umspringt. Eins aber hab ich dabei doch als Vorteil für mich herausgelesen: Wenn ich jetzt einmal eine Lumperei mache, dann sag ich einfach, da ist mein »Seinsgeschick« dran schuld, basta!

Zuletzt habe ich eine Schrift vom Martl gelesen, die mir, wie man bei uns sagt, »wirklich das Kraut ausgeschüttet hat«. Dieselbige betitelt sich *Was ist Denken?*, und indem es da einmal heißt: »Das Bedenklichste an unserer bedenklichen Zeit ist, daß wir noch nicht denken«, wärmt er sein altbekanntes Gesurms wieder auf, daß die großen Denker des Abendlandes vom Sokrates bis zum Nietzsche-Fritzl zwar groß, aber seit eh und je falsch gedacht haben. Sein »noch« ist recht huldvoll. Hingegen jetzt kommt nicht mehr, daß bloß er, der Heidegger-Martl, richtig denkt, sondern die ungeheure Überraschung, daß er gradraus zugibt, er weiß selber nicht, was eigentlich »denken« heißt.

Da hat er recht. Aber da muß ich doch dumm fragen: Warum »denkt« er uns denn alsdann so lange was vor? Ist denn »Denken«, und noch dazu universitätsöffentliches, so was Unverbindliches wie etwa Briefmarkensammeln? Ich weiß freilich, daß es für den Existenzialismus bloß eine Verbindlichkeit der eigenen Person gegenüber gibt. Deswegen kann sich ja auch jeder gewissenlose blutige Narr aufmachen und die halbe Welt vernichten. Vom Martl und seinesgleichen hat er von vornherein seinen Los- und Freispruch. Aber ich glaub, mit dem seinem Eingeständnis hat es was ganz anderes auf sich, und da sieht man wieder, was der für ein unguter, boshafter Mensch ist. Abgewartet hat er – denn er muß schon bald ins Siebzigste kommen –, bis er sein pensionsberechtigtes Alter erreicht hat, und jetzt, weil ihm nichts mehr passieren kann, jetzt lacht er recht hämisch, weil er uns mit seinem lumpigen Hinundherdenken so lang zum Narren gehalten hat.

Und mit so was macht man seine Existenz? Ich muß sagen, ich verleg mich von nun ab auch auf die Denkerei. Aber was tu ich als Nichtpensionsberechtigter, wenn mir das Publikum mitten drinnen auf meinen Schwindel kommt? Das will sehr ernsthaft überlegt sein. Vorbauen, mein ich, ist gewiß – um mich dem Martl seiner verfänglichen Vieldeutigkeit anzupassen – besser als Nachbauen.

Erste Begegnung mit Schiller

Eine Jugenderinnerung

Unverwischbar deutlich steht noch der 9. Mai 1905 in meiner Erinnerung. Die Frühsonne leuchtete frisch und blank, als wir, aus der üblichen Messe kommend, von der gegenüberliegenden Pfarrkirche zum Schulhaus gingen. Im Lehrergarten duftete der dichtdoldige Flieder, und munter sangen die Vögel in der Hecke. Laut polternd und schwätzend stürmten wir im hellen Treppenhaus die Stiegen hinauf und kamen ins Schulzimmer. Kamen hinein und – verstummten jäh. Was war denn das heute für ein Tag? Die jährliche Schulprüfung hatten wir doch schon hinter uns! Sie war am 1. Mai gewesen. Warum waren denn die vier Fenster mit frischen Blumengirlanden geziert? Und was war denn das für ein Bild zwischen den zwei großen Rosensträußen auf dem Katheder? Es zeigte ein etwas vorgebeugtes, hageres Gesicht mit einer spitzen, scharf vorspringenden Hakennase und großen Augen, einer hohen Stirn und dichten, langen, nach hinten gekämmten Haaren. Da, wo der hohe, altmodische Mantelkragen den schlanken Hals frei ließ, stand das weiße Hemd offen.

Sprachlos und verblüfft musterten wir das sonderbare Bild, das eine unleserliche Unterschrift hatte, und stumm rätselten wir herum, ob das nun einen Mann oder eine Frau darstellen sollte. In diesem Augenblick kam unser Lehrer Männer mit zwei großen, sauber gepackten Paketen zur Türe herein, und rasch, fast ein wenig beklommen, setzten wir uns ohne das sonstige Drängen und Stoßen in die Bänke. Ich schaute wieder auf das Bild, und es kam mir vage in den Sinn, daß ich es schon irgendeinmal gesehen haben mußte. Ich suchte angestrengt in meiner Erinnerung herum, dachte und dachte und fand doch keine Antwort, denn gleicherzeit beunruhigte mich auch der festliche Aufputz des Schulzimmers. Ich witterte etwas sehr Besonderes, das eine prickelnde Wonne,

einen leichten Schauer in mir auslöste, und kam auf die merk-
würdigsten, ja beinahe abenteuerlichen Einfälle. Es war mir, als
müsse heute etwas ganz Ungewöhnliches, etwas nie Geahntes geschehen, und meine innere Erregung wurde schließlich so stark,
daß meine Zunge trocken wurde, daß mit einem Male meine Brust
fast schmerzhaft eng wurde.

Mit gespannten, fragenden Blicken sah ich auf Männer, und als der
jetzt – sorgfältig gekleidet wie an hohen Feiertagen oder zur Prüfung, in seinem besten Cutaway, mit der schnurgerade gebügelten
gestreiften Hose – langsam und würdig zum Katheder emporstieg,
schlug mir das Herz bis zur Gurgel herauf. Nichts entging mir, was
auf seinem Gesicht vorging. Die winzigste Wimper, die kleinste
Falte sah ich fast überdeutlich. Meinen ganzen Blick und mein
ganzes Sinnen nahm dieses Gesicht ein. Eine leichte Röte stand
auf den alten, blassen Wangen, und die guten Augen glänzten
belebt. Uns alle hatte ein derartiges Staunen ergriffen, daß wir ganz
vergaßen, aufzustehen und ihm einen guten Morgen zu wünschen.
Er rügte es nicht, er stellte rasch seine Pakete ab und richtete sich,
feierlich korrekt, gerade an der Seite des geschmückten Bildes auf.
Dann sagte er mit einer Stimme, die vor innerer Erregung leicht
belegt war: »Guten Morgen, Kinder!« »Kinder« sagte er, und zum
erstenmal klang all seine zurückgedämmte Zärtlichkeit in diesem
Wort. »Kinder« hörten wir und standen mit einem Ruck auf. Laut
und freudig erwiderten wir den Gruß, und da Männer nicht befahl,
daß wir uns setzen sollten, blieben wir erwartungsvoll stehen. Mäus-
chenstill wurde es, und unverwandt schauten wir auf ihn, als er
abermals so bewegt, aber mit klarer Betonung sagte: »Heute ist ein
großer Tag, ein Tag, der nicht nur in Deutschland, sondern in der
ganzen Welt gefeiert wird. Heute vor hundert Jahren ist der Mann,
den ihr hier auf dem Bilde seht, gestorben. Er hieß Friedrich von
Schiller und war einer unserer größten Dichter. Setzt euch, auch wir
wollen diesen hundertsten Todestag feiern, und ich will euch erzählen, wer Friedrich von Schiller war, was er uns für schöne, unvergeß-

liche Werke hinterlassen hat, und wie wir ihm am besten dafür danken können.«

Es mag sein, daß meine dankbar-glückliche Rückerinnerung vieles verklärt, aber ich kann mir nicht helfen – ich habe nie wieder so eindringlich, so plastisch und hingerissen über einen Dichter reden hören! Das begann knapp und fast leise mit einer idyllischen Jugend in Marbach. Dieses kleine »Schwabenstädtchen«, nicht viel größer als unser Bezirksort Starnberg, aber mit vielen altertümlichen Fachwerkhäuschen, meinte Männer, liege zwischen Heilbronn und Stuttgart am Neckar, im jetzigen Königreich Württemberg, das damals noch ein Herzogtum gewesen sei. »Aber heute« – er hob die Stimme ein wenig – »stehen dort vor dem schlichten Geburtshaus des Dichters – und ihr müßt euch denken, das ist ein ziemlich ärmliches Haus; es hat auch den Eltern Schillers gar nicht gehört, sie wohnten darin in einer einzigen Kammer, weil der Vater unseres Dichters ein armer, pensionierter Militärarzt war, der oft kaum die Miete zahlen konnte –, heute stehen vor diesem unscheinbaren Haus mit dem hohen Giebel und den kleinen Fenstern Fürsten und Minister und berühmte Leute aus allen Ländern und ehren das Andenken Friedrich von Schillers!« Er hielt inne, so, als geniere er sich, in Pathos verfallen zu sein, aber er schneuzte sich nicht, er schnupfte heute nicht, wie ers bei ähnlichen Verlegenheiten zu tun pflegte, er wischte sich nur etwas hastig mit dem Schnupftuch ein paarmal die Nase. Es ist eigentümlich, daß der Klang einer Stimme, der Ton, den sie den Worten gibt, viel nachhaltiger und länger in unserer Erinnerung bleiben als die Worte selber und deren Sinn. Noch merkwürdiger, daß, wenn dieser Klang und Ton durch irgendeinen Zufall gleichsam in unserem Unterbewußtsein aufklingen, sich nach und nach auch die Worte wieder zusammenfinden, die man vor langen, langen Jahren gehört hat.

»Friedrich von Schiller war also nicht das Kind von feinen Herrschaften«, fuhr Männer geruhiger fort, »er war arm und von früh auf sehr mager und kränklich. Er hat sein Leben lang an Brustschmerzen gelitten, und weil er so schwächlich war und Talent hatte, wollte er wenigstens Geistlicher werden. Sein Vater aber konnte ihn erst studieren lassen, nachdem er beim damaligen Herzog Karl Eugen von Württemberg in Ludwigsburg Hofgärtner geworden war. Der Herzog nahm die Söhne seiner Beamten meistens in sein militärisches Institut, in die Karlsschule auf. Dort aber ging es sehr soldatisch und grob zu. Das vertrug der junge zarte Schiller nicht. Er vertrug auch etwas anderes nicht: Auf der Karlsschule waren meistens die Söhne von adligen und reichen Leuten, und die lernten sehr schlecht, waren faul und eingebildet. Es zeigte sich auch bald, daß es auf der Karlsschule gar nicht so sehr aufs Lernen ankam, die Hauptsache war, daß einer recht schmeicheln und kriechen konnte vor den Lehrern und dem Herzog.«

In mir brannte alles. Ich hatte das alles schon gelesen. Gierig erwartete ich beim Erzählen Männers schon das nächste Wort, und vor lauter selbstvergessener Begeisterung nickte ich ihm in einem fort zustimmend zu. Er merkte das, wurde ganz kurz irritiert davon, besann sich, begriff wahrscheinlich und wurde lebhafter. Finster die Stirn runzelnd, wie strafend, sagte er jetzt: »Dieser Herzog Karl Eugen war ein schlechter Fürst, ein unbarmherziger, verschwenderischer Mensch, der alle Steuergelder seines armen Volkes gewissenlos verpraßte und ein wahres Schreckensregiment führte. Er konnte nur die leichtsinnigen Schmeichler leiden. Leute, die ihm die Wahrheit sagten, ließ er einkerkern oder hängen!«

So schilderte er uns stets die Bösewichter im *Schmied von Ochsenfurt* und im *Robinson*. Er wurde auf diese Menschen böse, ja wütend, und wir wurden es mit ihm. Jetzt haßten wir den Herzog Karl Eugen. Wir verabscheuten die reichen, eingebildeten Mitschüler Schillers, und wir verachteten die Schmeichler am Hof des Herzogs von ganzem Herzen. O Seligkeit, als Männer jetzt fortfuhr: »Unter dieser Schlechtigkeit und Ungerechtigkeit hat der junge Schiller sehr gelitten. Es nagte an ihm, er hat es sein Leben lang nicht

117

vergessen, denn er hatte ein zartes Herz voll Mitleid für die Armen, er war ja selber ein Armer. Den Titel ›von‹ hat er erst viel später bekommen, da war er schon zweiundvierzig Jahre alt und Professor in Jena, aber schon drei Jahre darauf hat er sterben müssen! Er ist nur fünfundvierzig Jahre alt geworden . . .« Wir seufzten hörbar und schauten bittend auf den Lehrer, denn wir meinten, mit diesem Tod sei auch die schöne Geschichte zu Ende, und wir atmeten erleichtert auf, als Männer weiterredete und uns begreiflich zu machen versuchte, welch schweren Lebenskampf Schiller gehabt haben mußte, wenn er nur fünfundvierzig kurze Jahre alt werden konnte. Wir erlebten Schillers abenteuerliche Flucht, seine flammende Empörung gegen Ungerechtigkeit und Tyrannei, die unsicheren Jahre als Theaterdichter in Mannheim, die Aufführung der *Räuber,* Schillers Bekanntschaft mit Körner, seine Anstellung als Professor in Jena und endlich die wenigen geruhigen Freundschaftsjahre mit Goethe in Weimar. Sehr sparsam zitierte der Lehrer einige Stellen aus dem *Lied von der Glocke.* Eigentümlicherweise überging er die meisten Dramen Schillers und hielt sich nur bei *Kabale und Liebe* und *Wilhelm Tell* an ein eingehendes, langes Erklären, wobei er von Wort zu Wort in eine stärkere Begeisterung geriet, denn – sagte er ungefähr – »merkt euch das besonders genau, als armer, geknechteter Mensch fing Schiller an, alle Ungerechtigkeit und Fürstenwillkür zu bekämpfen. Der schwächliche, kranke Mann hat keine andere Macht gehabt als sein Talent und einen festen Charakter. Diese beiden Eigenschaften haben ihn mächtiger gemacht als alle Fürsten und Reichen auf der Welt. Er hat geglaubt, daß es ein ewiges Recht für jeden Menschen gibt, ganz gleich, wie klein und arm dieser Mensch auch sein mag. Darum heißt es in *Wilhelm Tell:*

> Wenn der Gedrückte nirgends Recht kann finden,
> wenn unerträglich wird die Last,
> greift er hinauf getrosten Mutes in den Himmel

und holt herunter seine ewgen Rechte,
die droben hangen unveräußerlich
und unzerbrechlich, wie die Sterne selbst . . .«

Er sah eine ganze Weile abwesend geradeaus in die sonnige Luft im stillen Klassenraum. Es war fast beängstigend für uns, wie er so steif dastand. Wir atmeten kaum noch. Endlich verloren seine Augen den starren Glanz, er rührte den Arm ein wenig und schien wieder in der nahen Wirklichkeit zu sein. Er nahm die mitgebrachten Pakete und wickelte sie auf.

»Und jetzt will ich euch sagen, wie wir Friedrich von Schiller am besten danken können«, sagte er in gewohntem Ton. »Ich habe da schöne Büchlein mit Bildern, die sein Leben und seine Werke beschreiben . . . Das königliche Ministerium hat sie zur Erinnerung an den hundertsten Todestag drucken lassen. Ein Büchlein kostet zwanzig Pfennig . . . Wer will eins?« Wie neu belebt, uns überstürzend, drängten wir aus den Bänken und zum Katheder, und als jeder das buntbebilderte Büchlein genügend betrachtet hatte, fing Männer erneut an: »Aber das ist unser Dank nicht . . . Wir wollen von heute ab eine Schulbibliothek einrichten . . . Jeder von euch hat in der Woche zwanzig Pfennig zu entrichten, fragt eure Eltern, und wenn wir genug Geld haben, werden dafür Bücher bestellt, die ihr bei mir ausleihen könnt . . . Habt ihr mich verstanden?«

»Ja!« antworteten wir schallend laut.

»Gut! . . . Das ist schön«, sagte Männer, und bei dieser Gelegenheit – an Unterricht war an diesem Tag nicht zu denken, denn wir waren mit dem Lehrer in einer Hochstimmung ohnegleichen – erlebte ich den stolzesten Augenblick meiner Jugend. Nach einer Weile nämlich fing der Lehrer ganz ungewohnt freundlich zu fragen an, wer von uns Schülern und Schülerinnen zu Hause eigene Bücher besitze, und da trat im Nu ein betretenes Schweigen ein, denn außer dem üblichen Meßbuch besaß niemand eins. Mir stieß das Blut jäh ins Herz, ich zitterte, und über und über rot stand ich auf

und sagte übereifrig und keck: »Ich, Herr Lehrer! ... Ich habe das, was Sie uns heute erzählt haben, alles schon gelesen ... Ich habe schon neunzehn Bücher, drei vom Schiller ...«
Alle drehten sich um und schauten an mir empor. Männer musterte mich, und ich glaube, alles, was er bisher gegen mich hatte, verflog in diesem Augenblick.
»So? ... So«, sagte er. »Gut ... Setz dich!«

Einige Notizen über Bildung

Was für ein hochgebildeter Mensch!« rühmten die Damen einen Bekannten, der uns den ganzen Abend lang mit einleuchtenden Bemerkungen über Freuds Psychoanalyse, über Jungs neuere Auffassungen, über den literarischen Existenzialismus und den künstlerischen Surrealismus unterhalten hatte. Da einige Damen reizend waren und die Gesellschaft sich in einem Stadium harmonischer Angeregtheit befand, schien es, nachdem sich der betreffende Bekannte bereits vor einer Weile verabschiedet hatte, nicht geboten, zu widersprechen, obgleich sich manche Zuhörer des Eindrucks nicht erwehren konnten, daß der interessante Unterhalter all seine scheinbaren Erkenntnisse und überraschenden Wortwendungen nur aus den neuesten Magazinartikeln über diese Themen bezogen hatte. Einer meiner Freunde bezeichnet eine derartige Betrachtungs- und Ausdrucksart, bei welcher ein gewandtes Gedächtnis und fixe Zungenfertigkeit die Hauptrolle spielen, als »Magazinbildung« und vertritt die Ansicht, daß sie eine frappante Ähnlichkeit mit der schnell wechselnden Damenmode habe. Zuerst verblüfft sie, ihre Keckheit überrumpelt geradezu, und das wird als originell empfunden. Das Originelle reizt, kommt in Schwang, wird sehr schnell epidemisch, Ohr und Auge gewöhnen sich daran, und schließlich braucht sich ein gewandter Plauderer, wie der betreffende Bekannte, nur an all das zu halten, um den Eindruck hoher Bildung hervorzurufen.

»Ja«, sagte mein Freund in die allgemeine Begeisterung hinein, »ja, ein sehr belesener Mann!« Doch mit dem instinktiven Scharfsinn ihres Geschlechtes hatten die Damen die kühle Einschränkung herausgehört, und nun begann ein heiter heftiges Gegeneinander von Meinungen und Argumenten, das zwar recht amüsant wurde, aber zu keiner Klärung führte. Immerhin war man dadurch zum weiteren Nachdenken angeregt worden.

»Bildung ist bewußte Beseligung.« Diesen kaum durchdachten und wohl nur wegen seines aphoristischen Effekts geformten Satz schrieb ich einmal vor ungefähr dreißig Jahren nach einer ähnlich durchdiskutierten Nacht in mein Notizbuch. Eigentümlich, daß solch flüchtige Einfälle so zählebig sind. Sofern sie nur ein Gran von Wahrheit besitzen, können sie weder verderben noch absterben, sie behalten ihre immanente, fortzeugende Kraft. Du vergißt sie. Sie sind wie weggelöscht. In Wirklichkeit aber scheinen sie sich nur in unserem Unterbewußtsein verkrustet zu haben. Irgendein zufälliges Gespräch nach langer, langer Zeit sprengt diese Kruste auf einmal; das Nicht-zu-Ende-Begriffene, gleichsam nur Erahnte rinnt ins Gemeng deiner Gedanken und beschäftigt, beunruhigt dich mehr als damals. Zuerst bleibt dieses Beschäftigen nur ein behagliches Denkspiel, nach und nach aber – es ist fast wie mit der süßen Sehnsucht eines Verliebten – steigert sich alles zum hitzigen Drang, den umspielten Gedanken in eine plastische Form, in eine unanfechtbare Eindeutigkeit zu bringen.

Um es übrigens gleich zu sagen: Bildung ist hier als persönliche Eigenschaft eines Menschen gemeint und nicht als das, was man allgemein darunter versteht, denn bei diesem letzteren handelt es sich stets nur um das Bildungsgut, das uns vererbt worden ist.

Strenggenommen ist der Ausdruck »bewußte Beseligung«, in welchem Gedankliches und Gefühlsmäßiges zusammengekoppelt werden, ein Widerspruch. Dennoch scheint durch ihn der Begriff persönlicher Bildung gekennzeichnet zu sein. Ihrem Wesen nach ist sie eine solche Koppelung. Natürlich hängt sie mit dem zusammen, was ein geistig aufgeweckter Mensch sich im Verlauf der Zeit an Wissen angeeignet und gedanklich verarbeitet hat, aber wenn bei alldem nie ein jähes Erstaunen, eine beseligende Ergriffenheit dazugekommen ist, so daß das Aufgenommene durch den Aufnehmenden dessen ureigenes Gesicht bekommt, dann bleibt dieser Mensch sein Leben lang einer, der zwar sehr viel weiß, der geradezu ein Registrierapparat oder ein Konversationslexikon von Gelehrsamkeit ist, weiter aber nichts. Wie oft haben wir über den fast einfältig anmutenden Satz »Das Wissen liegt nur in der Zeit« Rilkes hinweggelesen, nur, weil uns der Wohlklang des ganzen Verses berauschte. Einmal aber blieb dieser Satz stehen und wich nicht mehr. Er zwang uns, über seine Weisheit nachzudenken. Sie wurde uns zum ersten Male bewußt.

In dem Versuch, anderen begreiflich zu machen, was ich als Bildung verstanden wissen will, ist dieses kleine Beispiel besonders erhellend. Es zeigt den Vorgang, bei welchem sich – einfach, weil der eine den Satz als brauchbare Sentenz wörtlich nimmt, während der andere seiner unausgedeuteten Tiefsinnigkeit nachspürt – der Wißbegierige vom Gebildeten scheidet. Grob gesprochen nämlich erinnert mich der erstere stets an die Bauern meiner Heimat während der Inflationszeit, die sich auf Grund dessen, daß sie sich plötzlich und unversehens in Reichtum versetzt sahen, wahllos Konzertflügel, Perserteppiche, Grammophone und Autos kauften, ihre Häuser »modernisieren« ließen und ihre Stuben und Kammern mit teuren, geschmacklosen Möbeln vollstellten, und das nicht nur, weil sie sich nach echter Bauernart mit wertbeständigen Sachen eindecken wollten, sondern weil sie glaubten, all das sei der Inbegriff der »Feinheit«. Es gab sogar nicht wenige unter ihnen, die kauften schließlich dicke Bücher, die »nach was aussahen«, denn, sagten sie sich, »man kann nie wissen, ob so was vielleicht nicht einmal gebraucht werden und von Nutzen sein könne«. Versorgt in allem waren diese Bauern damals, satt, übersatt sogar, und es scheint, daß die meisten erst in einer solchen Lage darauf kommen, daß der Mensch nicht vom Brot allein lebt. Hauptsächlich dachten sie dabei an ihre Kinder, die später einmal etwas »Besseres« werden sollten. Dazu seien zweifellos auch Bücher notwendig.

Ganz besonders erpicht waren sie auf die umfänglichen, vielbändigen Ausgaben unserer Konversationslexika, denn darin, witterten sie, sei das ganze Wissen aufgestapelt. Und ich habe einen Bauern gekannt, der – dadurch, daß er viel mit sogenannten gebildeten Sommerfrischlern zusammenkam und ihre Unterhaltungen ungemein bewunderte – auf einmal darauf verfiel, ganze Absätze aus dem Konversationslexikon auswendig zu lernen, um überall mitreden zu können und vor allem, um von den anderen Dörflern ob seines umfassenden Wissens angestaunt zu werden. Schlauerweise brachte er das Gespräch nach einigen geschickten, unauffälligen Zügen stets auf das Thema, das er insgeheim »gelernt« hatte, und sagte dann den ganzen Absatz ziemlich wortgetreu auf, was, wie sich denken läßt, die Wirkung nie verfehlte. Er galt als hoch gebildet.

Auf dieselbe Weise hamstert der Wißbegierige. Es ist nur ein gradueller Unterschied, wenn man ihn mit dem Bauern vergleicht. Er klappt das ausgelesene Buch zu, besucht Opern und Theaterstükke, versäumt keine wichtige, vielbesprochene Ausstellung von alten und modernen Kunstwerken und sagt sich jedesmal: »So, das kenne ich nun auch.« Er ist damit zufrieden und fertig, kann darüber reden und geht ans nächste. Aber wo er endigt, beginnt der Gebildete erst, denn Wissen bereichert wohl, Bildung dagegen vertieft. Hat sie uns einmal in ihren Bann gezogen – und sei es auch nur durch die Berückung, in die uns ein einziges Gedicht, der Satz einer Symphonie oder die Besonderheit der Farbgebung an einem Bild versetzt –, so sind wir ihr zeitlebens verfallen. Demjenigen, der großes Wissen erstrebt, strömen die Fakten zu, dem Gebildeten erschließt sich jedesmal eine Welt. Diese Welt ist vielschichtig und nicht auf einmal zu bewältigen, wie der Wißbegierige annimmt. Sie verändert sich mit den verschiedenen Lebensaltern oft so sehr, daß das Neue, das dabei hinzukommt, stets wie eben entdeckt wirkt. Deswegen die jedesmalige tiefe, stille Begeisterung über so eine Neuentdeckung beim Gebildeten. Neue Tiefen hellen sich auf, und höhere Gefühlsreize entstehen dabei. Dadurch ändert sich der ganze innere Mensch fortwährend. Nicht nur seine geistige Selbständigkeit reift, nicht nur seine Witterung für das Wesentliche steigert sich, auch die Art, Aufgenommenes gedanklich und gefühlsmäßig auszuschöpfen, nimmt ganz bestimmte Züge an, und zuletzt ist er der Ausdruck alles dessen. An die Stelle von Übertriebenheit und Banalität tritt die zwingende, klare Einfachheit, und das Kennzeichen eines wahrhaft Gebildeten ist sein völliges Freisein von jeder eitlen Überheblichkeit. Er ist demütig. Emerson, dessen pastorale Hausbackenheit oft recht langweilt, findet dafür einmal den erstaunlichen Satz: »Der Mensch ist nur halb er selbst, die andere Hälfte ist sein Ausdruck.« Das ists!

Ausdrücklich muß der marxistischen Auffassung, die der Bildung eine »soziale Funktion« zuweist, widersprochen werden, denn diese Auffassung basiert auf dem Kernsatz »Wissen ist Macht« und mißversteht, mißdeutet das Wesen der Bildung vollkommen, indem sie a priori annimmt, es handele sich dabei um etwas allgemein Erlernbares, das auf Grund genügender Schulung zu einem brauchbaren Instrument, zur Waffe im Kampf um die politische Macht wird. Bildung aber wurzelt nicht in einem solchen Zweck- und Nutzungsbewußtsein. Sie ist vielmehr etwas, das von keiner gesellschaftlichen Ordnung abhängt und ihr auch nie untertan sein kann. Sie bleibt stets eine absichtslos geistig-menschliche Mission einzelner, die in jedem Volk, in jedem staatlichen Gebilde meist nur als dünne Schicht vorhanden sind. Vom Snobisten trennt den Gebildeten jene beständige Unruhe, das – wenn ich so sagen darf – spirituelle Glück, welches ihm zuteil geworden ist, in anderen ebenso wirkend zu machen. Niemand kann ihm eine »Funktion« erteilen, denn seine eigentliche Berufung kommt aus ihm selbst. Er bleibt kraft des Feuers, das in ihm brennt, immer der Herr seiner selbst, und in Zeiten, da Geistiges hauptsächlich danach beurteilt wird, ob es einen realen gesellschaftlichen Nutzen abwirft, eine sehr abseitige, ja meist sogar suspekte Erscheinung. Dem inneren Prozeß, den er durchgemacht hat, verdankt der Gebildete seine untrügliche Empfindung für jenes Echte und Gültige, welches die Zeiten und alle gesellschaftlichen Wandlungen überdauert. Einzig und allein daraus wächst, wenn man will, sein Wert, sein »Nutzen«. Erlebten wir es denn nicht immer und immer wieder, daß das Werk eines mächtigen Dichters, eines Künstlers oder Philosophen generationenlang vergessen wird? Man kennt höchstenfalls noch einige Namen davon. Wer hebt sie ins Licht und bewirkt, daß Werk und Schöpfer in ihrer ganzen Größe und Bedeutung wieder erkannt werden? Derjenige, der – eben weil er sich in langen Abständen immer wieder damit beschäftigt – sie neu entdeckt und in aller Munde bringt, der Gebildete. Anzunehmen, daß solche Neuentdeckungen nur bestimmte Perioden innerhalb des Zeitverlaufes hervorrufen, die für das Spezifische der vergessenen Werke besonders empfänglich sind, ist nur halb richtig und höchst anfechtbar. Vom rohen Diamant weiß man wohl, daß er einen unbestimmbaren Wert hat, und auch den erahnt nur der Kenner. Der Schleifer aber holt erst das aus ihm heraus, was für uns Menschen Bedeutung gewonnen hat: den tiefen Glanz, die faszinierende Strahlung und die erregende Freude bei seinem Anblick. Ahnender Kenner und Schleifer zugleich – das ist der Gebildete, der »bewußt Beseligte«. Winckelmann, den Lessings *Laokoon* auf seinen geistigen Weg brachte, war so einer. Ohne diesen märkischen Schusterssohn ist das weitreichende Panorama unserer Bildung, das Goethe genauso wie noch Burckhardt und Nietzsche mit einbegreift, nicht zu denken.

Der Gedanke liegt nahe, daß mit dem, was hier als »gebildeter Mensch« bezeichnet wird, eigentlich der schöpferische Künstler, der Dichter, Musiker oder Maler, gemeint ist. Dagegen steht die Erfahrung, daß eine derartige Begabung oder Genialität, eben durch eine meist gefühlsgeleitete Einseitigkeit, aus welcher sie ihre Kraft bezieht, oft sehr weit von Bildung entfernt ist. Ausnahmen zugestanden, gibt es eine Menge sehr beschränkter, ausgesprochen dummer Künstler, und das immer wieder Verblüffende dabei ist, daß darunter viele Schriftsteller sind, und nicht die schlechtesten. Nein, ein gebildeter Mensch ist weder dumm noch beschränkt, und seine Klugheit wohnt mehr in der Nähe der genießenden Weisheit. Er ist ein dankbar Aufnehmender und neidlos Verschenkender. Die »bewußte Beseligung« hat seinen Verstand und sein Gefühl in ein vollkommenes Gleichgewicht gebracht. Seine Ausstrahlung gleicht dem *Römischen Brunnen* Conrad Ferdinand Meyers. »Er nimmt und gibt zugleich.« Dadurch wird der Gebildete zum Bildenden. Denn keine wirkliche Beseligung kann für sich allein bleiben. Sie muß sich mitteilen. Erst dadurch, daß sie andere daran teilnehmen läßt, wird sie zu dem, was sie ist. Im anderen Falle bleibt sie steriles Selbstbegnügen. Es gibt keine unaktive Bildung; auch das Bildungsgut, das uns zufiel, hat eine fortzeugende Aktivität. Wahre Bildung unterscheidet sich von jener, die sich als solche ausgibt, dadurch, daß sie keine Enge kennt, alle Grenzen durchbricht und über die Zeit hinauswirkt, um in nachfolgenden Generationen den gleichen Gefühlsdrang, die gleiche intellektuelle Unruhe zu erhalten und neu zu entzünden.

Von Ludwig Tieck, dem man fälschlicherweise noch immer die deutsche Mitübersetzung Shakespeares zuschreibt, wissen wir, daß er einer der belesensten Männer seiner Zeit war. Seine vielbewunderte, scheinbar so hohe Bildung blieb sehr begrenzt auf kleine Zirkel und starb mit ihm. Nicht er, der nur romantisierte und nie ihr Wesentliches begriffen hat, schuf die Romantik und fundierte sie, sondern die Brüder Schlegel, Novalis, Arnim und Brentano; aber davon abgesehen: Im Vergleich zu ihm las Goethe wenig und sehr langsam. Die Bildung Goethes aber – selbst wenn man einmal sein rein dichterisches Werk ganz beiseite läßt – hat nachkommenden Generationen bis zum heutigen Tage Dinge erschlossen, die erst *er* in ihrer letzten Tiefe erfühl- und begreifbar machte.

New York, den 29. August 1950

Zu Maxim Gorkis Tod

Rede in Brno, Tschechoslowakei, 1936

I.

Die Arbeiter der Welt trauern, die revolutionäre Intelligenz trauert, wir alle, die für Freiheit, Menschenwürde und Sozialismus kämpfen, trauern bewegt und erschüttert. Etwas kaum mehr Wegdenkbares in unserem Bewußtsein, in unserem Fühlen und Trachten, im Weltbild unserer Sehnsucht ist plötzlich für immer verloschen. Wir sind ärmer geworden um einen der eindringlichsten, lebendigsten Beweise der Kraft unserer Idee: Maxim Gorki ist gestorben!

Nicht »der rätselhafte Schriftsteller«, wie eilfertige Berichterstatter und federgewandte Nekrologschreiber bürgerlicher Zeitungen verkleinernd melden – nein, ein Arbeiter an der Welt, ein Mann, der als Mensch, als Kämpfer und Dichter die proletarische Klasse am bewußtesten und reinsten verkörperte, ist mit ihm dahingegangen! Er selber hat es einmal in seinen Reifejahren zu einem Reporter gesagt, so unzweideutig gesagt, wie nur *er* es aussprechen konnte: »Sie sagen, ich bin Marxist! Jawohl, aber Marxist nicht nach Marx, sondern weil meine Haut so gegerbt ist! Mich hat den Marxismus besser und gründlicher als alle Bücher der Bäcker Semjonow in Kasan gelehrt...« Und er erinnerte dabei an die grauenvollste Zeit seiner Jugend, die damit abschloß, daß sich der kaum Zwanzigjährige eine Revolverkugel in die Brust jagte, die ihm die halbe Lunge zerstörte.

Marxist sein heißt der Welt gehören und dafür kämpfen, daß jede Ausbeutung des Menschen durch seinen Mitmenschen ein für allemal ein Ende nimmt. Eine einfache und gewiß klare Formulierung, die nur deshalb so unfaßbar erscheint, weil sich die menschliche Furcht vor grundlegenden Veränderungen der Gesellschaftsordnung nach und nach in eine eisige Gleichgültigkeit egoistischer

Lebewesen verwandelt hat, oder – wie Lenin einmal sehr treffsicher sagte – weil es zu viele »Helden mit kleinen Vorbehalten« gibt. Maxim Gorki hat nie zu ihnen gehört. Sein Leben war vom dumpfen Anfang bis zum erfüllten Ende ein geradezu grandioses Beispiel unbeirrbarer revolutionärer Energie.

Unser Maxim Gorki ist gestorben!

Auf keinen Dichter können wir dieses Wort mit so tiefem Recht anwenden. Schon gar nicht auf Tolstoj und Dostojewskij, auch nicht auf Alexander Herzen und Turgenjew und nicht einmal auf Victor Hugo und Zola. Das ist keine Wertung, nur eine Präzisierung des Spezifischen. Einige dieser mächtigen Schriftsteller strebten dem gleichen Ziele zu, aber sie waren nicht der Herkunft nach, sondern mit ihrem Geiste mit uns verbunden, Gorki hingegen kam aus unserer Mitte. Er war ausgebeuteter Prolet und gesellschaftlich Deklassierter, politischer Illegaler und polizeilich Verfolgter, war Emigrant wie Tausende von uns, gehörte zu den Siegern einer Revolution und war Helfer am Aufbau der Sowjetunion. Er dachte und sprach, handelte, haßte und kämpfte wie wir; er liebte das, was wir lieben und ersehnen – niemals war einer so ganz und gar »unser« wie er!

Das soll nicht nur so als gelungene Phrase hingesagt sein. Es läßt sich leicht erhärten. Ich habe eine Menge Menschen mit erschütternden Lebensläufen gekannt, ich habe viele schreckliche Autobiographien gelesen, unvergängliche Werke wie zum Beispiel den alten Grimmelshausen, Rousseaus *Bekenntnisse* und die – leider fast vergessenen – furchtbaren *Erinnerungen einer Überflüssigen,* meiner verstorbenen Landsmännin Lena Christ, die das härteste Herz zermürben können; meine eigene Jugend war schändlich verprügelt und verwirrt, aber was ist das alles im Vergleich zu Gorkis Werdegeschichte, die er in den drei Bänden *Kindheit, Unter fremden Leuten* und *Meine Universitäten* mit erstaunlicher Ruhe erzählt! Dieser Mann hat vom ersten Atemzug bis weit hinein in seine Mannesjahre alles Bittere und Böse wahrhaft erlitten: eine unvorstellbar elende, zertretene Kindheit in einem Sumpf erstickender Unwissenheit, zwischen gewalttätigen Säufern und unberechenbaren Rohlingen, die ihn oft wegen einer Geringfügigkeit halb totschlagen; qualvolle Tage, Wochen, Monate und Jahre voller Not, Krankheit und Hunger, Hunger, Hunger! Lesen und Schreiben wird ihm notdürftig beigebracht, und das einzige Licht, das in dieser Finsternis leuchtet, ist seine Großmutter Akulina, die ihm Heiligenlegenden erzählt. Er hat ihr in seiner Autobiographie ein unvergängliches Denkmal gesetzt.

Mit zehn Jahren muß er verdienen und ist sich selbst überlassen. Er übt alle Berufe aus: Hausbursche, Gärtner, Lastträger, Schiffer, Tischler und Bäcker, Gelegenheitsarbeiter, Eisenbahnwächter und Kanzlist. Er durchwandert als Vagabund ganz Rußland und erlebt jede Erniedrigung der Not. Er ist weniger als das Vieh, ist ein Stück Kreatur und wird geschunden und ausgepreßt, wie es nur im zaristischen Rußland möglich war – aber er wird dennoch kein Knecht. Unter Tyrannen wuchs er auf. Er vergißt keine ihrer Tücken. Das eben hat ihn gewappnet gegen Illusionen, doch er versinkt nicht in jenen Fatalismus, der damals, in den achtziger Jahren, in ganz Rußland wie eine gefährliche Seuche um sich griff. Das unterscheidet ihn von allen russischen Menschen vor ihm. Ich bin nicht ganz sicher, ob man versteht, worauf ich hinaus will. Es liegt mir gewiß nichts daran, säuberlich chronistisch das Leben Gorkis noch einmal zu erzählen. Man lese seine Bücher. Sie verheimlichen nichts und enthalten die wahrhafteste Odyssee des proletarischen Menschen, die ich kenne. Sie umschließen die Vergangenheit und die Gegenwart so schön und so klar, wie dieser außerordentliche Mann sie selber verkörpert hat. Ich will nur versuchen, seine politische und geistige Bedeutung anzudeuten.

Gorki trat hart geschlagen, plump, ohne Hoffnung und tief vereinsamt in die Welt. Die beständige Bedrohung seiner nackten Existenz hatte ihn von Kind auf gezwungen, viel, scharf und unbarmherzig zu denken. Er denkt am Anfang ungefähr wie ein gehetztes

Wild, das die lauernden Gefahren wittert. Dieses Denken ist rein instinktiv und nur der augenblicklichen Nützlichkeit untertan. Es läßt nicht die geringste Schwärmerei und Unklarheit zu und ist etwa so: »Was ist gut und was ist schlecht für mich? Wie schütze ich mich gegen die kleinen Unbillen und die großen Schrecklichkeiten des Lebens, das ich führen muß und das mich feindlich umgibt?« Er kann nicht anders. Er darf diese Wegrichtung nicht verlassen. Aber er liest ungewöhnlich viel, gewinnt dadurch und wird, ohne daß er es will, ein anderer. Sein Denken verfeinert sich allmählich und treibt ihn weiter. Er wird unruhig. »Nicht zu wissen, wofür man lebt – das ist wohl das grauenhafteste Gefühl«, gesteht er sich fast bestürzt. Wer nur einmal von *dieser* Unruhe ergriffen wird, der *kann* nicht mehr untergehen! Er ist auch nicht mehr allein, denn er fragt weiter, *warum* denn das alles sein kann, Rechtlosigkeit und Gemeinheit rundum? Er schaut um sich und sieht, es gibt Unzählige, die darunter ebenso leiden wie er. Das ist das Entscheidende für einen solchen Menschen. Das ist gewissermaßen die Geburt des Sozialisten in ihm. Aber »Sozialist« nennt sich heutigentags bald jemand. Hüten wir uns vor Verallgemeinerungen. Erst die Klarheit bringt uns vom Fleck.

Bedenken wir doch – wenn man so sagen darf –, wie Gorki sein Duell mit der Welt begann und wie er es, gleichsam typisch für seine Klasse, siegreich zu Ende führte, wenn wir diese Klarheit gewinnen wollen. Damals in den achtziger Jahren war die Lage in Rußland äußerst bedenklich und ausweglos. Seit der Aufhebung der Leibeigenschaft im Jahre einundsechzig, der formellen Abschaffung des Spießrutenlaufens Anno dreiundsechzig war kein bedeutenderes soziales oder humanitäres Gesetz mehr erlassen worden; Rußland hatte die freien Kaukasusvölker blutig unterworfen und das Heer seiner Sklaven vermehrt; es verschickte die politisch »Unzuverlässigen« auf die neueroberte Insel Sachalin; der Russisch-Türkische Krieg 1877 und erst recht die Ermordung Alexanders II. 1881, nach der man ein loyaleres Regime erwartete, hatten den Zarismus *gestärkt*. Er herrschte unumschränkter denn je. Seine Polizei funktionierte besser als die eben erfundenen Maschinen des Westens. Die unteren Klassen waren unbeschreiblich geknechtet und abgestumpft, das Beamtentum durch und durch korrumpiert, die Adeligen spielten auf ihren riesigen Gütern die Rolle selbstherrlicher Sklavenhalter. Das Land war in zivilisatorischer Hinsicht um Jahrhunderte zurück, seine Entwicklung stand und bewegte sich nicht. Die tiefste Unwissenheit und der wildeste Aberglaube erfüllten das Leben.

Die große Zeit der Männer des »Volkswillens«, der Narodniki, die voll Aufopferung und Schwärmerei in die Dörfer gegangen waren, um die Bauernschaft aufzuklären und zu revolutionieren, sie war vorüber. Nur der Glanz der alten Helden und Märtyrer schimmerte noch durch die Erinnerungen. Die nunmehr auftretende freiheitliche Intelligenz hütete die verblichenen »Traditionen«, das heißt, sie bildete illegale Zirkel und diskutierte endlos und unergiebig über die »Rettung des Volkes«. Diese bürgerlich-geistige Schicht wußte nichts oder *wollte* nichts wissen von der technischen und industriellen Entwicklung, denn in Rußland merkte man sie nicht. Sie glaubte auch nicht daran, ja sie haßte diese Art von Fortschritt geradezu. Ihr Ziel war gleichsam die patriarchalische bäuerliche Brudergemeinschaft. Die Arbeiterschaft blieb ihr fremd. Sie war ja in dem zurückgebliebenen Lande gewissermaßen noch gar nicht vorhanden. Sie spielte in jenen Zeiten noch kaum eine Rolle, während sie in den Weststaaten schon politisch organisiert war und sozialdemokratische Abgeordnete in den Parlamenten hatte. Auch geistig war diese Intelligenz fast weltentrückt. Für sie war der verspielte, träumerische »Nihilismus«, den Turgenjew durch seine Romane salonfähig gemacht hatte, richtunggebend; sie war hingerissen von der masochistischen religiösen Ekstatik Dostojewskijs; sie folgte scharenweise den messianischen Lehren Tolstojs, der kraft seiner literarischen Meisterschaft und seiner düsteren Beharrlichkeit mit der These »Widerstrebe nicht dem Übel« noch in unsere Generation eine lähmende Verwirrung hereingetragen hat. Apostel und bäuerliche Prediger waren diese »Volkstümler«, »heroisch-komische Idealisten« nennt sie Gorki. Indem sie die Bauernschaft als den *alleinigen* Träger des revolutionären Volkswillens betrachteten, verfochten sie vor allem die Forderung nach gerechter Verteilung des Bodens. Ein fest umrissenes *politisches* Programm hatten sie nicht, noch *weniger* eine klare Vorstellung von dem Gesellschaftszustand, den sie schaffen wollten. Die aktivsten Elemente unter ihnen, die Terroristen, glaubten durch die Tötung von Trägern der zaristischen Macht eine Veränderung der gesellschaftlichen Struktur herbeizuführen, indessen, *jedem* ermordeten Zaren, Minister oder Polizeiinspektor folgte ein anderer, und jedes Attentat beantwortete das herrschende Regime mit noch brutalerer Knebelung der Massen. Die Freiheitskämpfer der damaligen Zeit waren gewissermaßen Idealisten der Seele, heldenmütige Empörerkader *zwischen* den Klassen, die sie nicht erkannten, und all ihr großes Bemühen war zur Wirkungslosigkeit verdammt. Aus dieser Einsicht heraus hat viel später der Führer der Sozialrevolutionären Partei, Viktor Tschernow, all die widerstreitenden Ideen der Narodniki (Volkswille) und der Narodwolzy (Volkstümler) zu einem Programm zusammengekittet, indem er den Terror theoretisch rechtfertigte und diesem seltsamen Gedankenkonglomerat – wie einer seiner Biographen sagt – »einen Schuß Marxismus beimengte«.

In diese Kreise kam damals in Kasan als erster *Arbeiter* Maxim Gorki. Er schloß sich einem illegalen Zirkel an, der zur Tarnung die Derenkowsche Bäckerei unterhielt. Heftig beteiligte er sich an den Versammlungen dieser jungen Leute, »die sich« – wie er etwas sarkastisch berichtet – »immer für das russische Volk absorgten, die in dauernder Angst um die Zukunft Rußlands waren. Beständig in Aufregung gehalten durch Zeitungsartikel, durch das, was sie aus Büchern zusammengelesen, durch die Vorfälle in der Stadt und auf der Universität . . .« Und hier, kaum zwanzig Jahre ist er alt, fällt für

133

ihn die Entscheidung für seine weitere politische Haltung. Er hat noch ein Leben vor sich und weiß doch schon nach dem bisher Erlittenen, was ihn von diesen »Revolutionären« trennt und wohin er gehört. Er hat es fast klassisch einfach, mit bezwingender Wucht niedergeschrieben: »Für sie ist ›das Volk‹ die Verkörperung aller Weisheit, aller geistigen Schönheit und Gutherzigkeit; es war ein fast gottähnliches, nur einmal existierendes Wesen, das Gefäß der Elemente alles Schönen, Gerechten, Erhabenen. Ein solches Volk habe ich nie gekannt! Ich habe wohl Zimmerleute, Lastträger, Maurer gesehen ... Das Volk, von dem sie dauernd redeten, existierte gar nicht auf Erden ...«

Alle Furchtbarkeiten seiner Kindheit, die harten Erfahrungen unter »fremden Leuten« hatten ihm diese Klarheit des Denkens beigebracht. In ihm, dem Proletarier, ist kein Raum für Schwärmerei. Mitten in den verschwommenen Diskussionen der Idealisten beweist er sich als erster Realist. Er sieht die Dinge, wie sie wirklich sind, nicht wie der Mensch sie zu sehen *wünscht.* »Volk«, das sind für ihn »Zimmerleute, Lastträger, Maurer« – er *erfühlt* mit dem Herzen und *erkennt* mit dem Verstande die Klasse, *seine Klasse!* Und hieraus zieht er als Kämpfer und zugleich als *erster unter den Dichtern seiner Zeit* alle Konsequenzen. Das ist seine politische Bedeutung für uns. So beginnt und endet sein erstaunlicher Weg.

Die Richtung dieses Weges hat der »Vater der russischen Sozialdemokratie«, der unvergessene Georg Plechanow, auf dem internationalen Sozialistenkongreß in Paris im Jahre 1889 vollgültig mit den prophetischen Worten bezeichnet: »Der Befreiungskampf wird in Rußland als Arbeiterbewegung siegen – oder überhaupt nicht!« Die Geschichte hat ihm recht gegeben.

Als unbekannter Arbeiter beschritt Maxim Gorki diesen Weg *lange* vorher. Zuerst traf er auf seinen Wanderschaften durch das riesige Land nur *einige* seinesgleichen. Nur sehr langsam wurden sie mehr. Sie lösten den passiven, mystisch verwirrten Tolstojschen »Bruder« ab und setzten an seine Stelle den kämpferischen »Genossen«. Der Strom dieser »Wanderer in den Morgen«, wie sich der Dichter selber einmal nennt, aber wuchs. Aus hundert wurden tausend und Zehntausende wie in den anderen Ländern der Welt. Hunderttausende und Millionen waren es zuletzt, und am Ende dieser Entwicklung standen Lenin und die Sowjetunion!

Maxim Gorki blieb immer einer von Millionen. Er lebte unser aller Leben. Was er erlitten und erstritten hat, ist als unverwischbares Gleichnis in unsere Herzen eingeprägt. Daß er *da war*, erfüllte uns immer mit Stolz und Zuversicht; jetzt, da er nicht mehr ist, überstrahlt uns der männliche Geist seines gelebten Lebens und seiner Werke nicht weniger erhellend.

Begreift man nun, weshalb ich sagte: »Unser Gorki ist gestorben«?

II.

Vielleicht gelingt es mir halbwegs, in flüchtigen Umrissen Gorkis geistige Bedeutung klarzumachen. Ich meine damit nicht etwa seine literarische, sondern ich verstehe darunter die Frage: Inwieweit hat seine gesamtgeistige Haltung, die er stets so kraftvoll durch sein Werk und seine Persönlichkeit bekundete, Einfluß auf die Lebensanschauungen und Strömungen unserer Zeit gehabt?

»Was ist das für ein Mensch?« pflegte Leo Nikolajewitsch Tolstoj zu fragen, wenn er das Buch eines bekannten Schriftstellers ausgelesen hatte oder wenn in seiner Gegenwart von irgendeinem Zeitgenossen gesprochen wurde. »Wie war das? Erzählen Sie, erzählen Sie!« forschte er, wenn jemand einen belanglosen Vorfall erwähnte. Ihn interessierte das Persönliche, das rein Private eines solchen Menschen weit mehr als dessen Bücher, dessen Ideen und Taten. Er hörte aufmerksam zu, er ließ den Erzählenden nicht aus den Augen, er notierte gleichsam jedes Wort, jede Geste, jeden Tonfall innerlich und steigerte ein derartiges Fragespiel oft bis zum kleinlichsten Klatsch. Die absurdesten Nebensächlichkeiten, Winzigkeiten schienen für ihn wichtig zu sein. Seine Freunde wunderten

135

und ärgerten sich über diese merkwürdige, man könnte fast sagen lüsterne Neugier des Dichters. Er war der schamloseste Ausfrager. Für ihn mußte gewissermaßen alles – ob Mensch, Tier, Baum, Landschaft, ob Zustände oder Begebenheiten – erst ein intimes Fluidum bekommen, mußte ganz und gar gegenständlich, sichtbar, riechbar und fühlbar sein. Erst nach diesen Voraussetzungen stieß er vor, gleich einem Manne, der die tödliche Harpune auf den gesichteten Wal schießt – und nichts an seiner Beute blieb Geheimnis. Die tiefsten und erschreckendsten Dinge legte er bloß.

Es gibt eine frühe, nur wenig bekannte autobiographische Skizze Maxim Gorkis mit dem seltsamen, leicht ironischen Titel *Von der Schädlichkeit der Philosophie*. Er erzählt darin, wie er als junger, umhergestoßener Mensch endlich in seiner Heimatstadt Nischnij Nowgorod (von der Sowjetunion ihm zu Ehren in »Gorki« umbenannt) eine Kanzlistenstelle bei einem Anwalt findet und sich unter Anleitung des Studenten der Chemie Nikolaj Wassiljew damit beschäftigt, »alle Grundprobleme der Philosophie zu lösen«. Er betreibt dieses Studium mit solcher Heftigkeit, daß er zeitweise in Fieberphantasien verfällt. Er will unbedingt jede Philosophie in Einklang mit dem Alltagsleben bringen, will ihre Begriffe völlig vergegenständlichen, will sie etwa so geläufig machen wie allgemeinverständliche Gebrauchsworte, mit denen man eine Nutzanwendung für dieses Leben ausarbeiten kann. Er erträgt es nicht, daß etwas unnütz und nur Angelegenheit einer begünstigten geistigen Oberschicht ist. Auch hier ist er der sich gleichgebliebene, zu kurz gekommene, hungrige Prolet, der alle Schönheiten der Welt und alle Errungenschaften der Menschheit für sich gewinnen will. Diese Arbeit nimmt ihn derartig mit, daß man ihn manchmal zusammengebrochen auf einem Felde findet und nach Hause bringen muß. Er wird schließlich so gemütskrank davon, daß er sich zum zweiten Male das Leben nehmen will. (Übersehen wir nicht, daß auch Tolstoj aus der christlichen Ideen- und Glaubenslehre eine solche moralisch-ethische Nutzanwendung machen wollte und daran scheiterte, daß das ein Teil der Tragödie seines genialen, verzweifelten Lebens war!)

In der erwähnten Skizze Gorkis stehen die aufschlußreichen Sätze: »Alles ist möglich. Es ist auch mögiich, daß gar nichts ist. Deshalb muß ich immer mit der Hand Zäune, Wände, Bäume anrühren. Das beruhigt mich ein wenig. Namentlich, wenn man lange mit der Faust auf einen harten Gegenstand haut, überzeugt man sich, daß er wirklich da ist.« Diese rührend-einfältige Erkenntnis des jungen Gorki entspringt derselben Quelle wie die »lüsterne« Neugier Tolstojs. Nur daß die Unreife des einen bei dem anderen zur bewußten Reife, zur vertrauten Lebenskenntnis geworden ist. Aus der gleichen Quelle kommt endlich jener Realismus, der um die Jahrhundertwende nicht nur unser literarisches und geistiges Leben durchblutet hat – seine Macht war so stark, daß er die Ansicht über den Menschen und die bisher geltende Einschätzung der gesellschaftlichen Kräfte erschüttert und verändert hat. Gewiß gab es auch vorher und zu gleicher Zeit schon Realisten, bei den Franzosen etwa Balzac, Flaubert und Maupassant, bei den Russen Gogol, Gontscharow, Dostojewskij und Tschechow, und in weitem Abstand bei den Deutschen Wilhelm Raabe und Theodor Fontane; aber der Realismus dieser Schriftsteller war – mit Ausnahme desjenigen der Franzosen – noch ziemlich unbewußt und unsicher. Er beschränkte sich auf die Feststellung des Wahrheitsgehaltes der Wirklichkeit – erst bei Zola wurde er zu einer Waffe der Gesellschaftskritik und schließlich zur aktiven Verkündigung einer sozialen Tendenz. Tolstoj und Gorki hingegen begannen, wenn auch in ihrer Zielsetzung verschieden, von vornherein durch ihre Schriften zu lehren und danach zu leben. Masaryk hat recht, wenn er diesen Typ als »Dichterdenker« bezeichnet und hinzufügt, daß nur sie und nicht die Berufsphilosophen in Rußland gehört wurden. Eine Philosophie um des Philosophierens willen gab es in Rußland überhaupt nie. Der Denkende empfand das, was er dachte und schrieb, als etwas unbedingt Verbindliches, Verpflichtendes. Deshalb wurde er von

den breitesten Volksschichten als nachahmenswertes Beispiel aufgefaßt. Tolstoj und Gorki waren die ausgesprochensten Dichterdenker dieser Art. Die westliche Welt erlebte damals Friedrich
Nietzsche. Er war weltfremd, apolitisch und hatte nicht die geringste Beziehung zu dem, was nach seiner Meinung außerhalb des
»Geistigen« lag. Er faszinierte die »Geistigen« durch seine uner-
reichte stilistische Meisterschaft und Sprachgewalt; seiner kühnen
Formulierungskunst und Ausdruckspräzision erlagen die Dichter,
die Künstler und die Intelligenzler. Er blieb zeitlebens eine begrenz-
te Angelegenheit esoterischer geistiger Einzelgänger. Er haßte das
Volk und die Massen, die für soziale Gleichberechtigung kämpften,
er verkündigte den von jeder »Herden«-Moral und Verantwortung
entbundenen Gewaltmenschen – den »Übermenschen«. Er hat
trotz aller wohlwollenden Auslegungen von seiten der »Alles-Ver-
stehenden« die Ideologie des Hitlerfaschismus mitgeschaffen. Seine »blonde Bestie« rast nun über Deutschland und bedroht ganz
Europa. Er war ein kranker Mann im elfenbeinernen Turm, der
nach dem Leben lechzte, das er nicht kannte und auch nicht
kennen wollte. Er endigte im Wahnsinn.
Tolstoj und Gorki standen mitten im flutenden Leben. Ihre Wege
trennten sich sehr schnell. Gorki ging in die Politik aus der tiefen
Erkenntnis und Erfahrung der einzelmenschlichen Unzugänglich-
keit. Tolstoj mühte sich ab, eben diesen Einzelmenschen moralisch
zu ändern. Beide riefen auf. Sie wandten sich nicht mehr an Leser,
die durch die Meisterschaft ihrer Erzählungen entzückt, unterhalten und erschüttert werden wollten; sie forderten die Menschen
auf, sich gegen die morsche, verlogene Gesellschaftsordnung zu
stellen und sie umzubauen. Sie hatten eine grundandere Vorstellung vom Dichter als die bisher gültige – sie wollten aktiv beispielhaft wirken. Während der Ältere zum tätigen Stifter einer Ver-
nunftreligion wurde, trat der Jüngere als erster mitkämpfender
Sozialist auf den Plan. Die Welt sah staunend zu diesem fast unrus-
sisch wirkenden Dichter auf. Und sie, die noch kaum seine Bücher

kannte, verfolgte sein Schicksal. 1901 wird er erstmalig ins Exil nach Arsamas gejagt, doch die Verbannung stärkt ihn nur; 1905 ist er Mitglied der Arbeiterdelegation gegen den berühmten »Blutigen Sonntag«, den 9. Januar 1905. Etliche Jahre später wird er Mitglied der Sozialdemokratischen Partei Rußlands und lernt Lenin kennen, 1906 muß er ins Ausland fliehen, um den politischen Häschern zu entgehen, und gründet auf der Insel Capri eine Parteischule. Von daher haben wir seinen großartigen Briefwechsel mit Lenin. 1913 geht er wieder nach Rußland zurück und ist mit Romain Rolland, Henri Barbusse, Hermann Hesse und wenigen anderen in Europa im ersten Weltkrieg der international berühmteste Bekämpfer dieses Krieges. Schließlich muß er abermals ins Exil gehen und arbeitet von Capri aus mit Lenin zusammen.

Mein Gott, wie viele Erinnerungen aus dieser Zeit tauchen dabei in mir auf! Als Dorfbub sah ich einst sein Bild in der Familienzeitschrift ›Die Gartenlaube‹, darunter stand seine kurze Biographie, die erzählte, wie dieser Mensch aus der tiefsten gesellschaftlichen Niederung zum weltberühmten Dichter aufgestiegen war, wie er trotz Elend, Hunger, aller Prügel und polizeilichen Verfolgung dennoch seinen Weg ging. Das harte Gesicht mit den hervortretenden slawischen Backenknochen, dem dichten Schnurrbart und dem langen, zurückgeworfenen Haar, den spähenden und zugleich erstaunten Augen hat mich sogleich entflammt, und ich habe es nie wieder vergessen. Und als ich endlich seine ersten Erzählungen *Der alte Isergil, Malwa* und *Konowalow* las, wurde – schon weil er ebenfalls ein Bäcker gewesen war wie ich – Gorki für mich gleichsam brüderlich vertraut. Und so blieb es in all der bewegten, langen Zeit, da er lebte. Er hat mich immer wieder durch seine Bücher und seine Persönlichkeit aufgerichtet, wenn ich ganz am Boden lag. Ich liebte ihn mit der ganzen verehrenden Liebe der Jugend, und ich erinnere mich noch, als wärs heute, an jene verregnete Nacht in Ascona im Tessin Anno 1913. Vagabundierend hatte es mich in diese Südschweizer Gegend verschlagen, und ich kam viel mit internationalen Anarchisten, russischen Revolutionären und verstiegenen Intellektuellen zusammen. Da erzählte ein Russe, daß Gorki auf der Durchreise in Locarno sei. Das elektrisierte mich geradezu, und trotz aller Scheu und Befangenheit machte ich mich mit einem Freund auf, den verehrten Dichter wenigstens zu Gesicht zu bekommen. Vielleicht kommt es zu einem Händedruck, zu ein paar Worten – ach, wer ermißt denn solchen Überschwang eines kaum Zwanzigjährigen?!

Leider aber, unsere Suche und unser Herumfragen blieb vergebens. Gorki, hieß es, sei schon vor einigen Tagen abgereist. Wir gaben nicht auf, wir wollten zu Fuß nach Capri, doch wir kamen nur knapp über die italienische Grenze und wurden von der Polizei zurückschubsiert. Ich war wochenlang tief unglücklich darüber. Es dauerte Jahre und Jahre, bis ich endlich wie viele Hunderte das Glück hatte, Gorki die Hand zu drücken und ihm zu danken für die schöne Anerkennung, die er meiner Autobiographie *Wir sind Gefangene* gezollt hatte. Ich sah ihn erst im Jahre 1934, als ich Gast auf dem Moskauer »Unionskongreß der Sowjetschriftsteller« war. Er saß fast täglich im drückend vollen Saal des Moskauer Gewerkschaftshauses und präsidierte. Er rauchte eine Zigarette um die andere und lauschte bald gespannt, bald bewegt und beglückt den Ausführungen eines Redners. Ich sah, wie sein hartes, karges, sehr gefurchtes altes Arbeitergesicht manchmal weich wurde, wenn eine Arbeiterdelegation oder Kolchosbauern ihn begeistert begrüßten und Geschenke brachten. Er drückte jedem die Hand und sprach irgendwas. Seine tiefliegenden, immer noch gleichermaßen leicht erstaunten Augen bekamen dabei einen seltsamen Glanz, sein Kinn bebte winzig, und auf einmal – brachen Tränen aus diesen guten alten Augen. Ja, er weinte! Er weinte, wie nur echt russische Menschen weinen können, wenn sie von einem schweren Glück ergriffen werden.

Ich sah ihn abermals im Kreise der Dichter des Ostens im Moskauer Haus der Schriftsteller und höre heute noch den Klang seiner tiefen, durchaus unpathetischen, männlich gütigen Stimme, die so gar nichts Rednerisches oder absichtliches »Sich-in-Szene-Setzen« hatte. Sie klang voll, selbstsicher und fast leger unerregt, aber nie erhitzt oder sich ereifernd. Wenn man die Augen schloß, hatte man den Eindruck, als spreche ein wohlwollender Riese, der sich familiär mit Freunden ausspricht. Gorki war zwar wirklich ziemlich groß, und seine ausgezehrte Hagerkeit betonte dies noch, doch er war alles andere als ein Riese. Etwas knorrig und eckig, ein wenig steif und nach vorn gebeugt, mit kurz gestutzten Stichelhaaren, glich er viel eher einem ganz gewöhnlichen Dutzendmenschen, einem müden Arbeiter etwa, der im Kreise der Seinen gelassen und zufrieden über die nächstliegenden Dinge spricht. Er wird aufgefordert, eine kleine Rede zu halten, erhebt sich, redet ganz zwanglos, und die sparsamen, fast ein wenig linkischen, unendlich rührenden Gesten, mit denen er ab und zu eine Redewendung unterstreicht, verraten einen Menschen ohne jede Eitelkeit, einen Mann mit vielen tiefen, hart erlittenen Einsichten. Aber dann, wenn er am Schluß das typische Hände-Ineinanderlegen zum Zeichen seines Verbundenseins mit allen seinesgleichen macht, das ist hinreißend und überwältigend. Und einmal habe ich gleichsam das *ganze* Leben Gorkis fast blitzhaft visionär erlebt. Es war damals, als wir ausländischen Schriftsteller von Moskau aus zu seinem Wohnsitz in der Umgebung fuhren. Der Tag war verregnet und traurig-trüb. Zunächst fuhren unsere Autos auf der breiten, glatten Staatsstraße dahin und bogen schließlich ab in einen ziemlich glitschigen, lehmigen Nebenweg. Nach den weiten Ebenen stieg er einen leichten Hügel hinauf und lief in einen lichten, schon herbstlich gefärbten Laubwald. Unsere Autos surrten schwer in den rutschigen Lehmfurchen, und plötzlich gab es eine Panne. Wir hielten an, die Wagen hinter uns ebenfalls, und alles stieg aus, um sich die Beine ein wenig zu vertreten. Die Chauffeure machten sich ans Reparieren, und wir rauchten Zigaretten. Da kam aus dem verregneten Wald ein munter pfeifender kleiner, patschnasser, barfüßiger Besprisornyi – ein Verwahrloster, wie es damals noch Hunderte gab – und mischte sich ungeniert in unsere Gesellschaft, hob sein keckes, sommersprossenübersätes Gesicht und erbettelte sich Zigaretten von uns. Unsere russischen Begleiter musterten ihn stirnrunzelnd und abweisend und bekamen immer bösere Gesichter. Da wir alle lachten und Gefallen an dem verschlampten Jungen hatten, bekam er reichlich, was er wollte. Ohne Scheu ließ er sich Feuer geben, doch das war den Russen zuviel. Sie versuchten ihn wegzudrängen, faßten nach ihm, doch er wich so geschickt aus, daß sie ihn nicht erwischten. Das erheiterte uns erst recht. Nun aber wurde einer unserer russischen Begleiter ärgerlich und begann, auf den behaglich paffenden Buben einzuschimpfen, wollte ihn erneut packen. Indessen, der wendige Bub macht einige schnelle Sprünge, bleibt stehen und grinst spöttisch. Frech schaut er auf seinen Verfolger und deutet mit dem Finger auf seine halbnackte Brust. Heiser, aber offenbar ungeschreckt und lustig, stößt er irgend etwas heraus, und – plötzlich hält der humorlose Amtsrusse ein und lächelt. Er lächelt, und der Bub tappt langsam tiefer in den regentriefenden Wald, während wir unseren Begleiter fragend bestürmen. »Was er gesagt hat?« erklärt uns der strenge Mensch, noch immer leicht lächelnd: »Gorkowa molodjosch, hat er gesagt, der Schlingel. Gorkowa molodjosch, sagt er!« Und »Hmhm!« macht er kopfschüttelnd und wiederholt: »Gorkowa molodjosch!«

»Und was heißt das?« – »Es heißt – hmhm – es heißt: Gorkis Jugend!« erklärt der Russe: »Er meint, so war auch Gorkis Jugend, hmhm.« Irgendeine verhaltene, stolze Rührung schimmert über sein Gesicht.

Gorkis Jugend, jaja! – Auf einmal war sie uns allen erschreckend lebendig erschienen. Als wir kurz darauf in einem großen Raum an einem langen Tisch um den Dichter saßen und ihm Fragen stellten, mußte ich immer und immer nur an den verschlampten, barfüßigen jungen Vagabunden im Wald denken, der da draußen im Regen, im Wald ziellos weiterwanderte …

Wie tief und unvergleichbar Gorki als Dichter und Mensch, einfach als eine unwegdenkbare Figur des sowjetischen Lebens im ganzen Volk eingewurzelt war, erlebte ich noch ein andermal damals in Moskau, als der Dichter wegen einer leichten Erkältung einmal den Vorsitz des Kongresses nicht führen konnte. Kopf an Kopf, eine unübersehbare dunkle, wogende Menge stand am selbigen Abend vor dem Gewerkschaftshaus, und jedes Gesicht war ernst und bang. Jeder Delegierte mußte sich mühsam den Weg zum Eingang bahnen, und jeder wurde bestürmt mit Fragen: »Was ist mit Maxim Maximowitsch? Wie geht es ihm? Ist er schwer erkrankt?« und so weiter.

Am Rand der Menschenmasse stieß ich auf zwei alte, grauhaarige Eheleute, offenbar verarmte bürgerliche Intelligenzler, die mich als Deutschen – ich ging in den ganzen neun Wochen meines russischen Aufenthalts in bayrischer Lederhose und war überall bekannt – erkannten. Schüchtern drängte sich der Alte an mich heran und fragte mit leiser, bebender Stimme: »Verzeihung, Herr, Sie sind Deutscher? . . . Wie geht es Maxim Gorki? Ist er noch krank? Wie geht es ihm?«

»Krank? Nein, Gorki ist, soviel ich weiß, nur leicht erkältet, Herr«, antwortete ich. »Morgen oder übermorgen führt er sicher schon wieder den Vorsitz. Es geht ihm gut.«

»So? So, so, es geht ihm gut . . . Nur leicht erkältet?« sagten die beiden Alten fast gleichzeitig: »Nichts Ernstes? . . . Gott sei Dank! Maxim Gorki darf nicht sterben! Unser Maxim Maximowitsch darf nicht sterben!« *Wie* sie das sagten und dann langsam, sichtlich erleichtert, im dunklen Gewühl weitergingen, unvergeßlich. Man wird vielleicht sagen: »Das ist eben echt russisch. Nur Russen hängen an ihren Dichtern so.« Mag sein, aber Liebe kommt nicht aus dem Ungefähren. Liebe und Autorität wachsen einem nur zu, wenn man sich mit unbeirrbarer Geduld als Liebender beweist. »Ich lasse dich nicht, du segnest mich denn . . .« Gorki blieb selbst als Widersacher der Bolschewisten – damals in den blutigen Anfangsjahren und nach dem Aufruhr der revolutionären Kronstädter Matrosen gegen Lenin – immer bei jenen, zu denen er geradezu schicksalhaft gehörte, bei den Unterdrückten, bei den Massen, bei allen Leidenden seinesgleichen. Dieser »bittere« Mensch, wie sein Name verrät, war, im Grunde genommen, ein nüchterner Dulder, der – eben, weil er zuviel an einzelmenschlicher Unzulänglichkeit erlebt hatte – an die Idee des Fortschrittes glaubte, an die langsame Vervollkommnung des gesellschaftlichen Lebens, die nur durch die Organisation der Massen errungen werden konnte und nicht durch den einzelnen. Darum hat er am Ausbau des sowjetischen Staates stets mitgewirkt mit all seinen Kräften, hat gelehrt, ermuntert und sich an jedem Erfolg tief erfreut. Es ist bekannt, daß er beinahe jeden der heutigen Sowjetschriftsteller, wenn nicht entdeckt, so doch aufrichtig beraten und gefördert hat. Als er im Jahre 1921 abermals aus Gesundheitsrücksichten Rußland verlassen und nach Capri übersiedeln mußte, stellte er die Frage: »Gibt es eine proletarische Literatur?« und bekam buchstäblich kistenweise Manuskripte zugeschickt, die er alle mühsam las, und seine Antwort entsprach ganz und gar seiner einfachen, wahrhaften Mannesart: »Es gibt in diesen Schriften«, schrieb er, »eine Menge großes Talent und viele orthographische Fehler. Geduldet euch einige Jahre, Genossen. Die Fehler werden verschwinden, und das Talent wird bleiben.« Und er hatte nicht nur in bezug auf die Schriftsteller recht. Auf die Gefahr hin, daß man mich als gefährlichen kommunistisch-russischen Propagandisten verdächtigt, wage ich heute zu behaupten, daß ein Land mit einem solchen geistigen Führer schließlich auch intellektuell und zivilisatorisch alle anderen hochentwickelten Staaten in etlichen Jahrzehnten einholen wird. Als Gorki 1928 endlich wieder in seine russische Heimat zurückkehrte, sagte er Ähnliches und setzte mit echt männlicher Bescheidenheit hinzu: »Arbeiten wir weiter, Genossen, bis die schlimmsten Schwierigkeiten überwunden sind. Meine Feder ist rostig. Die Reihe ist an euch. Ich will euch mit aller Kraft helfen.« Wo in Europa, wo in der ganzen Welt sprach ein Dichter je zu seinen jungen Nachstrebenden so brüderlich! Und wer konnte es, wer denn? Gorki hat durch sein Beispiel, das so mächtig in die Breite wirkte, die Isolierung des Schriftstellers aufgehoben und uns alle wieder zurückgeführt zum Volk, zu jenem Element der Menschheit, das – was immer geschehen mag – schließlich den Gang der Welt erhält. Sagt er nicht in seinem besten und liebenswertesten Buch, in den *Erlebnissen und Erinnerungen*, wunderbar präzis, worauf es beim Schriftsteller ankommt? »Wer das Leben einfach feststellt und registriert«, heißt es da, »der beschäftigt sich mit einem schlechten Handwerk.« Nein, nicht aufs Feststellen und Registrieren kommt es an, wenn Kunst und Dichtung überhaupt einen sittigenden Sinn haben soll, es kommt auf die Manifestation des Seinsollenden und Seinmüssenden an. Der Künstler und Dichter steht nicht außerhalb des Weltgeschehens, er ist mitverantwortlich an diesem Geschehen, er hat es kraft seiner Talente zu erhöhen und zu verbessern. Dies ist das ganz Große an Gorki, das Unvergängliche an ihm. Wir alle stehen mit tiefem Dank an seinem Grabe. Wir, die Generation, die nach dem ersten Weltkrieg alle Illusionen verlor und einfach durch die Umstände ins Soziale einmündete, sind alle Kinder seines Geistes.

Tolstoj als weltgeschichtliches Ereignis

Kleine Notiz zu seinem fünfzigsten Todestag

Als im vergangenen Weltkrieg die Hitlerheere schon tief in Sowjetrußland standen, traf ich in New York einen mir lange bekannten ehemaligen weißrussischen Offizier aus der Wrangel-Armee, der schon einige Jahrzehnte hier lebte, amerikanischer Bürger geworden war und sein gutes Auskommen hatte. Er war ausgesprochener Zarist mit leicht liberalem Einschlag, giftiger Verächter der bolschewistischen Revolution und fanatischer Feind des damals noch herrschenden Stalinregimes. Straffen Schrittes, mit aufgelebtem Gesicht, in welchem plötzlich eine dunkle Wildheit aufflammte, polterte er in seinem russisch akzentuierten Deutsch auf mich ein: »Ha, Sie mit Ihren deutschen Wurstfressern, diesem gottverlassenen Gesindel! Sie haben unser russisches Heiligtum zerstört! Jetzt steht das Russentum auf der ganzen Welt gegen sie auf und wird sie zertreten!« Die deutschen Truppen hatten Tolstojs Grab und Jasnaja Poljana verwüstet. Trotz seiner sechzig Jahre meldete sich dieser Mann freiwillig für den »Vaterländischen Krieg« Stalins. Ich sah und hörte nie wieder etwas von ihm, aber ich erfuhr, daß viele seinesgleichen ebenso handelten.

Unfaßbare Vorstellung: Tolstoj, der unerbittlichste Kriegsgegner und schärfste Verneiner alles Vaterländisch-Nationalistischen, der tote Tolstoj, dessen einst so aufsehenerregende politische, moral-pädagogische und religiöse nicht nur in der Sowjetunion, sondern in der ganzen Welt längst vergessene Schriften stets jede Gewaltanwendung radikal ablehnten, die jede Art von Militarismus als Erziehung zum Mord bezeichneten und jeden Krieg als das größte Verbrechen gegen die Menschheit anprangerten – ausgerechnet er inspirierte den »Vaterländischen Krieg« Stalins und entflammte jeden Russen dafür!

Mehr noch! Steht nicht in seinem Traktat *Christentum und Vater-*

landsliebe der Satz: »Wenn die Menschen es doch endlich begreifen würden, daß sie nicht die Kinder irgendwelcher Vaterländer, sondern die Kinder Gottes sind!«? Und heißt es nicht in seiner Lehrsatzsammlung *Der Lebensweg* (was übrigens diesem dämonisch hellsichtigen, zuweilen erschreckend boshaften Zerstörer unserer vielen Tabus weit mehr entspricht): »Je mehr Leute an etwas glauben, um so vorsichtiger muß man gegen diesen Glauben sein und um so aufmerksamer muß man ihn prüfen, denn wenn gesagt wird, man müsse so handeln wie die anderen, heißt das fast immer etwas Schlechtes tun!«? Der unbarmherzigste Erforscher seiner selbst setzt in seinem Argwohn bei anderen »fast immer etwas Schlechtes« voraus. Mit seiner christlich allumfassenden Menschenliebe stimmt das gewiß nicht überein. Das nur nebenbei. Viel Aufschlußreicheres darüber kann jeder in Gorkis meisterhaften Aufzeichnungen über Tolstoj und in Thomas Manns großartiger Rede *Goethe und Tolstoj* aus dem Jahre 1922 nachlesen. Doch genug.

Nunmehr also, nachdem Stalin aus *Krieg und Frieden* die ungemein wirksame Bezeichnung »Vaterländischer Krieg« geborgt und zur Losung gemacht hatte, verfertigten die sowjetischen Schriftsteller massenhaft bolschewistisch-patriotische Bücher in der Art der widerlich blutrünstigen, fanatisch deutschfeindlichen Romane Ilja Ehrenburgs und entfachten damit jene spezifisch urrussische Erlöserpatriotie, die gleicherweise in Dostojewskij und Tolstoj ein unwegdenkbares Ferment ihres Wesens ist. Kein Zweifel, daß dadurch die Widerstandskraft des Sowjetvolkes und der Kampfwille seiner Armeen so gesteigert wurden, daß schließlich der Sieg über die feindlichen Eindringlinge errungen wurde. Man wird sich erinnern, daß damals jene »vaterländischen Helden« aufkamen, die danach bewertet wurden, wie viele Deutsche einer getötet hatte. Und heute wiederum, in der Zeit eines fragwürdigen, gewaffneten Friedens, feiert man in der ganzen Sowjetunion den fünfzigsten Todestag Tolstojs und rühmt ihn als den gewaltigsten Künder des

Weltfriedens und der Völkerversöhnung! Die Presse der westlichen Welthälfte erinnert nur an die Größe und den Weltruhm des Dichters und äußert sich meist ironisch über seine widerspruchsvollen urchristlichen Lehren, die einst eine Generation in allen Ländern bewegt und befruchtet haben.

Befruchtet? O ja, das steht außer aller Frage. Befruchtet sogar in einem Ausmaß, das menschlich, politisch und geistig ohnegleichen ist! Ob mehr positiv als negativ, bleibe jedem selber überlassen, aber selbst die Zeit scheint darüber noch nicht eindeutig entschieden zu haben. Tolstoj hat wie kein anderer vor und nach ihm die Brüchigkeit der bürgerlichen Gesellschaft und die hohle Verlogenheit ihrer Moral entlarvt; erst er hat durch seine mächtig einhämmernden Anklagen und Angriffe die brutale Willkürherrschaft des Zarentums erschüttert und vor allem den Staat als eine Institution des Unrechts und der Ausbeutung ins Wanken gebracht; durch ihn – den unpolitischen, urchristlichen Anarchisten – wurde überhaupt zum erstenmal in Millionen Menschen inner- und außerhalb Rußlands das Bewußtsein erweckt, daß all diese scheinbar unzerstörbaren, wie von ewig her bestehenden Einrichtungen abschaffbar sind. Der Sowjetstaat und besonders die bolschewistische Partei haben allen Grund, ihn nicht nur als den größten russischen Dichter zu feiern. Er war, obgleich Lenin seine Lehren stets als »reaktionär«, »närrisch« und »lächerlich« geißelte, ihr stärkster und wirksamster Helfer im Kampf um die Macht. Er hat den Boden beackert, auf dem sie säen konnten. Die Ernte war ihnen sicher, wenn er auch für sie eine ganz andere Bestimmung ausersehen hatte, die durchaus antirevolutionär war. Da er aber hartnäckig an der These Proudhons »Eigentum ist Diebstahl« festhielt, konnte Lenin sehr leicht zu der aktiven Losung übergehen: »Expropriiert die Expropriateure!«! Was vermochte dagegen die Hauptregel des Weisen von Jasnaja Poljana: »Widerstrebet nicht dem Übel!«? Sie zerflatterte im Maschinengewehrknattern der revolutionären Kämpfe, im Sturm der Revolution, die Tolstoj sein Leben lang abgelehnt hatte, indem er immer wieder verkündete: »Die Bedeutung der christlichen Lehre besteht nicht darin, daß man in ihrem Namen die Gesellschaft mit Gewalt ändern soll, sondern darin, daß man den Sinn des Lebens finde.« Uns einzelnen Menschen trug er als »Sinn des Lebens« auf, unablässig nach geistiger und moralischer Vervollkommnung zu streben oder, wie er ein anderes Mal sagt, »die Auffindung des Göttlichen in uns« als die höchste Aufgabe zu betrachten.

Wahrhaftig, nie hat eine Lehre ihrer Bestimmung nach entgegengesetzter gewirkt als die seine! Kühnlich aber darf behauptet werden, daß erst diese Lehre seinen sowieso schon gefestigten Weltruhm als Schriftsteller geradezu ins Gigantische steigerte. Mit dem Schriftsteller vereinigte sich der Prophet, und zwar einer, der seine Lehre nicht nur verkündete, sondern sie selber beispielhaft zu leben versuchte. Das war das völlig Neue, das Außerordentliche und noch nie Dagewesene, das die Welt faszinierte, ja derart in seinen Bann zog, daß ihm ohne Zutun ungezählte Jünger aus allen Ländern entgegenströmten. »Es scheint, als ob Jasnaja Poljana Rom als christlichen Mittelpunkt verdränge«, schrieb damals ein Journalist, und jeder, der die Zeit erlebt hat, da das sich ausbreitende Tolstojanertum alle Gemüter ergriff, muß das bezeugen, denn zu Tolstoj kamen die Anhänger aller Religionen bis hinunter zu den abstrusesten Sektierern. Und niemand wurde in Jasnaja Poljana abgewiesen, keiner verließ es ohne inneren Gewinn, wenn auch – was außer Gorki viele behaupten – die reine Ausstrahlung der Persönlichkeit Tolstojs dabei eine sehr starke Rolle spielte.

Ist dieser innere Gewinn verweht in den Pilgern? Hat überhaupt Tolstojs Leben und Lehre stets nur eine entgegengesetzte Wirkung gehabt? Hat nicht der große Mensch und Staatsmann T. G. Masaryk Jasnaja Poljana oft besucht und sich mit Tolstoj grundsätzlich darüber auseinandergesetzt, daß dem Übel entgegengetreten und für das erkannte Gute gekämpft werden müsse, hat er nicht einige sehr wichtige Erkenntnisse dabei gewonnen, darüber ausgezeichnete Bücher geschrieben und als Philosoph und nachmaliger Präsident des von ihm geschaffenen tschechischen Staates Tolstojsche Gedankengänge übernommen und wirksam gemacht? Hat nicht einst der indische Rechtsanwalt in Südafrika M. Gandhi in seiner Geistesnot bei Tolstoj brieflich Rat geholt und jene berühmte Antwort erhalten, die sein eigenes Schicksal und das Schicksal von dreihundert Millionen Indern entschieden hat? So leben wie alle die Armen, die er juristisch zu beschützen glaube, müsse er, schrieb Tolstoj an diesen »lieben Bruder« Gandhi, dann gewinne er das Vertrauen aller, und was die Befreiung seines Volkes von der zu Unrecht bestehenden englischen Fremdherrschaft anlange, so müsse nur jeder Inder das »Schlechte«, zu dem ihn diese Herrschenden nötigten, nicht tun. Gandhi verstand, was das bedeutete, und man weiß von seinem grandiosen Weg der Gewaltlosigkeit, von dem er schließlich ganz Indien überzeugte, und von seinem erstaunlichen Sieg über die englische Weltmacht. War das nicht indirekt ein Sieg der Tolstojschen Lehre, nach welcher heutigentags auch der tapfere Reverend Luther King erfolgreich zu kämpfen versteht? Und trägt nicht die Bewegung »Moralische Aufrüstung« Züge dieser Lehre? Ist nicht in jedem modernen Sitzstreik noch ein Hauch davon, da ja unzweifelhaft dadurch die Macht des gewaltlosen »Nichttuns« demonstriert wird? Hat also die Botschaft des geistigen Riesen von Jasnaja Poljana nicht doch mehr ihr entsprechend als entgegengesetzt gewirkt? Erst seit ihm scheinen die Menschen ganz tief zu erkennen, daß mit Gewalt keine Frage im Weltdasein der Menschen zu lösen ist, daß Kriege immer nur neue Rachsucht, Feindschaft und Kriege erzeugen. Diese Lehre fordert allerdings vom Menschen das Beispiel. Dieses Beispiel hat Tolstoj in seinem fünfzigjährigen Ringen mit sich selbst zu vollenden versucht. Daß diese Vollendung mißlang, machte es eher größer und zwingender als kleiner, es macht es zum immerwährend wirkenden Ereignis. Thomas Mann schreibt irgendwo einmal, daß, wenn Tolstoj gelebt hätte, vielleicht der Erste Weltkrieg vermieden worden wäre. Wo in unserer Zeit ist ein geistiger Riese, dem man solche Wirkung zutraut? Hat Albert Schweitzer eine Ausstrahlung dieser Art, haben die Proteste und Manifeste unserer weltberühmten Schriftsteller, Philosophen und Wissenschaftler gegen die Atomrüstung auch nur im entferntesten die Wirkung, die damals Tolstoj erzielte? Mir scheint, es ist Zeit, sehr ernsthaft darüber nachzudenken, wieso das so war und heute nicht mehr gelten soll.

Über das wesentliche Lesen

Mir ist erinnerlich, daß Jean Paul einmal sagt, besser oder schlechter machten Bücher nicht. Das kann sich nur auf den Faktenleser beziehen, dem es bei jedem Buch nur auf die aktiv-dramatische Handlung, auf Spannung, auf das Sensationelle und Interessante ankommt. Er hat weder Geduld noch Zeit, sich überhaupt anders als so einem Buch zu überlassen. Die Zeit hat vielmehr *ihn* und nötigt ihn, jede Lektüre als etwas Nebensächliches, als eine geschwinde Ablenkung aufzufassen. Was er auch liest, alles bleibt für ihn nur Unterhaltungs- und Wissensstoff und vermengt sich in seinem Hirn zu einem unentwirrbaren Sammelsurium von verwischten Halbheiten. »Ach ja, ja, das war doch die Geschichte mit dem Arzt, der seine krebskranke Frau langsam vergiftet, jaja«, erinnert er sich flüchtig, wenn die Rede auf so ein Werk kommt, und meistens weiß er fast nie den Namen des Autors. Buch, Zeitung, Radio und Fernsehen, Kino und Theater sind für ihn ein und dasselbe – angenehme Begleiterscheinungen seines flüchtigen Lebens.

Das Lesen eines ernsthaften Buches ist stets ein langsames Sich-hineinversenken in eine andere Welt, es setzt den musischen, den wesentlichen Leser voraus. Es ist dabei keineswegs so, daß er die Gedanken, die Meinungen und Gefühle, die der Autor zum Ausdruck bringt, gutheißt oder unkritisch hingerissen hinnimmt. Die Atmosphäre dieser anderen Welt, die Bildkraft der Sprache, die Behutsamkeit der Formulierungen (nur große Meister vermeiden überraschend-geistreiche Formulierungen und bleiben behutsam dabei) und vor allem der große Atem des Menschlichen, der uns aus jeder Figur entgegenweht, die tiefe Ruhe, mit welcher er auch das Grausigste und Schrecklichste in der Handlung einfach und glaubhaft macht – das alles fließt dem wesentlichen Leser zu. Es reißt ihn los aus seinem Leben und hinein in ein anderes, es überwältigt und verzaubert ihn. Alle Gefühle in ihm werden entfacht, und das

Eigentümliche ist, daß er später, wenn er das Buch längst ausgelesen hat, auf einmal merkt, in welch hohem Grad er versunken war. Denn jene Gefühle und Reaktionen, die er während des Lesens hatte, sind grundverschieden von jenen, die er im Alltag hat. Auf die Gefahr hin, der Eitelkeit geziehen zu werden, gestehe ich, daß ich beim Lesen eines wahrhaft großen Buches immer und immer wieder erfahren habe, in was für eine merkwürdige Abwesenheit ich dabei hineinversetzt wurde. Sie war so stark, daß ich auch bei einer längeren Pause, die ich während des Lesens zu machen gezwungen war, wohl die Gespräche, die andere mit mir führten, hörte, sie aber nicht aufnahm. Sie blieben fast wie ein bedeutungsloses Geräusch, obgleich ich logisch fragte und antwortete. Ich redete oft etwas den anderen Gesprächspartnern gar nicht Verständliches, ertappte mich gleichsam plötzlich und erschrak ein wenig, wenn ich die leicht verdutzten Gesichter der anderen sah. Ich versuchte mit aller Strenge, beim Gesprächsthema zu bleiben, aber immer und immer wieder stand die Welt des Buches um mich auf, so eindringlich und unabweisbar, daß ich schließlich benommen und verwirrt versuchte, kaum mehr am Gespräch teilzunehmen.

Dennoch wurde das Buch nie zu meiner Welt. Nie wird, soviel lehrte mich eine lang-lange Erfahrung, ein Buch ganz und gar zu unserer Welt, auch dann nicht, wenn wir uns als Charakter darin völlig wiederfinden, ja selbst dann nicht, wenn es mit erschreckend visionärer Kraft unser ganzes Leben widerspiegeln würde. Es bleibt das gültige Gleichnis allen Menschenlebens. Es verschmilzt nur etwas Wesentliches von diesem anderen Leben mit dem unsrigen. Es macht uns hellsichtig für das Menschliche schlechthin. Es erweitert unser Inneres und bestärkt uns darin, manchen Gefühlen und vielen noch unsicheren Meinungen Glauben zu schenken. Wir erfahren das Glück, mehr Zutrauen zu uns selbst zu gewinnen. Jean Paul hat mit seinem Ausspruch tief unrecht, scheint mir. Goethe hingegen kommt dem, was wesentliches Lesen sein soll, ganz nahe, wenn er in den Episteln seiner Gedichte schreibt: ». . . Liest doch ein jeder aus dem Buch sich heraus, und ist er gewaltig, so liest er in das Buch sich hinein, amalgamiert sich das Fremde ...« Großstadtmenschen, vom Gesetz ihrer Arbeit und dem Jagen nach äußeren Erfolgen so zerrieben, daß ihre Nerven schließlich versagen, was vernimmt man von ihnen, wenn es einmal soweit ist? »Mein Gott, jetzt nur eins! Auf einer stillen Insel, nur mit einem guten Radio- und Fernsehapparat!« Keiner nennt das Buch. Unvorstellbar ausgehöhlt ist ihr Inneres, ihre geistige Aufnahmefähigkeit ist auf den Nullpunkt herabgesunken, und es scheint, als seien nur noch ihr Aug und Ohr imstande, das wenige und Flüchtige, das ihnen technische Apparaturen übermitteln, aufzunehmen. Was für ein schreckliches Eingeständnis innerer Verkümmerung. Niemals regen Radio- und Fernsehsendungen ihre Phantasie an. Deren simple Nüchternheit ist so komplett, daß kein Nachdenken, kein Mitempfinden und keine noch so geringe intellektuelle Neugier entfacht wird. Ists denn nicht typisch, daß solche Menschen beim Lesen eines Buches fast stets die Beschreibungen einer Landschaft, Erklärungen der Gefühle der darin agierenden Personen oder rein betrachtende Passagen einfach überblättern, weil sie nur am plumpen Fortgang der Handlung interessiert sind? Für den wesentlichen Leser hingegen ist und bleibt das Buch, das er aufnimmt, auch noch beim zweiten und öfteren Lesen eine unausgeschöpfte, unentdeckte Welt voll Zauber und Hintergründigkeit. Darum bekennen so scheinbar amusische Geister wie etwa Napoleon I. und Bismarck (allerdings handelt es sich beim ersteren um den jungen, erst zu Ruhm aufsteigenden General Napoleon) ihr Leserglück nach der Lektüre Goethes. Mit dem *Werther* wünscht sich der junge Napoleon auf einer weltabgelegenen Insel zu leben, und von Bismarck wissen wir, daß er es mit dem Gesamtwerk des Weimarers sein Leben lang in der Einsamkeit aushielt. Zwei Bezeugungen, die aussagen, was für eine abenteuerliche geistige Entdeckungsreise das Lesen eines großen Dichtwerkes ist! Entdeckungen aber werden nicht auf einmal gemacht in einem Buch. Viel intellektuelle Genußsucht, eine ganze Menge intuitiver Spürsinn und viel, sehr viel unbekannte Sehnsucht des Geistes kennzeichnen den wesentlichen Leser, der so eine Entdeckungsreise unternimmt.

Rainer Maria Rilke und die Frauen

Rede zu seinem 25. Todestag, New York 1951

> Motto für einen Grabstein des Dichters:
> »Und als er starb, so leicht wie ohne Namen,
> da war er ausgeteilt: Sein Samen rann
> in Bächen, in den Bäumen sang sein Samen
> und sah ihn ruhig aus den Blumen an.
> Er lag und sang. Und als die Schwestern kamen,
> da weinten sie um ihren lieben Mann.«
>
> Aus dem vorletzten Vers »Von der Armut
> und dem Tode«/*Stundenbuch*

»Rilke ...!« Alle Studentinnen und Kunstgewerblerinnen, die blonden baltischen Baronessen und die angealterten, meist sehr reichen Literaturdamen in München von von 1917 bis 1920 hauchten diesen Namen jedesmal schwärmerisch aus sich heraus, so, als handle es sich dabei um etwas Kultisches. Nur im Stefan-George-Kreis durfte er nie genannt werden. Dort war er verfemt.

Auf den wilden Schwabinger Atelierfesten aber, wenn die tanzerschöpften Liebespaare sich in dunkle Ecken zurückzogen, fing oft plötzlich ein stehengelassener Jüngling an, den *Cornet* zu zitieren, und wenn er zu der Stelle »Der Brief und das Rosenblatt einer fremden Frau« kam, dann seufzte es von irgendwoher, und es kam sonderbarerweise über die ganze alkoholisierte, lebenstolle Gesellschaft etwas wie eine ernüchternde Empfindsamkeit, eine undefinierbare Mischung von Sentimentalität und wirrer Sehnsucht nach Loslösung von allem, nach Hingabe an wer weiß was. Noch mehr! Ausnahmen gab es natürlich, aber in meiner Erinnerung will eine wüste Trinkernacht mit sehr heftigen Diskussionen nicht verblassen. Ein blonder, eckiger, junger Mensch, von dem wir wußten, daß er insgeheim Verse schrieb, sprach ganz unvermittelt, laut und fast wie betend in die langsam sich ausbreitende Stille hinein:

> »Was wirst du tun, Gott, wenn ich sterbe?
> Ich bin dein Krug (wenn ich zerscherbe?)
> Ich bin dein Trank (wenn ich verderbe?)
> Bin dein Gewand und dein Gewerbe,
> mit mir verlierst du deinen Sinn.«

Eines von jenen überheblichen revolutionären Mädchen jedoch, die man damals überall antraf, rief aufreizend schnippisch dazwischen: »P-ha, was wird schon sein, wenn Herr Rilke stirbt? . . . Fades Gottgewinsel!« Das Wort brach jäh ab, denn schon war der junge Mann aufgeschnellt. Wutblaß, brüllend warf er den runden flaschen- und gläserbestandenen Tisch um, und Schaum trat ihm vor den Mund. »Das ist Hurerei!« schrie ich. »Ganz ordinäre Hurerei ist das!« Blind schlug er um sich und wollte auf das Mädchen los, das entsetzt mit den anderen Frauen die Flucht ergriff. Erst nach einem wilden Geraufe konnte der Tobende überwältigt werden. Erschöpft und demoliert lag er in gestreckter Länge auf dem besudelten Atelierboden, zuckte hin und wieder wie epileptisch und schluchzte stammelnd: »Hurerei ist das! Ganz ordinäre Hurerei! . . . Ein Sakrileg ist das!« Auf einmal sprang er auf und lief heulend davon. Wir sahen ihn in unseren Kreisen nicht mehr.

So tief und hinreißend wirkte Rilkes gedankengeladene Wortkunst, so verzaubernd der Klang seiner Verse, die nichts von Innigkeit, aber alles von einem melancholischen Monolog oder einem »großen Gesang« haben wie etwa die von Novalis, vieles von Hölderlin und manches von Nietzsche. Innig, um es nur flüchtig zu kennzeichnen, ist Claudius, oft auch Goethe, innig sind Eichendorff und Mörike, Storm und Liliencron, sogar manchmal noch Dehmel. Aber das nur nebenbei.

Gerade jene Jahre um 1917 bis 1920, als ich Rilke kennenlernte, waren ihm und seiner Dichtung ganz und gar entgegengesetzt. Der

Erste Weltkrieg war für Deutschland so gut wie verloren. Europa war bis in die Grundfesten erschüttert, und das bis vor kurzem noch so stabile Deutschland war es ganz besonders. Alles, was bisher Bestand gehabt hatte, war brüchig und fragwürdig geworden. Das galt für das privat Menschliche und für das Große im Staatlichen und Politischen. Nur ganz wenige erkannten die entscheidende Wirkung der russischen Revolution Lenins in ihrem weltweiten Umfang. Durch sie drang zum erstenmal seit der schon antiquiert gewordenen, historisch vernebelten Erinnerung an die große Französische Revolution das ganz bestimmte Gefühl ins Bewußtsein des einzelnen Massenmenschen, daß auch die scheinbar für alle Zeiten festgefügten Monarchien gestürzt, daß auch kaum mehr umdenkbare Staatssysteme gewaltsam geändert werden können. Auch der deutsche Untertan wurde auf einmal rebellisch. »Der Friede ohne Annexionen« wurde zum Standpunkt des kleinen und kleinsten Mannes. Eine gefährliche Aufsässigkeit gegen das Wilhelminisch-Ludendorffsche Regime griff immer mehr um sich. Dreimal rasch nacheinander Reichskanzlerwechsel: Bethmann Hollweg – Michaelis – Hertling. Aber Ludendorff forderte für eine letzte Offensive noch alles »verfügbare Menschenmaterial«. In München wie in allen anderen großen deutschen Städten demonstrierten bereits täglich die ausgehungerten, kriegsmüden rebellischen Massen und trugen Transparente mit den lapidar drohenden Worten: »Friede und Brot!« Zwar konnte die Polizei sie noch auseinandertreiben, aber sie fanden sich abends noch viel zahlreicher in den riesigen Bräuhallen ein, wo Kurt Eisner mit kategorischer Bissigkeit die Abdankung des Kaisers und die sofortige Annahme der 14 Punkte Wilsons als einzige Friedensmöglichkeit verlangte. Noch einmal riefen die daheim gebliebenen, rasant Nationalen – darunter so ein seltsames Dreigespann wie Ludwig Thoma, Großadmiral Tirpitz und Walther Rathenau – zur Nationalverteidigung bis auf den letzten Mann auf. Und dies nach dem Kieler Matrosenaufstand, nach dem großen Munitionsarbeiterstreik und nachdem der

Feind schon unaufhaltsam heranrollte! Schließlich die Flucht des Kaisers und Ludendorffs, Revolution in München und Berlin, Desorganisation, Hunger, Straßenkämpfe, Putsche und endlich Wahlen zu den Landtagen und zu einer Nationalversammlung. Nach der Ermordung Liebknechts und Rosa Luxemburgs die Ermordung Eisners; Ausrufung der »Bayrischen Räterepublik« und wochenlange, erbitterte Spartakuskämpfe in Berlin. Noske machte mit den kaiserlichen Generalen und den berüchtigten »Weißen Garden« blutig Ordnung, die blindwütige Reaktion begann von neuem und – das Ende wissen wir alle.

Und die deutschen Geistigen damals? 1914 hatten sich fast alle kriegsfreiwillig gemeldet, jetzt waren sie revolutionär, politisiert, pazifistisch und demokratisch, zugleich aber – Wirrnis über Wirrnis! – geradezu lüstern nach einer rücksichtslosen leninschen Diktatur. Sie verachteten mit einem Mal die Kunst, die Dichtung und Geistiges und – verhalfen dem Expressionismus zum Durchbruch. Sie gaben sich betont »proletarisch«, wurden frömmelnde Anbeter des Arbeiters – und jede Nacht feierten sie mit den Schiebern orgiastische Atelierfeste. Sie zogen mit den Demonstrationen und hielten aufreizende Versammlungsreden, aber in den Nächten ereiferten sie sich sehr abseits von dem, was sie augenblicklich als ihre Wirklichkeit ansahen, mit blitzend spielerischer Intelligenz über die Bilder von Klee, Kandinsky, Nolde und Kokoschka. Weit weg vom Sinnenden, vom Musischen wollten sie, irgendwohin ins rauhe Aktive, das sie weder kannten noch – für ihre Person wenigstens – besonders wünschenswert fanden. Die Dramen von Unruh, Reinhard Goering, Hasenclever, Toller und Georg Kaiser beklatschten sie heftig, aber sie vermißten darin doch die »letzte Aussage unserer geistigen Situation«, sozusagen die »kämpferische Zukunft der Massen« oder etwas ähnlich Unklares. Genauso wirr stand es mit ihrem Haß gegen Thomas Manns *Betrachtungen eines Unpolitischen* und ihrer Begeisterung für Heinrich Manns »neue Demokratie«.

Die tief konservative, ernsthaft besorgte Gescheitheit des einen und die vernunftbestimmte Moralität des anderen machten sie unsicher, und das einzige, was sie zu tun wußten, war, die beiden Brüder gegeneinander auszuspielen. Dieser substanzlosen Spielerei gaben sie sich mit viel hämischer Schadenfreude hin. Ganz aus den Fugen waren sie geraten und fühlten dunkel, daß die Zeit ihnen den Halt genommen hatte, doch sie kokettierten mit dieser Haltlosigkeit. Ihr unausgeglichener Irrationalismus träumte verschwommen vom Elementaren, doch sie landeten nur bei einer manierierten Verherrlichung des Vitalen schlechthin, des Vitalen bis hinab zum vulgären Zuhälter. »Diese Vitalität! Gottvoll! ... Das reine Fleisch schreit aus ihm!« flötete einmal eine hingerissene Dame im Theater, weil ein schnell bekannt gewordener Schauspieler so grobschlächtiges Mannstum besonders geschickt zum Ausdruck brachte. Im Handumdrehen wurde der Ausspruch zum Musterschlagwort in diesen Kreisen. Das hielt man gewissermaßen für den »Durchbruch ins Neue«. Und zuletzt überschlugen sich all diese Intellektuellen in der Hanswurstiade des literarischen (nicht des politischen, denn der hatte echten revolutionären Impuls) Dadaismus.

Aber da war Rilke, und – merkwürdig! – der war für alle tabu. Warum eigentlich? Er lebte (und das blieb so bis an sein Ende) als Privatmensch und als Dichter gleichsam immer im Verborgenen, ein Einsamer von Natur aus, aber kein verstiegener Abseitiger. Ein Einsamer ist sich selbst genug, die Sicherheit seines innersten Wesens ist unzerstörbar. Den Abseitigen bestimmen viele Gründe, und der gewisseste davon ist die eigene Unsicherheit. Nie, in keinem Augenblick hat Rilke an seiner hohen dichterischen Sendung und Leistung gezweifelt. Deswegen ließ ihn auch öffentliches Lob oder Kritik so gleichgültig. Es ist bekannt, daß er nie eine Rezension, nie ein auch noch so bedeutendes Buch über seine Persönlichkeit und sein Schaffen las. Er schrieb dies auch manchmal den jeweiligen Verfassern solcher Arbeiten und verstimmte sie nicht wenig. Er strebte auch nie danach, seine Dichtung persönlich oder durch eine geschickte Reklame seines Verlegers populär zu machen. Dennoch drang sie in verhältnismäßig kurzer Zeit in weite, sehr ernst zu nehmende geistige Kreise und wurde zum unwegdenkbaren Teil ganz großer Literatur. Das Erstaunliche dabei aber war, daß gleichzeitig bei allen, die seine Verse aufnahmen, ein geradezu hektisches Interesse, eine ganz persönliche Hinneigung zu dem Menschen Rilke einsetzte. Nicht nur die Mädchen und Frauen umschwärmten ihn. Zu ihm fanden, ohne daß er etwas dazu tat, viele und sehr verschiedenartige Menschen. In den damaligen bewegten Jahren beispielsweise kamen in seine Atelierwohnung in der Ainmillerstraße so aktive Revolutionäre wie Toller, wie der Kommunist Kurella mit seinem jungen Kreis, kamen Schriftsteller und bürgerliche Männer, die es aufrichtig mit der Revolution meinten. Sie wußten, daß Rilke über den Krieg, den er tief verabscheute, der ihn schöpferisch völlig lahmgelegt und fast zermalmt hatte, nie ein Wort in der Öffentlichkeit hatte verlauten lassen. »Krieg dem Kriege« war auch ihre damalige Losung. Die Ursachen des deutschen Zusammenbruchs, unser Anteil an der Kriegsschuld und die deutschen Zukunftsmöglichkeiten waren der Inhalt ihrer Sorgen und ihres Denkens, und wahrscheinlich erhofften sie eine brauchbare Stellungnahme Rilkes zu alledem. Die Gespräche aber verliefen ergebnislos und befriedigten sie nicht. Keiner dieser Besucher hatte eine Vorstellung von der Wortverantwortlichkeit des Dichters, keiner ahnte, wie schrecklich es damals um sein Inneres bestellt war, wie unbeschreiblich es ihn drängte, mit seiner Einsamkeit allein gelassen zu werden. Erst 1920, von der Schweiz aus, hat er im siebenten *Brief an eine junge Frau* seine langsam errungene Stellungnahme so präzisiert: »Für mich, so, wie ich alles sehe und es, meiner Art und Anlage nach, erleben muß, besteht kein Zweifel, daß es Deutschland ist, das, indem es sich nicht erkennt, die Welt aufhält. Die vielfältige Zusammensetzung und weite Erziehung meines Blutes gewährt mir eine eigentümliche Distanz, dies einzusehen.« Diese »eigentümliche Distanz« zeigte sich an den damaligen Gesprächen. Er hörte seinen Besuchern unvoreingenommen zu, aber das, was er mitunter darauf sagte, blieb diesen Menschen grundfremd. Sie hielten es, wenngleich sie es nicht sagten, für naiv, politisch ahnungslos oder idealistisch verstiegen. Noch dazu, da Rilke so etwas prätentiös einfach vorbrachte. Eigentümlicherweise aber hemmte sie etwas, zu widersprechen. Es fiel mir überhaupt auf, daß die meisten Menschen Rilke mehr zuhörten als mit ihm zu reden, obgleich er doch alles andere als redselig war. Er hatte eine sehr gut temperierte Stimme, einen sachten, angenehmen Tonfall, und er sprach genauso wie der Stil seiner Briefe: mit einer tief verborgenen Schüchternheit, einer ungemein nervösen Scheu vor jeder Banalität und der Behutsamkeit eines Menschen, der keinem anderen weh tun will. »Ihre Prosa gibt sich nur ungern«, schrieb er mir einmal nach einem völlig mißglückten Vorleseabend, wobei ihn der Kohlendunst meines Ofens in die Flucht getrieben hatte. Einige Tage später wiederholte er genau denselben Satz im Gespräch, und als ich ihn darauf aufmerksam machte, war er weder erstaunt noch verlegen und meinte nur, er wüßte es nicht anders zu sagen. Ganz offenbar war der beherrschende Wille in Rilke – *nicht* etwa zum Schriftstellerischen, sondern zum Musischen im weitesten Sinne – derart intensiv, daß jede Äußerung ein solches Gepräge bekam. Ähnliches wird von Mallarmé berichtet, und Stefan George meint einmal, der Stil eines Dichters sei »die intimste Sprache seiner Seele«. Dennoch erklärt diese Feststellung in bezug auf Rilke nur einen Teil, nicht das Ganze. Denn es war nicht nur seine unverwechselbare Sprachintimität, sein stilistisch hartnäckiges Bei-sich-selbst-Bleiben, was im persönlichen Verkehr mit ihm oft so bestürzte, ja geradezu entwaffnend wirkte, es war jenes, was Emerson in seinem Satz ausspricht: »Der Mensch ist nur halb er selbst, die andere Hälfte ist sein Ausdruck.«

Denk ich an die Besuche der Münchner Revolutionäre bei ihm, so rückt jedesmal etwas gleicherzeit Frappierendes und Komisches in meine Erinnerung. Rilke war ganz das Gegenteil von einer sogenannten subjektiven Persönlichkeit. Schlicht, mit einer fast zärtlichen Interessiertheit bot er sich jedem. Diese scheinbar so rauh-realistischen Männer aber verwandelten sich in seiner Gegenwart im Nu. Unwillkürlich nahmen sie Rilkes Art an, ja sie redeten sogar mit einem Male so wie er, was mitunter besonders lächerlich wirkte. Sonderbar. Vielleicht waren sie noch nie einem so in sich beschlossenen Menschen begegnet. Oder zwang sie des Dichters »eigentümliche Distanz« zu einem solchen Benehmen? Ich glaube nicht. Irgendwo bei Thomas Mann – ich glaube im Zusammenhang mit Nietzsche und dem *Faustus* – habe ich einmal die gefährlich gescheite Behauptung gelesen, daß jeder Versuch eines Menschen, rein ästhetisch zu leben, zu einem endgültigen seelischen Zusammenbruch führen muß. Nicht nur das Beispiel Nietzsches bekräftigt das. Rilkes Erscheinung aber – ganz komplex genommen – ist ein sehr aufschlußreicher und ermutigender Beweis dagegen. Für ihn war ein solches Leben gleichsam aufgezwungenes Schicksal, aber ein Schicksal, das ihn nicht zerbrach, ja sogar eines, das ihn gegen einen solchen Zusammenbruch gefeit machte. Er hatte viele schwere Krisen zu überstehen. Diejenige nach der Beendigung des *Malte Laurids Brigge* brachte ihn bis an den Rand der Verzweiflung. Er weiß kaum noch einen Ausweg, und es ist schon so weit mit ihm, daß er auf Anraten seiner Frau und eines befreundeten Arztes ernsthaft erwägt, sich psychoanalytisch behandeln zu lassen. Die langen, sehr aufschlußreichen Briefe, die er mit seiner intimsten Freundin Lou Andreas-Salomé darüber wechselt, legen die Wurzeln seiner Persönlichkeit frei, und es ist charakteristisch für ihn, wie er über eine solche innere Gefährdung hinwegkommt. Nach einem schmerzlichen Ringen um die Selbstklärung kommt er zu dem Ergebnis, daß »seine Arbeit eigentlich nichts anderes ist als eine derartige Selbstbehandlung«. Die Einsicht, die ihm die tiefe Formulierung abzwingt: »Nur auf einem großem Umweg kann wahrscheinlich Kunst aus der Natur hervorgehen – nicht ohne Verzweiflung ... nicht ohne Sündenfall«, stärkt ihn, und er stellt sein Schöpfertum der Psychoanalyse entgegen, indem er schreibt: »Gerade meine Frömmigkeit hält mich von einem solchen Eingriff ab ... von dieser Korrektur, die ich mir dann so rot durchverbessert denke wie in einem Schulheft.« Das, meint er weiter, »wäre eine zu gründliche Hilfe für mich, sie (die Psychoanalyse) hilft ein für allemal, sie räumt auf, und mich aufgeräumt zu finden eines Tages, das wäre vielleicht aussichtsloser als diese Unordnung«, denn »es scheint mir sicher, daß wenn man mir meine Teufel austriebe, auch meinen Engeln ein kleiner ... Schrecken geschähe, und gerade darauf darf ich es auf keinen Preis ankommen lassen«.

Spricht daraus nicht wieder das ganz sichere, unzerstörbare Wissen um seine Sendung? Wäre es aber dieses Wissen allein, man könnte immer noch von einem übersteigerten künstlerischen Selbstbewußtsein sprechen, von einer fast manischen Ichbesessenheit meinetwegen. Das Urtümliche an Rilke aber war, daß all sein Schöpfertum und seine Künstlerschaft von einer ganz anderen Quelle gespeist wurde. Das Einzigartige an ihm war, daß in ihm – um ein sehr zutreffendes Wort unserer modernen Philosophen zu gebrauchen – zeitlebens eine seine ganze Persönlichkeit beherrschende »metaphysische Sicherheit« konstant blieb. Er war ein begnadet Gläubiger. Er hatte – und man verwechsle das nicht mit enger Kirchengläubigkeit – dasjenige mitbekommen, was wir im Elend unseres Verstandes seit langer, langer Zeit verloren haben und durch keine noch so große Bemühung je wieder erwecken und wirksam machen können, nämlich Gott in seiner ganzen Unfaßbarkeit und unschuldigen Schlichtheit. Denken wir dabei nur an Tolstoj. Durch welche Höllen des Zweifels mußte dieser unbarmherzige Skeptiker hindurch, welchen furchtbaren Kampf mit sich und seinem Genie mußte er durchfechten, um endlich zu einem solchen Glauben zu kommen, und wie tragisch zerbrach er schließlich an diesem Ringen um Gott, den Rilke von Kind auf in sich trug! Einer, der ein solches, nie zu gefährdendes Gottesbewußtsein in sich hat, von dem geht auf irgendeine Weise etwas Göttliches aus, und alles Göttliche ist wahrhaft schön. Aber um kein Gefühl blasphemischer Übertreibung aufkommen zu lassen, möchte ich lieber sagen: Rilkes Menschendasein war geheimnisvoll gesegnet. Es widerspiegelte diese Segnung in allem.

Es gehört eigentlich gar nicht hierher und soll nur zur Verdeutlichung des eben Gesagten dienen: In meiner Kindheit und zu jeder Zeit, wenn ich meiner hartgeplagten, schwergeprüften und unendlich geduldigen alten Mutter und den Bäuerinnen ihresgleichen zusah, wie sie beteten, wie sie die verarbeiteten Hände gewohnheitsmäßig ineinanderfalteten, wie sie voll rätselhafter Einfalt die hundertmal gesagten Worte hersagten und dabei oft plötzlich einen unbeschreiblich hilflosen, bittenden Blick in die Höhe warfen, als seien sie zuinnerst sicher, daß da oben irgendwo ein allerlösendes Wunder ihrer warte, *das* war von jener rührenden, zwingenden, naturhaften Schönheit, die man im Umgang mit Rilke geradezu körperlich spürte. Es war eine äußerste Frommheit dabei, die sich nicht definieren läßt.

Möglicherweise findet das alles einige Begründung durch Rilkes Herkunft und sein langsames Werden. Von Geburt an war er zart und gebrechlich, kränklich, sehr häßlich und lebensuntauglich. Die deutschböhmische Familie, der er entstammte, hat – das ist nicht unwesentlich für seine Lebensform und Lebenshaltung – einmal in Kärnten den Uradel besessen. Ein Brief an den Maler Zwintscher und vor allem der *Cornet* bestätigen das. (Nebenbei: Es ist bemerkenswert, daß Rilke Böhmen und seinem Volk sein Leben lang zugetan war und daß er 1918 automatisch tschechischer Staatsbürger wurde und auch blieb. Ich möchte fast sagen, nicht ganz ohne Grund.)

Merkwürdig blaß, schattenhaft und beziehungslos bleibt in diesem Dichterleben die Mutter, die nicht – wie manche Literaturgeschichten leichtsinnigerweise behaupten – früh gestorben ist. Noch 1920 schreibt er ihr aus der Schweiz einen kindlich-zärtlichen Weihnachtsbrief, bei dem man unschwer errät, wie er sich abmüht, um den rechten Ton zu treffen. Das stimmt etwas nachdenklich, denn er hat in vielen seiner Gedichte sehr leuchtkräftige Bilder und Worte über Mütter und Mutterschaft gefunden. Seine eigene Mutter dagegen nennt er »eine vage Gestalt«, für die sich »keinerlei wirkliches Gefühl ausbilden läßt«. Mehr Zusammenhang besteht mit dem Vater, der 1906 stirbt und dem er das schöne *Jugendbildnis* als Porträt zudichtet. Dabei scheint auch dieser Vater nur wenig Verständnis für den Knaben gehabt zu haben. Er ist pensionierter österreichischer Offizier und handelt auch danach. Er steckt den Sohn einfach in die Kadettenanstalt St. Pölten.

Man muß diese Art barbarischer Erziehung kennen, um ganz zu verstehen, was sie für den völlig unsoldatischen, allem Militärischen abgeneigten, unkriegerischen jungen Menschen für ein Martyrium gewesen ist, wo er – wie es in einem Brief an seine erste Geliebte Valery von David-Rhonefeld heißt – »mit jener feigen, unverhüllten Herzlosigkeit sehr wohl bekannt wird, welche selbst vor Mißhandlungen aus reinem bestialischem Mordtrieb (der Ausdruck ist nicht zu stark) nicht zurückschreckt«. Der lange, eindringliche Brief an seinen ehemaligen Lehrer, an den Generalmajor von Sedlakowitz vom 9. Dezember 1920 aus der Schweiz – also über dreißig Jahre später! – ist, trotz der mühsam erzwungenen Zurückhaltung, eine einzige zitternde, nochmalige Heraufbeschwörung dieser Höllenpein. In dieser Ausgeliefertheit erfahren wir zum erstenmal etwas von Rilkes unfaßbarer Demut. Nämlich, wenn er in der Kadettenanstalt geschlagen wird, weiß er nichts anderes zu tun, als zu beten, und gesteht in einem Brief aus der damaligen Zeit: »Ich leide es, weil Christus es gelitten hat, still und ohne Klage.« So beklemmend, so lebensgefährlich muß diese furchtbare Zeit gewesen sein, daß sich sogar der winzige Selbsterhaltungstrieb dieses passiven Menschen in ein entscheidendes Wagnis einläßt. Er entläuft der Kadettenanstalt und weiß überhaupt nicht mehr weiter. Endlich, endlich kommt Hilfe: Der Bruder des Vaters gibt Geld.

Rilke darf in Prag sein Abiturium machen, geht nach München auf die Universität, ohne eigentlich etwas Bestimmtes zu studieren, und fängt an zu dichten. Zu dichten und – zu reisen; denn Reisen, weite Reisen braucht er, um dichten zu können. Ein dunkler, unsteter Drang, eine sonderbare Ruhelosigkeit, eine immerwährende Flucht in unbekannte, unausschöpfliche Fernen treibt durch sein Blut. Sucht er Menschen, hungert er nach Freunden, und was glaubt er in ihnen zu finden? »Was ich an Heimat habe, liegt da und dort verteilt, im Bewußtsein der Freunde«, resümiert er später. Zuinnerst fühlt er sich entwurzelt in jenen Jahren und meint: »Für mich war die offene Welt die einzig mögliche, ich kannte keine andere.« Dennoch aber beneidet er, wie im *Malte Laurids Brigge* zu lesen ist, jenen stillen, seßhaften Dichter, von dem er meint, »der hätte er werden wollen ... Einer, der ein stilles Haus hat im Gebirge ... Ein glücklicher Dichter, der von seinem Fenster erzählt und von den Glastüren seines Bücherschrankes, die eine liebe, einsame Weite nachdenklich spiegeln.« Er scheint durchwühlt von einem schrankenlosen Sichgehenlassen, offenbar will er das Enge, Schmerzliche, das hinter ihm liegt, in diesem dauernden Reisen und Fliehen ertränken, und vielleicht wittert er ein Ziel, den klaren schöpferischen Anfang seiner selbst. Doch lange, lange noch bleibt er immer und überall »der Fremde«, von dem er singt: »Denn er hing an solchen Reisenächten anders als an jeder Liebesnacht.« Großartig hat er dieses ihm so eigentümliche Reisegefühl, das Im-Zug-Sitzen und Vorüberschweben der Landschaften, der Dörfer und alten Adelssitze im gleichnamigen Gedicht erläutert:

> »Und dies alles immer unbegehrend
> hinzulassen schien ihm mehr als seines
> Lebens Lust, Besitz und Ruhm ...«

Nur in Paris, wo er anfänglich viel trübe Not durchlitt, ehe diese Stadt sein ganzes Herz gewann, in Paris, wo er Rodin erlebte und sein wichtigstes Prosabuch *Malte Laurids Brigge* entstanden ist, in

München und auf italienischen und Schweizer Schlössern ist er längere Zeit seßhaft gewesen, um die Eindrücke seiner Wanderschaften zu gestalten. Rußland und die skandinavischen Länder, Algier, Tunis, Ägypten, Spanien, Italien, Belgien und Frankreich lieferten ihm die Motive zu seinen Versen, und nicht wenige hat er erstmalig in vollendetem Französisch niedergeschrieben. »Die offene Welt, die einzig mögliche« hinterließ unverwischbare Spuren in ihm. Die Sprachen der Länder, die er durchreiste, lernte er meist sehr rasch oder beherrschte sie bereits. Manchen russischen Dichter hat er ebenso meisterhaft wie viele französische übersetzt. Lou Andreas-Salomé, die Russin, stand ihm geistig am nächsten und hat ihn tief beeinflußt. Ellen Key und Georg Brandes führten ihn ein in die skandinavische Welt. Er empfand eine geradezu bestürzende Gefühls- und Denkverwandtschaft mit Jens Peter Jacobsen und las seine Werke im Original, ebenso die Kierkegaards, lange ehe dieser unergründlich erregende Denker bei unseren Modephilosophen bekannt geworden war. Italienisch konnte er, und das Französische war ihm so geläufig wie das Deutsche. Vergessen wir nicht: Nicht Rilkes *Duineser Elegien,* sondern jenes, das den Titel *Les roses* trägt und von irgendeinem französischen Sprachmeister stammen könnte, war sein letztes Buch. Französisch also schrieb der Dichter, dessen Werk zweifellos zu den größten Sprachschöpfungen unserer deutschen Literatur gerechnet werden kann, zuallerletzt! Was nur hat man aus dieser Tatsache und überhaupt aus der sogenannten »Zweisprachigkeit« Rilkes nicht alles an Spitzfindigem herausgeheimnist! Eins scheint man dabei völlig übersehen zu haben, nämlich, daß Deutsches in seiner Dichtung überhaupt nicht ist. Von jenem nun schon fast anrüchig gewordenen »deutschen Wesen«, das unseren kleineren Geistern so heilig ist, von jener kindlich-ahnungslosen, mystisch durchwobenen Gemütstiefe, die man jedesmal als entschuldigende Ausrede hernimmt, wenn Deutschland sich wieder einmal in der Welt unmöglich gemacht hat – davon war Rilke gänzlich unbelastet. Aus seinen Briefen aller

Jahre kann man leicht feststellen, daß er ebenso wie sein Freund Hofmannsthal – dessen *Briefe eines Zurückgekehrten* bereits um 1901 vernichtend darüber aussagen – allem spezifisch Deutschen stets fremd gegenübersteht, ja daß es ihn meistens genauso abstieß wie das sich kulanter gebende Österreichertum.

»Wenn ich an eine Rückkehr nach Deutschland denke«, sagt beispielsweise eine Briefstelle aus der Schweiz vom Jahre 1919, »so wäre es erleichternd, anderswohin zurückzukehren.« Oder: »Es ist kaum zu sagen, wie sehr mir alles Österreichische zuwider ist!« Und wie bitter klingt das Geständnis an den Prinzen Schönburg vom Januar 1920: »In Deutschland wird unsereiner sich erst recht in der Fremde fühlen ...«

Ganz und gar anational war Rilke im Leben und Empfinden! *Allem* Nationalen gegenüber blieb er stets völlig indifferent. Von Anbeginn war ihm die »offene Welt« zur inneren Welt geworden, zur Grundlage seines Sinnens und Schauens. Eine solche Haltung hatte nichts mit oberflächlichem Internationalismus zu tun. Die »vielfältige Zusammensetzung und weite Erziehung seines Blutes« machte Rilke gleichsam zu einem naturgewachsenen Kosmopoliten, aber – merkwürdig! – nie hat er eine Heimat gehabt außer einer geistigen, zu der er sich bis ans Ende seines Lebens sehr eindeutig und entschieden bekannt hat.

»Daß Rußland meine Heimat ist«, stellte er schon 1899 in Moskau fest, »gehört zu den großen, geheimnisvollen Sicherheiten, aus denen ich lebe.« Als er zu Ostern die Kremlglocken läuten hörte, steigerte sich dieses Zugehörigkeitsbekenntnis noch, indem er schrieb: »Das war mein Ostern, und ich glaube, es reicht für ein ganzes Leben aus; die Botschaft ist mir in jener Moskauer Nacht seltsam groß gegeben worden, ist mir ins Blut gegeben worden!« Und erst Rußland – zweimal bereiste er es monatelang – wurde für ihn »die Wirklichkeit und zugleich die tiefe, tägliche Einsicht, daß die Wirklichkeit etwas Fernes ist, etwas, das unendlich langsam zu jenen kommt, die Geduld haben. Es ist das Land, wo die Menschen einsame Menschen sind, jeder eine Welt in sich, jeder voll Dunkelheit wie ein Berg; jeder tief in seiner Demut, ohne Furcht, sich zu erniedrigen, und deshalb fromm.« Während der ersten Unglücksjahre in Paris schreibt er an Arthur Holitscher, wie zermürbend seine Sehnsucht nach Rußland ist, ja so slawophil empfindet er, daß er auch Gorki als einen reinen »Westler« ablehnt. Und noch ein Vierteljahrhundert später, nur einige Jahre vor seinem Tode, wiederholt er: »Was verdank ich Rußland – es hat mich zu *dem* gemacht, was ich bin. Von dort ging ich innerlich aus, alle Heimat meines Instinkts, all mein innerer Ursprung ist *dort*!« Das ist nicht der einsichtsvolle, höfliche Dank, den Thomas Mann der russischen Literatur, die soviel zu seiner Meisterschaft beigetragen hat, abstattet – die Verbundenheit Rilkes mit Rußland und allem Russischen ist wesensmäßig.

Von düsteren Zaren und von Karl dem Zwölften in der Ukraine handelt ein Gedichtkreis, und ist nicht die zugleich singende und grübelnde fromme Inbrunst des *Stundenbuches* urrussisch, slawisch? Zweimal hat Rilke Tolstoj besucht, und dessen Lehre vom »Nichtwiderstehen des Übels« war nur eine letzte, aufrichtende Bekräftigung seiner eigenen, inneren Haltung. »Daß wir doch lernten, vor allem aushalten und nicht urteilen!«, ein Satz in den *Briefen an eine junge Frau*, ist gleichsam eine Lebensregel für ihn. Die Gleichgestimmtheit mit Tolstoj in Wort, Anschauung und Gedanke, wo finden wir sie frappierender als in den ersten drei Legenden in den *Geschichten vom lieben Gott*?

Meine Damen und Herren! Es sind nun auch in meinem Leben schon siebzehn bewegte Jahre darüber hinweggegangen, aber ich sehe heute noch den hochgewachsenen, schlanken, dunkelhaarigen Boris Pasternak vor mir. Es war in einer hohen, lauen, ganz ausgesternten Moskauer Julinacht. Man gab für uns ausländische Schriftsteller im Freien, vor dem Lustschloß der großen Katharina, eine bunte Theatervorstellung. Aus irgendeinem übermütigen Justament trug ich während meines ganzen Rußlandaufenthaltes meine

kurze bayrische Lederhose, den karierten Janker und Flaumfeder-
hut dazu, was mir von Anfang an eine ungeahnte Popularität verschafft hatte. Pasternak saß neben mir. Er wandte mir lächelnd sein
schönes, braungebranntes, scharf geschnittenes Gesicht mit den
dunklen, lebhaften Augen zu und sagte in bezug auf meine Aufma-
chung: »Bavarski ...?«

»Ja! ... München!« nickte ich, breit lachend.

»Miunchen«, wiederholte er russisch akzentuiert, und seine Augen
strahlten seltsam glücklich: »Da war lange Rilke ...« Jemand flü-
sterte mir von hinten ins Ohr, Pasternak sei Poet und habe viel von
Rilke übersetzt. »Rilke ...?!« rief ich und sah dem Dichter in die
Augen. »Sie haben ihn gekannt?« fragte er.

»Ja, eine Zeitlang«, gab ich zurück: »Sie auch ...?«

»Leider – ich nicht, mein Vater«, nickte er, wiederum so rührend
beglückt, und setzte dazu: »Rilke ist ganz russisch ... Wie Gogol ...
Wie Tolstoj!« Er sagte es fast verlegen leise, ungewöhnlich innig.
Da aber – ich weiß nicht, ob man so eine jähe innere Überwältigung
versteht? – brachs auf einmal aus mir heraus, und ich umschlang
diesen Mann fest, ohne mich um das heitere Aufsehen, das es
machte, zu kümmern. Ich küßte ihn wie einen Bruder *einer* Seligkeit und fing strömend zu reden an:

>»Da neigt sich die Stunde und rührt mich an
>mit klarem, metallenem Schlag:
>mir zittern die Sinne. Ich fühle: ich kann –
>und ich fasse den plastischen Tag.«

Ich schäme mich nicht, einzugestehen, daß mir auf einmal das Wort
abbrach, weil mir vor Freude und Glück das Weinen in die Augen
stieg. Und nie werde ich Pasternaks behutsam zustimmenden Worte vergessen, die mich schließlich wieder halbwegs ins Gleis brachten: »Ja! Ja! ... Das ist groß ... ganz große Kunst ...!«
So, meine ich immer, kommt das Werk eines Dichters über uns.

Wegen seiner Bekanntschaft mit Toller und anderen Revolutionsmännern fing die Münchner Polizei an, den Dichter zu beschnüffeln. Daß er nebenbei noch »Landfremder«, tschechischer Staatsbürger war, schien besonders verdächtig. Niemand erhob Einspruch. Das verekelte Rilke die Stadt völlig, von der er einmal bezeugte, er habe sich »nie gut aufgehoben« in ihr gefühlt. Ohne Wort und Klage reiste er 1919 in die Schweiz, und es wurde fast so etwas wie eine freiwillige Emigration, denn er betrat – soviel mir bekannt ist – nie wieder deutschen Boden. München nahm keine Notiz davon. Das damalige Deutschland vermißte ihn nicht. Das verschweigt man gern. Sinn für das geistige Kapital einer Nation ist bei uns nie vorhanden gewesen. Oder doch? Im Zweiten Weltkrieg, als der Dichter längst in der Schweizer Erde begraben lag, da – o Schauerlichkeit! – ließ Goebbels Hunderttausende von Tornisterausgaben Rilkescher Gedichte für die Frontsoldaten herstellen. Nationalistisch befeuernd, kampfbegeisternd werden sie gewiß nicht gewirkt haben, eher schon entgegengesetzt. Offenbar aber wissen Diktaturen sehr genau, wie wertbeständig eine geistige Leistung ist, und verstehen es dadurch, sich als Schirmherren hoher Kultur zu deklarieren.

Und heute? Im jetzigen, zweigeteilten Deutschland widerfährt der Rilkeschen Dichtung das: In der kommunistisch beherrschten Ostzone ist sie als »reaktionär und lebensfremd« verfemt und verboten, wenigstens zunächst. Die Opportunitäten ändern sich oft über Nacht. In Westdeutschland begeistert – so wenigstens habe ich mir sagen lassen – sich besonders die Jugend für die dunklen *Sonette an Orpheus* und die *Duineser Elegien*, und natürlich huldigt man dem Dichter bei jeder Gelegenheit in geistigen und amtlichen Kreisen, als habe zwischen ihm und Deutschland stets das beste Einvernehmen bestanden. Man ist versucht, über die Wandelbarkeit der menschlichen Gefühle zu lächeln, aber man tuts in heutigen Zeiten nur noch sehr resigniert ...

Um aber wieder auf die Zeit zurückzukommen, da ich Rilke kennenlernte – in den bewegten Wochen der Münchner Eisner-Revolution ging er oft in laute, turbulente Volksversammlungen. Niemand kannte ihn, und das war ihm am liebsten. Er drängte sich nie nach vorn, an die Rednertribüne; er blieb unauffällig inmitten der stauenden Menge und verschwand ebenso unauffällig wieder: »Rilke«, raunten mitunter Bekannte, die ihn vorüberkommen sahen; geschwind schauten sie nach ihm, nickten mitunter scheu und staunten kurz. Niemand vermutete ihn hier.

Einmal stieß ich unverhofft beim nächtlichen Heimgang aus einer solchen Versammlung auf ihn und begleitete ihn bis vor seine Haustür.

»Ich weiß nicht«, sagte ich während des Gesprächs einmal, »durch diese Revolution geht ein Riß. Gemacht wird sie eigentlich nur von den Arbeitern und den meuternden Soldaten. Das Volk auf dem Land bleibt gleichgültig und macht nicht mit ... Die Bauern draußen sind sogar ausgesprochen revolutionsfeindlich. Sie halten alles nur für einen unsinnigen Spektakel ... ›Den machen bloß die Leute, die nicht arbeiten wollen‹, sagen sie ... Das ist gefährlich. Solange nicht alle mitmachen, die vom Land und die in der Stadt, das ganze Volk, solang wird nichts Richtiges draus.«

»Ja«, stimmte er nachdenklich zu, »das möchte jeder Gutwillige hoffen ... Etwas Neues sieht und fühlt noch niemand, aber man muß Geduld haben ... Dem Volk als Ganzem zählt sich unsereins doch zu, dem Volk ohne Einschränkung und Zutat ... Das ist uns aufgegeben ...«

Dieses Gefühl, meinte ich, hätte ich schon seit dem *Stundenbuch* gehabt. »Das macht mich dankbar«, sagte er in seiner typischen Art, fast wie für sich, sehr verhalten und so, als finge er an, von hier aus weiterzudenken. Ich sagte eine Weile nichts. In mir rumorten die Geschehnisse der Revolution, jedes Detail an ihr erhitzte mich, und Rilkes scheinbare Abgeklärtheit störte mich irgendwie.

»Ich kann nicht zusammenfassen. Ich sehe das alles anders«, fing ich wieder zu reden an und wurde eigentümlich belebt: »Wenn Sie

173

im *Stundenbuch* über die Namenlosen reden, da kommt es mir immer vor, als sei das Volk für Sie eine amorphe Masse . . . Sonderbar! . . . Wenn ichs genau überlege, ich glaube, auch Lenin denkt so. Nur ists bei ihm so: Er will diese amorphe Masse nach seinem Willen zurechtkneten und sie für seine Zwecke nutzbar machen. Eigentlich verachtet er sie . . . Das ist fast aristokratisch . . . Er erkennt nur seine Parteielite an, merkwürdig!« Ich wußte auf einmal nicht mehr weiter und schaute Rilke fast geniert von der Seite an. Auch er wandte mir sein Gesicht zu, und es hatte einen unbeschreiblich rührenden Ausdruck. Ich bekam einen heißen Kopf, denn unerklärlicherweise machte mich sein kurzes stummes Anschauen verlegen, und gleichsam wie entschuldigend sagte ich schnell: »Nein, nein! Ich hab mich vielleicht falsch ausgedrückt . . . Sie verachten die Masse, das Volk nicht, ganz bestimmt nicht. Für Sie haben diese Namenlosen ein unabänderliches Schicksal . . . Im *Stundenbuch* heißts ja auch: ›Denn sieh: sie werden leben und sich mehren / und nicht bezwungen werden von der Zeit‹ . . . Das ist ganz anders als bei Lenin . . . Sie glauben, daß diese Masse der Namenlosen unzerstörbar ist, so was wie ein Element, das die Welt erhält . . .« Ich war aufgewühlt bis ins Innerste. Jedes Wort dieses Gesprächs ist unvergeßlich in meiner Erinnerung.

»Element, ja, ja«, sagte Rilke und setzte mit leiser Zärtlichkeit dazu: »Sie denken viel und geduldig über alles nach.« Er sagte es ohne die geringste Herablassung einem Jüngeren gegenüber, ich aber – weiß Gott, warum – empfand es wie eine Art Belobigung. Vielleicht witterte ich auch eine jähe Übereinstimmung. Jedenfalls war im Nu alle Befangenheit in mir verflogen, und viel ungehemmter redete ich weiter: »Für mich ist das Volk immer wie meine Mutter . . . Die hat uns Kinder auf die Welt gebracht, sie glaubt an ihren Gott, arbeitet, bis sie stirbt, und fragt nicht und klagt nicht . . . Sie nimmt einfach alles, wie es ist . . .« Und unwillkürlich fiel mir Rilkes Vers ein:

»Sie werden dauern über jedes Ende
und über Reiche, deren Sinn verrinnt,
und werden sich wie ausgeruhte Hände
erheben, wenn die Hände aller Stände
und aller Völker müde sind ...«

»Etwas wie Mutter und Volk, das ist nicht umzubringen. Das ist
ewig«, meinte ich, eigentlich mehr für mich. »Ich bin mir nicht klar
darüber, ob man es je ändern kann. Vielleicht meinen Sie dieses
Ewige, dem Sie sich zuzählen, oder?«
Offenbar rührte das an etwas in ihm, denn sehr aufgeweckt, ungewohnt lebhaft und freudig gab er zu: »Das Ewige, richtig ... Gut
gesagt ist das: Fragt nicht und klagt nicht ... Es ist wie der Berg, die
Luft oder der Himmel ...« Von ungefähr fiel mir Tolstoj ein. So
einer, dachte ich, ist weder volksfremd noch volksfeindlich, und mit
»reaktionär« oder »evolutionär« kann man ihm nicht beikommen.
Er hat nicht die Absicht, das Volk zu ändern, es irrezuführen oder zu
beherrschen – es ist in ihm, er liebt es, ohne Zutat.
Dennoch hat dieser scheinbar ganz unpolitische, abseits stehende
Mensch von der Revolution in Deutschland sehr viel erhofft. Er
schätzte, was wenig bekannt ist, Kurt Eisner sehr und leitete manche Anregung, manchen besänftigenden Rat durch Mittelsleute an
ihn und Toller. Und wer wissen will, wie klar er alles vorausgesehen
hat, wie schwer ihn gerade Deutschland entmutigt hat, der braucht
nur im siebenten *Brief an eine junge Frau*, den er 1920 aus der
Schweiz geschrieben hat, dieses Urteil zu lesen.
»Deutschland«, heißt es da, »hätte 1918, im Moment des Zusammenbruchs, alle, die Welt beschämen und erschüttern können durch
einen Akt tiefer Wahrhaftigkeit und Umkehr. Damals hoffte ich
einen Augenblick ... Vielleicht waren ein paar Menschen da, die
das fühlten, deren Wünsche, deren Zuversicht nach einer solchen
Korrektur gerichtet waren – jetzt beginnt es sich zu zeigen und
schon zu rächen, daß dies *nicht* geschehen ist. Etwas ist ausgeblie-

ben, was alles ins Maß gerückt hätte; Deutschland ... war nur auf Rettung bedacht in einem oberflächlichen, raschen, mißtrauischen und gewinnsüchtigen Sinn, es wollte leisten und hoch- und davonkommen statt, seiner heimlichsten Natur nach, zu ertragen, zu überstehen und für sein Wunder bereit zu sein. Und so fühlt man: ... es ist etwas ausgeblieben. Ein Datum fehlt, an dem Anhalt gewesen wäre. Eine Sprosse in der Leiter; daher die unbeschreibliche Besorgnis, die Angst, das ›Vorgefühl eines jähen und gewaltigen Sturzes‹ ...« – Solche Besorgnisse vertraute er nur seinen Briefen an. Es widerstand ihm überhaupt, dasjenige, das ihn bedrückte und schmerzte, mitleiderheischend oder predigerhaft laut werden zu lassen. Das Unauffällige gehörte zu seinem Lebensgestus. Sogar von der schrecklichen Krankheit, einer qualvollen Leukämie, an der er seit Jahren litt, erfuhren die meisten erst nach seinem Tode. ». ... ich rede ungern von alledem«, schreibt er nach einem längeren Anfall von Kränklichkeit, »ich würde es kaum ertragen, als Kranker jemanden um mich zu haben; ein ganz animalischer Wunsch des Sichverkriechen- und Versteckenwollens bestimmt dann alle meine Bewegungen.« Dieser Kranke hatte gar nichts Krankhaftes an sich, nicht einmal Überreiztes, wie etwa Strindberg, der in solchen Spannungen einen giftigen Ekel vor essenden Menschen empfand und dem seine Frau die Zündholzschächtelchen bemalen mußte, weil ihn sonst deren Anblick störte. Äußerlich blieb Rilke stets ausgeglichen. Auch in der Erscheinung. Er scheute vor jeder Auffälligkeit in der Kleidung zurück. Nie kam ihm auch nur in den Sinn, die Öffentlichkeit damit herauszufordern, wie beispielsweise Stefan George, der in hohem Zylinder, mit eng anliegendem grauem Mantel und roten Aufschlägen majestätisch daherging und ein exzentrisch lächerliches Bild machte, das zu vielen Witzblattkarikaturen Anlaß gab. Nicht nur der Spießbürger schüttelte darüber den Kopf, auch sehr nachsichtige Gebildete fanden dieses aufdringliche, humorlos zur Schau getragene Schönseinwollen abgeschmackt. Von Rilke gilt, was er über sich dichtet:

>Wenn ich so gehe, wie ich bin – allein –,
wer merkt es denn?
Wen reißt es hin? Wen regt es auf …?«

An warmen Tagen ging er meist in feinstem Grau, sehr proper, »wie
aus dem Ei gepellt«, weltmännisch lässig und natürlich geschmack-
voll. An sonnigen Schneetagen sah man ihn hin und wieder die
breite, kahle Leopoldstraße herauf-, dem Siegestor zugehen. Win-
terkleidung machte ihn sehr plump und unbeholfen. Er war einge-
hüllt in einen dicken, flauschigen Mantel, trug einen kleinrandigen,
wie nicht dazugehörigen Hut, ein bauschiges Halstuch, war behand-
schuht und trug Gummischuhe. Auffällig waren seine kleinen Füße
und die frauenhaft kurzen Schritte. Wenn ich mit ihm ging, kam ich
stets in Verlegenheit dadurch. Ich machte meine gewohnten großen
Schritte und geriet ungewollt stets etwas voraus, und da ich sogar
beim Militär trotz aller gewaltmäßigen Anstrengung meiner Unter-
offiziere den Schrittwechsel nicht erlernt hatte, blieb ich immer
wieder stehen, versuchte kleinere Schritte zu machen, aber das
hielt nie lange an. Ganz mechanisch kam ich wieder ins weite
Ausschreiten. Schließlich blieb ich stehen und stotterte irgendeine
Entschuldigung heraus. »Es liegt an mir«, sagte Rilke ebenso hilflos und lächelte. Es war ein absonderliches, maskenhaftes Lächeln,
scheu, fremd, ja fast genant, denn es paßte absolut nicht in dieses
immer abwesende, scheinbar teilnahmslose Gesicht, an das man
sich gleichsam jedesmal von neuem gewöhnen mußte.
Rilke ging meistens in die Staatsbibliothek oder in die Buchhand-
lung von Schmidt-Bertsch in der Ludwigstraße, wo man ihn – um
lästige Autogrammjäger und Enthusiasten abzuhalten – diskret
grüßte und sogleich in einen separaten Raum führte, damit er in
Ruhe die guten Drucke und Neuerscheinungen ansehen konnte.
Thomas Mann gesteht einmal, daß ihn ein Stapel Manuskriptpa-
pier stets anregt und zum Schreiben drängt. Auf Rilke wirkte Papier
ganz anders; er schien es zärtlich zu lieben, und zwar in jeder Form.

Er hatte die Gewohnheit, jedes aufgerollte Eckchen eines Blattes – ganz gleich, ob es sich um leeres Papier, um eine Manuskript- oder Buchseite oder um eine alte Zeitung handelte – stets pedantisch glattzustreichen. Wie alles, tat er auch dies mit einer betulichen Geduld und Sorgfalt, und dabei konnte man seine schmalen, schönen Hände bewundern. Es waren keine Beterhände Dürers, es waren zartbehaarte, feminine Hände mit langen Fingern, und der große Siegelring an einem davon unterstrich diese einzige körperliche Schönheit Rilkes. Alles andere an ihm aber war irgendwie zu kurz gekommen. Seine kleine, mager-gebrechliche Figur und vor allem sein Gesicht. Dieses Gesicht!

Während der Eisner-Revolution kamen einmal die Geistigen Münchens im Salon des Dichters Alexander von Bernus zusammen, um einen »Rat geistiger Arbeiter« zu gründen. Es ging mitunter laut, geschwätzig und sehr wirr dabei zu. Auch Rilke war da, doch er beteiligte sich nicht an den Diskussionen. Er stand schweigend abseits, in eine Ecke gelehnt, und das leicht gedämpfte Licht fiel auf sein Gesicht, das nur die Malerin Albert-Lasard einigermaßen ähnlich getroffen hat.

Die Wirklichkeit war viel unbarmherziger. Die Form des Kopfes war lang, schmal und erinnerte an ein Schaf. Die Ohren standen etwas weg. Die blonden, schon etwas schütteren langen Haare waren flach zurückgekämmt, dann kam die schmale, sehr nackte Stirn, begrenzt von dünnen, langen Brauen. Die krankhaft herausgedrückten, großen, kugeligen, sehr hellblauen Augen wirkten erschreckend: leicht glotzend, abwesend und unwirklich verschleiert. Unmittelbar unter der langen Nase, so, als wachse er direkt aus ihren Löchern, ein langhaariger, blonder, wiederum sehr dünner Seehundbart, der sich wie ein ganz feiner Halbmond um die aufgeworfenen Wulstlippen des breiten Mundes zog und mit den Spitzen bis über die beiden Seiten des kleinen, unentwickelten Kinns reichte. Dazu noch die durch das Licht verstärkte Blässe, die haltlose Schlaffheit der Züge. Ein boshafter Bekannter von mir fand dafür die grobe Bezeichnung »Der Kirgise mit den Glotzaugen«. Es war ein unentzifferbar slawisches, ja eher schon ein asiatisches Gesicht, lethargisch in seiner Häßlichkeit ergeben und mönchisch geduldig, wie ich keines mehr zu sehen bekam.

Von Rodin, der das größte Kunsterlebnis Rilkes war, wird erzählt, daß er, obwohl er darauf vorbereitet war, erschrak, als er den Dichter zum erstenmal sah, und es ging nicht wenigen Menschen so. Ich darf wohl annehmen, daß man mich nicht mißversteht. Jede Herabsetzung liegt mir fern. Seit ich überhaupt denken kann, beunruhigt mich nichts mehr als die Undurchdringlichkeit des Menscheninneren. Dies leitet mich auch hier. Dankbar gedenke ich Rilkes, der – ohne daß er mich damals kannte – mir durch einige lobende Worte über meine ersten Versuche zu einem auskömmlichen Monatsstipendium auf etliche Jahre verhalf. Er hat zudem den Anfänger viel ermuntert. Und was für eine unverminderte Beglückung sind viele seiner Dichtungen und Briefe für mich! Ganz groß und traurig aber wird mein Dank, wenn ich mir diesen – ach, leider viel zu früh verstorbenen – Menschen wieder vergegenwärtige, der mir so entgegengesetzt und fremd blieb und mich doch stets geradezu magisch anzog. Seither ließ mich eine unbezwingbare Neugier nicht mehr los, sein Wesen zu ergründen und *dem* nachzuspüren, was seine erstaunliche, persönliche Wirkung auf Menschen und vor allem auf die Frauen ausmachte.

Rilke litt schwer an seiner körperlichen Unschönheit. »Mein Körperliches«, heißt es in einem Brief vom Jahre 1912 an Lou Andreas-Salomé, »läuft Gefahr, die Karikatur meiner Geistigkeit zu werden«, und das, was er in allerfrühester Zeit Valery von David-Rhonefeld darüber schreibt, ist ein erschütterndes Bekenntnis. Immer wieder begegnen wir der Klage »von jenem Ausgeschlossensein, das ihm das Leben immer wieder zu fühlen gibt, so oft er sich ihm nähern will«.

Wenn es aber wahr ist, daß unsere körperliche Beschaffenheit unsere äußere und innere Haltung bestimmt, dann hellt sich vieles an der merkwürdigen Persönlichkeit Rilkes auf. Sein ganzes, oft so gesucht und manieriert scheinendes Gehabe bekommt in diesem Zusammenhang etwas von einer Ab- und Gegenwehr und wird nun erst völlig glaubhaft. Stand denn dieser Mensch, wenn er am Morgen in den Spiegel sah, untertags eine neue Bekanntschaft machte, eine Frau anlächelte oder ihr die Hand küßte, nicht jedesmal vor der schrecklichen Gefahr einer zwar unausgesprochenen, aber um so brutaleren Abweisung, ja eines plötzlichen Ausgelachtwerdens? *Mußte* er sich nicht jede Minute streng in Zucht nehmen, um solche Beschämungen und Prüfungen zu bestehen? Dieser beständige Druck erklärt – so will mir scheinen – seine unausrottbare Melancholie, seinen fortwährenden Drang nach immer größerer Einsamkeit, sein immer schmerzlicheres Insichversenken, das nicht das geringste mit snobistischer Ichbezogenheit gemein hat; daher sein demütiges »Aushalten und nicht Urteilen« und sein Sichzuzählen zu den Leidenden, den Ausgeschlossenen und Verlorenen, das sein soziales Empfinden bestimmt; daher seine Vertrautheit mit Sterben und Tod und seine uns so unfaßbare Gottesgläubigkeit, die gleicherzeit Zuflucht und bohrendes Ergründen ist. Der sichere Kunstverstand und seine seismographisch feine Witterung für die Wortbedeutung, die ungeheure Bildkraft und bis ins höchste entwickelte Musikalität seiner Sprache leiten sich davon ab. *Das* aber ist es vor allem, was auch dem Nebensächlichsten, das er tut, spricht und denkt, die dem gemäße Form aufzwingt, und eben *dadurch* wird einleuchtend, daß sein Leben Dichtung und Dichtung sein Leben ist. In des Wortes unverrückbarer Bedeutung ist es ganz wirklich ein Leben in Schönheit und *muß* es sein! Denn wer sagt uns denn, ob nicht von Anbeginn im verstecktesten Winkel der Seele dieses Menschen die tägliche Forderung glüht: »Du kannst, da Gott dich körperlich so unvollendet gelassen hat, nur bestehen, wenn du im Leben ganz aus dem Gewöhnlichen brichst, wenn du völlig anders, wenn du in jeder Weise größer und beispielhafter wirst als jeder sonstige Mensch!« Wie lächerlich wäre es, dies als verzehrenden Ehrgeiz zu bezeichnen. Es war vielmehr ein beständiges Sich-zurechtrücken und Korrigieren, ein geradezu tragischer innerer Zwang zur Besonderheit.

Fällt es nicht auf, welche ungewöhnliche Bedeutung Rilke in all seinen Dichtungen der *Gebärde* zumißt? »Ich bete nachts oft: Sei der Stumme,/ der wachsend in Gebärden bleibt«, oder wenn von Gott gesagt wird: »Alle, welche dich suchen, versuchen dich,/ und die, so dich finden, binden sich / an Bild und Gebärde«, oder in den *Sonetten an Orpheus:* »Jener entwerfende Geist, welcher das Irdische meistert, liebt im Schwung der Figur nichts wie den wendenden Punkt«, und vieles ähnliche mehr. Die Gebärde schlechthin beherrscht ihn dichterisch und menschlich. Psychoanalytiker und neuerdings auch die spürsinnigen Symboldeuter, die sich insbesondere über die geheimnisvoll geladenen *Duineser Elegien* hergemacht haben, haben hier viel Spielraum für ihre Konstruktionen.

Wie Rilke sich abends hinsetzt, um einem Besuch etwas Neuentstandenes vorzulesen, und dabei zwei Kerzen anzündet, während der ganze Raum im Dunkel bleibt, wie er in der kupfernen, langröhrigen türkischen Mühle Kaffee mahlt und ihn zubereitet, wie er einem halb zögernd und tief verhalten die Hand drückt und auf einmal einen zärtlichen Blick bekommt – es bleibt ebenso gebärdenhaft, als wenn er ein Gedicht, ein Prosastück oder einen Brief abfaßt. Er benützt übrigens dabei stets ein altmodisches Stehpult. (Darum seine wiederholte Bemerkung in den Briefen, es fehle ihm »das Gerät zum Schreiben«.) Lange stand er oft vor diesem Pult, stand und stand da und schrieb das endlich gefundene Wort, den geformten Satz aufs Papier, wie etwa die Mönche, von denen er im *Stundenbuch* berichtet. Das schöne blaue Papier, das er meistens verwendete, die zierliche, noch in den wie gestanzt wirkenden Schnörkeln deutlich bleibende Schrift, das Fehlen fast jeder Korrektur – all das verrät etwas wie eine sakrale Ehrfurcht vor dem Schreiben. Es ist bekannt, wie wichtig ihm das Satzbild war, wie besorgt er um Druck und Austattung seiner Bücher war. »Nichts ist mir zu klein, und ich lieb es trotzdem / und mal es auf Goldgrund und groß ...«, singt er. Einer Münchner Freundin hinterläßt er einen Zettel, in welchem er sie bittet zu kommen, er habe eine Überraschung für sie. Sie kommt, und er stellt ihr behutsam auf einem kleinen Teller zwei frische Erdbeeren auf das Tischchen, zwei winzige Erdbeeren! Unbefangen und glücklich erzählt er – es ist noch kalter Winter –, daß er ein kleines Körbchen Erdbeeren bekommen und dabei sogleich an sie gedacht habe.

»Ich war perplex«, berichtet sie und wiederholte es noch nach Jahren, »aber ich konnte einfach nichts darauf sagen! ... Und er redete vom frischen Rot der Beeren ... Geiz oder Egoismus, nein, das wars bestimmt nicht ... Es war eben Rilke, ganz Rilke ...« Und sie ist glücklich. Die Kleinigkeit ist schön, schön in einer so besonderen Art, die sich nicht definieren läßt, schön in der unvergleichlichen Gebärde. Es war die Rilkesche Lebensgebärde, und die hatte eine höchst intensive Ausstrahlung auf Frauen. Nicht nur blind verliebte, entzündete Backfische, die ihn wegen seiner Gedichte vergötterten, nein, durchaus natürlich-sinnliche Frauen fanden diesen – wenn ich so sagen darf – mißlungenen Mann körperlich anziehend. Das kam auch nicht davon, daß er sie alle ungemein ernst nahm, daß er jede einzelne, so, als habe sie etwas ganz Besonderes in ihm ausgelöst, oft für eine lange Zeitspanne in sein Leben, in sein ganz privates Leben mit einbezog. Dieser ganz ins Schöne verlagerte, eigentlich in grobem Sinne unmännliche Mann war einer seines Geschlechtes, den diese Frauen noch nie erlebt hatten. Er war unentdeckt und geheimnisvoll wie keiner. Das reizte ihre Neugier und ihr Begehren. Dadurch aber, daß er immer gleicherweise zurückhaltend und verschlossen blieb, jeden Augenblick unabänderlich er selbst, dadurch übte er einen so nachhaltigen Zwang auf sie aus, über den sie sich nicht klarwerden konnten, dem sie einfach unterlagen. Das steigerte sich manchmal bis in eine sublimierte Hörigkeit. Es war, als ob diese Frauen sich selber auslöschten, als seien sie nur noch ein willenloses Medium desjenigen, der doch gar nichts dazu tat. Der Stil ihrer Gespräche und Briefe war sein Stil. Alles bekam einen Hauch von ihm.

Im beginnenden Sommer geht er einmal mit der bereits erwähnten Münchner Freundin nachts an blühenden Linden entlang. »Wie sie duften«, sagt er. »Ich rieche nichts«, erwidert sie nüchtern. »Du hast eine Pause im Geruch«, meint er, und sie wird auf einmal tief betroffen. Nachdem er sie verlassen hat, wartet sie lange an der Haustür. Dann schleicht sie sich zu den Linden, steigt mit aller Mühe und trotz strengem polizeilichem Verbot auf so einen Baum, reißt blühende Zweige ab. Am andern Morgen findet er ein sorgfältig gebundenes Büschel vor seiner Tür. Er weiß, ohne daß ein Zettel dabeiliegt, wer das gebracht hat. Er trifft sie, küßt sie auf die Stirn und gibt ihr einen Lindenzweig. »Es ist also doch Duft in ihnen?« sagt er, und sie nickt wortlos.

Ist das nun bei einem Menschen wie Rilke, der sich so genau kontrolliert und bis in die letzte innerste Regung sein Wesen erkennt, ist das nun knabenhafte Sentimentalität oder verstiegene Empfindsamkeit? Es ist nichts anderes als die unwandelbare Lebensgebärde, und die hat eine höchst intensive Ausstrahlung auf Frauen. Vielleicht fühlt er das manchmal, aber er ist kein Machtmensch, nichts reift bei ihm zur Absicht, er bleibt gewissermaßen schwebend in dieser eigentümlichen Wirkungssphäre.

Bei einer reichen Dame, deren Gäste wir öfter waren, kam einmal die Rede auf Picasso, dessen Bilder Rilke sehr schätzte. Nach einigen Wochen hingen die berühmten *Drei Harlekine* und *Der Blinde* dieses Malers an den Wänden. Sichtlich erfreut betrachtete sie Rilke und erging sich darüber, was für ein seltsamer Vorgang das sei, daß die Erleuchtung des einen durch ein Kunstwerk oft unmittelbar in den anderen überginge.

»Das ist sehr schmeichelhaft für mich«, sagte die Dame leicht lächelnd, aber sogleich wurde ihr Gesichtsausdruck ängstlich, fast furchtsam beschämt, weil sie bemerkt zu haben glaubte, daß er nicht verstand oder nicht verstehen wollte, und sie war den ganzen

Abend fahrig und unsicher. Ähnlich aufschlußreiche Beispiele erlebte ich vielerlei.

Rilke lebte äußerst bescheiden und zurückgezogen. Er äußerte anderen gegenüber nie einen Wunsch, aber die Frauen erwitterten seine Wünsche instinktiv. Eine nebensächliche Regung, eine Geste, ein lobendes Wort über einen Gegenstand oder auch nur ein interessierter Blick von ihm verriet ihnen alles. Ihr eingeborener Opfertrieb trat sofort in Funktion. Alle Spiegelungen von der Bemutterung bis zur berückten Verliebtheit zeigte dieser Trieb. Rosensträuße mit irgendeiner Zeile seiner Gedichte auf einem Kärtchen und meist ohne Namensunterschrift lagen vor Rilkes Wohnungstür; Kaffee, den er sehr liebte und der zu jener Zeit nur schwer zu bekommen war, frische Butter, Früchte im Winter, rare Wachskerzen, seltene Drucke, schöne Schalen und gesuchte Vasen, alles bekam er unverlangt und ungefragt, und größter Dank war, wenn er hilflos freudig alles hinnahm. Wohnungen nach seinem Geschmack wurden ihm eingerichtet, zu großen Reisen wurde er eingeladen, auf Schlössern konnte er leben und dichten, solangs ihm gefiel. (Auf Schloß Duino entstand 1912 das *Marien-Leben* und später viele von den *Duineser Elegien*.)

Und es war keineswegs so, daß dieses überströmende, sehr dezente Sorgen und Schenken von irgendwelchen eitlen, reichen Originalitätshascherinnen kam, gegen deren Zudringlichkeit sich der Dichter mit feiner Ablehnung zu wehren wußte, nein, das alles kam von höchst ernsthaften, großartigen Frauen aus jeder Gesellschaftsschicht! Da ist die unvergeßliche Duse, für die er noch einmal den mißglückten Versuch machte, ein Drama zu schreiben; der weltberühmten Ellen Key widmet er die *Geschichten vom lieben Gott*, und der ungewöhnlich begabten, noch mit Nietzsche befreundeten Lou Andreas-Salomé, die das erste wesentliche Buch über ihn und seine Dichtung schreibt und ihn so nachhaltig beeinflußt, legt er für alle Zeit sein *Stundenbuch* in die Hände. Ganz dem Hergebrachten entrückt ist das schöne Verhältnis zu seiner Frau, der Bildhauerin

Clara Westhoff, einer Schülerin Rodins. Sie schenkt ihm eine Tochter, und ihr verdankt er die Freundschaft mit dem großen Bildhauer, die seine Kunstauffassung so entscheidend prägt. Sehr unbürgerlich ist diese Ehe. In echter Freiheit gesellen sich zwei Menschen zueinander, trennen sich oft monate- und jahrelang und treffen sich nur sporadisch; jeder geht unbehindert seinen eigenen Weg, aber der geistige und menschliche Zusammenhang bleibt ungetrübt. Wie bereichern sie sich gegenseitig künstlerisch, wie verstehen sie sich, wenn sie in Briefen über Rodin oder Cézanne diskutieren! (Nebenbei bemerkt – es ist bezeichnend für Rilkes sicheren Kunstinstinkt, daß er zu keiner Zeit und in keiner Weise dem äußerst fragwürdigen und schnell verwehten Böcklin-Kult der Stefan-Georgianer verfallen ist. Sein Buch über Rodin ist ein unvergängliches Bekenntnis zum Schöpfer im Sinne Michelangelos, und der Anteil, den Clara Westhoff dabei hatte, ist unverkennbar.) Und was für nahe, oft und oft sich wandelnde, erregende Freundschaft bestand zwischen dem Dichter und der genialen, so früh verstorbenen Malerin Paula Becker-Modersohn! Mehr als die Briefe bezeugt das die schwermütige Totenklage, die er ihr gedichtet hat, und ein »Grab-Mal« nennt er seine *Sonette an Orpheus*, die er der feinsinnigen, jungen Russin Wera Ouckama Knoop zueignete. Der Briefwechsel mit Erika Mitterer aus den Jahren 1924 bis 1926 besteht nur aus Gedichten. Aristokratinnen, Künstlerinnen, einfache Mädchen und Frauen umschloß dieser Kreis gegenseitiger Sympathie, aber ich weiß nicht einmal, ob Sympathie der richtige Ausdruck ist. Auf der Seite der Frauen dünken solche Entflammtheiten unwahrscheinlich, unwirklich, wie aus der Zeit hinausgehoben. Und für wen entflammten ihre Herzen? Für einen blind angebeteten Geliebten, für einen Dichter, der sie verzauberte, für einen nie erlebten Sonderling, oder war in ihrer Vorstellung das, was Rilke hieß, zu einem Fluidum geworden, das sie berauschte, zu einem Wesen gleichsam, dem hypnotische Kräfte innewohnten? Unvergessen sei jene arme Studentin in diesem Zusammenhang, die ihren kargen

Monatswechsel opferte, sich durchhungerte und durchborgte, nur um eine teure Vase zu erstehen, die sie mit dem Dichter in der Auslage eines Antiquitätenladens gesehen hatte. Ahnungslos hatte er die Vase bewundert, und ahnungslos freute er sich über das Geschenk. In hundert Himmeln der liebenden Verzückung lebte die rührende Spenderin wochenlang.

Und doch bekamen gerade durch Rilke solche Frauenfreundschaften manchmal etwas leicht Komisches, etwas knabenhaft Verwirrtes. Einer Münchner Freundin, die er sehr gerne hat, läuft er plötzlich und völlig unmotiviert eines Tages auf der Straße davon. Er erklärt dies in keinem Brief, antwortet auf keinen mehr, er meidet die Unglückliche grundlos, und sie verwindet den unverdienten Schlag lange, lange nicht. Dennoch findet sie die gescheite Tröstung: »Für einen solchen Mann ist jede Frau nur eine Durchgangsstation«, und sie hält seinem Werk die Treue.

Schlimmer endigt ein viel engeres Verhältnis des Dichters während des Ersten Weltkrieges. »Ich Unverbesserlicher«, bekennt er darüber seiner mütterlich überlegenen Freundin, der Fürstin Marie von Thurn und Taxis, »habs noch einmal mit dem Nichtalleinbleiben versucht«, und fährt jämmerlich fort: »... Das-unter-dem-Gewicht-eines-anderen-Lebens-Stehen, das sich doch wieder als ein fremdes erweist ... das mir nur noch wieder zum Beispiel wird für des Lebens Fast-Unmöglichkeit ...«

Nichts ist das als das beständige Wiedererkennen seiner Einsamkeit, die niemand in ihrer ganzen Tiefe erspüren kann. Diese Einsamkeit ist unteilbar. »... wie beschränk ich, wie, den gerufenen Ruf?« steht in der siebenten *Duineser Elegie*. Dieser Ruf, seine schicksalhafte, eisige Einsamkeit, macht jedes Zusammenleben mit einer Frau zu einer empfindlich störenden, fast erdrückenden Zweisamkeit. Denn nie wird er eins mit dem geliebten Wesen. Er kann es nicht werden, denn das Sichaufgeben, das beseligende Versinken und Erneuern im geliebten Wesen bleibt für ihn nur sagbar, nicht lebbar. Wie schrecklich begreiflich wird uns mit einem

Male ein früher Satz, daß »die Wirklichkeit etwas Fernes ist«! Dem *Wort* ist er wahrhaft und einzig und allein gegeben, dem Wort und sonst nichts anderem! Darum ist soviel berückende Sehnsucht, soviel Lockung in seinen Versen. Darum aber sind nur jene Frauenfreundschaften – und er braucht sie wie die Luft zum Atmen! – bedeutend für ihn, die sich auf ein gelegentliches Zusammensein, vor allem aber auf einen ausgedehnten Briefwechsel beschränken.
Diese Korrespondenz steigert sich von Anfang an sogleich ins Befruchtende, und beide Teile gewinnen davon: die Frauen eine tief bereichernde Beseligung und der Dichter sein Gedicht.
Wie weit muß man sich zurückversetzen, um auf Ähnliches zu stoßen? Bis zu den Minnesängern.
Nicht wie einer liebt, sondern wie er geliebt *wird*, gibt uns den Schlüssel zu seinem Charakter. Geliebt wurde Rilke wie kaum ein anderer. Vielleicht weil er ein Mensch mit einem *ganzen* Inhalt war. Mir nämlich will es scheinen, als seien in den meisten von uns nur noch *Teile eines solchen Inhalts* notdürftig erhalten geblieben. Diejenigen aber, die Rilke liebten, mißkannten seine innerste Natur und erwarteten Unmögliches von ihm, wie in dem Jammerbrief an die Fürstin Marie zu lesen ist: »Das ist der unausschöpfliche Irrtum, daß die Menschen mich für einen Helfer halten, während ich sie doch geradezu in die Falle meiner Scheinhülfe hereinlocke, um dabei Abhilfe für mich herauszuschlagen ...« In ihrer Antwort schimpft ihn die resolute Fürstin aus und nennt ihn »ein Baby«, und wie richtig ist das! Ein hilfloses Weltkind ist er inmitten der Liebe.
Nirgends wird das so offenbar wie in seinen Briefen, und er war einer der gewaltigsten und besten Briefschreiber der neueren Literatur, einer der größten *Briefdichter*! Gedankenmeisterung, Bildkraft und die Lust des Wortverliebten vereinen sich in seinen Briefen und machen sie gleichsam schon zeitlos bei der Niederschrift. Daß Rilke sie ebenso hoch wie seine Dichtungen einschätzte, geht schon daraus hervor, daß er peinlich genau darüber Buch

führte und viele davon bei Lebzeiten veröffentlichte. Ausdrückliche Anordnungen gab er, wie sie nach seinem Tode publiziert werden sollten. Von einer unerreichten Erkenntnis des Dichterischen sind seine *Zehn Briefe an einen jungen Dichter*, die er von 1902 bis 1908 an den österreichischen Offizier Franz Xaver Kappus schrieb, und wie ergriffen lasen wir seine *Briefe an eine junge Frau!* Ergreifen diese beiden Bändchen heute weniger? Liest man sie nicht immer und immer wieder mit dem Gefühl von etwas Unausschöpflichem? Die schönsten und aufschlußreichsten Briefe aber hat der Dichter unzweifelhaft an befreundete Frauen geschrieben. Wer sie zu lesen versteht, wird sehr bald daraufkommen, daß sie - wenn man das Private wegnimmt - eigentlich nur gewissenhafte Auseinandersetzungen des Schreibers mit sich selbst sind. Eins fällt an diesen eigentümlichen Monologen sofort auf: Die Impulsivität fehlt vollkommen, es lebt keine Intimität in ihnen, und innig sind sie sowenig wie seine Gedichte. Die teilnehmende Interessiertheit für den jeweiligen Empfänger steigert sich höchstenfalls zu einer zuredenden, kultivierten Zärtlichkeit, mehr wird nie daraus. Das Erregende dieser Briefe liegt ganz woanders. Bei all ihrer »eigentümlichen Distanz« sind sie voll von Undefinierbarem und Zwielichtigem, voll - ich möchte fast sagen - von einer gespannt unruhigen und rätselhaft melancholischen Entscheidungslosigkeit, die man verfolgt und verfolgt, ohne je auf etwas anderes zu stoßen als auf sie und immer nur sie!

»Meine Stimme«, gesteht der Dichter einmal, »steht sanft zwischen Kehle und Herz.«

Unwillkürlich drängt sich uns die Frage auf: »Wo steht sie denn dann?« Im Hirn allein doch ganz gewiß nicht. Sie kommt aus der schmerzlichen Ungewißheit, aus der panischen Angst, sich je einer Leidenschaft außer einer geistigen voll hinzugeben, denn *das*, so fühlt er dunkel sein Leben lang, wäre der Absturz in etwas, vor dem ihm graut: *Es würde die Ganzheit seines Inhalts sprengen und für immer zerteilen.* Diese Ganzheit umschloß das Wissen um seine dichterische Größe und seine unverletzliche Gottesgläubigkeit. Er schrak schon damals, als er sich psychoanalysieren lassen sollte, davor zurück, sie zu gefährden. Was blieb, war Angst und ein äußerstes Beisichbleiben. Das legten die einen als innere menschliche Hilflosigkeit, ja sogar als den Narzißmus eines Degenerierten aus, die anderen sahen darin eine höchste Zucht. Auf die Frauen aber wirkte dies wie ein zwingender Anruf, das alles in ihnen auslöste: mütterliche Besorgtheit, Hingabe bis zur Selbstvergessenheit und grenzenlose Sehnsucht danach, verstanden und erhört zu werden. So haben sie ihn geliebt.

Dichter jedoch sind sich selbst stets am gefährlichsten. Kraft ihrer Sendung, die nichts anderes ist als der uneindämmbare Urtrieb, auch die letzte, qualvollste Wahrheit ihres Menschlichen zu bekennen, bricht irgendwann das Behütetste und Verborgenste der Seele aus ihnen. Einmal, als kaum Dreißigjähriger, hat Rilke sein eigenes, sonderbares Schicksal, das er nicht ändern konnte und *wollte*, traurig und unerbittlich aufgehellt. In den Betrachtungen über den Verlorenen Sohn läßt er den schwermütigen, kranken Malte Laurids Brigge schreiben: »Viel später wird ihm klar werden, wie sehr er sich damals vornahm, niemals zu lieben, um keinen in die entsetzliche Lage zu bringen, geliebt zu sein. Jahre hernach fällt es ihm ein, und wie andere Vorsätze, so ist auch dieser unmöglich gewesen. Er hat geliebt und wieder geliebt in seiner Einsamkeit; jedesmal mit Verschwendung seiner ganzen Natur und unter unsäglicher Angst um die Freiheit des andern ... Wie gedachte er dann des Troubadours, der nichts mehr fürchtet, als erhört zu werden!«

New York, im April 1951

Die Besonderheit der dichterischen Erscheinung

Grenzen der psychoanalytischen Erkenntnis

Mein lieber Sohn, das Schicksal bewahre Dich davor, ein öffentlicher Mensch zu werden«, las ich einmal vor lang-langer Zeit im Briefwechsel eines bedeutenden Mannes, dessen Name mir leider entfallen ist. Der Grund meiner Vergeßlichkeit liegt in diesem Falle vielleicht darin, daß ich mich damals noch in jenem embryonalen Leserzustand befunden haben mußte, in welchem man sich lediglich den Inhalt oder packende Stellen eines Buches merkt, den Namen des Verfassers aber überhaupt nicht beachtet. In solchen Lebensabschnitten scheint sich unsere intellektuelle Unschuld und gefühlsmäßige Arglosigkeit nur ans Werk und an sonst nichts zu halten. Wie viele Lieder, Gedichte und Moralgeschichten aus meiner Dorfschulzeit blieben für mich anonymes Volksgut, bis ich später einmal zufällig und beinahe verblüfft entdeckte, daß sie von Rückert, Goethe, Heine oder Benjamin Franklin gedichtet worden waren! Ich entsinne mich vieler älterer Leser, die heute noch jedes Buch so aufnehmen. Unvergeßlich sind mir etliche lesefreudige Bauern aus meiner Heimat, die nach Feierabend oder an stillen Wintersonntagen alles Gedruckte, das ihnen gerade in die Hände kam, wahllos verschlangen, und es erstaunte mich stets, daß sie das, was ihnen besonders gefallen hatte, so ausgezeichnet nacherzählen konnten. Einer davon schnalzte dabei meist genießerisch mit der Zunge und schloß in einer Art heiterer Dankbarkeit: »Das war wieder einmal ein schönes Lesen ... Schön, sehr schön ...« Nannte ich aber den Verfasser des Artikels, der Erzählung oder des Romans – den kannte er nicht. Er interessierte ihn auch nicht weiter. Zwischen dem Genuß des unbefangen Aufnehmenden und dem Werk stand noch nicht der Name eines Menschen, der es gestaltet hatte.

Diese Beobachtung hat mich einmal auf den geradezu unmöglichen, beinahe niederträchtig-respektlosen Gedanken gebracht, man sollte jedes literarische Werk ohne Nennung des Verfassers veröffentlichen. Nicht auszudenken, was das für seltsame Folgen hätte! Abgesehen aber von allen literarischen und geschäftlichen – eins wäre sicher: Das Privatleben oder vielmehr ganz eigentlich die Person großer Dichter, die sich mit Recht Ruhm und Nachruhm erworben haben, bliebe davor bewahrt, fortwährend Gegenstand einer oft äußerst fragwürdigen, öffentlichen Neugier zu sein, einer Neugier, die nach dem Ableben einer solchen Persönlichkeit keineswegs zur Ruhe kommt, im Gegenteil, da erst verliert sie jede Hemmung und Scham und wurmt sich gleichsam in das gewesene Leben ein, um die verborgenste Intimität aufzuspüren und jeder davon einen Sinn unterzuschieben, den sich der Berichtende meist als etwas psychologisch Symptomatisches zurechtdenkt. Ich gestehe, daß mich manchmal das kalte Grausen anfällt, wenn ich mir vorstelle, was diese tiefschürfenden Forscher – denn natürlich geben sie sich stets vornehm wissenschaftlich – alles zutage fördern, wenn der eine oder andere große Dichter mit Weltruhm stirbt. Sicher sammeln Hunderte dieser zudringlich Wißbegierigen, gleich beflissen-tückischen Kriminalern, schon jetzt in aller Stille Berge von Material. Wie gut haben es dagegen etwa Sportgrößen und vor allem Filmstars, deren kurzlebiges Berühmtsein ja stets durch ihren persönlich gesteigerten Exhibitionismus und durch den vehementen Geschäftssinn findiger Manager zustande kommt. Schon wenn sie alt werden, verliert sich das allgemeine Interesse für sie, und wenn sie sterben, sind sie meist schon vergessen. Die Sensationsgier, die sie einst selber erzeugten, wendet sich in genau derselben Weise ihren Nachfolgerinnen zu, und im übrigen befassen sich mit diesem Geschäft meistens nur neuigkeitserpichte Reporter, höchstenfalls die Feuilletonisten der Boulevardpresse.

Der Dichter ist das Objekt einer weit exklusiveren Neugier. Auf der Höhe seines Alters wächst sein Werk oft erst der Vollendung entgegen. Ehrungen und Verehrung aller Art erfährt er, seine Bücher

werden von unzähligen Lesern in allen Ländern gelesen, alle Gesellschaftsschichten umwerben ihn, und sein ruhmvoller Name ist
Bestandteil dessen, was man gemeinhin »die geistige Welt« nennt.
Obgleich sein Privatleben oft ziemlich unauffällig verläuft und seine
Person äußerlich wenig Interessantes aufweist, steht es längst fest,
daß sich seine eigentliche Existenz ins Unbewußte verlagert hat, in
die geheimnisvollen inneren Bezirke seines Trieblebens, wo die
Wurzeln seiner Begnadung und seines gewordenen Charakters ineinander verflochten sind und sich gegenseitig durchbluten. In diese
verschleierte Lautlosigkeit gilt es einzudringen, um über den komplizierten Fall dieses Menschen, der die Öffentlichkeit so heftig
interessiert, all das zu erfahren, was ihn entgeheimnist und für
profan erklärt. Und wir befinden uns nicht mehr in jener lieben,
grauen Vorzeit – ach, sie liegt doch noch gar nicht so weit zurück –,
in welcher ehrwürdige Literaturprofessoren noch der Meinung waren, daß man der Besonderheit einer dichterischen Erscheinung
nie vollauf gerecht wird, wenn man sie ausschließlich allgemein
menschlich interpretiert. Ihrer altmodischen Auffassung nach war
auch die stärkste Aufhellung seines Unbewußten nicht imstande,
sein Wesen zu entschleiern. Vielleicht hielten sich diese behutsa-
men, zartsinnigen Liebhaber des Schönen auch noch zu uneingeschränkt an den Satz des Sokrates »Ich weiß, daß ich nichts weiß«
und faßten dementsprechend Menschen- und Dichtertum stets
zusammen, indem sie es als eine schöpferische Einheit bezeichneten, die nicht intellektmäßig, sondern nur vom Geiste, vom ahnen-
den Verstehen her erfaßt werden konnte. Darum behandelten sie
auch seine private Person meist nur sachlich biographisch und
beinahe wie historisierend, auch wenn der betreffende Dichter
noch lebte. Sie hielten sich nicht an das Vergängliche an ihm,
sondern an das Dauernde, an sein Werk.
Davon kann heute keine Rede mehr sein. Eine solche Haltung gilt
als höchst oberflächlich, einseitig und überholt. Die schöne These
von der »schöpferischen Einheit« überzeugt nicht mehr. Sie verrät

nur das Eingeständnis, daß jene Professoren von einem bestimmten Punkt aus nicht mehr weiter wußten oder zu bequem waren, um tiefer zu schürfen. Sie hat sich inzwischen auch so verbraucht, daß sie bestenfalls noch als Verlegenheitsfloskel, als stehende Redensart von den Artikelschreibern benutzt wird, die sich nebenher auch einmal mit der Würdigung eines Dichters befassen müssen. Wir nämlich stehen – im ungefähren berechnet, seit den letzten fünf Jahrzehnten – im Zeichen des Bloßlegens der menschlichen Triebwelt, im Zuge des Entschleierns und der letzten Entlarvung des Menscheninneren. Das Nicht-mehr-davor-Zurückschrecken, welches geistreiche Kulturphilosophen und Soziologen sogar als Auswirkung der zunehmenden Demokratisierung bezeichnen, begann mit Nietzsche und seiner Nachfolge, aber sozusagen praktisch hat es uns erst der große Freud beigebracht. Daß die Faszination, die von seiner Lehre ausging, trotz der umwälzenden denkerischen, wissenschaftlichen und technischen Leistungen dieser Jahrzehnte und trotz der politischen und kriegerischen Katastrophen, die wir durchleiden mußten, nicht nur gehalten, sondern sich noch verstärkt hat, stimmt viele optimistisch. In Anbetracht der ungeheuerlichen faktischen Unmenschlichkeiten, die geschehen sind und immer noch geschehen, so folgern diese Optimisten, scheint der Mensch dennoch nicht in eine chronische Gefühlsabstumpfung gefallen zu sein. Solche Rückfälle ins Barbarische und Vormenschliche haben ihn nur härter und wacher gemacht. Unverkennbar hat er eine tiefe Verstörung und Verschreckung erfahren, und sicher haben dazu weit mehr, als man gemeinhin wahrhaben will, jene philosophischen Auffassungen beigetragen, welche ihn nur noch als funktionelles Glied eines Kollektivums gelten lassen wollen, ganz gleichgültig, ob man nun dieses Kollektivum als etwas soziologisch Reales oder etwa geistig als »Sein« zu definieren versuchte. Ebenso unverkennbar aber ist, daß er aus einem inneren Selbsterhaltungstrieb heraus gegen diese Mächte und Einflüsse eine Abwehrstellung bezogen hat. Die Flucht vieler in irgendwelche Religionsgemeinschaften ist zum mindesten *ein* Beweis dafür. Der andere, dem heutigen Menschen entsprechendere, zeigt sich daran, daß sich seither die allerbreitesten Gesellschaftsschichten mit einer geradezu panischen Erhitztheit der Psychoanalyse zuwenden und von derselben nicht etwa nur als Heilmethode, sondern vor allem als allgemeines Denktraining all das erhoffen, was jeder einzelne für sich unbedingt notwendig hält: ein ausgeglichenes, stabiles Selbst, das allen heutigen inneren und äußeren Gefährdungen standhält.

Es ist recht merkwürdig, wie bescheiden und gleicherzeit selbstsicher uns die bis in unsere Instinkttiefen eingedrungene geistige Desillusionierung und die Zeit des brachialen äußeren Schreckens gemacht haben. Ganz vereinfachend sagt sich das am besten so: Der Mensch ist auf den Mensch gekommen. Nicht etwa *zum* Menschen, denn er hat kein Gemeinschaftsgefühl mehr, sondern nur noch ein unverbindliches, nutzungsbewußtes Gesellschafts- und Wirkungsbedürfnis. Nach alldem, was er erlebt hat, ist er ganz und gar und im engsten, privatesten Sinn der vulgären Sprichwortdiktion auf sich zurückgefallen: »Jeder ist sich selbst der Nächste«, und bezieht von daher die Perspektive einer Menschensicht, die auf eine fast animalische Simplifizierung alles Menschlichen hinausläuft. Er schließt gleichsam gattungsmäßig von sich auf andere Menschen. Er »normt« aus Instinkt und Intellekt, und man erinnert sich vielleicht jener Briefstelle des jungen Nietzsche: »Der Instinkt ist das beste am Intellekt.« Diese dürre, totale Ernüchterung des einzelnen ist über unsere ganze Gesellschaft gekommen und zum mentalen Charakteristikum ihrer Bildungsschicht geworden. Der Ausdruck »Bildungsschicht« ist hier allerdings nur ein sprachlicher Notbehelf, denn zur Bildung gehört vor allem das Musische, das jede Nüchternheit ausschließende, absichtslose, träumerische Sichbeglückenlassen von allem, was unseren Geist und unser Gemüt erwärmt, beseligt, bereichert und unser Inneres beständig wandelt. Der Gebildete sieht einen *Sinn* im Leben, ihm gelten Mensch und Sein als etwas Ganzes, aus welchem unablässig eine gegenseitige Befruchtung kommt. Dadurch wirkt ein solcher Mensch in seiner Grundhaltung sittigend.

Einen solchen Sinn gibt es für die Schicht, die man mißverständlicherweise die »gebildete« nennt, nur noch im *Zweck*, der etwas intellektuell Verwendbares oder praktisch Nützliches hervorzubringen vermag. Sie weiß von ihren Philosophen längst, daß zwischen Mensch und Sein eine konstante Beziehungslosigkeit herrscht, daß dieses Ganze also eine Fiktion ist. Auf den erdenkbaren *Teil*, auf das greifbar Spezielle ist diese ausgesprochene Intelligenzschicht aus, und es ergreift und verblüfft sie nichts mehr. Mit einem ungemein geschärften, schnell witternden Instinkt, mit einer hektisch zupakkenden, oft geradezu überrumpelnden Tüchtigkeit und einer fast dreisten Intelligenz geht sie an jede Sache heran. Das selbstsichere Mißtrauen und Bezweifeln, das sie auch dem Unergründbaren, dem Geistigen entgegenbringt, hat sich gepaart mit einem oberflächlich kraftmeierischen Zynismus, der nicht einen Hauch jener echten, tapferen Skepsis besitzt, deren Kennzeichen die Melancholie, die Ironie und nicht zuletzt der Humor sind. Sie bringt es höchstenfalls noch zum schlagfertigen Witz des Galgenhumors, zu einer – wenn man so sagen darf – deformierten Heiterkeit.

Für diese Schicht ist alles ergründ- und erlernbar. Was kann ihr mehr entsprechen als die Psychoanalyse, die auch die menschliche Seele gleichsam zu einer Art von Rechenexempel gemacht hat? Natürlich soll nicht bestritten werden, daß sie als beruflich ernsthaft angewandte Heilmethode die Bedeutung verdient, die ihr zugemessen wird, obgleich Freud selber einmal vorsichtig eingestanden hat, er bezweifle, ob damit Neurosen wirklich geheilt werden könnten. Etwas anderes ist es aber mit jenem denkspielartigen Psychoanalysieren unserer Intelligenzkreise, das sich, ähnlich dem früheren, allerdings viel harmloseren Kreuzworträtsel-Lösen, zu einer regelrechten Epidemie ausgewachsen hat. Sie beherrscht heutzutage jede Unterhaltung und Diskussion. Freunde, Verliebte, Eheleute und besonders die jungen Hochschüler beiderlei Ge-

schlechtes kommen nicht mehr aus ohne sie. Unsere ganze Gesellschaft orientiert sich sozusagen psychoanalytisch, und damit ist in
unsere Sprache ein Jargon eingedrungen, in welchem es nur so
von »Komplexen« und »Verdrängungen«, von »oral«-, »anal«- und
»genital-libidinösen« Symbolen wimmelt. Dazu kommt die Mas-
senpublikation von Büchern wie etwa *Psychoanalyse für jedermann*
und so fort. Ganz sicher erscheint alsbald ein Nachschlagewerk
Seelenheilen leicht gemacht für den Hausgebrauch mit dem vielver-
sprechenden Untertitel *Psychoanalytische Anleitung zur raschen
Behebung innerer Krisen.* Daß selbst primitivste Unterhaltungsliteratur auf das allgemeine Bedürfnis abgestimmt ist, versteht sich
von selbst, und daß in vielen hohen literarischen Werken Freudsche
Gedankengänge mitgestaltend wirkten, braucht kaum mehr ver-
merkt zu werden. Zahllos sind die Veröffentlichungen führender
Psychoanalytiker, die sich mit längst verstorbenen Persönlichkeiten des Schrifttums befassen, denn es liegt auf der Hand, daß sich
seit dem Durchbruch und dem immer weiteren Umsichgreifen der
Freudschen Erkenntnisse die Stellung unserer Gesellschaft zum
Dichter grundlegend geändert hat. Sie ist gewissermaßen rasant
persönlich geworden. Auffallend ist übrigens, daß andere »öffentliche Menschen«, wie etwa Staatsmänner, große Wissenschaftler,
berühmte Ärzte, Architekten und Techniker, überhaupt nicht ins
Interessengebiet dieser psychoanalytischen Spezialforscher fallen,
was einen meiner Freunde einmal zu der nicht unangebrachten,
etwas komischen Feststellung verleitete: »Die haben eben keine
Seele.« In der Tat, die Seele scheint nur den Dichter existentiell
und schöpferisch zu stigmatisieren. Offenbar aber wird sie in seinem Werk allein nicht manifestant genug. Ists denn nicht sehr
häufig so, als seien Schöpfer und Werk zwei ganz verschiedene
Welten? Dieser Widerspruch kann nur in der Persönlichkeit liegen.
Da aber nun einmal erwiesen ist, daß die menschliche Seele nichts
rein Geistiges ist, sondern ein Sammelbecken verschütteter frühe-
ster Eindrücke und unbeachteter Kindheitsschrecknisse, die da-

durch, daß sie im Lauf der Zeit verdrängt worden sind, seltsame Triebformen angenommen haben – was liegt näher, als diese in ihren sublimsten Äußerungen zu eruieren? Das kann nur geschehen, indem man mit aller Genauigkeit die Eigentümlichkeiten der Lebenshaltung eines Dichters erkundet und seine alltäglichen Gewohnheitsgesten ebenso gründlich wie die Verwendung sich immer wiederholender Worte in seinen Büchern, die Art seiner Metaphern und die ihn kennzeichnende poetische oder erzählerische Umkleidung seiner Gefühlsreaktionen feststellt. Da fügt sich zum Schluß das Mosaik seiner unverstellten Person zusammen. All seine literarischen Produkte bekommen dabei einen indizhaften Charakter. Sie werden zu Untersuchungsprotokollen, zu Krankengeschichten, in welchen die künstlerische Meisterung keine allzu große Rolle mehr spielt, ganz im Gegenteil, da sich der Autor dahinter versteckt, um zu vermeiden, daß man sein Menschliches unliebsam entschlüsselt, erhalten sie sogar einen Zug leichter Anrüchigkeit. In diesem Zusammenhang ist höchst bezeichnend, daß das jetzige Modewort »Aussage« in keiner solchen Untersuchung mehr fehlt. Wie in der katholischen Beichte stützt sich bekanntlich auch der Psychoanalytiker auf die Aussage, ein Wort, wahrhaft wie aus einem Gerichtsprotokoll.

Eigentlich frappiert in einer Zeit der zunehmenden Vermassung ein solch übersteigertes Interesse am Einzelmenschlich-Intimsten, und ich habe mir oft die Frage vorgelegt: Ist das nun auch ein Symptom der Abwehr gegen Ursachen, welche zur Vermassung geführt haben, oder ist es etwa ein viel älteres Ressentiment, das mit dem zusammenhängt, was Nietzsche als den »Herdentrieb« bezeichnet hat? Unleugbar nämlich handelt es sich beim ersteren um etwas uns Aufgezwungenes und beim letzteren um etwas ursprünglich in uns Wurzelndes. Trieb kommt von treiben. Ins Treiben ist unsere Menschengesellschaft gekommen, und zweifellos wirkte die Politisierung jedes einzelnen vermassend. Politik ist ewig wechselvoll, unberechenbar treibend. Der Krieg und die friedlosen Nachkriegsjahre haben Staaten vernichtet, bisherige Sozialordnungen zerrüttet und die Wirtschaft unstabil und ausgleichsunfähig gemacht. »Vor den Furien«, schrieb ich einmal, »die der Mensch sich selber geschaffen hat, sucht er zu fliehen und ist ihnen unentrinnbar ausgeliefert.« Seit der Erfindung der Atom- und H-Bomben hat sich eine Zukunftslosigkeit in den Gehirnen festgenistet, und das beklemmende Bewußtsein der drohenden, jederzeit möglichen Weltvernichtung scheint in jedem von uns nur noch diese zwei fast schon triebhaften Lebensinhalte übriggelassen zu haben: »Heute ist heute« und »Wie überlebe ich?« Unser hilfloses Verlangen nach Sicherheit hat unsere Empfänglichkeit für totalitäre Ideologien erhöht, und trotz der Angst vor ihren Gewaltmethoden verstärkt sich unsere Neigung für Diktaturen zusehends, schon deswegen, weil sie erfolgreich sind und Stabilität versprechen.

Dem Wesen unserer Vermassung aber werden diese Tatsachen nicht gerecht. Sie erklären nur ihre Oberfläche.

Wenn vorhin stark vereinfachend und ein bißchen aphoristisch zugespitzt gesagt worden ist, daß nach allem, was über ihn hereinbrach, »der Mensch auf den Mensch gekommen ist«, so will das dahingehend verstanden sein, daß sich jeder von uns – um einmal heideggerisch-orphisch zu reden – sehr gerne und völlig widerstandslos von den kaum noch ausdenkbaren technischen, chemischen und medizinischen Erfindungen »überrollen« ließ und verblüffend bereitwillig dem Glauben unterworfen hat, all dieses mechanisch Komfortable sei hinreichend, um jede unserer inneren und äußeren Lebensungelegenheiten zu regeln. Wir waren dafür schon längst gleichsam philosophisch präpariert. Deswegen konnte sich ja die Vermassung in uns so rasch stabilisieren. Deshalb konnte sie zu einem festen Zustand ausreifen, der unser heutiges Denken, Fühlen und Sehen bestimmt. Der tiefe Fatalismus, der ohnmächtig eingesteht, daß uns mehr und immer mehr »überrollen« wird, dem wir nicht gewachsen sind, erzeugte einen ungemein starken Willen zur Anpassung. Dadurch entstand eine allbeherrschende Konformität, ein Mittelmaß, für welches jedes Höchstmaß »unnormal« ist. Dieser letztmöglichen Vermassung kam der Herdentrieb nicht nur entgegen, er ergänzte sie noch durch die ihm innewohnende, beinahe rachsüchtige Feindseligkeit gegen alles Nicht-Herdenmäßige. Der vermasste Mensch versucht immerhin noch, das ihm nicht Entsprechende einzunormen. Der Herdenmensch dagegen haßt blind. Er haßt alles, was nicht seinesgleichen ist. Wehe, wenn er je zu einer politisch entscheidenden Macht kommt!

Was soll in einer solchen Gesellschaft ein Dichter, der nicht allein deswegen die breiteste Aufmerksamkeit auf sich zieht, weil er weltberühmt ist, sondern der auch noch dadurch, daß er mit unerhörter Anstrengung versucht, sich selber, sein Leben und Werk zu einem geistigen Symbol zu gestalten, das eine höchst beunruhigende Kraft der Ausstrahlung hat?

Diese Gedanken, weitschweifig genug und oft abgleitend vom eigentlichen Thema, haben sich aufgedrängt, als ich das Buch *René Rilkes Prager Jahre* des Literarhistorikers Peter Demetz und das fast 760 Seiten starke Werk des in Ostafrika lebenden Psychoanalytikers Dr. Erich Simenauer *Rainer Maria Rilke – Legende und Mythos* las. Worum geht es darin? Nicht mehr um Literarisches. Es geht darin, wenn mans genau überdenkt, eigentlich um ein Ärgernis, das dieser Dichter offenbar durch sein Leben, sein Dichten und seine Wirkung hervorgerufen hat. Schon in dem mit »Prolog« überschriebenen Vorwort von Demetz heißt es: »Vergebens warnte, vor nahezu einem Jahrzehnt, Eudo C. Mason die zahlreichen Biographen und Verehrerinnen Rainer Maria Rilkes, beim Anblick ihres Helden in religiöse Verzückung zu verfallen. Kein Zweifel: Ein Großteil der bisherigen Rilke-Interpretationen, die an Ausmaß die Shakespeare- und Dante-Literatur zu erreichen droht, ist ihrem Thema eher zum Opfer gefallen, als es sachlich darzustellen.«

Gleichsam mit oberlehrerhaft streng gestrecktem Zeigefinger glaubt Demetz hier vor etwas warnen zu müssen, das er als etwas menschlich höchst Positives anerkennt, wenn er gleich darauf gesteht: »Rainer Maria Rilkes Leben zählt zu seinen bedeutendsten Arbeiten. Hartnäckigkeit, Strenge, ein eigentümliches Festhalten an den geplanten Zielen fallen dem unvoreingenommenen Beobachter seines Lebens unverzüglich auf, seine Mühe, seine erbitterte Anstrengung, das innere Bild seiner selbst so vollendet vor den Kulissen der Welt darzustellen, daß über der Anstrengung Rolle und Ausführung unkenntlich zusammenfließen. Aus gewichtigen Motiven rühmt Stephen Spender Rilkes Leben als vorbildlich; hier war, mit einer ungewöhnlichen Konsequenz, die den unruhigen Dichter unserer dreißiger und vierziger Jahre geradezu überwältigen mußte, das neoromantische Emblem des Dichters als Rolle erfaßt und restlos verkörpert.« Das Urteil Spenders sollte nicht vergessen werden.

Auf die Gefahr hin, daß mir verständnislose Einseitigkeit oder enger Moralismus vorgeworfen wird, halte ich die Frage für berechtigt: Wie vielen Dichtern der Welt gelang es eigentlich, ihr Leben zu einem so sinnfälligen Vorbild zu gestalten, will sagen, Mensch und Wort zu einer fleischgewordenen Einheit derart zu verschmelzen, daß erstaunlich viel andere Menschen aus allen Gesellschaftsschichten und aus den verschiedensten Ländern davon ergriffen und geistig erhoben wurden? Zerbrach nicht das elementarste Genie an einem solchen Versuch: Tolstoj?

Und noch etwas: War etwa die »religiöse Verzückung«, in welche die »zahlreichen Biographen und Verehrerinnen beim Anblick ihres Helden verfallen« sein sollen, schädlich und gefährlich? Hat dieses vorbildlich gelebte Leben Haß, Zwietracht im Kleinen oder nationalen und sozialen Fanatismus, Völkerfeindschaft oder Kriegslust im Großen erzeugt? Ganz im Gegenteil: Es hat viele zusammengeführt, die sich nicht nur an der Musikalität der Rilkeschen Dichtung berauschten, sondern die – oft verstiegen, ja, aber sehr oft auch ohne jedes Aufheben – ernsthaft dieses schmerzhaft durchlittene Leben nachzuleben versuchten. Ist *das* so wenig?

Kann man nicht an den fünf Fingern abzählen, wie viele der großartigsten dichterischen Meisterwerke für uns »Literatur« geblieben sind, weil von ihren Gestaltern nicht die gleiche menschliche Faszination ausging? Lag und liegt das nur an uns?

Simenauer betont bereits in der kurzen Einleitung, daß sein Buch »nicht von dem handelt, was von Rilke *ausgeht*, sondern von dem, was in ihm *vorgeht*«. Er bekennt, »daß, wenn wir imstande wären, Wesentliches über die Grundprinzipien geistigen Schöpfertums auszusagen, sich eine Beurteilung erreichen ließe, die das höchste Maß an Wahrheit darstellte, die einem Kunstwerk zugrunde liegt ... Aber das Wesen der künstlerischen Leistung hat sich bis zum heutigen Tage der Erforschung unzugänglich erwiesen«, und er fügt kurz darauf hinzu: »Der Versuch, dichterischen Erzeugnissen logische oder philosophische Deutungen zu geben, stellt einen grundsätzlichen Fehler dar ...« Ausdrücklich bestreitet er auch, daß es ihm bei seiner umfänglichen Untersuchung auf eine Beurteilung oder Bewertung der Rilkeschen Dichtung ankommt.

Nach soviel negativen Vorbehalten ist man etwas verwirrt und fragt sich unwillkürlich, worauf er nun eigentlich hinauswill.

»Entsprungen der unerforschlichen Seele und gemacht aus Hirn und Herz – so ists Kunst«, las ich einmal irgendwo. Es liegt auf der Hand, daß Simenauer auf Grund seiner umfassenden psychoanalytischen Schulung die Seele nicht für unerforschlich hält. Ganz primitiv gesagt, versucht er, uns davon zu überzeugen, daß Rilke – den er als ausgesprochenen Empiriker und sehr scharfsinnigen Dialektiker bezeichnet – nur zu dem geworden ist, was er war, weil ihn seine verdrängten Triebe zwangsläufig dazu machten. Geist und Verstand – so wenigstens hat man manchmal den Eindruck – scheinen dabei sozusagen nur die Rolle einer technischen Ausgleichs- oder Abwehrreaktion gespielt zu haben. Obgleich sich aber Simenauer ganz und gar auf die Person und den Seelenzustand des Dichters konzentriert, gibt er dabei doch eine Deutung der Werke Rilkes. Ich verhehle nicht, daß ich auch gegen die aus der Terminologie unserer Existentialphilosophie bezogenen Modeworte

»deuten« und »Deutung« äußerst mißtrauisch bin, denn »deuten« läßt sich schließlich alles. Man verfolge nur einmal die zahllosen, oft fast komisch anmutenden »Deutungen« des Engels in Rilkes *Duineser Elegien*, denen auch Simenauer noch seine eigene hinzufügt. Nach seiner Auffasssung erscheint der eigentlich geschlechtslose Engel bei Rilke männlich, was – neben vielen anderen – als weiterer psychoanalytisch ergründeter Beweis für die homosexuelle Veranlagung des Dichters gelten soll, die selbstverständlich längst festgestellt ist. Auf ein derartiges, ebenso anfechtbares als willkürliches Kombinieren stößt man in dem Buch peinlich oft. Es ist überhaupt so, als erhielten der Dichter und sein Wort erst durch den »Deuter« jene Bedeutung, welche ihm der letztere zubilligt.

Um aber zunächst einmal bei Demetz' Buch zu bleiben, das immerhin mit unverkennbarem liebendem Respekt geschrieben ist – es behandelt die Kindheit und literarischen Anfangsjahre des jungen Rilke im damaligen Prag und hellt viel Unbekanntes auf, das den Charakter des Dichters mitbildete. Der Autor, ein junger Literarhistoriker und selbst Prager, der erst vor kurzem seine Heimatstadt verließ, versteht sich auf das atmosphärische Verlebendigen jener Zeit, ihrer Gesellschaftsschichtung und ihres spezifischen Milieus. Mit großem Scharfsinn verwertet er seine umfassende Kenntnis der damaligen, tief provinzialisierten deutschböhmischen Literaturströmungen und ihren ungemein starken Einfluß auf Dichter wie Rilke, Kafka und Werfel. Außerordentlich aufschlußreich wirken die Kapitel, in welchen der Nachweis erbracht wird, daß gerade das Eingeschlossensein in der wirren Sprachmischung von (wie Fritz Mauthner sie umriß) »Kuchelböhmisch« und »Mauscheldeutsch« diese drei Dichter zu höchster Anstrengung zwang, um zu ihrem Deutsch und Stil zu kommen. Diese neue Erkenntnis scheint weit wichtiger für die Erklärung gerade der Rilkeschen Dichtung als viele dickleibige Bücher darüber. »Je tiefer sie der Mangel traf«, schreibt Demetz von ihm, von Kafka und Werfel, »desto hartnäckiger erpreßten sie dem nackten Felsen das köstliche Gewässer.«

Und das wahrhaft Schicksalhafte wird klar, wenn er daraus den unbestreitbaren Schluß zieht: »Franz Kafka war bei aller Unseligkeit seines Schicksals glücklich genug, ein ursprüngliches, metaphysisches Erlebnis aussagen zu dürfen ... Rilke, dem in seiner Jugend nur die Vision eines dichterischen Lebens zur Verfügung stand, mußte andere Wege gehen, um diese Armut zu überwinden. Er begann die neuen Möglichkeiten auch des verarmten Idioms zu wittern und seinen verborgenen Klängen nachzujagen. Die Not verfeinerte sein Ohr für Nuancen, die dem Schriftsteller inmitten des deutschen Sprachgebietes entgehen mußten, weil sie der tägliche und lässige Gebrauch seiner Muttersprache übertönte. Als Erbteil seiner Jugend wurde es später Rainer Maria Rilke zur lieben Gewohnheit, die Armut der deutschen Sprache auch dort geradezu experimentell herzustellen, wo ihn die selbstverständliche Sprachfülle deutscher und österreichischer Städte umgab ... Seine Auseinandersetzung mit Richard Dehmel verriet seine grundsätzliche Sprachneurose. Er vermochte nur an jenen Orten zu schreiben, wo die deutsche Sprache dem alltäglichen Gebrauch enthoben war, wo sie sich, ähnlich wie in seiner Prager Jugend, zu einer Feiertagssprache verfeinert hatte ... Überall dort, wo Rainer Maria Rilke überrascht vor der lebendigen deutschen Sprache zurückschreckte, zog er sich, künstlich, in das dünne Sprachgehäuse seiner Jugend zurück; deshalb sein dauerndes Exil, die fernen Schlösser und Türme.« Hier ist mit einer erstaunlichen Sicherheit etwas mit der Rilkeschen Sprachhaltung in Verbindung gebracht, das dem ganzen Wesen dieses seltsamen Menschen sehr nahe kommt.
Demetz hat psychologischen Spürsinn, ohne dabei ins psychoanalytische Tüfteln zu verfallen. Er verrät Heideggerische Denkart, wenn er von dem »Existenzentwurf« spricht, der Rilke mütterlicherseits aufgezwungen worden sein soll. Von dieser Mutter Sophia wird bei Simenauer gesagt: »Rilke hat sie bewußt gehaßt und unbewußt geliebt, den Vater hat er bewußt geliebt und unbewußt gehaßt ...« Phia, wie sich die Mutter nannte, stammte aus Prager

deutschen Großbürgerkreisen und lebte mit dem unrühmlich vom Militärdienst entlassenen, pedantischen, beschränkten Eisenbahnbeamten Joseph Rilke in zerrütteter Ehe, die alsbald zur Trennung führte. Phia war extravagant, fühlte sich als unverstandene Ibsensche »Nora«, träumte sich ein exaltiertes Damenleben im Stil eines Makart-Bildes zurecht und schwärmte von Hofbällen, »Cotillon und geflüsterten Komplimenten eleganter Kavaliere«. Bekanntlich war sie ein maskuliner Typ, hatte eine tiefe Stimme und neigte zeitweise zu alkoholischen Exzessen, wie Simenauer hervorhebt, was sich mit der Überbetonung ihres Muttertums und ihrer Damenhaftigkeit nicht leicht zusammendenken läßt. Sie kleidete sich nach Demetz in das vornehme Schwarz der österreichischen Erzherzoginnen und »hielt überzeugt am Mythos fest, die Familie ihres Gatten leite ihre Herkunft vom Geschlecht der Rülke oder Rülike ab, obzwar die genealogischen Forschungen keinerlei Beweis eines Zusammenhanges der Familie Rilke mit dem Adel Kärntens oder Sachsens erbracht hatten«. An diesem Mythos hielt – wie man weiß – Rilke zeitlebens fest, und im *Cornet* versucht er, es dichterisch glaubhaft zu machen. Balzac tat Ähnliches.

Nachdem Phia ihr erstes Kind, ein Mädchen, kurz nach der Geburt verloren hatte, fürchtete sie, nun auch ihren Sohn durch eine heimtückische Krankheit zu verlieren und erzog ihn sozusagen als Ersatzkind, kleidete ihn bis zum Schulbeginn als Mädchen; er trug lange blonde Locken, bekam Puppen und Puppenstuben und kam auch dann, als er in die berühmte vornehme Piaristenschule ging, kaum mit Kindern und Mitschülern zusammen. Die Mutter führte ihn hin und holte ihn ab. Wie sie und ihr Sohn zusammen lebten, schilderte Rilke im *Malte* so: »Nur wenn wir ganz sicher waren, nicht gestört zu sein, und es dämmerte draußen, konnte es geschehen, daß wir uns Erinnerungen hingaben, gemeinsamen Erinnerungen, die uns beiden alt schienen und über die wir lächelten … Maman wünschte, daß ich eine kleines Mädchen wäre und nicht dieser Junge, der ich nun einmal war. Ich hatte das irgendwie erraten, und ich war auf den Gedanken gekommen, manchmal nachmittags an Mamans Türe zu klopfen. Wenn sie dann fragte, wer da wäre, so war ich glücklich, draußen »Sophie« zu rufen, wobei ich meine kleine Stimme so zierlich machte, daß sie mich in der Kehle kitzelte . . .« Fast wörtlich erzählt Rilkes Schwiegersohn Siebers dieselbe Szene, wie sie sich wirklich zugetragen hat. Das nennt Simenauer »Beispiele für den Durchbruch inzestiöser Liebeswünsche aus dem Unbewußten in die dichterische Produktion« und beruft sich dabei auf Otto Rank, Laignel-Lavastine und Berlioz, die zu einem ähnlichen Ergebnis kommen. Schlußfolgerungen dieser Art vermeidet Demetz. Er ist auch vorsichtig genug, die Tatsache, daß der Knabe Rilke bis zum Schulbeginn Mädchenkleider trägt, nicht zu überschätzen, die von den Psychoanalytikern stets so ungeheuer bedeutungsvoll gemacht wird. Er weiß wahrscheinlich, daß man früher, einfach aus bequemeren Reinlichkeitsmöglichkeiten, Knaben bis zum Schulbeginn so kleidete. Uns Dorfbuben ist der »Kittel« noch gut in der Erinnerung. Er hat uns »seelisch« sicher nicht geschadet. Niemand jedoch wird bestreiten, daß die aus Enttäuschung und glühendem Ehrgeiz zusammengesetzte anomale Mutterliebe das kindliche Gemüt des Knaben Rilke schwer belastete und eine Art unbewußter Hörigkeit erzeugte. Meist aber durchbricht der Werdende sie, und *wie* er diese Lebenswunden überwindet, das zeigt die Eigentümlichkeit und Kraft seines Charakters. Entwickelt sich daraus ein unverwechselbares Schöpfertum, so ist man geneigt, diese frühen Gefährdungen eher als tiefen schicksalhaften Segen anzusehen. Die tausend Irrnisse und Wirrnisse, durch welche eine solche Entwicklung den Weg nimmt, können nicht als Maßstäbe herangezogen werden.

Ganz gewiß ist das viele Unbekannte, das Demetz vom ehrgeizbesessenen literarischen Anfänger Rilke berichtet, interessant, aber wird dadurch etwa dessen spätere Komplexheit erhellt? Hat etwa das *Wesen* des späten Goethe oder des von Grund auf verwandelten Tolstoj wirklich noch etwas mit ihrer frühesten Jugend zu tun? Ists

denn nicht so, daß alles Schöpfertum ein dauerndes Neugeboren-
werden, ein beständiges Hinüberwechseln in ein ganz anderes Leben ist? Der betriebsame zwanzigjährige Rilke wird von Demetz als
»Hansdampf in allen Gassen« bezeichnet. Er benimmt sich unfair
zu seinen ersten Bewunderern und Förderern. Er hat kein Urteil.
Plötzlich schwärmt er für – Ludwig Ganghofer, der damals noch
nicht zum vielgelesenen bayrischen Lieblingsschriftsteller avan-
ciert ist und ein sehr mittelmäßiges, symbolisch gemeintes Drama
Meerleuchten publiziert hat. Der junge Prager wittert Bedeutendes,
schreibt dem Erfolgreichen anhimmelnde Briefe, besucht ihn in
München und ist berauscht von seinem generösen Lebensstil. Bald
darauf verfällt er in eine ebenso heiße Bewunderung für Liliencron
und ahmt dessen impressionistischen Lyrikstil nach. Rilke hinter-
geht in anmaßender Weise den Herausgeber einer Zeitschrift für
Dichtung, der seine ersten Verse veröffentlicht und ihm für die
Skizze *Abend* einen Preis von zwanzig Mark zuerkennt, die – wie
Demetz leicht verächtlich schreibt – »der geschäftstüchtige Autor
sogleich ›Velhagen und Klasings Monatsheften‹ anbietet«. Im Ton
von fast schadenfroher Herabminderung, aus dem man das provin-
ziell-spießige »Da schaut her, so benahm sich euer großer Rilke
einmal!« nur zu deutlich heraushört, werden noch ähnliche Beispiele
erzählt. Besagt das etwas? Hat nicht jeder literarische Anfänger
solche Irrtümer und Dummheiten begangen?
Und wie steht es nun damit, daß Rilkes Leben und Dichten nichts
anderes gewesen sein soll als eine bis ins letzte durchgestaltete
Erfüllung der vergeblichen Träume seiner Mutter? Hat nicht bereits der Zwanzigjährige ganz entscheidend dagegen gehandelt, als
er sich gegen die latente Tschechenfeindlichkeit des damaligen
böhmischen Deutschtums, die auch seine Mutter kennzeichnete,
wandte? War er nicht geradezu unempfänglich dafür? Ostentativ
wandte er sich tschechischen Themen zu. Und geschah damit nicht
etwas, was für diesen Dichter von da ab als ein sehr wesentliches
Positivum gewertet werden kann: Sein Leben lang blieb er zuin-

nerst »heimatlos«, immun gegen jede Art von engem Nationalismus. Seine Anationalität, sein Kosmopolitismus machen ihn und seine Dichtung weltweit.

Und wer will noch von zwangsläufigen Direktiven aus dem Unbewußten reden, wenn er – wie Simenauer dokumentarisch belegt – erfährt, daß Rilke später, als er die *Sonette an Orpheus* und die *Duineser Elegien* gestaltet, mit wahrhaft erschütternder Konsequenz, die ohnegleichen ist, all seinen vorherigen Schöpfungen jede Gültigkeit und Bedeutung abspricht, obgleich sie ihm mit Recht Weltruhm eingetragen haben und von der ernsthaften Literaturkritik als große Dichtungen anerkannt werden? Zweifellos befindet sich der Dichter in der Periode der *Sonette* und *Elegien* in einem geistigen Raum, in welchem nichts mehr von den Bindungen an Vorhergegangenes besteht. Demetz übersieht das völlig, aber sicher wird er sich darauf berufen, daß er ja zu Rilkes Dichtung in seinem Buche gar keine Stellung zu nehmen beabsichtigte. Trifft das wirklich zu, wenn man seine höchst einseitigen Schlußworte liest: »Rainer Maria Rilke glaubte oft, sein jüngeres Selbst, René, in seiner Arbeit und in seinem persönlichen Schicksal verleugnen zu können. Mit Gewalt verbannte er den Gedanken, daß der Geschichte seiner Arbeit das Schicksal Renés voranging, die merkwürdige Geschichte eines jungen Mannes aus der Provinz, der aus einem engen Talent, einer dürftigen Sprache, einer ehrgeizigen Jugend, gegen die Hemmnisse des Ortes und der Zeit sein Leben nach einem vorgefaßten (!!?O.M.G.) Existenzentwurf zu einem dichterischen Mythos zu steigern vermochte. Wie Münchhausen sich an seinem eigenen Haar aus dem Sumpf einer gehemmten Jugend und einer armen Sprache emporgehoben zu haben, darin lag Rilkes eigentliche, unendlich rührende Leistung.« Nicht Rilkes Dichtertum, einzig und allein sein Leben erscheint als das »Eigentliche« und noch dazu als etwas »Vorgefaßtes«, also mit vollem Bewußtsein Berechnetes. Der anerkennenswerte Scharfsinn, mit welchem Demetz die ursächlichen Antriebe und die Entwicklung der Rilkeschen Sprache aus einer dürftigen Sprach*situation* darlegte, verblaßt damit zu einer Spekulation, die etwas anfänglich Richtiges verlagert: Indem mit den Mitteln der Psychologie sein menschlicher Charakter bloßgelegt wird, übersieht dieser Literarhistoriker das tiefste Geistige an der Erscheinung des Dichters Rilke. Damit wird das Wichtigste vernebelt und nicht erschlossen. Denn was macht denn eines Dichters (und nur um *ihn* kann es gehen!) Vollendung und Größe aus als das, daß er mit seiner Sprache dem ungreifbaren Sein Gestalt gibt, ja daß er – dies *gegen* Heideggers Postulat »Die Sprache ist das Haus des Seins« gesagt – auf Grund einer Begnadung, deren Wurzeln unergründbar sind, als »Seiender« selber zu diesem »Sein« wird, zum Klang und Bild des Lebens schlechthin!

»Der Frühling fängt, in meiner inneren Überlieferung, nicht mit dem Kalenderdatum an, von dem uns noch zwei Tage trennen, sondern immer mit dem 19., meines Vaters Namenstag: der in der Kindheit zugleich auch – fast regelmäßig – zum Geburtstag eines Schnupfens wurde...«, schreibt Rilke am St.-Josephs-Tag 1924. So zitiert Simenauer und kommentiert: »Es ist bezeichnend, daß Rilke am Namenstag seines Vaters regelmäßig ›verschnupft‹ wird.« Solche Zufälle trägt er massenhaft zusammen und macht sie tiefenpsychologisch bedeutungsvoll. Man wird dabei unwillkürlich an den boshaft-witzigen Vers aus dem Chor der *Psychoanalen* aus dem Traumstück von Karl Kraus erinnert:

>»Muß eine stets niesen,
>da ist bald bewiesen,
>wie sie dazu kam.
>Sie war als Säugling im Zimmer,
>als der Großvater immer
>die Großmutter nahm.«

Während Demetz hauptsächlich eine existentiell und dichterisch unbewußte Mutterhörigkeit bei Rilke feststellte, ist für Simenauer die Gefühlsbelastung vom Vater her weit, weit stärker. Beides ineinander verkoppelt, ergibt den sogenannten »ganzen Ödipus-komplex« mit all seinen schrecklichen Folgeerscheinungen, die uns mit der überbeflissenen Genauigkeit und erbarmungslosen Strenge eines arglistigen Untersuchungsrichters dargelegt werden. Dabei wird freudianisch genormt bis zur unfreiwilligen Komik. Nietzsches Bemerkung, wonach alle Dichter lügen, wird geradezu entwaffnend ernst genommen, und kein Wort, das der Dichter sagt oder schreibt, hat den schlichten, ursprünglichen Sinn, den es ausdrückt. Das Auge des Vaters, das »so oft forschend und verurteilend auf dem Knaben René geruht hat« – was ist es anderes als das bekannte »Symbol des Genitales«? Und die »Mistforke«, von welcher im *Malte* ein junger Mann träumt, er sei mit ihr ins Schloß gegangen und habe den leidenden Kammerherrn Brigge damit erschlagen, sie ist »lediglich ein Symbol des Phallus, der Potenz und der Gewalttätigkeit«. Sie könnte – meint Simenauer – »ebensogut für Federhalter und Schreibfeder stehen, mit denen man ebenfalls mißliebige Personen umzubringen vermag«. Unüberbietbar wird der Vaterkomplex gesteigert. Rilkes Abneigung gegen seine *Vaterstadt* Prag, in welcher er in seinen Anfangszeiten verlacht und verhöhnt worden war, ist die erste Stufe davon. Leicht ironische, aber aufrichtig rührende Äußerungen des Dichters über sein tschechisches *Vaterland* werden als feindselig-giftig ausgelegt, weil »die eigentümliche Dialektik« Rilkes stets alles Rühmen und Loben ins Gegenteil verkehrt. Im *Malte* wird der Vater durch eine hektische Verehrung des Großvaters aus den Sinnen gedrängt, und schließlich hat auch Gott noch immer die Züge des Vaters, der die Triebe regiert und im Wege steht. Ach, dieser Vater! In was für eine wahrhaft dämonische Abhängigkeit zwingt er den armen Sohn zeitlebens! Ich gestehe, daß mir die Dialektik Simenauers viel, viel »eigentümlicher« vorkam als jene Rilkes. Bei der Charakterisierung des gleichgültigen, beschränkten Vaters Joseph Rilke nämlich erklimmt er beinahe dichterische Höhen. Der honette, kleinbürgerliche Mann, dieser echt k. u. k. österreichisch-böhmische kleine

Beamte mit seinen harmlosen Marotten und seinem immer sorgfältig gepflegten Kaiser-Franz-Joseph-Bart, der nach der Trennung
von seiner überspannten Frau zum stadtbekannten Prager Flaneur
wird und sich stets ungemein penibel kleidet – umgewandelt in eine
unheimlich faszinierende Dostojewskij-Figur steht er auf einmal
da! Das war dieser gute, gründlich amusische Mann, dem das
reichlich verstiegene Gehabe, das Dichten und die Bedeutung seines Sohnes immer fremd blieben und der diesem trotz alledem
einen auskömmlichen Monatszuschuß sicherte, doch gewiß nie und
wars in keinem Augenblick. Simenauer weiß besser Bescheid in
dieser Hinsicht. Von diesem Vater hat Rilke seinen ewigen eroti-
schen »Reizhunger« – er ists, der dem Dichter geheimnisvoll aufgibt, dies alles im »Malte« zu offenbaren. Er ist das unabwendbare
Schicksal Rilkes.
Übrigens – »Schicksal«? Sonderbarerweise fällt mir bei diesem
abgebrauchten Wort stets ein verstorbener Münchner Freund ein,
der mit mir die rebellisch-atheistischen Jahre der Arbeiterbewegung vor dem Ersten Weltkrieg durchlebte. Wir hingen damals
fanatisch an dem Grundsatz »Wissen ist Macht«, plagten uns,
neben der marxistischen Literatur die Philosophen von Platon
bis Schopenhauer zu verstehen, landeten schließlich bei Stirner,
Nietzsche, bei Ernst Haeckel und Wilhelm Bölsche. Dadurch festig-
te sich in uns der nüchterne Glaube, daß Begriffe wie »Gott«
oder »Schicksal« längst überholte Einbildungen seien und daß
der Mensch imstande sei, alles zu begreifen und zu beherrschen.
»Schicksal?« pflegte mein Freund bei den heftigen Diskussionen
stets zu höhnen, »Schicksal gibts überhaupt nicht! Schicksal, das
ist typisch individuell!« Er verstand darunter etwas verabscheu-
ungswürdig bürgerlich Sentimentales, um mit Stirner zu reden,
einen »Sparren«. Es frappiert mich geradezu, daß ich nun bei den
Psychoanalytikern dieselbe Einstellung entdeckte.
Aber bleiben wir beim Thema. Beim allbeherrschenden Vaterkomplex Rilkes, der sich, ins abscheulich Analerotische abgewandelt,

auch noch bis in die ekelerregenden »gelben Hunde in Tunis« fortpflanzt, auf welche der Dichter dort überall stößt. (»Hunde sind väterliche Totemtiere«, steht da.)

Unablässig rumort der Vater im Blut. Daß Rilke sich zeitlebens ebenso penibel kleidet, zeugt dafür. Doch dieses Kleiden ist im Grunde genommen nur ein sorgfältiges Verdecken, genau wie die verschlüsselnden Worte in der Dichtung. Auf sublimierte Weise wird die innere Scheußlichkeit damit verborgen. Komische Wiederholung des primitiven Verdächtigens! In meiner Bubenzeit, als an unserem Starnberger See die ersten öffentlichen Badeanstalten errichtet wurden und die vielen Sommergäste jeden Tag im Wasser tummelten, sagten die Bauern: »Das müssen ja schöne Säue sein.« Einige gingen in ihrem Argwohn sogar so weit, uns Buben vor dem Baden zu warnen, weil »die Fremden mit ihren schlechten Krankheiten den See verseucht« hätten.

Es liegt nahe, daß sich der arme Dichter gegen das übermächtige Triebdiktat des Vaters wehren muß. Nach der These Freuds, wonach wir »erst Väter werden, wenn unser Vater tot ist«, entwickelt sich der krankhafte Zwang, diesen »Nebenbuhler unserer infantilen Sexualwünsche zu beseitigen«. Und – der Leser erschrecke nicht – dies geschieht denn auch, es geschieht freilich nur ein geschriebener, ein geträumter Wunschmord, den man im *Malte* nachlesen kann. Weder Rilke noch *Malte* begehen diese Untat, sondern der unbekannte Mann mit der »Mistforke« träumt sie. Indessen, einen so gewitzten Psychoanalytiker wie Simenauer täuscht man nicht. »Aber«, argumentiert er, »für die psychische Realität genügt es, daß im Unterbewußtsein der Wunsch, die Tat zu vollbringen, vorhanden war und daß die Gefühle der Genugtuung und Erleichterung nach dem wirklichen Tode des Vaters emportauchen.« Lieber Gott, wie viele solche Morde haben wir alle in unserem Leben schon bedenkenlos begangen, wenns auch nicht immer gerade der Vater war! Rilke schildert im *Malte* minuziös eindringlich, wie der Herzstich am verstorbenen Kammerherrn Brigge vorgenommen wird.

Nachdem das Instrument die Brusthöhle durchstoßen hat, ist es wie ein »Klopfen«, und der Satz im Buch lautet wörtlich: »Das Klopfen war, was das Tempo betrifft, beinah schadenfroh.« Ha, glaube ich Simenauer fast zu hören, denn so folgert er: »Wenn es sich bei dieser Szene nur um eine dichterische ›Erfindung‹ handelte, die Verwendung des Wortes ›schadenfroh‹ wäre bezeichnend genug.« Vielleicht liegt es nur an mir, daß ich nach allen Stichproben in Simenauers Analyse wirklich das Gefühl habe, als klinge mir nur *sein* schadenfrohes »Ha!« dauernd in den Ohren. Seine sich streng wissenschaftlich gebärdende Selbstgefälligkeit und Überhebung wirken fast anrüchig. Seine spürsinnige Beflissenheit ist in jeder Hinsicht maßlos. Er vergißt nichts, nicht einmal die liebgewordene Gewohnheit des Dichters, gerne Staub zu wischen. Sie wird damit in Zusammenhang gebracht, daß diesen überhaupt der »menschliche Abfall« anzog und daß er sich oft und oft als etwas »Fortgeworfenes, vom Leben Ausgeschlossenes« empfand. Das sind gefährliche »analerotische« Fakten. Jeder, der Rilke auch nur einmal sah oder näher kannte, erschrak über seine abschreckende Häßlichkeit. In meiner seinerzeitigen New Yorker Rede zum fünfundzwanzigsten Todestag des Dichters erklärte ich mir dessen »Ausgeschlossen- und Fortgeworfensein« einfacher und – nach meinen Erfahrungen mit solchen Menschen – wohl auch einleuchtender. »Mußte«, sagte ich, »ein so beschaffener Mensch sich am Morgen, wenn er in den Spiegel sah, nicht jedesmal tief deprimiert und zugleich fast schmerzlich drängend sagen: ›Ich muß auf andere Weise ganz groß werden, unerreicht groß!‹?«

Nach Simenauers Methode, die Äußerungen des Rilkeschen Trieblebens aufzuhellen, ergibt sich aus dem unaufgelösten »Ödipuskomplex« des Dichters eine geradezu erschreckende Kettenreaktion von verdrängten Perversionen, wie Kastration, Onanie und Strafzwang, eine starke Bisexualität mit einer latenten homoerotischen Akzentuierung und ein allgewaltiger Narzißmus, aus welchem sich wiederum ein Spiegelkult, fast weibische Pedanterie im

Häuslichen, das unruhige Umhergetriebensein und zugleich der sadistische Zug, der sich sehr oft ins Masochistische wandelt, seine egozentrische Einsamkeitssucht und seine Unfähigkeit in der Liebe zu Frauen herleiten. Diese – wie es heißt – »Mischung von Paranoiker und Neurotiker« erscheint förmlich als wahrer Homunkulus an Widernatürlichkeit, und man wundert sich nur noch, daß ihn niemand, der ihn kannte, ins Irrenhaus brachte. Zum mindesten hätte sich dieser psychisch durch und durch kranke Mensch, der – Simenauer bemerkt das öfter mit deutlichem Vorwurf – schon um 1905 herum die Psychoanalyse genau kannte, einer solchen Behandlung unterziehen müssen. Aber nein! Was tut er? Hartnäckig verstellt er sich sein Leben lang. Alles, was er tut, ist absichtsvoll berechnete Tarnung, kein Wort, das dieser berüchtigte Wortspieler spricht oder schreibt, ist wahr im schlichten Sinn, stets ist ganz etwas anderes damit gemeint. Noch mehr: Dieser notorisch Geisteskranke bringt es fertig, beinahe zum Mythos zu werden, um welchen sich die Legenden ranken wie die emporstrebenden Weinlauben an einer Hauswand, die das dahinterliegende, faule, brüchige Gemäuer verdecken. Davor müssen die Verblendeten, welche einem solchen Zauber unterliegen, in dieser Krankengeschichte im Nachhinein (der Patient ist nämlich längst tot) eindringlich gewarnt werden. Das geschieht denn auch ausgiebig und in einer so peinlichen Art, daß sie einer geistigen Leichenschändung sehr nahekommt. Simenauer will uns aber durch seine Methode auch das Zugeständnis abzwingen, daß wir nur dadurch zum wahren Verständnis aller »Symbolik und Thematik« der Dichtungen Rilkes gelangen. Dabei unterlaufen ihm neben überraschend Klarem manchmal Bemerkungen, die entwaffnend unlogisch und widersprechend sind. Nachdem er Rilke als einen Menschen ohne jede Demut bezeichnet, spricht er kurz darauf von der tiefen Innigkeit seiner Verse. Ob ein demutloser Mensch innig sein kann, wage ich zu bezweifeln. »Innig«, behauptete ich in meiner schon erwähnten Rede, »ist Rilke nirgends«, und belegte dies mit Beispielen. Offenbar nimmt Simenauer an, daß bis jetzt keiner Rilkes Dichtung begriffen hat und richtig zu »deuten« verstand. Apropos: Deuten? Darin geht der Erfinder des »Existenzialismus«, der von allen Snobisten vergötterte derzeitige Modephilosoph Martin Heidegger, noch viel weiter als unser wackerer Psychoanalytiker. Er nämlich postuliert, daß überhaupt nicht maßgebend ist, was ein Dichtwerk besagt, sondern einzig und allein, was aus ihm gedeutet wird.

Nach der Lektüre dieser dickleibigen Analyse wollte es mir vorkommen, als bestünde die Kunst der Psychoanalyse nur darin, die lächerlichsten und winzigsten Charaktereigentümlichkeiten eines Menschen derart grotesk zu verwichtigen, bis sich aus einer solchen Steigerung eine vielverzweigte psychische Krankhaftigkeit konstruieren lasse, und unwillkürlich fiel mir Karl Kraus' boshafter Satz ein: »Psychoanalyse ist jene Geisteskrankheit, als deren Therapie sie sich hält.« Freilich ist nicht bekannt, ob Rilke, der sich selbst in Zeiten heftigster innerer Krisen gegen diese »Therapie« sträubte, nicht derselben Auffassung war. Eins nur wissen wir: Aus einem sicheren Instinkt wußte er, daß durch eine solche Behandlung sein Schöpfertum versiegen würde. Zu oft hat er dies bezeugt. Auch Simenauer kann nicht umhin, sich dieser Erkenntnis unumwunden anzuschließen. Zu was also, so fragt man sich, all sein Forschen? Besteht denn nicht gerade darin der Segen und die Verdammnis des Dichters, daß er von dem Augenblick an, da er sich, gezwungen vom Schicksal, der öffentlichen Welt übergibt, zuinnerst jenem unseligen Prozeß unterworfen wird, jener schmerzlichen Mission, sich beständig selbst zu entschleiern und unbarmherzig bloßzustellen? Nicht nur Simenauer, alle Einsichtigen bezeichneten Rilkes *Malte* geradezu als ein psychoanalytisches Musterbuch. Und unzweifelhaft ist dieses Buch eins von den ganz wenigen, fast zwanghaft aufrichtigen Werken der Weltliteratur. Mag sich ein Dichter im Alltagsleben noch so gegen Außenstehende abschirmen, mag er auch, wie etwa Stendhal, im persönlichen

Verkehr ein pathologischer Lügner sein, dichtend *kann* er nicht mehr lügen. Ein unergründliches Muß zwingt ihn zur letztmöglichen Ehrlichkeit. Im *Malte* riß Rilke alle verkrusteten psychischen Abgründe auf, so daß die ganz Hölle seiner Schicksalsgeschlagenheit sichtbar wurde. Jeder verständige Leser erkennt das und wird erschüttert davon. Wie schwer dem Dichter diese Konfession wurde und wie unbeschreiblich er darunter litt, geht schon daraus hervor, daß er nach dem Abschluß des Buches jahrelang nicht mehr arbeiten konnte. Für Simenauer ist auch das nur ein sexuell begründetes »Zögern«. Dennoch setzt uns dieser merkwürdig zerfahrene, arglistige Analytiker in Erstaunen, wenn er fast am Schluß seiner Untersuchung zu dieser richtigen Erkenntnis kommt: »So viel ist deutlich geworden – er (Rilke) schreibt nicht für den Leser, er will auch keine Gemeinde stiften oder einen erzieherischen Einfluß ausüben, Anweisungen zum richtigen Leben geben oder sonstwie helfen, es ist ihm ausschließlich um sein Ich zu tun.«
Ist denn, wenn auch die Dichter dies meist selbst nie erkennen, Dichten je etwas anderes gewesen? Muß man erst Beispiele nennen? Hat nicht im Falle Rilkes einer unablässig den schrecklichsten Gerichtstag über sich gehalten und nun ein Anrecht darauf, daß man es dabei bewenden und ihn ruhen läßt, nachdem in seinem unsterblichen Werk alles ausgesagt ist?
Wie beklemmend wahr wird in Anbetracht solcher Analysen der Satz am Eingang dieser Betrachtungen. Sie entstanden keineswegs aus einer Art tugendbolderischen Empörung über die geschmacklosen Exzesse eines psychoanalytischen »Deuters«, der obendrein nur vielfach schon Bekanntes auf seine Weise auslegt. Es ist vielmehr so, als schätze Simenauer den geistigen Zustand jener, welche eine Dichtung noch unbefangen und dankbar glücklich aufnehmen, so niedrig ein, daß er den Verlegern am liebsten zumuten möchte, in Zukunft den Büchern ihrer Autoren sogenannte »Rorschach-Texte« beizulegen, um den Leser sogleich über deren psychische Abgründigkeiten ins Bild zu setzen . . .

Dem Nobelpreisträger Hermann Hesse

Mit der Zuerkennung des Literaturpreises der Nobelstiftung an Hermann Hesse wurde das Unvergänglichste des wesenhaft Deutschen, der Geist unserer mächtigen, reichen deutschen Sprache, ausgezeichnet. Man möge mir die Freude darüber verzeihen, und insbesondere möge das der aufrichtig verehrte Dichter, der in einem seiner letzten Briefe so eigentümlich harte, zwiespältige Behauptungen über die Haltung der Deutschen während der Hitlerzeit aufgestellt hat. Ich kann mir nicht helfen, mich hat diese Ehrung der deutschen Sprache fürs erste mehr ergriffen als die wohlverdiente, leider viel zu späte Auszeichnung des Dichters, der für mich immer einer der reinsten Exponenten unserer spezifischen Veranlagung war. Ein etwas merkwürdiger Exponent allerdings, der sich nationalistisch nie auswerten ließ. Sein Vater war Russe und seine Mutter die Tochter eines Missionars in Ostindien. Eine sehr ernst genommene Religiosität umgab ihn von Jugend auf. Indische Weisheit mengte sich in seine frühesten Gedanken, und die Liebe zu seiner schwäbischen Heimat blieb immer landschaftsbeseligt, innig verwurzelt und dennoch sehnsüchtig nach weiter Welt und fremdem Geist, sehr träumerisch und in bestem Sinne deutsch. Die Entscheidung in Stockholm, gerade jetzt, ist tief tröstlich. Sie beweist, daß es noch Geister gibt, die ihre unverwirrbare Witterung für diese Substanz des Humanen nicht verloren haben – auch wenn sie in einem mißleiteten Volk zeitweise verschüttet werden konnte. In Hesses schönstem und tiefstem Buch, in *Narziß und Goldmund*, steht das Bekenntnis: »Ich fand allen Krieg und alle Mordlust der Welt, all ihren Leichtsinn, all ihre rohe Genußsucht, all ihre Feigheit in mir selber wieder, hatte erst die Achtung vor mir selbst, dann die Verachtung meiner selbst zu verlieren, hatte nichts anderes zu tun, als den Blick ins Chaos bis zu Ende zu tun, mit der erst aufglühenden, oft verlöschenden Hoffnung, jenseits des Chaos wieder Natur, wieder Unschuld zu finden.« Mit dem Suchen nach dieser Unschuld wurde der Dichter alt, und sein anfangs noch romantisierender Hang nach Einsamkeit kristallisiert sich zur stolzen Abwehrstellung eines tiefbeseelten Mannes gegen die brutale Vieldeutigkeit unseres Weltlebens, die ihn immer von neuem erschreckt und bis zur Unerträglichkeit peinigt. Es wirkt zuviel Fliehen in diesem Zartsinnigen, der allem unerbittlich auf den Grund kommen will. Er flieht auch äußerlich lange, lange Jahre. In Calw im Württembergischen geboren, kommt er nach dem Besuch der Lateinschule ins Maulbronner theologische Seminar, soll Priester, wahrscheinlich Missionar werden und wird zwangsweise aus der Schule entfernt. Er wird Mechaniker, und man lese über diese Zeit in seinem autobiographischen Roman *Unterm Rad* (1906). Er ertränkt sich nicht wie sein unglücklicher Held Hans Giebenrath, aber er versagt und verzagt gänzlich. Er versucht sich als Buchhändler in Tübingen und Basel, wird endlich Schriftsteller, verkriecht sich in ein kleines Bodenseedorf, veröffentlicht seine ersten, volksliedinnigen Gedichte und ist seit seinem ersten naturtrunkenen Roman *Peter Camenzind*, der ungewöhnlichen Erfolg hat, bereits berühmt und abgestempelt. Die oberflächliche Literaturkritik bezeichnet ihn als einen Romantiker und stellt ihn zwischen Mörike, Uhland und Eichendorff. Seine schmerzlich ironischen Erzählungen, ein Buch über Mörike und ein etwas farbloser Eheroman *Gertrud* scheinen dieses schnell gefaßte Urteil auch zu rechtfertigen. Der Dichter ärgert sich. Er wollte die besinnliche Stille, um sich zu finden, und erntete das Laute und Störende. Jedes kunstgewerbliche Mädchen, alle ältlichen Damen schwärmten für seinen Camenzind, die ganze werdende Jugend war hingerissen davon. Wieder ergreift der Dichter die Flucht. Wie der Held seines Romans flieht er aus dem Menschengetriebe in die Wälder und Gebirge, in die bergende Einsamkeit der Natur. Er hungert nach dem Unsagbaren, das die Menschen trennt, er will etwas ganz anderes als das melancholische Sichverlieren. Abgründe wittern in ihm, Abgründe starren ihm aus jedem Menschenleben entgegen. Der Erste Weltkrieg treibt den Apolitischen, den Pazifisten und Antinationalisten von Natur aus in die Schweiz, wo er Caritasarbeit macht. Als einer der wenigen bürgerlichen deutschen Geistigen hat er gegen diesen Krieg Stellung genommen. Das Grauen zerreißt sein Inneres. Er schreibt seinen viel rauheren, bedeutungsvollen Roman, den Kriegs- und Nachkriegsroman *Demian*, der unter dem Pseudonym Sinclair 1919 erscheint. Die Geschichte, sagt er in der Einleitung, »schmeckt nach Unsinn und Verwirrung, nach Wahnsinn und Traum wie das Leben aller Menschen, die sich nicht mehr belügen wollen«. Bald wird der wirkliche Autor bekannt. Die Kritik ist bestürzt über diese »Wandlung«, aber die Jugend versteht ihn und wird tief beeinflußt. Ein quälend Beunruhigter legte die ganze Fragwürdigkeit des Lebens der Generation bloß. Dadurch wurde der Roman weit wichtiger, wirkte viel nachhaltiger als alle Kriegs- und Nachkriegsromane. Ich bin überzeugt, daß er auch noch der heutigen deutschen Jugend viel zu sagen hat.

Wieder flüchtet der Dichter. Er geht nach Indien, erlebt buddhistische Selbstversenkung und erzählt in biblisch strengem Stil die Geschichte des Fährmanns »Siddharta«, durch den Buddha selber ersteht. »Wissen kann man mitteilen«, sagt Siddharta zu seinem ewig suchenden Freund Govinda, »Weisheit aber nicht. Man kann sie finden, man kann sie leben, man kann von ihr getragen werden, man kann mit ihr Wunder tun, aber sagen und lehren kann man sie nicht... Von jeder Wahrheit ist das Gegenteil ebenso wahr!... Einseitig ist alles, was mit Gedanken gedacht und mit Worten gesagt werden kann, alles einseitig, alles halb, alles entbehrt der Ganzheit, des Runden, der Einheit.« Hesse kehrt nach Deutschland zurück, geht in die Schweiz, macht sich in Montagnola am Luganer See ansässig und wird Schweizer Bürger. Er flieht in sich hinein, malt und dichtet sich zur Klärung. Er schließt sich ab wie kaum einer. Hat er die Einheit, die »Unschuld« gefunden? Im Gegenteil – in den Abgründen seines ruhelosen Innern züngelt das verzehrende Feuer und überflammt auf einmal sein Selbst. Erschauernd lauscht er in sich hinein und gibt allem Dämonischen, das eine Menschenseele birgt, das Gesicht. Der Aufruhr in ihm ist zu mächtig. Die Einsamkeit hat keine Wände. Sie ist nicht undurchlässig, sie schützt nicht. Was spürsinnige Leser schon von Anbeginn errieten, wird in erschreckender Großartigkeit offenbar in Hesses Erzählungen *Klingsors letzter Sommer* und noch mehr im *Steppenwolf*, dessen triebgehetzter Held Harry Haller gleichsam wie ein reißendes Tier einbricht in die wohlbehüteten Hürden vermeintlicher menschlicher Gesittung und der als Mörder untergeht. Es gibt Stellen in diesen unvergeßlich aufwühlenden Büchern, die selbst die bohrende Seelenzerfaserung Dostojewskijs übertreffen. Eine Meisterschaft in der Zusammenfassung von Stimmung, Landschaft und Geschehen ist erreicht, die kaum ihresgleichen hat.

Was war denn dieses Fliehen, dieses Sichabschließen dieses überempfindsamen Suchers anderes als der leidenstiefe Menschenhaß, dessen Kehrseite das nie versiegende, geradezu lechzende Verlangen nach reinem Menschentum, nach der »Unschuld« ist? Nirgends hat er dies so begreifbar gemacht wie in seiner wortfunkelnden, bis in seine Naturschilderungen hinein vergeistigten Konfession *Narziß und Goldmund*, die außer einigen Gedichten das letzte war, was ich von diesem geliebten Dichter las.

Ich stelle ihn mir vor, wie er groß und hager vor seinem sonnenumwobenen Haus am Luganer See steht und mit seinen halbblinden Augen über das geruhige Blau des Wassers schaut, über die Abhänge und Häuser, in die umliegenden Berge. Die mangelnde Sehkraft läßt alles verschwimmen, so daß nur noch die ineinanderfließenden Farben bleiben. Sein männliches Gesicht ist voll echter Trauer. Er denkt an die Ehrung, aber eine ganz andere Ergriffenheit als die Freude darüber liegt auf seinen Zügen. »Daß so alles in eins verschwimme«, denkt er, »was habe ich anderes gewollt?« ...

Einige Gedanken über Katholizismus,
Freidenker und Freigeist

Bei der Sichtung alter Schriftschaften fielen mir neulich die paar Briefe meines längst verstorbenen Freundes Victor S... in die Hände, die er mir in den verhältnismäßig ausgeglichenen Jahren 1926 bis 1929 geschrieben hat. Diskussionen, die wir bei meinen gelegentlichen Besuchen führten, waren der Anlaß dazu. Damals nämlich versuchte der sich noch sehr langsam entwickelnde Nationalsozialismus in der überwiegend katholischen, politisch höchst uninteressierten Bevölkerung meiner südbayrischen Heimat mit aller Anstrengung den Antisemitismus zu entfachen und hatte noch kaum einen Erfolg. Um so mehr waren die gegnerischen Politiker, die Intelligenz und die Juden darüber beunruhigt. Auch mein Freund Victor war Jude. Er war nur schon vor zirka einem Jahrzehnt zum Katholizismus übergetreten.

»Wenn die Juden wüßten«, sagte er damals einmal, »wie gut sichs unter dem Katholizismus leben läßt, es würde sehr bald keinen Juden und wahrscheinlich auch keinen Antisemitismus mehr geben.« Er war weltbereist, ziemlich reich und in jeder Hinsicht unabhängig, grundgescheit und universell gebildet. Kein dürftiger Opportunismus und keine Zeitumstände hatten ihn veranlaßt, den – wie er manchmal ironisch meinte – »Religionswechsel« vorzunehmen. Offenbar hatten ihn geschichtsphilosophische Einsichten, ästhetische Gründe und persönliche Neigungen dazu gebracht, denn mit sichtlichem Behagen sprach er manchmal von der »uralten Katholizität«, die eigentlich gar nichts mehr mit Glaube oder Religion zu tun habe, sondern nur wie ein Fluidum fester, gelassener Lebensart von unserer Landschaft und unserem Volk ausgehe. Das beflissen-eifervolle Ernstnehmen krichlicher Vorschriften, das die meisten Konvertiten so unleidlich macht, ging ihm vollkommen ab, und es war bewundernswert, mit was für einer echt weltmännischen Nonchalance er – ganz so, als sei er mit alldem aufgewachsen – den üblichen Pflichten und Gepflogenheiten des Katholizismus nachkam. Die vielen Anfeindungen seiner ehemaligen Glaubensgenossen scherten ihn wenig, denn er gehörte durchaus nicht zu jenen unsicheren Charakteren, die stets das Bedürfnis haben, ihre äußere und innere Haltung vor anderen zu rechtfertigen. Ganz und gar aber wurde ihm von dieser Seite verargt, daß er sich nach seinem Ableben katholisch begraben ließ und der kleinen Pfarrei, der er angehörte, eine größere Zuwendung für die Ausschmückung der Kirche machte.

»Eins versteh ich überhaupt nicht«, meinte einer seiner jüdischen Bekannten mir gegenüber: »Er war doch sowieso ein freidenkender Mensch ... Geglaubt hat er doch überhaupt nichts! ... Zu was hat er sich denn überhaupt dem Katholizismus verschrieben? ... Da hätte er doch ebensogut Jude bleiben können.«

»Ein freidenkender Mensch? Ein Freidenker? ... Nein, das war der gute Victor sicher nie!« bestritt ich ganz entschieden. »Was soll das überhaupt heißen, über etwas frei denken? Das gibt es doch gar nicht! Alles, worüber wir denken, ist doch längst vorhanden, ist meistens schon festgelegt ... Wenn einer überhaupt denkt, kann er darüber höchstenfalls *anders* denken! ... Das Wort »Freidenker« ist doch reiner Pleonasmus!«

»Hoho! ... Das ist mir zu spitzfindig!« rief mein Gegner. »Aber sagen Sie – Sie waren doch der beste Freund vom Victor und müssen es wissen –, warum ist er wirklich Katholik geworden? Können Sie das erklären ...?«

Da fiel mir wieder sehr lebhaft ein, wie Victor mir gegenüber einmal diesen Entschluß begründet hatte.

»Die jüdische Religion, wenn man sie überhaupt so heißen kann«, hatte er damals gesagt, »die ist mir einfach zu intolerant, zu undemokratisch und diktatorisch. Sie usurpiert die Persönlichkeit mit Haut und Haaren, in- und auswendig, bis in die hygienischen, bis in die Kochregeln hinein ...«

Ich sah dabei Victor wieder vor mir stehen, aufgeweckt und heiter.

Ich hörte gleichsam den Tonfall seiner Worte, spürte wieder seine Lust am gewagten Spiel der substantiellen Diskussion, an der erschöpfenden Formulierung, die ihn zeitlebens so anziehend gemacht hatte, und das vielleicht befähigte mich, seine Gedanken zu rekonstruieren.

»Abgesehen davon, daß die These von der Auserwähltheit der Juden, die der Gott dem Moses dazumal übermittelt haben soll, unannehmbar und absurd ist und zur Sterilität oder zur Katastrophe führt«, wurde er lebhafter und setzte dazu, »du siehst ja, Hitler hat diesen schauderhaften Lehrsatz bereits für seine sogenannte »nordische« Rasse annektiert – abgesehen davon, ist im Talmud überhaupt noch ein Hauch von einer religiösen Vision? Nichts ist er als eine ganz rationale Erläuterung des Alten Testaments, ein Gesetzbuch mit ungemein zugespitzten Auslegungen der verschiedenen moralischen und ganz profanen zivilen Verhaltungsvorschriften . . . So eine unüberbietbar logische Gerechtigkeitsbeflissenheit geht auf die Nerven. Sie nimmt nicht ein für sich, sie macht störrisch . . . Wo ist in dieser Orthodoxie noch ein Schimmer von Ironie, von Skepsis, von frech- lustigem Zynismus; von irgendeiner Phantasie schon ganz zu schweigen . . . Der Phantasie ist nicht der geringste Spielraum gelassen . . . Das alles ist in der katholischen Religion bis zur Grenzenlosigkeit . . . Der Katholizismus ist weltweiter, sittlich viel aufgelockerter, kompromißlerischer und genauso unerschöpflich phantasievoll wie sein Barock, das ein viel zutreffenderer künstlerischer Ausdruck seines Wesens ist als etwa die Gotik . . . Ist dir noch nie aufgefallen, mit was für einem selbstsicheren Zynismus, wie unverfroren die Katholische Kirche mit der Bibel umgegangen ist? Für mich ist schon das allein höchste politische Kunst der Menschenbeherrschung! Sie hat kurzweg die mosaischen Zehn Gebote und die erbaulichen, rein erzählerischen Dinge aus dem Alten Testament übernommen und ist mit ihnen genauso souverän verfahren wie mit der Christusgeschichte der vier Evangelien und den Apostelbriefen des Neuen Testaments. Alles ist nach dem Gutdünken der klerikalen Hierarchie zurechtgemacht, und das tollste ist, daß die Bibel selber aus dem Bereich der profanen Gläubigen verbannt ist. Eine Bibel gibt es im katholischen Haus nicht; mag sein, daß etliche Intellektuelle sie haben, aber sonderlich interessiert ist kein Katholik daran. Schon deswegen nicht, weil das Papsttum die lutherische Übertragung, die als einzige weltpopulär geworden ist, nie anerkannt hat.

Die Katholische Kirche erlaubt die Heilige Schrift überhaupt nur dem Priester, und auch dem nur die maßgebliche Fassung, die sogenannte Vulgata, die lateinische Neubearbeitung der altitalienischen Bibelübersetzung, die der heilige Hieronymus Anno 383 bis 405 nach Christus im Auftrag des Papstes Damasus I. ausgeführt hat! Diese Bearbeitung wurde dann erst nach über 1100 Jahren, auf dem Tridentinischen Konzil Anno 1546, noch einmal sozusagen kirchenoffiziell gemacht; merkwürdig, Luthers Übersetzung war da schon 12 Jahre da, sie ist bereits 1534 fertig gewesen, aber, wie gesagt, für den Katholizismus galt sie als nicht existent. ›Die Heilige Schrift ist nämlich ein geheimnisvolles Buch, in welchem manches schwer verständlich ist‹, heißt es in der kleinen *Katholischen Bibel* von Ecker, die weiter nichts ist als ein zurechtgemachtes Geschichtsbuch mit einigen Textandeutungen, und streng ist dazugesetzt: ›Nur die Kirche, nicht der einzelne Mensch, kann die Heilige Schrift mit Sicherheit auslegen.‹ Für das katholische Volk gibt es nur den *Katechismus* und eine ebenso kurze Zusammenfassung, die sogenannte *Biblische Geschichte* für den Religionsunterricht. Da braucht nichts mehr ›ausgelegt‹ zu werden, das ist bereits besorgt. Aber gerade dadurch, daß die Heilige Schrift allem Profanen entzogen und so also auch unanfechtbar für den Zweifler geworden ist, gerade deswegen ist sie erst ›heilig‹ gemacht. Ist das nicht großartig? Die Herren Atheisten, die Dissidenten, die Freidenker freilich, die heißen das Volksverdummung – jeder eben, wie er kann!«

»Wissen Sie, was . . .«, fiel an dieser Stelle der jüdische Bekannte Victors ein und zeigte ein ungeduldig-wütendes Gesicht: »Wissen

Sie, was Ihr verstorbener Freund war? Ein ganz verantwortungsloser Zyniker, und außerdem ist er, der Jude, sogar noch Antisemit obendrein . . . Sein Katholizismus ist ihm doch auch nichts anderes gewesen als ein nettes Spiel . . . Ein blasierter Freigeist war er, der an nichts und niemand mehr geglaubt hat . . .«

»Hm, vielleicht haben Sie recht«, sagte ich, und er verabschiedete sich. Freidenkender Mensch, Freidenker, Atheist, Dissident, Freigeist! Es scheint nicht ganz unangebracht, zu versuchen, über diese Bezeichnung ein wenig nachzudenken.

*

Zunächst zur Klarstellung a priori und als Diskussionsbasis: Der Freigeist und der weitverbreitetste Typ des Freidenkers verhalten sich zueinander wie die skeptisch ausgeglichene Geduld zur eifervollen Rechthaberei. Der Freigeist erträgt sein schmerzliches Nichtmehr-glauben-Können, seine gleichsam gewachsene Ungläubigkeit mit philosophischer Ruhe und erschrickt nur manchmal über sein plötzliches Abgleiten in einen zeitweiligen, sublimierten Nihilismus, denn da sich seine Ungläubigkeit nicht auf etwas Spezielles, etwa auf Religion oder Kirche, sondern auf alle Erscheinungen des Lebens erstreckt, ist er für ein solches Abgleiten besonders empfänglich. Je nach Charakter und Temperament schwankt dieses Abgleiten zwischen hartem Erleiden und haltloser Verzweiflung, aber selbst im besten Falle bedeutet es im Dasein eines solchen Menschen soviel wie das langsame Überstehen einer lebensgefährlichen Krise bei einem Kranken. Der Unterschied ist nur der, daß dies beim Kranken meist unbewußt, beim Freigeist aber stets bewußt geschieht. Stunden, Tage, manchmal auch wochenlang ringt derselbe um seine intellektuelle Selbstbehauptung, und das Resultat dieses inneren Kampfes, bei welchem ihm kein Gott und kein Mensch beistehen kann, ist – wenn er nicht in einer Katastrophe endet – äußerst unbefriedigend und bedrückend. Sein Skeptizismus ist noch scharfsichtiger und sein Pessimismus noch quälender geworden, und eigentlich hat er sich nur aus einer letzten vitalen Neugier heraus für das Weiterleben entschieden. Ist schon das Leben für so einen seismographisch reagierenden Geist schlimm genug, das Weiterleben nach einer solchen Krise ist es noch viel mehr. Nicht »frei« ist sein Geist von allem, sondern losgelöst von allem, was man als glaube schlechthin bezeichnet, und diese Losgelöstheit hat sich in seinem Innern zu einem Zustand verdichtet, der nicht mehr überwunden werden kann. Das bezieht sich keineswegs auf den modernen Menschen von heute, nein, in jedem Jahrhundert gab es so gnadenlos Losgelöste. In diesem Sinne ist zum Beispiel – so paradox das auch im ersten Augenblick klingen mag – der katholische Pascal mehr Freigeist als etwa Voltaire, und Nietzsche ist im Grunde genommen viel gäubiger als der gottsuchende Tolstoj.

Der Freidenker, sofern er sich bei irgendwelchen Anlässen offen als Gottesleugner und Gegner jeglicher Religion dokumentiert, ist im Vergleich zum Freigeist immer nur eine Mischung von innerer Unsicherheit und unvergorenem schlechtem Gewissen. Diese Mischung ist nicht so unkompliziert, wie man gemeinhin annimmt. Auf der einen Seite verkennt so ein Freidenker schon deswegen dasjenige, von dem er vorgibt, sich frei gemacht zu haben, weil er es für etwas Greifbares hält. Dieses Sicht- und Greifbare besteht für ihn lediglich aus den Dogmen, den Riten und dem zuweilen fragwürdigen Verhalten der Pfaffen jener Kirche, welcher er angehört hat. Dies gilt ihm als der Inbegriff der Religion, und es ist bezeichnend, daß viele seinesgleichen dadurch, daß sie amtlich aus der Kirche austreten, zu der ernsthaften Meinung gelangen, sie hätten sich nun von all dem unzeitgemäßen Krempel »befreit«. Nicht weniger bezeichnend ist, daß solche Kirchenaustritte meist nach einer entsprechenden Massenpropaganda stets nur gruppenweise erfolgen. Daß einer von sich aus einen solchen Entschluß durchführt, geschieht äußerst selten. Es entbehrt nicht einer gewissen Komik, wenn sich dann solche Dissidenten mit sichtbarem Stolz

»Atheisten« nennen. Versucht man aber, von einem eine eindeutige, logische Erklärung zu erhalten, was er denn nun eigentlich darunter verstehe, so kommen neben einer meist politisch gefärbten Kirchengegnerschaft oft recht vulgäre oder auch sehr weitschweifige Unklarheiten heraus. Von jenem denkunfähigen Primitiven, der sich bei solcher Gelegenheit überhaupt in keine Diskussion einläßt und überheblich hinwirft: »Ich glaub, daß fünf Pfund Fleisch eine gute Suppe geben«, soll schon gar nicht geredet werden. Der belesene Freidenker kennt seinen *Pfaffenspiegel* und Lenins Schlagwort: »Religion ist Opium fürs Volk.« Die Gründe, weswegen er die Existenz Gottes und alle Religionen ablehnt, sind sehr optimistischer Natur, denn er ist keineswegs ungläubig geworden, ganz im Gegenteil. Aus den Naturphilosophen, aus Voltaire, weit mehr aber noch aus Darwin, Haeckel, Bölsche und Bruno Wille hat er eine Weltanschauung für sich entwickelt; er weiß allerhand von der Vererbungslehre, ist überhaupt naturwissenschaftlich orientiert, und vor allem glaubt er an den Fortschritt der Menschheit, an die Unfehlbarkeit wissenschaftlicher Erkenntnisse. Dementsprechend verläuft auch die Diskussion mit ihm. Dringt man dabei aufs rein Geistige, so wird er merkwürdigerweise irgendwie hilflos, und zum Schluß stellt sich heraus, daß er an die Stelle von Religion etwas wie eine nüchterne Naturgläubigkeit, an Stelle von Gott eine Art elementarer Kraft im ganzen Sein gesetzt hat und daß er im besten Falle ein verschwommener Pantheist ist. Unruhe und Sehnsucht nach einer »Sinngebung des Sinnlosen« sind in ihm unvermindert geblieben. Sie sind nur, als er noch Mitglied einer Religionsgemeinschaft war, durch die dauernde, mechanische Wiederholung bestimmter Riten und Vorschriften abgestumpft worden. Sein Verstand wehrte sich gegen einen solchen Leerlauf, sein Gefühl wurde von nichts mehr berührt. Hatte man ihm nicht von Kind auf eine nicht ins Bild umzusetzende Vorstellung von Gott, Teufel, Himmel und Hölle beigebracht, deren hauptsächliches Charakteristikum darin bestand, die schwankende Seele in Furcht zu halten und sie je nach ihrem Verhalten zu belohnen oder zu verdammen? In seiner Kirche aber sah er jahraus und jahrein dieses Nichtvorstellbare in Form von hölzernen Kreuzen, Heiligenfiguren, goldstrotzenden Altären grob versinnbildlicht. Ihr Anblick, seine gewohnten Gebete, ja auch die Beichte und das Verschlucken der trockenen Hostie, die der Leib des Herrn sein sollte, ergriffen ihn nicht mehr, wirkten nicht mehr sittigend auf ihn. Er sah es bei sich und allen anderen Menschen, daß sich keiner mehr aus alldem »was machte«. Alles war inhaltslos geworden, was ihm als »Religion« gegolten hatte; er war außerstande, die immanente Kraft ihrer Symbolisierungen zu empfinden; sie wurden ihm zu etwas Fetischhaftem, und als aufgeklärter Mensch wehrte er sich ganz entschieden, irgendwelche Fetische anzubeten. Er wandte sich davon ab und siedelte gewissermaßen über in die Vernunft. Religion, sagte er sich mit einem Male, sei durch ein allgemein anerkanntes Moralgesetz oder – noch nüchterner ausgedrückt – durch die persönliche Anständigkeit des einzelnen Menschen seinen Mitmenschen gegenüber vollauf zu ersetzen. Eben dieser Protest aber beweist erst, daß er dasjenige, was er sich als religiösen Inhalt seiner Kirche immer wünschte, tief ernst nimmt. Er kann nicht auskommen, ohne an etwas zu glauben. Darum greift er sogleich nach einem Ersatz. Wie recht hatte der alte Pfarrer, der einmal anläßlich einiger Kirchenaustritte listig sagte: »Ein Zipfel Religion bleibt ja doch in jedem.« Indem sich der Freidenker jenem vernunftbestimmten kantischen Wort: »Der gestirnte Himmel über mir und das moralische Gesetz in mir« unterwirft, wird er nicht weniger gläubig, sondern *mehr*! Glaube aber, und insbesondere der, welcher nur noch auf das rein Moralische abzielt, ist und bleibt der Urquell des Religiösen schlechthin. Der Freidenker hat also seine Religion nur neu »adaptiert«. Darum befindet er sich in einer weit glücklicheren Position als der Freigeist, denn für diesen existiert nichts mehr von dem, was der erstere noch unbewußt anerkennt. Der Freigeist begreift gar nicht mehr, weswegen es ein Mensch für nötig hält, sich von etws »frei zu machen«, was es nicht gibt. Er allein ist in Wahrheit glaubenslos, und seine eisige Vereinsamung, seine Losgelöstheit auch von den religiösen Gültigkeiten geht so weit, daß es für ihn – der infolgedessen auch nie ein Frondeur sein kann – völlig gleichgültig ist, ob und was für ein weltübliches Religionsbekenntnis einer für sich wählt.

Es ist nach all dem Gesagten an der Zeit, auf diejenigen Stellen aus den eingangs erwähnten Briefen meines verstorbenen Freundes Victor S . . . zurückzukommen, denn obgleich sie sich nur mit Taktik und Wesen der Katholischen Kirche befassen, scheint es mir doch, als ob durch sie manches, was in der Definition des Freigeistes unklar geblieben ist, beispielhaft beleuchtet und verdeutlicht wird. Zweifellos spricht aus ihnen ein oft abstoßender Zynismus, der moralische, kirchliche, aber auch politische Frömmler jeder Schattierung ungemein empören wird, doch dieser Zynismus gleicht weit mehr dem Galgenhumor des Verurteilten als etwa einer uferlos verspielten, frechen, überheblichen Blasiertheit, die nie eine Erkenntnis leidend errungen hat. Zyniker der vorhin bezeichneten Art nämlich schweben zeitlebens in der Gefahr, entweder so etwas wie Hitler zu werden oder (und auch das ist höchste innere Gefährdung!) ganz und gar Demütige zu werden, deren Demut schon aussieht wie gänzliche Charakterlosigkeit, wie zum Beispiel François Villon, der schließlich beim Anblick des Galgens, an dem er baumeln soll, die schrecklich verlorenen Worte findet: »Ihr Menschenbrüder, die ihr nach uns lebt, laßt euren Sinn nicht gegen uns verhärten . . .«

Denn zuletzt, was bleibt denn anderes als die Kreatur Mensch, die sich mehr aus Selbstschutz denn aus Liebe der anderen Kreatur zuwendet, um in ihr den schwachen Trost der gleichen unlösbaren Verstrickheit zu finden!

*

»Wir heutigen Menschen mit unserer höchst gesteigerten Intellektualität reagieren überhaupt nur noch auf den Nervenreiz«, heißt es im ersten Brief Victors. »Dem kommt die Katholische Kirche am meisten entgegen. Sie gibt ihm alles, denn ihr Grundzug ist sinnlich-festlich. Ihre Riten und Schaustellungen, das reiche Himmelblau, das tiefe Scharlachrot, Silber und Gold, Glockengeläut, Gesang und Orgelspiel – alles ist Prunk, der die Sinne fasziniert, Pracht, die uns überrumpelt und hinreißt. Aug und Ohr und Empfindungen geraten in ihren Bann. Das fängt beim kleinsten und nebensächlichsten an und steigert, verdichtet sich etwa bei einem Oster- oder Pfingst-hochamt, einer Christmette bis zur letzten Vollendung. Nimm nur einmal so einen unansehnlichen, linkischen Jungen, wenn er im schneeweißen Ministrantenhemd am Altar fungiert, und dann gar einen Geistlichen, der im Alltag vielleicht ein sehr wenig anziehender, engstirniger Mensch ist, wenn er im spitzenüberladenen, gold-gewirkten Meßornat mit einer Eleganz, die man ihm nie und nimmer zugetraut hätte, seine tausendmal geübten Handgriffe und Schritte macht. Mit Hilfe eines banalen Kunstgriffs – durch die Verkleidung – sind die beiden plötzlich aus jeder gewohnten Wirklichkeit herausgehoben und ungewollt und unbewußt in eine ehrfurchtgebietende Feierlichkeit hineinversetzt worden, und merkwürdigerweise verhalten sie sich auch sogleich dementsprechend. Dadurch wirken sie nach außen hin gar nicht mehr wie gewöhnliche Menschen, sondern tatsächlich wie Akteure himmlischer Kraft, die sich sichtbar macht. Unverändert, jahrhundertelang sieht sie der Gläubige als Gestalt gewordene, nicht mehr umdenkbare Abbilder einer Verklärung, einer Reinheit und Frömmigkeit, die mitten in unserer jetzigen, grauen Welt aufstrahlen und so schön geblieben sind wie am ersten Tag. Dazu kommen die vielen brennenden Wachskerzen, der fortwährende Weihrauchgeruch, die großartige Verteilung des Lichtes durch die bemalten Kirchenfenster, die üppige, verschwenderische Pracht mancher Barockaltäre oder das unbeschreiblich wilde Hochstreben eines gotischen Kircheninnern, das uns nur Greco in seinen Bildern mitzuteilen versteht; nimm die Spannung während der Wandlung, wenn plötzlich die Orgel aussetzt, den Gegengesang von Priester und Chor, wenn bei der feierlichen Erhebung der Hostie die Glocken die Stille durchbrummen und das verhalten-dünne Klingeln der Ministrantenglöckchen dennoch gehört wird und dann – das Läuten verhallt – wie ein Aufatmen wieder einsetzendes Orgelspiel, das noch zögernde Absingen des »Sanktus« und schließlich das Anschwellen des Chorgesangs bis zum Schluß, der sich wie Jubel anhört. Schau Dir eine Fronleichnamsprozession im Süden, in Italien, Spanien oder Südamerika, an oder stehe nur einmal mitten in so einer Beterschar in einer strahlend beleuchteten Dorfkirche, wenn bei der Christmette – draußen liegt metertiefer Schnee, und die Nacht ist schwer vor Kälte – das »Tedeum« von allen gesungen wird. Ein alter Bauer hat einmal gesagt: »Wirklich, es ist, wie wenn der Herrgott ein Schmuckkästel mitten im Winter heruntergestellt hätt, damit wir sehn, wie schöns im Himmel ist.« Das trifft den Nagel auf den Kopf. Der genialste Regisseur der Welt ist nicht imstande, ein derart lebendiges, verzauberndes Schauspiel zu inszenieren. Nie wird er – und bedenke, daß sich so etwas durch die dauernde Wiederholung durchaus nicht abnützt! – eine solche Wirkung von Feierlichkeit hervorbringen, bei der die Schauspieler und die sogenannten Zuschauer auf einmal eins werden!

Aber das ist nur das rein Visuelle, dem selbst der kälteste Hirnmensch erliegt, um wieviel mehr erst so ein augenfroher Ästhet, wie ichs nun einmal bin!

Was hat Luther, dieser grausigste Dickschädel unserer deutschen Geschichte, mit seinem dürren Protestantismus, aus dem sich im Lauf der Zeit Hunderte mehr oder weniger pracht- und feierlichkeitsfeindlicher Sekten absplitterten, für eine grenzenlose, nie wiedergutzumachende Dummheit in die Welt gesetzt! Abgesehen davon, daß er den unwiederbringlichen geistigen und politischen Universalismus des Christentums restlos zerstörte, in dem sich kraft einer ausschließlich religiösen, aber unerschöpflich variierenden Gebundenheit einst der mächtigste Fürst ebenso wie der ohnmächtigste einzelne tief geborgen fühlten – hat er nicht etwa einem ewig unfriedlichen religiösen und nationalen, intolerant-stupiden Provinzialismus zum Leben verholfen? Und was hat dieser Unglücksmensch in völliger Verkennung dessen, was Glaube ist, erst aus der Religion gemacht! Eine moralische Gebrauchsanweisung für jedermann, die schließlich zum Fundament der Gesetzbücher aller sogenannten zivilisierten Länder wurde; eine schauerlich pedantische Vorschriftensammlung, durch welche der Mensch nur noch unter Androhung brachialer Strafe an seine sittlichen Verpflichtungen gehalten wird! Dadurch wurde das Menschliche im Menschen entwürdigt. Schamlos werden im Gerichtssaal unsere innersten Regungen ans Licht der Öffentlichkeit gezerrt, werden sortiert und typisiert, als handle es sich bei ihnen um eine Ware, die man je nach ihrer Tauglichkeit behandelt oder verwirft. Als ob durch Strafe oder die Drohung damit je ein Vergehen, eine Untat verhindert worden wäre! Und gibt es auch nur *einen* Verurteilten, der – eben, weil die Richter für ihn nichts übermenschlich Objektives, Göttliches haben – am Schluß der Prozessierung nicht das Gefühl hat, daß ihm Unrecht geschehen ist? Hat die Tatsache nie zu denken gegeben, weswegen ein Schuldiger vor einem weltlichen Gericht seine Schuld stets abzumildern, zu verkleinern versucht oder sie einfach ableugnet? Im Beichtstuhl dagegen gesteht er sie. Dort hat er das Gefühl des dezent Privaten, des Ernstgenommenwerdens seiner persönlichen Angelegenheiten, und er ist schon deswegen bereit, dem Beichtvater, der so behutsam seine Seele abhört, die Stellvertreterschaft Gottes zuzugestehen, weil er sicher ist, daß nichts von dem, was er offen bekennt, je ein anderer Mensch erfährt. Die Belehrung des Priesters am Schluß der Beichte wirkt auf den Sünder weit stärker als Drohung und Strafe, sie wendet sich ans Innerste, sie appelliert an die Einsicht und erzeugt Reue, mag diese Reue auch nicht lang anhalten. Jedenfalls hat der Beichtvater den Beichtenden auf das schlechte Gewissen, auf jenen unausrottbaren Atavismus, ohne den wir im Grunde genommen gar nicht auskommen, aufmerksam gemacht. Es ist bloßgelegt, entlarvt worden, dieses schlechte Gewissen, aber es wird dem Beichtenden nicht genommen, wird ihm *gelassen*! Wie sollte er also seinem Beichtvater nicht vertrauen? Es kommt noch etwas weit Wesentlicheres hinzu: Obgleich für die Katholische Kirche die Sünde nichts Abstraktes, sondern etwas durchaus sinnlich Faßbares, ja grobschlächtig Verdammenswertes ist, gilt selbst der größte Verbrecher im Beichtstuhl nicht als sittlich unrettbar verlorener Mensch, der aus der Gesellschaft ausgestoßen, geächtet und bestraft werden muß, nein, er ist nur sündig wie wir alle! Wenn ein Zuchthäusler nach jahrelanger Haft wieder unter die Menschen kommt, so bleibt er meist für sein Leben lang degradiert – die Katholische Kirche kennt eine solche Degradierung nicht. Ist das nun Glaube an die Unverletzlichkeit des Menschlichen im Menschen? Nicht im mindesten! Du erinnerst Dich vielleicht, daß Bismarck während des Kulturkampfes den Papst einmal einen Nihilisten genannt hat, ohne in der Hitze seines Angriffs es näher zu begründen. Seine intellektuelle Witterung erkannte dabei etwas sehr Wesentliches. Die Denker, welche die Lehre Christi in das katholische System verwandelt haben, setzen voraus, daß sich der Charakter eines Menschen niemals ändert, daß ihm Schuld und Schuldigsein geradezu schicksalhaft auferlegt sind; zum zweiten vertieften und erweiterten sie den Religionssatz der Juden »Aus Staub bist du geworden, und zu Staub wirst du wieder werden« dahin gehend, daß alles, was ist, vergeht und daß das Leben eines Menschen vom ersten Atemzug an nur ein langsames, fortwährendes Absterben ist, ein Tod von vornherein, dem wir unentrinnbar ausgeliefert sind. Da Glaube etwas Positives ist, steht ihm die eben gekennzeichnete Denkhaltung des Katholizismus entgegen, sie ist völlig negativ, sie ist glaubenslos. Sie raubt dem Menschen jede Illusion, jede Hoffnung, die sich auf Menschliches und Irdisches bezieht. Er kann sich (und soll sich) an nichts mehr halten. Alles, was ihn umgibt, was er tut, denkt und plant, hat keinen Bestand. Von diesem gefährlichen Punkt aus aber – und das ist die gewaltige theologisch-philosophische Leistung des katholischen Denkertums – vollzog sich der Sprung aus dem Rationalen ins Irrationale, aus der irdischen Ausweglosigkeit in die Sphäre der himmlischen Illusion, ins erlösende Jenseits. Erst der konsequente Bruch mit ihrer jüdischen Herkunft, erst die vollkommene Annullierung des jüdischen Theorems, demzufolge es kein Fortleben nach dem Tode, sondern nur eines im leibhaftigen Sohn gibt, war das ganz Neue der Katholischen Kirche, das ihr die faszinierende Anziehungskraft gab. Längst vor Luther, der als Moralist wieder auf das jüdische Gesetz zurückging, hatte der Katholizismus den jüdischen Geist zerstört, der – alles in allem – an die nüchterne Pflicht appellierte und nicht an die beständige Unruhe des Gemüts, das in der Erfüllung der Pflicht nicht das ganze Genügen findet, sondern sich stets nach der Erhebung ins Wunderbare sehnt. Diese unendliche Hoffnungsfähigkeit des Menschen erkannte die Katholische Kirche, und mit dem höchsten Scharfsinn verstand sie es, ihr Nihilistisches, ihre Glaubenslosigkeit in eine Surrogat von »Glaube« zu verwandeln, der schon deswegen der Seele so leicht eingeht, weil er ihr immerwährenden Trost und dauernde Zuversicht übermittelt. Trost und Zuversicht – worin sind sie mehr beschlossen als in der Buße? Buße, ein wahrhaft spezifisch katholisches Seelenmedikament!! Denn genau wie das Bekennen der Sünden bei der Beichte ist sie im Katholizismus nicht etwa ein Verzicht auf das Anrüchige in uns, sie ist wiederum nur eine Bestätigung unseres schlechten Gewissens, eine Einkehr in uns selbst, wobei der aus dem Beichtstuhl entlassene Sünder inne wird: »Nein, verloren bin ich nicht wegen meiner Sünden. Ich muß mich nur hüten davor, indessen, wenn das Sündige über mich kommt, wird mein Schöpfer mich nicht fallenlassen, denn er hat mich schließlich so, wie ich bin, der Welt gegeben.« Die Illusion des gerechten, allerbarmenden Höchsten, der nicht bestraft oder zerstört, sondern vergibt, wie sollte er in solchen Augenblicken den Büßenden nicht mit dankbarer Frommheit, mit einem fast behaglichen Trost, mit neuer Zuversicht erfüllen. Ists denn nicht mit einer Beichte so bestellt wie mit einer Bilanz? Die Abrechnung zeigt, daß das Grundkapital nicht angegriffen ist, daß also – alles in allem genommen – bei einiger Vorsicht keine Gefährdung des Unternehmens eintreten kann.

Was für eine wohltemperierte, ganz auf das einzelne Individuum abgestimmte »Religion« ist doch dieser Katholizismus! Du wirst übrigens bei einigem Nachdenken zugeben müssen, daß er die einzig mögliche, brauchbare Demokratie ausübt, in welcher die Anerkennung alles dessen, was Menschenantlitz trägt, viel wirksamer zum Ausdruck kommt als in jedem praktisch-politischen Gebilde gleichen Namens. Und das Erstaunliche dabei ist, daß diese Demokratie von der gründlichsten Diktatur, vom Papsttum, gleichsam geschenkt wird . . .«

*

»So kann wirklich nur ein spitzfindiger Intellektueller unsere Religion interpretieren!« rief nach der Verlesung dieser Briefstelle ein ernsthafter Kirchenkatholik. »Keinen blassen Schimmer von unserem Glauben hat er . . .! Solche Konvertiten zählen aber auch nicht . . . Es sind Menschen, die nie bekehrt worden sind . . .«

»Bekehrt von was denn?« fragte ich.

»Bekehrt von der Sünde und gewonnen für den Glauben«, antwortete der Mann selbstsicher. »Aber das versteht doch ein solcher Mensch gar nicht . . .«

»Aber gerade über die Sünde hat mein verstorbener Freund sehr viel nachgedacht«, meinte ich und wollte aus einem anderen Brief etwas vorlesen. Doch der Mann wollte nichts mehr wissen. Schade, denn so heißts in dem erwähnten Brief: »Was für eine stupende Kenntnis vom Menschen, was für eine grandiose Einsicht und Weisheit liegt allein schon darin, daß die Katholische Kirche die Sünde geradezu zur Voraussetzung, zum Fundament ihrer Existenz gemacht hat! Die Sünde, wohlgemerkt, nicht die religiös- sittliche Vervollkommnung, denn die wird ihm nur ganz, ganz selten durch eine göttliche Gnade zuteil, nie aber kraft seiner eigenen frommen

Anstrengungen. Durch solche Begnadung und Wunder entstehen die Erleuchteten, die katholischen Heiligen. Der gemeine Gläubige bleibt ein Kind der Sünde. Und mit welch unbeirrbarem intellektuellem Fleiß, mit welchem Scharfsinn hat die Katholische Kirche in einem jahrhundertelangen Studium es zuwege gebracht, eben diese Sünde, das Verschwiegenste und Verborgenste der Menschenseele – längst vor der Psychoanalyse –, nicht nur bis ins letzte auszuforschen, sondern sie gleichsam als Feingehalt ihrer Glaubenslehre herauszukristallisieren! ›Glaubenslehre‹? Du wirst Dich an diesem Wort stoßen. Und mit vollem Recht! Denn ›Glaube‹ ist weder zu lehren noch zu erklären. Doch die Manipulation des Lehrens und Erklärens kann man einem Menschen vielleicht irgendeine Überzeugung beibringen und wohl auch eine Erkenntnis, die mit Hilfe des Verstandes erweitert werden kann, nicht aber einen Glauben.

›Glauben heißt – etwas für wahr halten‹, definieren manche Konversationslexika. An diesem Wahren herumdeuteln heißt schon, es bezweifeln, bedeutet Glaubensunfähigkeit. Keine Kirche hat so streng daran festgehalten wie die katholische, und daraus erklärt sich auch ihr einseitig starrer Konservativismus weltlichen Angelegenheiten gegenüber, die diese These bedrohen könnten. Bereits Luthers Rebellion dagegen schlug fehl, und noch Tolstoj ist daran gescheitert. Und wie erschütternd hat der letztere darum gerungen, wieder zur Einfalt und Unschuld des lapidar Gläubigen zu gelangen! Einfalt und Unschuld aber sind längst, längst in uns allen gestorben, um so mehr versuchen wir, sie wiederzugewinnen, denn nur sie befähigen zum Glauben. Geglaubt haben einst die Propheten; die Priester, die ihnen folgten, haben nur bis zum Grunde begriffen, was für eine ungeheure Kraft und Macht in diesem Phänomen ›Glaube‹ enthalten ist. Aus der Vision Christi, die ihr einziges Kapital war, schufen sie – nein, nein, ich vergesse ihre blutige Geschichte nicht! – mit einer Menschenverachtung und Grausamkeit ohnegleichen eine sichtbare, gut funktionierende Organisation, eine weltumspannende Hierarchie von klerikalen Systematikern, die – genau wie jede Regierung, die ihre Goldreserven nicht angreift und Banknoten dafür ausgibt – höchst genial erdachte Dogmen, Riten, Gebetstexte und sonstige fromme Anweisungen in Umlauf setzten, einzig und allein zu dem Zweck, um der immanenten Kraft ihres rein geistigen Kapitals zur Wirkung in der Menschenwelt zu verhelfen. Wenn auch die Absurdität mancher Dogmen, die manchmal postuliert werden, augenfällig ist, wie zum Beispiel die Unfehlbarkeitserklärung des Papstes (und jetzt wieder die körperliche Himmelfahrt Mariens, die mein Freund Victor sicher hoch gerühmt hätte – O.M.G.), es handelt sich hierbei um nichts anderes als um eine immer wieder neue Prüfung der Glaubensfähigkeit der Anhänger, um die Feststellung, ob die Seelen unverletzt geblieben sind. Das alles aber können nur sehr kühne Geister vollbringen, die von der unaufhaltsamen Fruchtbarkeit einer Idee das Letzte wissen und überzeugt sind, daß man dieses Geistige nur auf geistige Weise verzwecklichen kann. Überzeugte kämpfen und wirken für das, wovon sie überzeugt sind. Der Gläubige findet in seinem Glauben Genüge. Das unterscheidet den wirklich Religiösen vom – Katholizismus. Zweifellos existiert auch in manchen Katholiken noch eine solche Religiosität, die auf dem Glauben gründet und von ihm immer wieder neu belebt wird, die Katholische Kirche dagegen vermittelt nur noch den Schein davon, aber ihre Leiter verstanden sich so vollendet darauf, die Illusionskraft dieses Scheins zu erhalten, wie keine Gruppe von Geistigen oder Politikern. Die kulturelle und zivilisatorische Leistung, die ihnen dabei gleichsam zuwuchs, ist imponierend. Ohne sie gäbe es keine Hochblüten der Bau- und Bildkunst, keine Dichtung, kein mystisches Versenken ins Unendliche – und wohl auch kein Verständnis dafür. Und gerade deswegen, weil sich die Katholische Kirche stets nur an die Seelen wendete, hat sie bis jetzt alle mächtigen Weltreiche und die Zusammenbrüche politischer Systeme ungeschwächt überlebt. Durch diese vielbewährte Dauerhaftigkeit ist sie für Millionen und Millionen von Menschen der ›ruhende Pol in der Flucht der Erscheinungen‹ geworden.

›Jetzt wissen Sie was, Herr Doktor‹, hat neulich ein Bauer beim Heimgang von der Kirche zu mir gesagt, ›jetzt haben wir einen Kaiser und König gehabt, einen Weltkrieg und eine Revolution. Eine Republik haben wir, aber die wackelt auch schon wieder, weil ihr keiner was zutraut ... Nichts mehr hält sich! Unsereins aber ist durchaus fürs Reelle. Drum bleiben wir bei unserem Glauben. Der hat sich noch immer gehalten ... Und – sagen Sies nicht selber? – er tut doch keinem weh. Ich versteh nicht, warum nicht einfach alle Leut katholisch werden!‹ So präzis kann nur ein Mensch sprechen, der gleichsam instinktmäßig das Wesen seiner Kirche begriffen hat und in ihr alles findet, was er sucht. Freilich, mit Glauben und Religion – was so einfache Gemüter stets gleichsetzen – hat das natürlich nicht das geringste zu tun, es ist einfach die Katholizität, von der ich so oft rede: ein Amalgam, das dem Menschen mehr zusagt als die härteren Urstoffe, aus denen es schließlich geformt wurde.

Im übrigen – um einmal vom Geschmack aus zu reden –, ich würde mir in dieser Gegend ziemlich deplaciert vorkommen, wenn ich nicht zu der Kirche gehörte, der alle angehören. Es will mir immer scheinen, wenn ich so durchs Land wandere, als habe diese Kirche die Landschaft und die Lebensform der Menschen geprägt. Vielleicht wäre ich in einem Judenstaat genauso ein Jude und in einem kommunistischen Land genauso ein Kommunist, wie ich jetzt ein Katholik bin, sofern mir das ebensowenig ›weh täte‹. Und auf das kommt es ja schließlich an. Das klingt recht blasiert, zynisch und charakterlos, aber um heutzutage in allem Wesentlich-Geistigen sein eigener Herr zu bleiben, dazu ist eine Technik nötig, alles andere mit automatischer Geläufigkeit zu behandeln ...«

*

Soweit der Brief. Er beantwortet, besonders wenn man seinen letzten Absatz liest, gleichsam von selbst die beklemmende Frage, weswegen sich in unseren Zeiten die Mehrzahl unserer Intelligenzler, ja auch sehr hochrangige Geister, so leicht totalitären Systemen unterwirft. Das geschieht keineswegs aus geistigem Phlegma, aus einer inneren Widerstandsunfähigkeit, sondern aus der furchtbaren Erkenntnis unserer Glaubenslosigkeit, die den verzweifelten Strindberg ausrufen ließ: »Es ist schade um die Menschen!« Und wenn Heinrich Heine in einer Anwandlung von ätzendem Galgenhumor in dieser Verlorenheit einmal feststellt: »Man kann nur mehr aus Ärger katholisch werden«, so ist das ein und dasselbe. Wird damit nun dem Konformismus das Wort geredet? Mir ist nicht angst davor, wenn die meisten mit einem empörten »Ja« darauf antworten. Ich habe nur mitgeteilt, wie sich einer verhalten hat, der es am wenigsten war, der ganz ehrlich war und sich und anderen nichts mehr vormachte. Vielleicht ahnte er damals schon die Binsenwahrheit, aus welcher Hannah Arendt ein ganzes politisch-philosophisches System entwickelte, nämlich, daß der aufgeblasene Nonkonformismus des heutigen »Intelligenzpöbels« nichts anderes ist als ein verhinderter Konformismus. Mir scheint, als seien der Überdruß vor so viel Oberflächenkult und Verlogenheit und das ohnmächtige Eingeständnis des Ausgeliefertseins an die brachialen Mächte die Motive gewesen, die meinen verstorbenen Freund zu seinem »Religionswechsel« führten. Was bleibt denn in dem Zustand, in welchem sich der wirklich Geistige heutigentags befindet, noch anderes übrig, als ganz in das eigene Innere zurückzufliehen und sich nach außen hin mit einem Surrogat von Religion abzufinden, das uns mit List oder brutaler Gewalt den Schein eines Glaubens (und das im weitesten Sinn gemeint) aufzwingt, den wir in unserer Hoffnungslosigkeit und Unruhe ewig suchen! ...

Über allem die Liebe

Zufällig habe ich in der letzten Zeit zwei dünne Bücher aus Deutschland bekommen, die mich, nachdem ich sie gelesen hatte, sehr glücklich stimmten. Es sind zwei Bücher von zwei außergewöhnlichen Frauen. Das eine ist von Victor Gollancz in London bereits englisch herausgebracht worden und stammt von Lina Haag, der Frau eines ehemaligen württembergischen kommunistischen Abgeordneten. Sein Titel ist *Eine Hand voll Staub*. Das andere Büchlein mit einer schönen Titelzeichnung von Lovis Corinth aus dem Jahre 1902 hat die Witwe dieses größten deutschen Malers der neueren Zeit zur Verfasserin, die in New York lebende Malerin Charlotte Berend. Sein Titel lautet *Mein Leben mit Lovis Corinth*.

Beide Bücher enthalten tagebuchmäßige Aufzeichnungen, die sich in ihrer Hingegebenheit, ihrer monologischen Intimität und Gefühlsaufrichtigkeit ausnehmen wie unendliche Liebesbriefe. »Unendlich« deswegen, weil man nach dem letzten Blatt das unmittelbare Gefühl hat, als sei man jäh unterbrochen worden. Der Entdecker und Anreger zur Veröffentlichung der Tagebuchteile von Charlotte Berend, der verstorbene Emil Ludwig, erzählt in seinem kurzen Vorwort, wie ihm die Verfasserin eines Tages in Kalifornien sieben vollgeschriebene Hefte übergeben hat (das Büchlein enthält nur ungefähr die Hälfte davon), und berichtet: »Niemand hatte die Hefte gesehen, nicht ihre Kinder und ihre Freunde.« Er hat völlig recht, wenn er meint: »Hier fand sich jenes seltsame Zusammentreffen von Darsteller und Dargestelltem ... die Liebesgeschichte zweier Künstler, die auch dann kostbar wäre, wenn der berühmt gewordene Eine gänzlich unbekannt wäre ...«

Mir erscheint die Bezeichnung »kostbar« nicht ganz zutreffend und etwas zu geschmäcklerisch, ich finde diese Liebes- und Ehegeschichte einer eben erst voll aufblühenden Frau mit einem fast doppelt so alten, ganz ausgereiften, melancholisch düsteren Künstler in mehr als einer Hinsicht erstaunlich. Die Aufzeichnungen beginnen nach dem Tode Corinths und sind aus der Blickrichtung des schmerzlichen Erinnerns entstanden, ganz ohne Absicht, sie jemals zu veröffentlichen, einfach so hingeschrieben in einer Art innerer Selbstwehr gegen die überwältigende Trauer. Eben deswegen bezwingt ihre Glaubhaftigkeit, darum wirkt ihre ungesuchte Offenheit so nachhaltig, so uneitel und ungeschwätzig. Da ist gar kein Künstlerklatsch, und viele Leser werden enttäuscht sein, daß in diesen Niederschriften, die immerhin in den bewegten Jahren von 1925 bis 1937 in Deutschland gemacht wurden, die Zeitgeschehnisse überhaupt nicht berührt werden; aber wie entrückt, wie aus aller Welt hinausgeschoben, wie elementar erklingt aus jedem Satz, jeder erzählten Handlung und Szene, aus jeder Stimmung die große Liebe! In einigen Naturschilderungen übrigens – und besonders in jener aus Urfeld vom 14. April 1929, um die mancher hervorragende Schriftsteller diese Malerin beneiden kann – spürt man dieses Zusammenklingen fast körperlich. Merkwürdig, daß mir beim Lesen dieser Aufzeichnungen so oft Flauberts *November* in den Sinn kam. Der Unterschied in der literarischen Struktur und im Stil blieb dabei nebensächlich, es war vielmehr dieselbe, fast unheimlich anmutende Gefühlskraft. Denn wie diese großartig sinnliche Frau in ihrer trauernden Einsamkeit den toten Geliebten anredet und beschwört, so, als sei er nie gestorben, als sei sein Wesen immer noch um sie und ganz in sie übergegangen, ja dieses letzte Ausschöpfen der schmerzlichen Leidenschaft des verlangenden Herzens – nie habe ich es bei Hamsuns weit überschätzter *Victoria*, immer aber im *November* Flauberts erlebt!

Viel verhaltener und ganz zeitverhaftet, aber ebenso elementar wirkt das Buch der Lina Haag, die wegen Untergrundarbeit gegen die Nazis sieben Jahre in Gefängnissen und Konzentrationslagern umhergeschleift wird und – endlich entlassen – in ihrer liebenden Bangnis um den ebenfalls eingekerkerten Mann es fertigbringt, nach vielen, schier hoffnunglosen Versuchen bis zum mächtigsten

Henker des Dritten Reiches, zu Heinrich Himmler persönlich, vorzudringen. Da steht sie nun nach ihrem schauerlich erlittenen Pas-
sionsweg, innerlich zitternd und kaum noch mächtig, das unwahr-
scheinliche Ereignis zu begreifen, steht da, und »der Unmensch in
der Maske des harmlosen Spießers« lächelt sie an. Nur sie, der
gutwillige Major Suchanek, der ihr zu dieser Unterredung verholfen
hat, und Himmler sind da. Sie denkt nur an ihren Mann, der in den
Steinbrüchen von Mauthausen zu Tode geschunden wird.

Lina Haag erreicht, was Hunderttausende ihresgleichen nicht er-
reichten: Ihr Mann wird entlassen, sie sieht ihn auf kurze Zeit
wieder, und ihr Glück ist unbeschreiblich. Aber schließlich wird der
Mann in die Armee eingezogen, kommt an die russische Front, sie
weiß nur dunkel, daß er sich dort weigern wird, gegen Partisanen
oder die Bevölkerung vorzugehen, endlich erfährt sie, daß er von
den Russen gefangengenommen wurde – und hört nie wieder etwas
von ihm. Dies schreibt die verlassene Liebende am Schluß ihrer
erschütternden Aufzeichnungen im grausigen Kriegsjahr 1944 als
Heilgymnastin im Lazarett »Hotel Rießersee« bei Garmisch:

»Heute ist Dein Geburtstag, mein lieber, geliebter Mann. Ich denke
den ganzen Tag an Dich und an die Sonnentage unseres gemeinsamen Lebens. Es waren deren wenige, aber ihr Glück ist ohne
Ende, und sie wärmen mein Herz, das seit Deinem Verstummen
nicht mehr aufgehört hat zu weinen.

Ich werde warten auf Dich, warten und warten. Bis zum letzten
Atemzug meines Lebens. Das ist es, was ich Dir sagen wollte,
Liebster . . .«

Aber die rein faktischen Geschehnisse und ganz besonders die
Begegnung mit Himmler sind sozusagen nur das Sensationelle
dieser Aufzeichnungen, denn Lina Haag war die einzige Antifaschi-
stin, die auf solche Art bis zum Oberhenker vordrang! Viel dichter,
viel ergreifender wirken die einsamen Zwiesprachen mit dem verlorenen Geliebten, die alles enthalten und über alles aussagen, was
ein leidendes, unsagbar zärtliches Frauenherz erfüllt. Und die Zeug-

nis ablegen von einem Mut und einer Standhaftigkeit ohnegleichen! Klingts auch ein wenig sentimental, ja fast anrüchig in einer Zeit, in welcher Kenntnisse und Wissen unsere großen, natürlichen »Gefühle« gleichsam zu ersticken drohen, ich gestehe, daß diese zwei Frauenbücher mir wieder das beseligende Bewußtsein beigebracht haben von der Mächtigkeit einer unbeirrbaren Liebe ...

Viele werden mit mir erleichtert und beglückt sein, wenn sie erfahren, daß Lina Haag nun doch wieder mit ihrem Mann vereint ist. Er kam vor einigen Monaten aus der russischen Kriegsgefangenschaft nach München zurück.

Warum werden die Dichter übergangen?

Vorschlag an die US-Militärregierung in Deutschland
zum Goethejahr 1949

In der wohltuenden Absicht, jetzigen Deutschen die Praxis und das Wesen der amerikanischen Demokratie näherzubringen, hat man bis jetzt eine ganze Anzahl maßgebender deutscher Persönlichkeiten als Gäste in die Vereinigten Staaten eingeladen.
Die Auswahl dieser Gäste traf – soviel mir bekannt ist – die amerikanische Militärregierung in Deutschland. Selbstverständlich konnten die Vorschläge, die ihr unterbreitet wurden, nicht alle berücksichtigt werden. Zuerst kamen Journalisten und Redakteure, die sich praktisch und theoretisch mit dem amerikanischen Pressewesen vertraut machen konnten, ihnen folgten einige sehr bekannte Politiker aus den Westzonen, die an der Durchführung der Präsidentenwahl als Beobachter teilnehmen durften. Es kamen Priester, Schulmänner, Gewerkschafter, Parteileute, Wirtschaftler, Industrielle und Kaufleute. Ich bin fest davon überzeugt, daß alle diese Gäste im großen ganzen mehr vom rein technischen Getriebe Amerikas gesehen haben als der durchschnittliche Emigrant, der schon jahrelang hier lebt. Schon allein so kostspielige Reisen, die Besichtigungen etwa der großen Detroiter Industriebetriebe, die Rücksprachen und Unterhaltungen mit einflußreichen Senatoren, Gewerkschaftsführern und Zeitungsmagnaten usw. – wieviel Alltagsamerikaner kommen je zu einer solchen Gelegenheit?
Ob nun aber die deutschen Besucher, überhitzt von so viel Angebotenem, in ihre Heimat zurückkehren, wirklich »gesalbt mit jenem Tropfen demokratischen Öls«, wie es die gutwilligen amerikanischen Behörden von ihnen erhoffen, erscheint fraglich. Sicher werden sie noch lange von der erstaunlichen Technisierung, vom Fortschritt und von der praktischen Bequemlichkeit des amerikanischen Lebens erzählen. Auch hin und wieder, wie wenig bürokratisch man

hierzulande ist, ja sogar ganz akademisch von irgendwelchen unge-
lösten sozialen Problemen – nur von einem werden diese Besucher
ganz bestimmt nichts aussagen können: vom Menschlichen in
diesem Riesenland, das für den flüchtigen Beobachter den Eindruck macht, als sei es in allem nur von einem automatischen
Gigantismus beherrscht, der Menschliches kaum mehr zuläßt. Demokratie aber, so wenigstens definieren sie die Einsichtigen, ist
Bewahrerin der Kultur, ist Hebung der Bildung, ist die unablässige
Bemühung der Völker, sich gegenseitig zu verstehen, sie ist die
Erweckung und Steigerung der Empfindlichkeit für das Humane in
jedem einzelne. Gewiß konnte es für die verschiedenen deutschen
Gäste nützlich sein, zu erfahren, wie hier gewählt, wie produziert
wird, weit wichtiger aber ist, zu wissen, wie der Arbeiter, der Farmer,
die Frau, kurzum der private Mensch sich in diesem Lebensrahmen
fühlt. Davon können die bisherigen deutschen Gäste in ihrer Heimat kaum etwas berichten. Wie sollten sie auch? Sie hatten keine
Zeit, und es gehörte weder zu ihrer Aufgabe noch zu ihrem Beruf.
Auf das anonyme, nur durch eine teilnehmende und sehr behutsa-
me Geduld erspürbare Menschliche in einem Volk aber kommt es
in diesen friedlosen Zeiten des übersteigerten gegenseitigen Miß-
trauens am meisten an!
Eine solche Mission kann nur der Berufene erfüllen. Fraglos ist der
nun wieder in bescheidenem Maße aufgenommene Studentenaus-
tausch zwischen Amerika und Deutschland ein sehr wirksames
Mittel, um zu einer menschlichen Annäherung zu kommen. Jedenfalls wird er sich als weit ergiebiger erweisen als all die bisherigen Fachleutebesuche. Sicher aber würde man rascher zu einem
nachhaltigen Resultat kommen, wenn man sich auf amerikanischer Seite dazu entschließen würde, endlich unabhängige deutsche Dichter und aufgeschlossene junge Schriftsteller einzuladen.
Es berührt in diesem Zusammenhang merkwürdig, daß beispielsweise der amerikanische PEN-Club oder die hiesigen Schriftstel-
lerverbände bis jetzt noch nicht auf einen solchen naheliegenden

Gedanken gekommen sind. Gerade sie könnten bewirken, daß die eingeladenen deutschen Dichter nicht routinemäßig ins automatische Getriebe der amerikanischen Demokratie eingeweiht, sondern in den menschlichen Alltag versetzt würden. Daß durch solche Dichterbesuche endlich auch die lebendige Annäherung und Wiedervereinigung zwischen den emigrierten und daheim lebenden Kollegen wahr würde, versteht sich von selbst. Und das tiefere persönliche Kennenlernen amerikanischer und deutscher Autoren wäre sicher eine fruchtbare Chance für die geistige Zusammenarbeit der nächsten Zukunft. Denn wer ist denn mehr ein Mittler zwischen den Völkern, wer erfüllt denn mehr im »Fremden« die Seele, mit der wir uns alle gleichen, als der Dichter?

Da wir uns augenblicklich in der festlichen Hochstimmung des »Goethejahrs« befinden, dürfte dieser praktische Vorschlag nicht allzu abwegig erscheinen. Sollten sich amerikanische Regierungskreise ablehnend verhalten, was wäre es für ein Ruhmesblatt für einzelne private Gönner in den Vereinigten Staaten, diesen Gedanken zu verwirklichen.

Uniformen ohne Vaterland

Nach der Verfassunggebenden Nationalversammlung in Weimar, damals, als man sich gewissermaßen mit der deutschen Republik abgefunden hatte und den Ersten Weltkrieg langsam zu vergessen suchte – damals traf ich einmal einen mir von früher her bekannten Uniformhändler, der es durch seine Umsicht und Servilität schon in Friedenszeiten zum Hoflieferanten gebracht hatte. Sein Laden befand sich im besten Geschäftsviertel der Stadt, und er verkaufte, wie er sich auszudrücken pflegte, »alles, was sich für einen repräsentablen Militärsmann gehört«. So zum Beispiel Helme, Mützen, Lackstiefel, Handschuhe, Schützenschnüre und Achselstücke für alle Ranggrade, Embleme und dergleichen. Dem guten Mann erging es ebenso wie jenem Grabsteinfabrikanten, welcher nach Beendigung des Krieges sein gut florierendes Geschäft ruiniert sah: Dieser nämlich starb auf der Stelle, weil andere nicht mehr massenhaft den Heldentod starben. Dem ehrenhaften Uniformhändler erging es nicht ganz so schlimm. Er erlitt nur einen gelinden Nervenschock, als er erfuhr, daß die siegreiche Entente unsere Militärmacht derart einschränken wolle, daß man keine wirtschaftlich-geschäftlichen Hoffnungen auf diesen »Lebenszweig« mehr setzen konnte. Vor allem traf ihn diese Kunde beinahe tödlich, weil er annahm, in der Republik höre das gehobene Dasein der von ihm belieferten Offiziere auf.

Was tat der solide Mann? Bei Ausbruch der 1918er-Revolution schloß er seinen Laden und entfernte eiligst die Hoflieferantenwappen auf seinen Auslagenfenstern. Zunächst begab er sich in die Schweiz, erholte sich von seinen Erschütterungen in Davos, während in München die Rätediktatur herrschte, und kehrte erst zurück, als die republikanischen Regierungstruppen die »Ruhe und Ordnung« wieder allenthalben hergestellt hatten.

»Der Pflicht gehorchend, nicht dem eignen Trieb«, öffnete er sofort nach seiner Rückkehr den Laden wieder und konnte unbehelligt seine ehemaligen Geschäfte machen. Nach einiger Zeit klebte auch das stolze Hoflieferantenwappen auf seinen Auslagenfenstern, und die »Kundschaft« von früher kam wie ehedem.

Diesen wackeren Mann, der gern Schach spielte und im Kaffeehaus als witziger Unterhalter einigen Ruf hatte, fragte ich eines Tages in jener Zeit, was denn nun die Herren Offiziere eigentlich zu tun gedächten, ob sie als Ehrenmänner von altem Schrot und Korn etwa der Republik genauso dienten wie früher der Monarchie oder ob sie nicht lieber größtenteils bürgerliche Berufe ergriffen.

Der Uniformhändler musterte mich halbwegs verständnislos und klärte mich auf. »Ein Offizier bleibt immer Soldat. Alles andere schert ihn nicht«, sagte er.

»Soldat? Auf den König vereidigt und jetzt für die Republik?« warf ich etwas erstaunt ein. »Läßt sich denn das mit seiner Offiziersehre so leicht vereinbaren? ... Ich versteh das nicht recht ...«

Der Mann blinzelte flugs umher, stellte offenbar fest, daß kein unliebsamer Zuhörer in der Nähe war, blinzelte wiederum befriedigt und beugte sich tiefer über den Tisch.

»Ich will Ihnen was sagen, Herr«, belehrte er mich halblaut: »Ein Offizier will nichts anderes als avancieren. Wenn diese Möglichkeit in der Republik gegeben ist, erklärt er sich für sie. Tut sie das nicht, kann er bei ihr nicht von Rang zu Rang klettern, so ist und bleibt er ihr Feind. Das ist das ganze Geheimnis ... Ich bin Geschäftsmann, ich solls eigentlich gar nicht sagen, aber, mein Gott, man hat manchmal menschliche Momente ... Sie verstehn mich!« Er lächelte ein wenig listig, ein wenig boshaft vielleicht, aber jedenfalls vollauf zufrieden. Ich sah seinen runden, gesund gebräunten Glatzkopf und schaute darüber weg ins Leere. Nur so ...

Nein, darüber und dahinter war nichts. Mir fiel nur auf einmal der Grabsteinfabrikant ein, der wegen des plötzlich hereingebrochenen Friedens gestorben war, gestorben, weil ...

»Tja, Herr, als Geschäftsmann muß man die Gelegenheit packen, wo sie sich bietet«, sagte der Uniformhändler mittenhinein.

Totenrede für meinen Freund,
den Münchner Maler Joseph Scharl

Liebe Freunde, wenn wir heute von unserm Freund Joseph Scharl, der so unerwartet und mitten in der Arbeit aus dem Leben gerissen worden ist, für immer Abschied nehmen, so ist das – glaube ich – nicht nur ein ohnmächtiges Abfinden damit, daß eben jeder von uns früher oder später sterben muß. Auch *das* ists nicht allein, daß uns dabei zärtlich und traurig einfällt, was viele von uns gemeinsam mit diesem humorig-eigenbrötlerischen, manchmal eulenspiegelhaft anmutenden Menschen Scharl in guten und schlechten Tagen durchlebt haben. Es ist vielmehr ein plötzliches, tief tröstendes und zugleich stolzes *Innewerden* alles dessen, was in ihm als Berufung beschlossen lag und, davon bin ich überzeugt, noch immer wirken wird, wenn wir selber schon längst nicht mehr sind. Uns war vergönnt, am Werden und an der Vollendung eines großen Künstlers teilzunehmen. Das gehört zu den seltenen Geschenken, die uns das Leben bietet. Und was wäre denn dieses unbarmherzige Leben für uns ohne das starke Licht der Kunst, ohne dieses Fluidum, das ihm stets den unsterblichen Sinn gibt.

Kunst ist, um es etwas apodiktisch zu sagen, letzte Hinführung zur Güte. Sie appelliert an unsere Empfindung, und immer nur ists die Empfindung, die uns gültige Einsichten und innerste Erfahrungen verschafft. Wieso kommt es, habe ich mich oft gefragt, daß wir fast ohne Gefühlsregung in der Zeitung darüber hinweglesen, wenn bei einer Unwetterkatastrophe oder im Kriege Hunderte und Tausende von Menschen den Tod finden, während uns das Sterben eines einzigen nahen Menschen so schmerzlich überwältigt? Offenbar geschieht in diesem Einzelfall gleichsam konzentriert das tausendfache Furchtbare und wird uns ganz bewußt. Der Künstler allein ist imstande, in einem Bild dieses Bewußtsein in uns zu erwecken, es so stark aufzuhellen, daß wir in unserer Schicksalsohnmacht auf einmal eine allverbindende Güte finden. Wenn man Scharls hilflos verstümmeltes Kind von Guernica, seinen toten Soldaten oder den beklemmenden Christuskopf sieht, geschieht dies mit einer Kraft, die uns kein Ausweichen mehr läßt. Der, der jetzt starr vor uns liegt, hat unzählige Male das Sterben durchlitten und es so eindringlich ins Bild gebracht, daß es uns unwillkürlich erschauern läßt. Zugleich weht uns daraus etwas an wie die Zurede des Demütigen und Einsichtigen: »Überhebt euch nicht und versucht, einander zu lieben.«

Ich maße mir gewiß nicht an, sozusagen fachlich Endgültiges über Scharls künstlerisches Werk zu sagen. Wie zu seinen Lebzeiten werden auch jetzt, nach seinem Tode, die Meinungen darüber noch gegeneinander stehen. Schroffe Ablehnung und hingerissene Bewunderung hat es immer hervorgerufen, dieses Werk, aber nie hat es gleichgültig gelassen. Es wirkt in jeder Hinsicht provokativ. Es ist die Urschrift, die den eigenwüchsigen Künstler charakterisiert. Es zeigt sich darin stets die harte, männliche Ehrlichkeit Scharls, der er fast unentrinnbar verhaftet ist. Das ist nicht übertrieben, denn wie leicht hätte es unser Freund gehabt und wie schnell wäre er zu einem äußeren Erfolg gekommen, wenn er den gängigen Modeströmungen Zugeständnisse gemacht hätte! Das eben *konnte* er nicht, das war gleichsam wider seine Natur. Anpassung und Opportunismus blieben ihm zeitlebens fremd. Er blieb der, der er war. In allem. Oft sah das aus wie hartköpfige, echt bäuerlich-bayrische Rechthaberei. Vielleicht aber war es nur die Ungeduld dieses jahrelang kranken, tapfer leidenden Mannes, der keine Zeit mehr für sein Wesentliches verlieren wollte. Darum blieb er auch so immun gegen jede leere Lobhudelei, und darum war er so dankbar für kritische Einwände, die fundiert waren. Auseinandersetzungen, von denen er etwas Positives erhoffte, machten ihn ungemein belebt. Wer dann seine hitzige, sich geradezu in Spaßhaftigkeiten überpurzelnde Redseligkeit erlebte, dem wurde mittendrin plötzlich klar, wie schamhaft, scheu und wahrhaft demütig dieser Mensch und Künstler war. Die ehrlichste Zustimmung, die aufrichtigste Ermunterung konnten ihn nur verlegen machen, wortlos verlegen, und das nicht etwa deswegen, weil er sie nicht annahm, sondern weil er sein bewegtes Herz nicht zeigen wollte. Darum gab er sich bei solchen Gelegenheiten lieber ein wenig närrisch. Er hatte Angst vor dem Ausbruch seines Gefühls, denn dieses Gefühl gehörte nur seinem Schaffen. Darum sein besessener Arbeitsfanatismus, der in den letzten Monaten, als er schon schwer krank war, sich so steigerte, daß der Schaffende Leid und Schmerz und selbst die sicheren Anzeichen des drohenden Todes übersah. Er starb buchstäblich in den Sielen, aber er starb – und das kann uns Trost sein – zugleich im höchsten Rausch des glücklichen Schaffens.

Liebe Freunde, während wir, durch den Tod unseres Freundes wieder auf uns selbst zurückgebracht, hier versammelt sind, rauscht und rattert und tobt da draußen die mächtige, steinerne Stadt New York. Ihr Leben, in das jeder von uns unerbittlich verstrickt ist, geht weiter. Es lacht und weint, dieses Leben, es erhebt uns und schlägt uns nieder. Dieser Kraft hält nur stand, wer sich im zerreibenden Auf und Ab eine wissende Liebe für die Menschen bewahrt. Freilich verlieren wir durch diesen Tod einen vielgeliebten Kameraden, aber er hat uns etwas Unverlierbares hinterlassen, das uns immerwährend in ihm daheim sein läßt: das Werk seiner Kunst, die jene Kraft der wissenden Menschenliebe ganz zwingend ausstrahlt, eben weil diese Kunst ganz er selber ist.

»Und da du nun nicht mehr lebst, streichelt jeden Tag und jede Nacht dein Staub meine Wangen«, heißt es bei einem Dichter. Uns aber bleibt weit mehr als der Staub des Menschen Scharl. Das tröstet uns heute und stärkt uns für morgen.

Nachruf auf Theodore Dreiser

In Hollywood ist dreiundsiebzigjährig Theodore Dreiser gestorben. Unerwartet, am Herzschlag. Man erfährt, daß seine Gesundheit ausgezeichnet gewesen sein soll und daß er in stiller Abgeschlossenheit noch zwei Romane vollendet hat – mittendrin hört dieses Herz zu schlagen auf, ein unbändig starkes Herz, das ein Leben lang voll gerechtem Grimm gegen jegliche Art von Unrecht und Unmenschlichkeit loderte! Vor ihm und mit ihm kämpften Gefährten seiner Geistesrichtung gegen diese Grundübel mit scharf analysierendem Verstand, mit vernichtender Logik oder mit ätzender Ironie – aus ihm tönte stets das beleidigte Herz. Dieses Herz war immer eins mit jenen einfachen Menschen der Masse, die er »Ton in des Töpfers Hand« nennt und die meistens vom Getriebe des Lebens zerrieben werden, zugrunde gehen oder in tiefer Resignation enden. Deswegen ist die schlichte Geschichte der armen *Schwester Carrie* so glaubhaft und unvergeßlich, darum lieben wir *Jennie Gerhardt,* das naive, unerfahrene Mädchen, das einen reichen Mann heiratet und nach dessen Tod wieder zurücksinkt in die Armut. Und immer, glaube ich, wird dem Leser das Herz stocken, wenn er die mächtige *Amerikanische Tragödie* liest, die weit weniger die Geschichte des unglücklichen jungen Clyde ist als jene des amerikanischen Lebens überhaupt, das hier bis in die finstersten Winkel hinein bloßgelegt wird. Das Herz des Dichters ist bei seinen »Helden« und schlägt gegen die ganze Ordnung einer Gesellschaft, die »den Armen schuldig werden läßt«.

Ich erinnere mich, daß ich vor langer Zeit diese Bücher in deutscher Übersetzung las. Umständlich und weitschweifig, mitunter trocken registrierend, beginnt sich die Handlung langsam zu entwickeln. Es ist gar nichts an diesem Schriftsteller, das darauf bedacht wäre, dem Publikum zu gefallen, und sicher ist es wahr, wenn man behauptet, Dreiser wäre der unamerikanischste unter den amerikanischen Schriftstellern. Es gibt bei aller Verschiedenheit der Landschaft und der Zeiträume Stellen bei ihm, die entfernt an die warme, zarte Melancholie unseres Fontane erinnern, und oft hat man das Gefühl, als fürchte sich der Dichter, den Ausbruch seines gepeinigten Herzens zu früh zu zeigen. Dann aber bricht es doch aus ihm wie ein Sturzbach – und das überwältigt, das bleibt einem haften auf Lebenszeit.

Überblickt man diese starken Bücher und nimmt den schweren Weg, den dieser große Schriftsteller hat gehen müssen, niemand wird leugnen können, daß kein Upton Sinclair und kein Sinclair Lewis hätte werden können ohne ihn. Für sie und alle Nachfolgenden mußte er leiden und bluten und alle Bitternisse der Vorläuferschaft auf sich nehmen. Man weiß, daß er von deutschen Eltern stammt, und wie mir einer seiner Freunde sagte, »hatte er den echten deutschen Dickschädel und die ganze deutsche Ungeschlachtheit in der Figur«. Amerika verdankt ihm eine moderne, frei gewordene Literatur, die weltgültig geworden ist, und wenn es nach Rechtem ginge, müßte das ganze Land um ihn trauern. Trauern aber werden nur jene um ihn, die durch seine Bücher beglückt und bereichert wurden. Unvergessen wird seine Standhaftigkeit gegenüber dem jahrelangen Verkanntsein bei den Mitstrebenden in allen Ländern bleiben, denn an einem solchen Beispiel wächst man nicht nur literarisch.

Ich hatte nie das Glück, den tief verehrten Mann zu sehen. Ich kannte ihn nur aus seinen Büchern und aus den Schilderungen etlicher seiner Freunde, aber es ist mir, als wehte mich in diesem Augenblick ein Bild an: Ein hünenhafter, schlohweißer Mann mit weit ausladenden Bewegungen, laut und geräuschvoll, leert noch einmal seinen Whisky und ergeht sich in erbittertem Geschimpf über die Unvernunft der Verhinderer eines wahren Weltfriedens – er stößt seine Worte gleichsam heraus, mittendrin bricht seine Stimme ab, für immer ...

Und es ist mir, als setze jäh eine schreckliche Stille ein.

Zum Tode Martin Andersen-Nexös

Der gedrungen gebaute, grauhaarige Mann, der jetzt im Alter von fünfundachtzig Jahren in Dresden an einer Gehirnblutung gestorben ist, sollte schon 1910, als sein mächtiger Proletarierroman *Pelle der Eroberer* abgeschlossen erschien, den Nobelpreis für Literatur bekommen haben. Er erhielt ihn nie, obgleich ihm nur wenige weltbedeutende Schriftsteller der letzten fünfzig Jahre an epischer Atemweite nahekommen. Dieser dänische Prolet Pelle, mein Gott, ich habe ihn im ersten Band auf dem Bauernhof erlebt, ich litt mit ihm im zweiten in der kleinen Handwerksstätte und im dritten in der Fabrik, und dann kam der vierte, letzte Band in der großen Stadt Kopenhagen, »so, wie es jetzt ist, durchorganisiert und von Arbeiterhänden regiert, in der Volksstadt«. Nie wieder ist eine so eindringliche, glaubhafte Altersgestalt wie Pelles Vater Lasse in der Weltliteratur geschaffen worden, und wie eng, sentimental und oberflächlich sind alle Schilderungen anderer Dichter des Proletariats, wenn sie ein Mietshaus mit armem Volk schildern, im Vergleich zu Nexös Kopenhagener »Arche«, jener riesigen, vielbevölkerten Wohnkaserne im *Pelle.*
Hier ist ein ganz großer Dichter gestorben und ein Mann von einer lapidaren Überzeugungskraft. Er hatte die unerlernbare Fähigkeit, die einfachsten Worte glühend zu machen. Man muß seinen zweiten monumentalen, fünfbändigen Roman *Stine Menschenkind* lesen, ja man braucht sich nur an die Szenen zu erinnern, da dieses reine Wesen sich hinschenkt, um alles wieder von neuem unverbraucht zu empfinden. Vielleicht aber sind solche Empfindungen nur jenen Millionen Gleichleidender geläufig, die in diesem »Menschenbruder« ihren echtesten und – neben Gorki – gewaltigsten Anwalt sehen. Was Nexös Werk besonders liebenswert macht und was dem »bitteren« Russen fehlt, ist sein starker männlicher Humor, der überall durchbricht, ein Humor ohne Skepsis, von einer tiefen Gläubigkeit an das Gute. Und dennoch schrieb er 1929

seinen mächtigen Bauernroman, der Dänemark während des Ersten Weltkriegs schildert, dieses Buch mit dem ironischen Titel *Im Gottesland,* und ist so hart und wahr darin wie kaum ein anderer Bauernschilderer. Und ich kenne diese Bauern immerhin nicht nur aus den Werken der Weltdichter.

Andersen-Nexö wurde in seiner dänischen Heimat viel angefeindet wegen seiner revolutionären Haltung, seiner gläubigen Freundschaft mit der Sowjetunion, aber wer ihn gekannt hat, wurde bezwungen von seinem Dichter- und Menschentum, das logischerweise gar keine andre Richtung nehmen konnte. »Die Dichter«, sagte er einmal, »sind heutzutage ein Volk, das in einem Krematorium sitzt und Ornamente auf Urnen malt; lieber will ich einer wie die alten Barden sein, die vor die Front gingen und den Aufgesang zum Kampf anstimmten.« Damit hat er – kompromißlos und unversteckt, wie er immer war – sein ganzes Dichten, sein Leben und sein Wesen gekennzeichnet. Millionen werden um ihn trauern, aber in seinem Werk stets sich selber finden und aufrichten. Und in ihre Trauer werden sich Dank, Stolz und das Bewußtsein der unvergänglichen Kraft seines Dichterwerkes mischen.

Da ich dies schreibe, sitzt mir eine schwere fleischerne Kugel in der Kehle, und Schmerz zuckt um meine Augenränder, denn es ist mir, als wäre wieder ein weithin leuchtendes Licht auf der Welt erloschen, als würde es dunkel und dunkler um uns ...

Um Thomas Mann

Briefwechsel anläßlich seines siebzigsten Geburtstages

Sehr verehrter Herr Thomas Mann!

In all den Jahren meines Irrens und Trachtens habe ich Ihr Werk verfolgt. Es hat so ziemlich jede Empfindung in mir ausgelöst: einmal wilde Ablehnung, dann wieder glückliche Begeisterung. Immer hat es mich beschäftigt und beunruhigt. In diesen Jahren, da das Grauen und jede Schrecklichkeit schon fast zum Alltäglichen geworden ist, steht es einem Mitleidenden nicht gut zu Gesicht, Ihnen zu Ihrem siebzigsten Geburtstag eine unwahre Freundlichkeit, ein leeres Kompliment zu sagen. Was hätten Sie davon?

Sie wissen, daß ich zu keiner Zeit ein deutscher Patriot war, und ein Nationalist schon gleich gar nicht. »Vaterland« war für mich von jeher ein Lesebuchschlagwort ohne greifbaren Inhalt, und der Begriff »Nation« blieb mir immer etwas Abstraktes. Der Begründer des Zionismus, Theodor Herzl, schreibt einmal: »Nation ist eine Gruppe von Menschen, zusammengehalten durch einen gemeinsamen Feind.« Wenn dem so ist, wenn Nation den Feind geradezu zur Voraussetzung hat, dann konnten nur rivalisierende und konkurrierende Besitzerschichten, die einander etwas abjagen wollten, ein Interesse daran haben, »Nationen« zu organisieren. Die Völker waren einander nicht feind. Erst als man sie soweit gebracht hatte, daß sie »nationalbewußt« und »nationalistisch« wurden, konnte man ihnen auch die gegenseitige Feindschaft einreden.

Darum habe ich mich stets mit einer fast einfältigen Hartnäckigkeit zum Volk bekannt, zum Volk schlechthin, wenn ich auch im deutschen am meisten beheimatet bin.

»Mein Gott, das Volk!« schreiben Sie einmal und fahren fort: »Hat es denn Ehre, Stolz – von Verstand nicht zu reden? Das Volk ist es, das auf den Plätzen singt und schreit, wenn es Krieg gibt, aber zu murren, zu greinen beginnt und den Krieg für Schwindel erklärt, wenn er lange dauert und Entbehrungen auferlegt. Womöglich macht es dann Revolutionen; aber nicht aus sich; denn zu Revolutionen gehört Geist, und das Volk ist absolut geistlos. Es hat nichts als die Gewalt, verbunden mit Unwissenheit, Dummheit und Unrechtlichkeit ...«

Ich nehme nicht an, sehr verehrter Thomas Mann, daß Sie irgendein Buch, das Sie je geschrieben haben, nicht ernst nehmen, daß Sie es am liebsten ungeschrieben wüßten. Jedes – wie sollte es auch anders sein können! – ist der Ausdruck Ihrer komplexen Persönlichkeit, Ihres ureigenen Geistes. Ich aber gehöre zu jener Masse »Volk«, der Sie Unrechtlichkeit vorwerfen. Ich möchte mich nicht einer solchen »Unrechtlichkeit« schuldig machen, indem ich Ihnen an Ihrem Jubeltag eine Unwahrheit sage.

Sie und der überwiegende Teil jener geistigen europäischen Generation, der Sie angehören, haben dieses Volk nie gekannt und es im tiefsten stets abgelehnt. Diese Generation entschied sich für Nietzsche – aber nicht für Tolstoj. Das könnte man beinahe als »Schicksal« bezeichnen, um das Folgenschwere daran etwas zu mildern. Diese Entscheidung hat aber das Geschick der europäischen Völker bestimmt.

Ich bin kein irrationaler Schwärmer und kein verlogener Frömmler, der die Volksmasse etwa als ein Ideal ansieht, das nur so von Edelmut trieft. Eine hundertmal gemachte Erfahrung hat mich gelehrt, daß das Teuflische im einzelnen und bei den Massen schneller und leichter entfacht und zur unseligen Wirkung gebracht werden kann als dasjenige, das wir gemeinhin als das »Gute« bezeichnen. Zu oft habe ich auch die Relativität dieses »Guten« in meinem eigenen Leben und in den Massen kennengelernt, und bei genauerem Hinsehen stellte sich dann nicht selten heraus, daß das »Gute« meist mit dem verwechselt wird, was einem nützt. Mit einem Tiefsinn, der alle gültige Philosophie verblassen läßt, stellt Wilhelm Busch fest:

»Das Gute, dieser Satz steht fest,
ist stets das Böse, das man läßt.«

Nur wer mit einer solch großartigen Unbefangenheit zu denken vermag, dem wird klar, daß nichts auf der Welt von ungefähr geschieht, daß alles seine verborgenen inneren Ursachen hat. Eine der schwerwiegendsten Ursachen für Europa war unbestreitbar die Nachfolgeschaft Nietzsches, die in Ihnen, Thomas Mann, schließlich doch zu jener milderen Grundtendenz geführt hat, Gutes und Böses schöpferisch auszugleichen.

Nicht ohne Hemmung und in schweren, bedrückenden Stunden schrieb ich das hin, denn es ist für mich besonders bitter, Ihnen, Thomas Mann, das heute sagen zu müssen, da ich Sie aufrichtig verehre und Ihnen viel Dank schuldig bin; ich achtete stets Ihre hochsinnige Menschlichkeit, und ich habe immer bewundert, wie schwer Sie sich den Weg gemacht haben, den Sie gegangen sind. Ihr Werk hat trotz alledem die Welt tiefgreifender und schöner bezwungen, als es je ein Staatsmann oder blindwütiger Eroberer vermocht hätte. Es wird künstlerisch beispielhaft bleiben für viele Generationen. Wie sollte ich nicht stolz und glücklich sein, daß es gerade ein Deutscher ist – und ein Deutscher jetzt!!! –, dem man diesen dauerhaften Ruhm zugestehen muß!   29. Juni 1945

Lieber Herr Oskar Maria Graf!
Für Ihre freundlichen Zeilen vom 29. Juni und den nicht verlesenen Glückwunsch lassen Sie mich Ihnen recht herzlich danken.
Die Tribüne-Leute mögen recht damit gehabt haben, daß die Verlesung Ihrer ernsten, unkonventionellen Worte rein gesellschaftlich etwas disharmonisch gewirkt haben würden; aber geistig, menschlich, moralisch wäre Ihre Mitteilung doch sehr wichtig und interessant gewesen, und darum muß ich den Verzicht gleichwohl bedauern.
Sie zitieren in Ihrer Kundgebung eine anstößige Stelle aus den

257

Betrachtungen eines Unpolitischen. In Shakespeares *Coriolan* stehen schlimmere Dinge über das »Volk«. Aber das ist keine Entschuldigung. Was ich sagen möchte oder vielmehr Ihnen bestätigen möchte, da Sie es selbst schon annehmen, ist nur, daß ich jenes Schmerzensbuch niemals verleugnen werde. Erstens hängt man an Dingen, bei deren Herstellung man gelitten hat wie ein Hund, und zweitens weiß ich zu gut, welche Funktion das Buch in meiner geistigen Entwicklung gehabt hat. Selbst künstlerisch bin ich ihm zu Dank verpflichtet, denn ohne diese dialektische Vorbereitung wäre der Gedankenbau des *Zauberbergs* nicht möglich gewesen.

Über die Stellung, die die *Betrachtungen* in der *Einheit* meines Lebens einnehmen, hat am schönsten Erich von Kahler gesprochen in seinem Aufsatz über den *Geistigen Menschen* in dem Heft der ›Neuen Rundschau‹ vom 6. Juni 1945, mit dem diese Zeitschrift ihr neues Leben eröffnete.

Nehmen Sie meine besten Wünsche für Ihr Wohlergehen und Ihre Arbeit. Jedes Wort, das Sie mir über Ihren Tolstoj sagen, macht mich neugieriger auf dieses Buch.

Ihr sehr ergebener   Thomas Mann

Kleiner Dank an Thomas Mann zu seinem achtzigsten Geburtstag

Wie kommt es, daß Befangenheit und eine nicht präzis erklärbare Hemmung sich einstellen, wenn ich jetzt hinüberdenke nach Zürich, an den achtzigjährigen Thomas Mann denke, dem heute die ganze Welt huldigt? Was kann ihm, so frage ich mich, viel daran liegen, ob einer von den vielen, die ihm und seinem Schaffen ungemein viel zu verdanken haben, einen Glückwunsch sendet? Aber nicht allein dies ists, was mich hemmt und befangen macht. Bei nur ganz, ganz wenigen Schriftstellern habe ich so stark das Empfinden des Persönlichen und Nahen wie bei Thomas Mann. Genau und aufrichtig überlegt, beruht dieses Empfinden gar nicht darauf, daß man sich seit langem halbwegs kennt, mitunter Briefe wechselt und sich bei zufälligen Begegnungen ein bißchen unterhält. Es ist vielmehr ein unaussprechlich erregendes Anteilnehmen am Persönlichen dieses tief zivilen Menschen, das sogleich einsetzt, wenn ich etwas – seis nun eine Meinungsäußerung in den Zeitungen, ein Essay, eine Rede oder ein erzählerisches Werk – von ihm lese. Man kann unmöglich gleichgültig dabei bleiben, man ärgert sich oder wird begeistert, und zum Schluß möchte man einen langen Brief schreiben und hat ein schrecklich drängendes Verlangen, sich mit dem Autor auseinanderzusetzen. Man ist mit und bei ihm im Guten und Bösen, im Allgemeinen und Privaten. Nur Tolstoj, Tschechow, Gottfried Keller und Jeremias Gotthelf wirken stets so auf mich. Offenbar, so meine ich manchmal, ist in den Werken dieser Schriftsteller dasselbe Element wie in allem, was Thomas Mann schreibt: die Dreiheit von oft erschreckender Intimität des Dargestellten, von höchster Kunst, das Autobiographische allgemeingültig zu machen, und die tiefste, schmerzlichste Einsicht in die Fragwürdigkeit alles Menschenlebens.

Daß solche Schöpferkraft bei alledem den Humor nicht verliert, ist nach meinem Dafürhalten eines der tröstlichsten Wunder unseres Daseins. Mit achtzig Jahren seine künstlerische Meisterschaft bis zur tiefsinnig-übermütigen Travestie des *Krull* zu steigern, hat Anspruch, als geistiges Ereignis gewertet zu werden, das die Welt nur sehr selten erlebt.

*

Vor ungefähr vierzig Jahren las ich die *Buddenbrooks* zum erstenmal. Das Familiär-Zuständliche darin zog mich sogleich in den Bann, das »Lübeckische« blieb mir als zu stark heimatbelastetem Bayern zu ungewohnt und fremd. Nach zehn Jahren wurde auch dies für mich anheimelnd, und nachdem ich hier in New York vor etlichen Jahren abermals das Buch las, ging ich mit diesen Menschen in den Räumen und auf den Straßen umher. So erging es mir beim *Zauberberg* und am eindringlichsten bei der *Lotte in Weimar*.

Dann ging ich doch eines Tages an den *Faustus*, und mir, dem für Musik fast Unempfänglichen, wurden auf einmal die Stellen über Musik hinreißend interessant, ich begriff etwas von ihrem vieldeutigen Wesen, von ihrer gefährlichen Kraft der Bezauberung. Und Zeitbloom und Leverkühn – wie oft haderte ich mit ihnen und wie oft erschütterte mich die Einheit Thomas Mann, die in diesen zwei Menschen so überdeutlich wird! Und wie weh tut es mir, vor diesem grandiosesten Werk der Weltliteratur in den letzten hundert Jahren einbekennen zu müssen, daß es erzählerisch ein mißlungener Roman ist, ein Monstrum an Gewalt und Eindruckskraft wie Dostojewskijs *Brüder Karamasow* und doch ein Zuviel an zusammengefaßter epischer Konstruktion. Es ist – er sagt es selber oft und oft – der bohrend grübelnde Zimmermensch Thomas Mann, der gleichsam von der ungeheuren Last seiner Einsichten erdrückt wird, dem hier der Instinkt für das fließend Erzählerische entweicht, ganz und gar bei der Teufelsbegegnung. Und dennoch und trotz alledem wird keiner, dem Lesen das halbe Leben bedeutet, dieses Buch je wieder vergessen und es sicher bei der zweiten oder dritten Lektüre als etwas geistig Entscheidendes nicht nur im Dasein des Dichters, sondern unserer ganzen Zeit erleben.

Nein, ich habe außer den Essays, zu denen ich immer und immer wieder zurückkehre, noch lange nicht alles von Thomas Mann gelesen. Ich stieß auf ihn ganz zufällig, als mir während einer Haftzeit in München ein Mitgefangener das untheatralische Dialogstück *Fiorenza* gab, in welchem es von Geist und Menschenkenntnis nur so funkelt. Jung und draufgängerisch der sozialen Weltveränderung zugewandt, mißfielen mir Melancholie und Ironie des *Tonio Kröger* und das langsame Verlöschen des schönheitstrunkenen Herrn Gustav von Aschenbach im *Tod in Venedig*. (Damals, mein Gott, ergriff uns Barbusses *Feuer* – und wie vergangen ist es!) Auch der aus behaglicher Lust geschriebene, jetzt verfilmte Roman *Königliche Hoheit* und die vielgerühmte Novelle *Unordnung und frühes Leid* erweckten nicht den Drang in mir, sie wieder zu lesen. Ganz und gar dagegen – und das wochen- und monate-lang – beschäftigten mich die vielumstrittenen *Betrachtungen eines Unpolitischen*, in denen soviel Tieferkanntes und Prophetisches neben geradezu politisch Trivialem steht, soviel über das »Deut-sche« und den Autor selber, aufrichtig und rührend und zwingend und ärgerniserregend, wie es kennzeichnend für seine Schreibart ist. Niemand außer Gorki und der Franzose François Porché hat soviel Erhellendes über Tolstoj geschrieben wie Thomas Mann in *Goethe und Tolstoj*, und was hat dieser rastlos nachdenkende Geist nicht alles erkundet über das Dichten und die Dichter, wie liebend und bewundernd läßt er sich über Fontane und Storm aus, welches glückliche Erschauern empfand ich beim Lesen seiner *Einführung in den Zauberberg* und seiner jetzigen, ergreifenden Schillerrede! Das Pathos, das dieser einzigartige Dichter aus Angst und Demut stets vermeidet, um sein zärtliches, leidendes Herz nicht zu zeigen – hier bricht es hervor wie ein Sturzbach, als spräche nicht ein Greis mit achtzig Jahren zu uns, sondern ein hingerissener Jüngling!

*

Jetzt, im Überlesen des Hingeschriebenen, kommt mir alles wenig geburtstäglich glückwünschend vor, aber es ist geschöpft aus einem Staunen vor der Größe der Erscheinung Thomas Mann. Jeder ganz große Dichter lehrt uns stets von neuem das Staunen vor dem Einfachen, indem er es durchleuchtet von allen Seiten, das Viel-schichtige und Wesensbunte dieses Einfachen ergründet. Dadurch vollendet er sich selber im Menschlichen und wird zum Inbegriff und Sinnbild alles Edlen in uns, zur geistigen Erscheinung unserer Menschengesellschaft. Nie hat sich um diesen großen Mann ir-gendeine Legende gebildet, es gibt kaum Anekdoten über ihn. Er blieb stets der unauffällige Mitmensch unter uns, sinnend und trachtend, seine Begnadung in uns allen begreiflich und wirksam zu machen. Unendlich beglückend für uns, ihn auf unserer Welt zu wissen und ihm zu danken.

Widmung in einem Geburtstagsbrief, 1955
Meditationen über den Dichter

Im Grund genommen sind wir Mönche in Verbannung,
die sich unbändig in der Einsamkeit und Spannung
nach Freiheit, Liebe, Lust und Reichtum sehnen.
In Nächten ohne Schlaf, die sich unendlich dehnen,
lebt nur die Gier nach jenem schrecklich schönen
und fernen Leben, das verruchter ist als jede Ahnung.

Denn wer lebt so, wie wir zu leben haben?
Von nichts erquickt, woran sich Menschen laben,
und so vom Sinnen nach dem Unergründlichen besessen,
daß wir den Freund und die Geliebte blind vergessen,
wenn uns der schöpferische Augenblick ergreift?!

O wüßtet ihr, die noch das Glück, die kleinen Freuden kennen,
wie uns die Ruhelosigkeit durch alle Höllen schleift
und wie wir langsam an uns selbst verbrennen
und ständig dastehn, fremd in allem, völlig ausgedorrt,
weil wir nur einem untertan: dem Wort.

Wer kann denn sagen, was geschieht,
wenn uns ein unverhofftes Wort ersteht,
ein Wort in seinem Glanz und seiner Herrlichkeit?!
Wie eine Mutter, welche die Geburt besteht,
erschauern wir in trunkner Seligkeit
und halten dieses Wort, daß es nicht flieht,
und hüten es wie ein Geheimnis, eine Kostbarkeit,
und pflegen es mit banger Zärtlichkeit und List.
Wir warten Stunden, Tage, lange, lange Wochen,
daß es den Sinn bekommt und aufersteht als Bild.

Auf einmal spüren wir, daß es vergangen ist
und uns nicht die geringste Treue hielt.
Das ist weit mehr als Schmerz! Im Innersten gebrochen
sind wir, von Fadheit bis zum Rand gefüllt.
Und weiter treiben wir in unser dunkles Müssen
und werden wieder einsam, ohne es zu wissen...

So wehen wir in unserer Besessenheit
vorbei an jeder Forderung der Zeit,
die unser Dasein wie ein wirrer Sturm umschäumt.
In keinem Augenblick ist uns geheuer
bei dem, was unsrer engen Brust entkeimt.
Das Wort, dies vielverzweigte Abenteuer,
das uns in atemloser Spannung hält,
es wird zum Satz, zum Buch und endlich zur Idee
und gibt sich mißverstanden einer lauten Welt
und sagt zu uns zum Schluß verächtlich: »Geh!«
Denn alles, was wir je als Eigenstes vollbracht,
ist schon beim Widerhall um unsren Sinn gebracht.

Und dennoch, Dichter, dessen sei stets eingedenk:
Du bist des Schöpfers teuerstes Geschenk.
Ein Ding aus Augenblick und Atemzug,
zur Lust gemacht wie heitrer Vogelflug.
Denn *dir* gehört die Welt seit Anbeginn,
und ihrem Leben gibst erst *du* den Sinn!
Zugleich von Stolz und Demut überhellt,
ragst du aus allem unverstellt.

Arabeske zum Schluß

Wenn aber einer von den Deinen sagt:
»So mache ichs! Das habe ich gewollt«,
der hat schon tief in sich versagt
und nur der Eitelkeit Tribut gezollt.
Denn bleiben mußt du Vogelflug,
ein runder Augenblick, ein voller Atemzug!

Juni 1955

In unfaßbarem Schmerz

Redet und schreibt nicht laut und weitschweifig! Laßt die geschäftige Trauer in der Presse, am Radio und bei den Televisionsübertragungen bleiben – schweigt ein einziges Mal und haltet in ohnmächtiger Trauer den Atem an über das unfaßbar Niederschmetternde, das geschah: Thomas Mann ist gestorben!

Die ungeheure Kraft des neunzehnten Jahrhunderts, die es vermocht hat, ins zwanzigste die Humanität, den Geist der lautersten Menschenvernunft fortzeugend hineinzuverpflanzen, ist mit diesem Tod dahingegangen. Wer wird, so wie er, nicht nur mit seinem Wort, seinem Werk, sondern durch seine bloße Existenz noch die weltweite Wirkung haben?

Mit ihm starb gleichsam die Atmosphäre, in welcher wir uns in dieser unbeschützten Gegenwart, in diesem Vorstadium einer ungewissen Zukunft geborgen fühlten. Das ist das Schreckliche, das Unwiederbringliche! War er denn nicht gleichsam die Zusammenfassung, die Inkarnation seines Jahrhunderts, die vollendete Krönung all jener ganz großen Geister, die es hervorgebracht hat? Zählt die Namen, und es wird begreiflich, daß es das achtzehnte trotz Goethe überflügelt hat, und setzt dagegen die geringe Substanz der Namen des zwanzigsten (fünfzig Jahre sind immerhin schon davon vergangen) – welcher Verlust hat uns getroffen! Wie öde, wie dunkel ists geworden um uns durch diesen Tod. Denn daß er *da* war, dies war für mich noch mehr als sein Werk. Und sicher war es für Millionen so.

Unfaßbar, zu denken, dieser geistigste Mensch und menschlichste Geist lebt nicht mehr!

Thomas Mann als geistiges Erlebnis

Totenrede, gehalten im Hunter-College in New York 1955

Meine Damen und Herren!

Wo anfangen und wo enden, um auch nur andeutungsweise begreiflich zu machen, wieso Thomas Mann nicht nur durch sein gewaltiges schriftstellerisches Werk, sondern schließlich durch seine bloße Existenz für viele von uns zum geistigen Erlebnis wurde? Ein derartiges Erlebnis hängt ja – um es gleich zu sagen – nicht immer nur davon ab, daß man einen solchen Menschen persönlich kennt und auf Grund seiner Werke mit ihm und seiner inneren Welt menschlich, geistig und künstlerisch übereinstimmt. Ein solches Erlebnis kann sich auch als eine lebenslange, hohe, respektvolle Gegnerschaft manifestieren.

Thomas Mann präzisiert das selber einmal unübertrefflich, indem er Schillers Beziehung zu Goethe eine »sehnsüchtige Feindschaft« nennt. Mit dem Erlebnis des Geistigen, aus dem ja erst wahrhaft alle Bildung wächst, hat es etwas ganz Besonderes auf sich. Es stellt sich nicht plötzlich ein, es ist wie mit der Liebe. Zuerst bezaubert uns nur die Oberfläche, nur ein Teil desjenigen, das uns da begegnet, nach und nach aber vertieft sich diese Bezauberung und dringt auch ins Innere, wir erfassen das Ganze. Es wächst in uns hinein. Aus der Verliebtheit ist Liebe geworden, eine Liebe, um die wir immer neu zu ringen haben.

Das Riesenwerk Thomas Manns ist zu einem sehr großen Teil eine oft nur wenig verschlüsselte Autobiographie, eine unentwegte Auseinandersetzung mit sich selber. Immer entwickelt sich eins aus dem anderen, oft scheinbar ganz unregelmäßig und auf weiten Umwegen. Da ist zum Beispiel eine ganz frühe skizzenhafte Erzählung *Enttäuschung* aus dem Jahre 1896. Der Mensch darin, der seine ironischen Zweifel kundgibt, wird sozusagen gar nicht gegenwärtig, nicht greifbar. Nur *das*, was er fühlt und denkt, erweckt unser Interesse, und eigentümlicherweise verlangt uns danach, eben diesen Menschen näher kennenzulernen. Diesen Menschen, der er selber ist, hat uns Thomas Mann von Werk zu Werk immer deutlicher gemacht.

Ist Tonio Kröger, ist Aschenbach im *Tod in Venedig* – man lese nur einmal, wie erschreckend intim er charakterisiert wird! –, sind Hanno Buddenbrook und Castorp im *Zauberberg* nicht immer wieder ein unbarmherzig bloßgelegtes Stück dieser vielschichtigen Schöpferpersönlichkeit? Der Goethe in der *Lotte* hat dieselben Wesenszüge, und das Doppelpaar Zeitbloom und Leverkühn, leidend und erkennend wachsen sie zusammen zum Abbild ihres Urhebers. Und mit was für einer sich überschlagenden Selbstpersiflage lacht der gleiche Mensch im *Krull* sich und uns aus!

Das Autobiographische, das Thomas Mann mit ungeheurer Erkenntnisleidenschaft immer wieder ins Allgemeingültige erhob, das ermutigt auch mich, autobiographisch zu bleiben, und ich kann nur hoffen, daß man mir das nicht als Eitelkeit anrechnet.

Den ersten Brief Thomas Manns erhielt ich ungefähr 1917, als er – damals noch ein rasant konservativer deutscher Patriot – sein vielumstrittenes, schmerzlich erlittenes Buch *Betrachtungen eines Unpolitischen* schrieb, was ich freilich nicht wußte. Ich fing damals erst schüchtern zu schreiben an und war als Schriftsteller völlig unbekannt, in München aber um so stadtbekannter als Kriegsdienstverweigerer und dreister Revolutionär, der mit staatsumstürzlerischen Leuten um den späteren ersten bayrischen Revolutionsminister Kurt Eisner zusammenwirkte. Ich hielt aufreizende

Reden und war deswegen schon öfter verhaftet worden. Ahnungslos und keck bat ich den berühmten Schriftsteller, an einer revolutionären literarischen Zeitschrift mitzuarbeiten, die ich herausbringen wollte. Und da geschah das Erstaunliche, daß *er*, der eben den Staat, den wir stürzen wollten, mit all seinem Geist, seiner funkelnden Wortkunst und ganzen Leidenschaft verteidigte – daß *er* mir freundlich antwortete, mir zu meinem Unternehmen Erfolg wünschte und nach Erscheinen der ersten Nummern seine gelegentliche Mitarbeit in Aussicht stellte. Auf dieses Erstaunliche mußten mich allerdings erst Freunde aufmerksam machen, die erbost über die *Betrachtungen* waren und Thomas Manns politische Einstellung ablehnten, ich kannte bis dahin von ihm nur seine Berühmtheit. Die geplante Zeitschrift erschien natürlich nie, und den Schriftsteller Thomas Mann legte ich sozusagen als bürgerlich verdächtig »ad acta«.

Ich weiß nun nicht, meine Damen und Herren, ob es jedem beim Lesen ernsthafter Bücher so ergeht wie mir. Jedenfalls kann ich Thomas Mann nicht recht geben, wenn er einmal bei der Erinnerung an seine erste jugendliche Leseleidenschaft in den Stoßseufzer ausbricht: »So liest man nur einmal . . .!« Mich nimmt auch heute noch ein Buch, in welchem Dinge entschleiert werden, die mir nur manchmal ahnend bewußt geworden sind, ganz und gar für sich ein; ich versinke in seine Welt und erlebe dabei alle Schauer der Ergriffenheit, alles Glück, wilde Begeisterung und tiefste Niedergeschlagenheit. Und das Schlimme ist, daß ich das Gelesene stets als persönliche Anrede empfinde. Ich fühle mich getroffen von dieser Direktheit. Vieles ärgert und reizt mich zum Widerspruch, ebenso vieles freut mich und erzeugt restlose Zustimmung in mir. Unwillkürlich erinnert mich das an eine liebe, längst verstorbene Tante, die ganz ähnlich zu ihrem – Herrgott stand. Verlief ein Tag gut und halbwegs glücklich für sie, so lobte sie ihn in lauten, ganz sachlichen Selbstgesprächen, war ihr Tag mißlich und schlecht verlaufen, so schimpfte sie ihn heftig wie einen Ehemann.

Nicht lange nach dem erwähnten Brief von Thomas Mann wurde ich mit zirka dreißig Genossen wahllos verhaftet, und zufällig – wir waren in der Schnelligkeit nicht einmal untersucht worden – gab mir einer davon in der lärmenden Zelle das untheatralische Drama des Dichters, *Fiorenza*, zu lesen. Mein Gott, wie oft habe ich in all den Jahren dieses Meisterstück gehämmerter deutscher Prosa gelesen! Und wie glücklich und beklommen zugleich macht mich immer wieder die große Szene der Aussprache zwischen dem sterbenden Lorenzo de Medici und dem Prior Girolamo, in welcher der ausschweifend genußsüchtige, ins Schöne verliebte Lorenzo den ichbesessenen, fanatisch-finsteren Büßermönch als – ja, als vorweggenommene Hitlergestalt entlarvt. Man vergesse nicht, das Drama ist im Jahre 1905 geschrieben!

»... Mich selbst, mich einzig hatt ich groß zu machen wider die Welt!« wirft der sich übersteigernde Mönch Lorenzo entgegen. »Denn ich war stellvertretend und erkoren. Der Geist war aufgestanden in mir!«

Und Lorenzo fragt ihn: »Wider die Schönheit? ... Muß hier denn Kampf sein? Muß man die Welt denn feindlich gespalten sehen? Sind Geist und Schönheit denn gegeneinandergesetzt?«

»Sie sind es!« antwortet der in die Enge getriebene Fanatiker und muß zugeben: »Es *kann* der Geist sich nach der Schönheit sehnen ...«, worauf in einer längeren Erwiderung Lorenzo melancholisch die tiefsinnigen Sätze findet: »Wohin die Sehnsucht drängt, nicht wahr? dort ist man nicht – das ist man nicht. Und doch verwechselt der Mensch den Menschen gern mit seiner Sehnsucht.«

Und dann die prophetisch aufleuchtende Szene, wenn Lorenzo fragt: »Ihr hasset die Zeit, und sie versteht Euch. Wer ist der größere?«

»Ich! Ich!« erhält er als wilde, anmaßende Antwort.

»Vielleicht«, meint Lorenzo scharfsinnig und findet die großartige Erklärung: »In einer Zeit, beschaffen, wie Ihr die unsrige beschaffen

nennt – fein, zweiflerisch und duldsam, neugierig, schweifend, vielfach, unbegrenzt –, in solcher Zeit gilt die Begrenztheit schon als
Genius . . . Eine Kraft, die von der allgemeinen Zweifelsucht sich
entschlossen abschließt, kann Ungeheures wirken. All die Kleinen,
Feinen, sie glauben nicht etwa – denkt ja nicht, daß sie glauben! –,
sie fühlen Kraft und unterwerfen sich ihr . . .«

Das Lebensproblem Thomas Manns, der ewige Zwiespalt zwischen
Schönheit und verantwortlichem Geist, hier ist es. Denn das Schöne, wir wissen es durch ihn nur zu gut, ist höchst unbedenklich,
fragwürdig, verworfen und manchmal auch teuflisch. Noch im *Faustus* versucht er mit fast übermenschlicher Mühe, eine haltbare
Synthese der beiden zu schaffen.

Kennen lernte ich Thomas Mann – wenn man eine solche Begegnung so nennen darf – erst ungefähr im Jahre 1926. Ich kam mit
einer Resolution mehrerer Kollegen zu ihm, die er unterschreiben
sollte. Ein Diener empfing mich in seinem Münchner Haus an der
Poschingerstraße, führte mich ins Arbeitszimmer, Thomas Mann
kam herein, wir begrüßten uns, ich nannte meinen Namen und
sagte, um was es sich handle. Er bot mir einen Stuhl an, setzte sich
an den schönen Schreibtisch, überlas bedachtsam das Schrift-
stück, stimmte zu und unterschrieb es. Währenddessen fixierte ich
unbemerkt ihn und seine Umgebung, ein wenig befangen, sehr
neugierig, mißtrauisch und gespannt. Was ich hier sah und roch,
war eine mir fremde Welt, eine Welt, die ich seit meiner Brotbuben-
zeit auf dem Dorfe als diejenige der »besseren Leute«, der »feinen
Herrschaften« empfand. Und sie war es jetzt erst recht, seitdem ich
in Bäckereien, Mühlen und Fabriken gearbeitet, zum Krieg gezwungen worden war, mit meinesgleichen an einer Revolution mitge-
kämpft und eine blutige Gegenrevolution erlebt hatte, bei welcher
viele meiner Freunde standrechtlich erschossen oder zu langen
Gefängnisstrafen verurteilt worden waren. Sie war nicht mehr nur
eine fremde, sie war eine feindliche Welt für mich geworden!

Ich kam – ich nehme Thomas Manns eigenes Wort – aus der

»arbeitenden Klasse«, die er nicht kannte und von der er trotzdem geschrieben hatte, sie habe wegen ihrer ausgesprochenen Neigung zur Trägheit »diesen Titel sehr unfreiwillig verdient«. Ich war einer aus dem Volk, mit dem er stets nur vom Podium aus in Berührung gekommen war und das er unter anderem einmal so charakterisierte: »Mein Gott, das Volk! Hat es denn Ehre, Stolz – von Verstand nicht zu reden? Das Volk ist es, das auf den Plätzen singt und schreit, wenn es Krieg gibt, aber zu murren, zu greinen beginnt und den Krieg für Schwindel erklärt, wenn er lange dauert und Entbehrungen auferlegt. Womöglich macht es dann Revolutionen; aber nicht aus sich; denn zu Revolutionen gehört Geist, und das Volk ist absolut geistlos. Es hat nichts als die Gewalt, verbunden mit Unwissenheit, Dummheit und Unrechtlichkeit ...«

Was mich bitter ärgerte, war das böse Wort »Unrechtlichkeit«, denn, meine Damen und Herren, es wird wohl niemand bestreiten können, daß es das Volk ist, das immer noch mit seiner Hände Arbeit die Welt in Gang gehalten hat, das Volk, und nicht diejenigen, die es beherrschen! Immer rackert sich diese vielgeschmähte anonyme Masse in allen Ländern mit stumpfer Geduld aus all den furchtbaren Katastrophen, in die sie irgendwelche Regierungen hineinverleiten. Jedes Volk will in Frieden leben, sonst nichts. Diese Friedlichkeit war für mich immer rechtlich.

Ist das, so werden Sie betroffen fragen, nicht sehr unangebracht bei einer solchen Gedenkfeier? Aber, meine Damen und Herren, ich nehme an, Sie sind gewiß nicht empfindlicher als der unanfechtbar große Mann, der jetzt ruhig in der Schweizer Erde liegt. Ihm nämlich habe ich das ausgerechnet zu seinem siebzigsten Geburtstag nach Kalifornien geschrieben, und ich bewahre seinen herzergreifenden Antwortbrief als ein kostbares Kleinod in meiner Sammlung. Er nennt darin die *Betrachtungen*, aus denen diese Zitate stammen, ein »Schmerzensbuch, das er nie verleugnen werde« und bezeichnet es als die »dialektische Vorbereitung, ohne die der Gedankenbau des *Zauberbergs* nicht möglich gewesen wäre.«

Nein – wie platt, wie widersinnig wärs, einen Dichter mit solchem Ruhm, der des platten Dazurühmens wahrhaftig nicht mehr bedarf, wie ganz gegen den Geist und Geschmack des großen Toten ginge es, wenn ich hier einen banalen Verhimmlungshymnus über ihn anstimmen würde! Er war nie ein pathetischer Frömmling der leeren, großen Worte, und es käme mir wie eine Beleidigung vor, wenn ich darauf verfiele. Thomas Mann hat sich nie für unfehlbar gehalten, ganz im Gegenteil! Er hat sich, wie es für einen so unerbittlich im Geiste Suchenden gar nicht anders sein kann, oft gewandelt. Für unfehlbar hält sich nur der Philister. Er wandelt sich nie. Einer aber, der grundehrlich gesteht: »Ich fröne nicht dem schändlichen Irrwahn des Rechthabens, und nie werde ich mich mit einer Wahrheit, die ich als *die* Wahrheit erachte, zur Ruhe setzen, um für den Rest meines Lebens davon zu zehren«, ein solcher Mensch *konnte* in seinem Suchen nie Genüge finden. Und gerade *das* wirkte so beispielhaft an ihm. Da er es mit sich so hielt, zwang er auch uns zur unerbittlichen Aufrichtigkeit. Darum haderten wir mit ihm und begeisterten uns an ihm. Er riß uns alle aus der überheblichen intellektuellen Selbstgenügsamkeit, und nicht nur wir, auch seine bittersten Feinde mußten sich mit ihm auseinandersetzen. »Wo überhaupt keine Gemeinsamkeit der Gedanken besteht«, meint er einmal, »da kann es keine Feindschaft geben, es herrscht dort gleichgültige Fremde.« Keinen, der auf ihn stieß, ließ er gleichgültig. Und immer wars das Wort, sein Wort, das uns belebte und erregte. Das Wort galt ihm alles. Die gewissenhafte Genauigkeit seiner Schreibweise, der Reichtum seiner Sprache und die zuchtvolle Logik seiner Formulierungen, all das brachte etwas eminent Wichtiges, zwingend Einleuchtendes zustande: Er hat uns durch diese lebenslange, rein künstlerische Bemühung wieder zum Glauben zurückgeführt, daß das Wort und *nur* das Wort allein die *eigentliche Tat* eines großen Schriftstellers ist. Das Wort wurde durch ihn wieder mächtig und das einzige Werkzeug des Humanen.

»Das Wort ist unentbehrlich, um uns Sympathie zu erwerben. Was nützt riesenhafte Tapferkeit ohne das generöse Wort?« findet er und verschafft dem scheinbar machtlosen Wort wieder Kraft und Ansehen, wenn er damit zu den Angelegenheiten der Zeit Stellung nimmt oder Gegenargumentationen abwehrt. Und wie generös, wie kühn hat er Wortbedeutung und Wortsinngebung erweitert! Goethe, meint er einmal wie nebenher, habe die von Luther geschaffene deutsche Sprache »entburscht«. Das ist schlechthin genial und ist nur ein Beispiel von vielen. Mit einem einzigen Wort, und einem völlig neu geschaffenen obendrein, ist da die ganze Bedeutung Goethes umrissen, mit *einem* Wort ist gesagt, daß er die provinziell enge, klobige Volkssprache geistig brauchbar und zu einer gültigen Weltsprache gemacht hat.

Da war nach lang-langer Zeit einer – ein ziviler Mensch, von dem privat kaum etwas zu erzählen war – und hatte sich dem Wort so tief verpflichtet, sich ihm so mit Leib und Seele verschrieben, daß wir es, wenn es aus ihm kam, gleichsam durch die Luft fühlten: Hier ereignet sich etwas!

Deswegen das mächtige Fluidum des geistig Gültigen, das von Thomas Mann ausging; deswegen wuchs er zu einer so überragenden Zeitfigur empor und gewann – nicht nur getragen von seinem literarischen Weltruhm – eine moralische Autorität, die Millionen freiwillig anerkannten. Auf einmal wußten wir es fast körperlich und bis ins Herz hinein, da ist einer *mit* und *über* uns wie eine allgegenwärtige Wirkung des Guten. Einstein war das warnende Gewissen, Thomas Mann war der gute Geist unserer Zeit. Die ganze Weite und die ihm innewohnende geduldige Gerechtigkeit erfuhr ich bei meinem ersten Besuch.

Der korrekt gekleidete, sich eigentümlich gerade haltende, enttäuschend nüchtern wirkende Dichter hob endlich sein hageres Gesicht und gab mir mit einigen nochmals zustimmenden Worten die unterschriebene Resolution zurück. Ich wollte schon aufstehen, als er sich legerer in den Stuhl zurücklehnte und unvermittelt erzählte, er habe da neulich seiner Frau in Davos aus einem Buch von mir

vorgelesen, und sie habe sich dabei fast gesund gelacht. Es war der noch völlig unbeachtete erste Teil meiner Autobiographie *Wir sind Gefangene*, der von meiner frühen Kindheit bis zu meiner Dienstverweigerung im Ersten Weltkrieg reicht, ein Buch, das – wie ich annahm – ihm seiner ganzen Tradition, seiner Überzeugung und Natur nach schrecklich zuwider sein mußte. Mittendrin aber sagte er, mich halb verwundert und halb amüsiert musternd: »Man hat also als einzelner wirklich der ganzen Militärmaschine widerstehen können?« Ich war verblüfft, bestürzt und – beschämt, und sicher war mein verlegenes, tölpisch-kulantes Lächeln genauso wie jenes, das ich als Brotbub aufsetzte, wenn mir Herrschaften unverhofft ein kleines Trinkgeld gaben. Dann aber – mein Gott, wie unvergeßlich ist diese glückliche Erinnerung noch –, dann stieg eine jähe Hitze in mir auf, denn es war der erste Zuspruch eines ganz großen Schriftstellers, und ziemlich unbeholfen sprudelte ich heraus: »Jaja, wissen Sie, ich bin Katholik, aber seitdem ich Tolstoj kenne, bin ich Sozialist ... Der Katholizismus und der Sozialismus, die haben viel Gleiches ... Das interessiert mich am meisten ... Das und Tolstoj.« Er unterbrach mich nicht, und sein Gesicht war sehr aufgeheitert. Er erkundigte sich schließlich, was ich jetzt schriebe.
»Den zweiten Teil«, antwortete ich wie ein beflissener Schulbub, und er wollte wissen, ob darin von diesen Problemen die Rede sei.
»Jaja, von dem auch, von dem auch«, antwortete ich übereifrig, obgleich kein Wort von alldem darin vorkam. Er bat mich, es ihn wissen zu lassen, wenn das Buch erschienen sei. Wir verabschiedeten uns voneinander. Ich ging hastig davon, hastig durch den kleinen Vorgarten, ich lief den schmalen Weg der Straße zu, die zur Stadt führte. Ich lief wie fliehend und hielt plötzlich atemlos inne.
»Nein, nein, das geht nicht!« keuchte ich heraus. »Das geht nicht! Der wird das nie verstehen! ... Der wird mich überhaupt nicht mehr kennen wollen!«
Der zweite Teil handelte doch von nichts als meinen ordinären Miseren, meinen dummen kleinen und großen Schlechtigkeiten, er

verherrlichte die Revolution und war eine blindwütige Anklage gegen das tückische, feige, versorgte Bürgertum, das die Gegenrevolution gemacht hatte, gegen die »besseren Leute«, zu denen ich ihn zählte. Handelten denn nicht die paar Geschichten und Bücher, die ich bis jetzt von ihm gelesen hatte – *Tonio Kröger* und *Königliche Hoheit* –, immer nur von Leuten, die nie eine wirkliche Armut und Not, nie ein Schuldigwerden durch eine solche Ausgeliefertheit kannten? Sie konnten sich eine »Seele« leisten, weil sie immer genügend Geld hatten. Sie mußten mich verabscheuen und das, was ich schrieb, ingrimmig hassen.

Der Verlag wagte mein Buch, das den ersten und zweiten Teil enthielt, nur dann herauszubringen, wenn irgendein ganz prominenter Schriftsteller das Vorwort dazu schriebe. Er fragte mich, ob ich eine solche Persönlichkeit kenne, und ich erzählte von meiner kürzlichen Begegnung mit Thomas Mann. Trotz all meiner Bedenken erbat er ein Vorwort von ihm, aber der Dichter, der damals an seinem *Joseph* arbeitete, lehnte ab, und es war wiederum charakteristisch für ihn, daß er sich unter Berufung auf sein »schwieriges, fast unmögliches Unternehmen« sogleich brieflich bei mir entschuldigte und aufrichtig bat, ich – wer war ich denn schon? – sollte ihm das nicht als Feigheit anrechnen! Er versprach, sogleich nach Erscheinen des Buches eine eingehende Würdigung zu schreiben, und ich ahnte nicht, wie entscheidend das Was und das Wie dieser Würdigung für mich werden sollte. Die unverstellte Vorurteilslosigkeit, die überlegene Freiheit und die menschliche Wärme seines damaligen Urteils nämlich warfen mit einem Mal all meine Vorstellung von ihm als Mensch und geistige Erscheinung über den Haufen. Freilich begriff ich erst viel viel später, daß Schöpfernaturen, wie er, sehr schnell aus jeder Klassenbindung herausbrechen und nur noch der Zeit angehören, deren Wichtigstes sie kraft ihrer Begnadung verewigen. Das unterscheidet ja diese Großen von uns Unbedeutenden und Kleinen, und das ist ihr Schicksal: Sie werden – wie er es einmal so schön definiert hat – zu »öffentlich Einsa-

274

men«, die *mit* und doch über uns leben und deren ganzes Dasein beständig von ihrer Begnadung bestimmt wird. Daß diese Begnadung mehr Verdammnis als Glück ist, wer kann es bezweifeln, wenn er dieses lange, werkhörige, sich im Geistigen nie zufriedengebende Leben überblickt? Sein schmerzlichstes Buch, der ungeheure *Faustus*, an dem er buchstäblich beinahe zugrunde gegangen wäre, ist allein schon Zeugnis genug dafür.

Oscar Wilde hat einmal zu André Gide gesagt: »Ich will Ihnen ein Geheimnis anvertrauen – mein Genie ist in meinem Leben, in meinen literarischen Werken ist nur mein Talent.« Kann man das von Thomas Mann sagen? Nie, und in keinem Falle! Er war ein ganz und gar vom Schicksal geschlagener Knecht seines Schöpfertums; mit ihm vollzog sich – trotz all seiner abwehrenden Ironie – das Nichtwiederholbare, daß ein Genie zu einer fleischgewordenen Einheit von Kunst, Geist und Leben zusammenschmolz. Dabei wurde letztlich auch seine überwache Ironie etwas anderes, größeres, nämlich heitere Demut.

Denn er war nie ein eifernder, geistiger Machtmensch wie etwa Tolstoj. Er blieb zeitlebens ein mütterlicher Mensch, wie denn überhaupt alles gewinnend Humane, das aus einer rein geistig-künstlerischen Beschaffenheit kommt, im Grunde genommen tief mütterlich ist. Es gibt und fragt nicht, ob es angenommen wird. Es ist allemal nur eine innige Zurede, und es hofft und glaubt, daß ihr Gutes fortzeugend bleibt. Das macht Thomas Mann zu einem geistigen Erlebnis von höchster Kraft.

Aber, meine Damen und Herren, da stehe ich nun in lähmender Trauer und kann immer noch nicht an den leiblichen Tod dieses einzigartigen Mannes glauben. In ergriffener Dankbarkeit denke ich an die herzliche Anhänglichkeit, die er mir von unserer ersten Begegnung bis zu seinem Ende erwiesen hat. Und da habe ich nun, mehr mir selber als Ihnen, faßbar zu machen versucht, was für immer unvergeßlich und groß an ihm bleiben wird, und merke – es ist fast nichts. In meinem Innersten aber weiß und empfinde ich, daß nach Gandhi und Einstein mit ihm etwas Unwiederbringliches aus unserer Welt und Zeit wegschwand, das für mich stets die stärkende Luft meines Trachtens und Strebens, das Ferment meines Lebens und Herzens war.

Zwei Töchter sehen ihren Vater

Das Trostreiche an diesen beiden schmalen Büchern (Erika Mann: *Das letzte Jahr – Bericht über meinen Vater*; Monika Mann: *Vergangenes und Gegenwärtiges* – Erinnerungen) ist, daß sie noch einmal den ganzen Glanz eines unwahrscheinlich reichen, schöpferischen Lebens aufleuchten lassen, das buchstäblich bis in die letzten Erdentage, die ihm beschieden waren, unvermindert künstlerische und geistige Höchstleistungen lieferte. Der strömendheitere, sich an keiner einzigen Stelle ins Betrachtende verbreiternde *Krull*, die Studien über Tschechow und Schiller und – nicht zu vergessen! – die ausgezeichnete Einleitung zu den *Schönsten Erzählungen der Weltliteratur* legen ein zwingendes Zeugnis dafür ab. Erschütternd und zugleich erhebend wirkt, wenn wir aus Erika Manns Buch auf Grund des ärztlichen Schlußbefundes erfahren, daß der achtzigjährige Dichter seit langem an einer fortschreitenden Arterienverkalkung litt, von der zu befürchten war, daß sie in absehbarer Zeit auch ins Hirn übergreifen könnte, in dieses gesegnete Hirn, das stets in einem erstaunlich ausgleichenden Verhältnis zum Herzen stand!

Stärke des Schöpferwillens

Grausige, unmögliche Vorstellung, sich Thomas Mann, so, wie wir das Bild seiner lebensstarken Erscheinung unvergeßlich in uns tragen, als hinfällig-senilen, halbblöden Tattergreis zu denken! Glückliche Fügung, die uns dankbar stimmt, daß es nicht so gekommen ist. Mir freilich will scheinen, als seis nicht so sehr glückliche Fügung – Erika spricht dabei von Gnade – gewesen, sondern die einzigartige Stärke des Schöpferwillens in Thomas Mann, die bis ans Ende im kranken Körper die Oberhand behielt. Erinnerlich ist vielleicht, daß Tolstoj noch kurz vor seinem Tode einen ähnlichen Gedanken äußert. Und wie nachhaltend hat diese beunruhigende Naturgewalt von einem Genie auf Thomas Mann zeitlebens gewirkt! Erst wenn man seine Rede und seine vielen Aufsätze über den großen Russen wiederholt liest, drängt sich einem die überraschende Einsicht auf, als habe der von der Geistesrichtung Nietzsches befruchtete Thomas Mann mit einer fast neidisch bewundernden, rätselhaften, tief leidenschaftlichen körperlichen Fernliebe an der urgesunden Persönlichkeit Tolstojs gehangen, die ihn immer wieder, oft mitten in einer größeren Bucharbeit, aufs intensivste beschäftigt. Man gewinnt dabei manchmal den Eindruck, als versuche er, der körperlich Anfällige, sich mit künstlerisch-geistigen Mitteln an dem von Natur aus Stärkeren zu messen. Sogar der Schneesturm im *Zauberberg* verrät das noch. Seltsame Erscheinung im Raum des rein Geistigen: Ein Lebender ringt mit der fortzeugenden, unsterblichen Kraft und Größe eines Toten. Im späten *Versuch über Tschechow* erhält dieser Tote noch eine Rüge. Das wäre – um das hübsche, ironische Wort Magers in der *Lotte in Weimar* zu gebrauchen – für spätere Betrachter der vielschichtigen Komplexheit Thomas Manns »buchenswert«.

Buchenswert ohne jeden ironischen Beigeschmack sind auch die zwei Bücher der beiden Töchter des Dichters, Erika und Monika, und das in vieler Hinsicht. Sie geben nicht nur bemerkenswerte Aufschlüsse über unbekannte Züge des tief zivilisierten Menschen Thomas Mann, über sein Familienleben und seine Schaffensart, sie verraten noch mehr durch ihre ganz verschiedene Haltung zum großen Vater. Es spricht – um es gleich zu sagen – nicht gegen diese Töchter, es spricht nur für das ungewöhnlich stark nachwirkende geistige und künstlerische Fluidum Thomas Manns, daß sie beide mehr oder weniger ausgeprägt seinen Stil schreiben und in seiner Art ihre Ansichten und Gedanken formulieren. Das letztere fällt in dem Erinnerungsbuch der jüngeren Monika weit mehr auf als im Bericht über »das letzte Jahr« der älteren Erika.

Erikas sachlicher Bericht

Erika, die auch die Nachlaßverwalterin des Werkes von Thomas Mann ist, zog sich für ihren kurzen Report von vornherein strenge Grenzen. Sie erzählt nur von den Geschehnissen in diesem letzten Jahr ihres Vaters und bleibt faktisch, substantiell und chronistisch genau bis zur letzten Zeile. Die Bezeichnung »Bericht« ist also vollwörtlich berechtigt. Sehr wohltuend und eindrucksvoll wirkt, daß sie als die Berichtende dabei völlig zurücktritt und selbst da, wo hohe oder sehr schmerzliche Empfindungen sie überwältigen, nie ins Familiär-Sentimentale oder Anhimmelnd-Schwärmerische verfällt. Ihre stolze, männlich anmutende Zurückhaltung in der Schilderung jenes Augenblickes, da sie der todesnahen Verfremdung im Blick und Gesicht des Kranken gewahr wird, ist ergreifend. Und es zeugt von einer scharf witternden Unterscheidungskraft, von einer tief liebenden Einsicht in das Wesen geistiger Größe, wenn sie die Nervenspannung und Ergriffenheit Thomas Manns beim Stuttgarter Schillervortrag so sehr in sich selber verspürt und uns gegenwärtig macht, daß wir ebenso empfinden. Es ist, als hielte bei dieser Beschwörung all das, was der Dichter für uns war, noch einmal Einzug in unser trauerndes Herz.

Neben dieser schriftstellerischen Meisterung aber bleibt der Bericht auch als sozusagen historisch bewahrendes Dokument wichtig für Literaturwissenschaftler, und ganz offenbar hat Erika nichts anderes beabsichtigt.

Ganz anders verhält es sich mit dem Erinnerungsbuch ihrer jüngeren Schwester Monika, die ja ursprünglich ihre Autobiographie – beginnend mit ihrer Münchner Kinderzeit und endend mit ihrem jetzigen Leben auf einer kleinen italienischen Insel – schreiben wollte und sich keine strengen Grenzen zu setzen brauchte. Mitten in dieser Arbeit erreichte sie die Nachricht vom Tod ihres Vaters, und sie bezeichnet die Stelle im Buch mit einem Kreuz. Monika ist das, was der Verstorbene zeitweise innig zu sein wünschte, was er aber seiner ganzen zaghaft-langsamen, denkerisch kontrollierenden Natur nach nie hätte sein können: ein kampflustiger, gegen alles Einengende opponierender Bohemien. Schon deswegen ist ihr Buch interessanter, ganz abgesehen davon, daß es geladen ist mit teils heiteren, teils beklemmend schrecklichen Erlebnissen, die ausgezeichnet erzählt sind. Heiter hebt ihre Kindheit an, aber schon in der Schule entstehen durch ihr rebellisches Temperament Schwierigkeiten, sie fliegt schließlich aus der »höheren Töchterschule« und kommt in ein Landerziehungsheim, wo sie mit gleichgestimmten jungen Menschen glückliche Jahre verlebt. In der ersten Zeit der Unrast des Exils scheint sie wenig mit der Familie zusammen gewesen zu sein. Sie ist eine Vagantennatur, die nicht recht in diesen Rahmen paßt. Unschwer erkennt man auch, daß man sie nicht ganz ernst nimmt. Als der Vater ihr aus Kalifornien den *Faustus* zuschickt, bemerkt er dazu geringschätzig: »Für Mönchen, die es schon verstehen wird.« Das verwundet ihre Liebe, verstimmt sie. Sie heiratet einen italienischen Kunstwissenschaftler, geht mit ihm nach England und verliert diesen Mann, als ein deutsches Torpedoboot das Schiff, das sie nach den USA bringen sollte, in den Grund bohrt. Sie selber treibt zwanzig Stunden lang im eiskalten, dunklen Meer und wird endlich gerettet. Später kommt sie doch noch nach Amerika, erlebt die Princetoner Professorenzeit ihres Vaters und die Umsiedlung der Familie nach Kalifornien. Dann beginnt wieder ihr Einzelgängertum in New York. Nach dem Krieg besucht sie Deutschland, sieht ihr zerstörtes Münchner Elternhaus und landet in Italien. Soweit der ungefähre Inhalt; aber, gewollt oder nicht, das Zugrundeliegende ihrer Aufzeichnungen ist eine sehr eigenwillige Auseinandersetzung mit ihrem Vater, besser gesagt, der Versuch, mit der alles beherrschenden Macht seines Geistes und seiner Persönlichkeit fertig zu werden. Rebellische Selbstbehauptung, störrisches Ressentiment, schneller Verstand und ein äußerst geschärfter weiblicher Instinkt wirken bei ihr zusammen und führen zu überraschend eindringlichen Beobachtungen und Erkenntnissen, die sie ausgezeichnet formuliert. Sicher werden viele Thomas-Mann-Verehrer schockiert sein, wenn sie Monikas Geständnis lesen: »Wird man mir glauben, daß ich meinen Vater langweilig fand?« Nach ihrem Zeugnis ist dieser alte Herr mit dem Weltruhm, der sich bedachtsam »mit dem veilchenwasserbenetzten Taschentuch« den Schweiß im Gesicht abtupft, ein »Ästhet, der keiner Ungeschicklichkeit nachgibt«. Und weiter heißt es an dieser Stelle: ». . . Wenn er friert, macht er nicht ›brr!‹ und schüttelt sich, aber es wird sehr kalt ringsumher. Mit elementarer Kraft, mit ästhetischer Distanz offenbart er sich. Der Ästhet. Und die Natur, die Materie? Wie ordinär, wie grausam! Düsterer Ekel steigt . . . in ihm auf . . .« (Erinnert man sich an das glänzende Buch Ferdinand Lions, *Thomas Mann – Leben und Werk*, in welchem des Dichters elastisches, meist schnelles Dahingehen damit begründet wird, daß er in seiner hilflosen Empfindlichkeit nichts Schreckliches, Störendes sehen will?)

Eine erstaunliche Scharfsicht

Monika stellt nicht originalitätssüchtig bloß, sie entlarvt nicht etwa weibisch verwichtigend, sie *durchschaut* und ist von dem, was sie entdeckt, gleicherweise erstaunt und beunruhigt, weil sie bei aller Scharfsicht dem rätselhaften Genie ihres Vaters doch nicht auf den

280

Grund kommt. Großartig finde ich – und manche haben diese Menschenferne und Verschlossenheit Thomas Manns ähnlich erlebt! – solche Charakterisierungen: »Trotz alter Erfahrungen, trotz allen Wissens weiß er nichts. Denn Wissen ist nichts Fixiertes, sondern aus den Tiefen des Augenblicks zu Erhaschendes. Er hat es nicht parat wie sein Partner und zunächst nichts anderes ihm entgegenzuhalten als Ignoranz, was dieser für Hohn hält...« Oder: »Ein Streit mit ihm, ein Wortwechsel... ist undenkbar. Aus Sanftmut, Hochmut wähnt er sich über allem. Oder ist es ihm um die Fragen des Lebens überhaupt nicht ernst, lohnt es nicht, sich ihretwegen zu ereifern, zahlt es sich nicht aus, mit einem Menschen ernsthaft auf etwas einzugehen, zu bestehen, zu beharren, etwas zu behaupten?«

Es gibt viele Aufhellungen in Monikas Buch, das, gerade weil es mit kecker Draufgängerei, mit großem Mut geschrieben ist, ein sehr lebendiges und sicher zutreffendes Bild des merkwürdigen Menschen und Dichters Thomas Mann übermittelt, der – wie es mir immer vorgekommen ist – aus Wissen und Leiden einer der Einsamsten unter uns war. »Ganz bei sich und bei uns«, sagte ein gescheiter Freund von mir über ihn, »war er nur in seinem Zimmer am Schreibtisch.«

»Übrigens – bravo«

Seltsam – während ich dies schreibe, kommt mir mittendrin der Gedanke, was wohl Thomas Mann, wenn er noch leben würde, zum Buch seiner Tochter Monika sagen würde, und dabei fallen mir die Sätze aus seiner manifesthaften Verteidigungsschrift für die künstlerische Freiheit *Bilse und ich* von 1906 ein: »Man hat mich ernstlich gefragt, was ich tun würde, wenn ein talentierter Freund von mir hinginge und mich ins öffentliche Gerede brächte, indem er eine glänzende Novelle schriebe, in welcher eine Figur, die aufs Härchen mein Abbild wäre, die und die Gemeinheiten beginge. Hoffentlich würde ich ihn ohrfeigen, den talentierten Freund? Nun, das gewiß nicht . . . Ich würde zu ihm sagen: ›Es wundert mich zwar ein bißchen, mein Guter, daß du gerade meine Maske für deinen Schurken benutztest. Aber sei es darum. Ich bin, unter anderem, wohl auch ein Schurke. Übrigens – bravo. Und besuch mich, Lieber, doch einmal, damit ich dir meine neuen Bücher zeige . . .‹«

Meine Familie und Amerika

I.

Eine verwehte Spur

Meine Familie und Amerika sind alte Bekannte. Das ist schon deswegen merkwürdig, weil, wie kein Kenner abstreiten wird, alle Altbayern, die in dem Geviert zwischen Donau und den Alpen und zwischen Isar und Inn leben, durchaus seßhaft und sehr skeptisch in bezug auf den Wert irgendwelcher Ortsveränderungen sind. Als tief konservative, spezifisch bäuerliche Katholiken sagen sie sich: »Es kommt nichts Besseres nach. Arbeiten mußt du überall, und sterben tust du so und so, ob du jetzt in Hinterindien oder in einem bayrischen Dorf lebst.«

Ich wüßte kein besseres, überzeugenderes Beispiel für diese Seßhaftigkeit anzuführen als meine selige Mutter, die im Jahre 1934 in meinem Heimatdorf Berg am Starnberger See verstarb. Sie stammte aus einem uralten Bauerngeschlecht, das auf einem umfänglichen Hof des Weilers Aufhausen, zwischen unserem Pfarrdorf Aufkirchen und Wolfratshausen, hauste. In ihrem ganzen langen vierundsiebzigjährigen Leben war sie – außer einigen notwendigen Eisenbahnfahrten zu Gerichtsverhandlungen nach München – kaum jemals in die benachbarten Dörfer gekommen. Sie kannte deren Einwohner nur vom sonntäglichen Kirchgang, und unsere vielen nahen und weitläufigen Verwandten sah sie höchstenfalls, wenn jemand verstorben war, bei dessen Leichenbegängnis in unserem Pfarrdorf sie sich verpflichtet fühlten dabeizusein. Dann kamen diese Vettern und Basen, und man freute sich, sie wiederzusehen. Nach der »Leich« hockten sie in der großen Wirtsstube des Gasthauses ›Zur Post‹, verzehrten die frischen, saftigen Würste und tranken ihr Bier dazu. Es wurde viel vom Verstorbenen geredet, man kam auf die üblichen Neuigkeiten, wie Heiraten, Kindesgeburten, über den Viehstand oder über einen Hausumbau ließ man sich aus. Das war so ziemlich alles. Hernach nahmen sich diese Verwandten manchmal noch Zeit, zum Kaffeetrinken in unser Bäckerhaus zu kommen, und es wurde kaum von was anderem geredet als von dem, was man vorher schon im Wirtshaus geredet hatte. Die Basen und Vettern warfen einen Blick in die Backstube, gingen durch die oberen Kammern, schauten sich den Stall, das Vieh und die Tenne an, und es gefiel ihnen, daß wir Kinder so »fest« herangewachsen waren, doch ich kann mich nicht besinnen, daß sie sich je überreden ließen, über Nacht zu bleiben. Das taten höchstenfalls die Verwandten, die aus der Stadt gekommen waren, die bäuerlichen drängten – mochten sie auch einen noch so mühsamen Fußmarsch oder eine stundenlange Wagenfahrt vor sich haben – alsbald zum Aufbruch, denn sie kamen sich doch ein wenig fremd vor. Es genierte sie, als zufällige Besucher unser Hauswesen und unsere Arbeit zu stören. So nahe sie auch verwandt waren und so vertraut mit unserem Vater und unserer Mutter, sie gehörten doch nicht hierher, sie wollten heim in ihre gewohnte Umgebung. Dorthin gehörten sie wie wir in die unsrige. Das gegenseitige Zureden beim Abschied, sie sollten sich doch bald einmal wieder sehen lassen, wurde von beiden Seiten nicht ernst genommen.

Dieses urtümliche In-seiner-privaten-Welt-Bleiben, das sich selbst bei kleinsten Gelegenheiten äußert, das zähe Kleben an Hof und Dorf, das den Altbayern – ganz gleichgültig, ob er nun Bauer, Handwerker oder Geschäftsmann ist – kennzeichnet, hat sich heutzutage sicher aufgelockert. Die Zeiten, die heraufgekommen sind, haben auch die Lebensart dieses Menschenschlages nicht unberührt gelassen, aber etwas in seinem Charakter hat sich nicht geändert, das mich stets erstaunt und beschäftigt hat.

»Wenn von uns einmal wer fortgeht, der geht ganz weit fort, so weit, daß es der Müh wert ist«, sagt man im Altbayrischen, und mit diesem »Fortgehen« ist nicht etwa das Wegheiraten in ein anderes Dorf oder in einen entfernter liegenden Gau gemeint, sondern ein radikaler Bruch mit allem bisherigen Daheimbleiben: Solche Menschen wandern aus. Sie wechseln gleichsam von ihrem Leben in ein anderes hinüber, sie gehen »ins Amerika«.

Dieses Auswandern hat sich in unserer ländlichen Bäckerfamilie, die nur mehr von der Mutterseite her das Bäuerliche beibehielt, seit dem ersten Drittel des achtzehnten Jahrhunderts von Generation zu Generation weitervererbt und ist im Lauf der Zeit schon fast zur Tradition geworden.

In den alten Urkunden, die ich durchforscht habe, taucht – der früheren Schreibweise entsprechend – unser Familienname vielfach als »Graff« auf. Unergründlicherweise schreibt auch jeder Amerikaner diesen Namen, selbst wenn man ihn genau buchstabiert, mit zwei F.

Zweifellos ist es einer meiner Vorfahren gewesen, von dem in dem Buche von Th. Donaldsen *The house in which Thomas Jefferson wrote the Declaration of Independence* (Philadelphia 1898) erzählt wird. In dem Kapitel auf Seite 61, das, ins Deutsche übersetzt, den Titel hat »Behauptung von Mr. Jefferson, die Unabhängigkeitserklärung im Hause Nr. 8 und 10 Süd, Siebente Straße, geschrieben zu haben«, findet sich die Bemerkung: ». . . Das ursprüngliche Grundstück gehörte einem Jacob Graff jr. am 1. Juni 1775 und wurde am 24. Juli an Jacob Hiltzheimer verkauft . . .«

Und in einem viel späteren Brief Jeffersons findet sich die weitere aufschlußreiche Stelle: ». . . Zur Zeit, da ich dieses Dokument schrieb, logierte ich in dem Hause eines gewissen Mr. Graff, einem neuen Ziegelhaus mit drei Stockwerken, von dem ich das zweite Stockwerk mietete . . . Der Besitzer Graff war ein junger Mann, Sohn eines Deutschen und damals jung verheiratet. Ich glaube, er war Maurer, und daß sein Haus auf der Südseite der Marktstraße, wahrscheinlich zwischen der Siebenten und Achten Straße, lag . . .«

Dieser Brief ist in Monticello geschrieben worden und datiert mit dem 16. September 1825, also fünfzig Jahre später.

Der Vorwurf, daß ich nur aus vagen Vermutungen eine glaubhafte Konstruktion aufzubauen beabsichtige, kann einigermaßen entkräftet werden. Wiederum aus alten Urkunden und Kirchenbüchern in meiner oberbayrischen Heimat, vor allem aber aus einer leider verlorengegangenen Niederschrift meines Großonkels Andreas Graf, der wegen seines unruhigen Erfindungsgeistes und seiner geschäftlichen Weitsicht den Spitznamen »Kastenjakl« erhalten hatte, erfuhr ich bereits als Dorfschulbub, als ich dieses seltsame Dokument einmal unverhofft aufstöberte, daß unsere Vorfahren väterlicherseits ursprünglich keine Altbayern und auch keine Katholiken, sondern fromme Waldenser gewesen waren. Ihre kleine Gemeinschaft hatte sich vermutlich nach der schauerlichen Vertreibung dieser einst sehr zahlreichen Sekte aus Südfrankreich im dreizehnten Jahrhundert im oberen Tale des Flüßchens Sulzbach im heutigen Tirol seßhaft gemacht. Dieser Landstrich gehörte damals zum Fürstbistum Salzburg. Es ist bekannt, daß bei der geschichtsberühmten »Salzburger Austreibung« in den Jahren 1731 und 1732 nicht nur die Evangelischen lutherischer Richtung, sondern alle anderen nichtkatholischen Sekten grausam vertrieben worden sind. Die wohlhabenden evangelischen Bauern und Handwerksleute, welche damals emigrieren mußten, nahm, wie man weiß, der preußische König Friedrich Wilhelm I. unter seinen Schutz. Er erwirkte auch, daß sie einiges Geld, Vieh und sonstigen Hausrat mitführen durften, und siedelte sie meist in Ostpreußen an. Als Soldat im Ersten Weltkrieg stieß ich dort auf viele durchaus süddeutsche Namen, wie »Lorinser«, »Hausinger«, deren Träger sicher von diesen einstigen Flüchtlingen abstammten.

Viel schlechter erging es den armen Waldensern aus jener Gegend. Ihnen wurden außer ihrem Hab und Gut auch die Kinder bei der Vertreibung genommen, die man kurzerhand in katholische Klöster steckte. Die wenigen Waldenser, die überhaupt mit dem Leben davongekommen waren, mußten sich selber helfen. Viele von ihnen schlichen unerkannt über die Grenzen der umliegenden Länder und nahmen notgedrungen den katholischen Glauben an. Andere aber, die offen ihrem Waldensertum treugeblieben waren, lebten jahrelang unstet und flüchtig und zerstreuten sich über die ganze Welt. Urkunden bezeugen, daß einige »über das große Meer gefahren sind«, und es gibt heute noch solche Sektengruppen in Amerika. Das berichtet auch jene Niederschrift meines Großonkels, der – nach außen hin zwar Katholik – zeitlebens ein erbitterter Katholikenhasser und Freigeist war und in den achtziger Jahren des vorigen Jahrhunderts in unserem Pfarrdorf Aufkirchen verstarb. Der Vater dieses Andreas Graf, mein Urgroßvater also, hieß Lorenz Graf und hatte einen Bruder namens Jakob. Die zwei Brüder trennten sich nach der Salzburger Austreibung, sahen einander nie wieder und blieben gleichsam füreinander gestorben, denn so unvergeßlich ist mir der aufschlußreiche Satz in der Niederschrift meines Großonkels, des »Kastenjakl«, noch, daß ich ihn fast wörtlich zitieren kann: »Hinwiederum der Jakl, der ist gleich so weit fort selbigerzeit, bis das Land aufgehört hat und alsdann übers Meer, wo ihn kein katholischer Lump mehr erwischt hat.«

Ists da so abwegig, wenn ich annehme, daß jener jungverheiratete Maurer Jacob Graff in Philadelphia, in dessen Haus Thomas Jefferson an der *Declaration of Independence* schrieb, ein Sohn des ersten Emigranten in unserer Familie gewesen ist? Ganz abgesehen aber vom Historischen – unleugbar hinterlassen die rein äußerlichen Geschehnisse, die sich im langen Leben einer Familie abspielen, tiefe, untilgbare Spuren im Charakter der Nachfahren, die oft viel aufhellender und beweiskräftiger wirken als die Fakten. Die Schrecken der jahrhundertelangen Verfolgung der Waldenser scheinen inwendig in den Kindern und Kindeskindern sich nie wieder verloren zu haben.

Nebenher soll nur noch schnell gesagt werden, daß sich unser Urgroßvater Lorenz Graf bis an sein Lebensende als wandernder Stellmacher im Oberbayrischen durchfrettete. Erst seine Söhne machten sich im Starnberger-See-Viertel ansässig. Wahrscheinlich vermischte sich das Unruhige, das sie von ihren Ahnen vererbt bekommen hatten, mit dem Seßhaften der angeheirateten, einheimischen bäuerlichen Ehefrauen, doch dieses Unruhige und stets gegen das bäuerlich Beharrliche Revoltierende verringerte sich nicht, im Gegenteil, es pflanzte sich in den Kindern fort und zeitigte in deren Charakter eine zweifache Eigentümlichkeit: eine höchst gleichgültige, mitunter fast ketzerische Haltung dem gewohnten katholischen Glauben gegenüber und einen starken Hang, weit, weit fortzugehen, also auszuwandern.

Nicht die tiefreligiös in ihren Glauben ergebenen Mütter, sondern die sich selber wohl kaum noch bewußten waldensischen Väter dominierten in den Seelen dieser Kinder. Und so ist es geblieben bis auf den heutigen Tag.

II.

Ein zweiter auffallender Zufall

Um 1883 herum heiratete eine Schwester unseres Vaters, Anastasia mit Namen, in unserem Heimatdorf einen tschechischen Maurer. Er hieß Voshank und war als Wanderarbeiter nach Bayern gekommen. Soviel ich ergründen konnte, sprach er sein Leben lang ein sehr schwerfälliges, tschechisch durchsetztes Deutsch und war ein unversöhnlicher Feind der k.u.k. österreichischen Monarchie, welche die Tschechen in vieler Hinsicht einengte und schikanierte. Möglicherweise hatte er sich auch politisch illegal betätigt und bei seiner Rückkehr in die Heimat eine Verhaftung zu befürchten. Darum schloß er sich nicht mehr den Wanderarbeitern an, die nach Hereinbruch des kalten Herbstes abzogen, sondern blieb, heiratete und ging mit unserer Tante »Stasie« nach Amerika. Er war ein wortkarger, stiller, aber äußerst hartnäckig hassender Mensch mit einem runden, derbknochigen Gesicht, einem dichten, martialischen Schnurrbart und düsteren Augen. Auch muß er, wie man bei uns sagt, »einen anderen Glauben« gehabt haben, was schon daraus hervorging, daß er sich als erster in dieser katholischen Umgebung standesamtlich trauen ließ, was ein unliebsames Aufsehen erregte.

Der Stasie verübelte man eine solche »Mischehe« im Dorf, doch sie kümmerte sich nicht um das Gerede. Mit dem Voshank gab sich niemand ab, er galt als Fremdling, und zudem vermied auch er jeden näheren Umgang mit den Leuten. Unser Vater mochte ihn nicht, weil man nicht »warm bei ihm wurde«, und unsere Mutter wich ihm schon deswegen bei jeder Gelegenheit aus, weil sie als fromme Katholikin jeden Andersgläubigen als nicht ganz geheuer ansah. Sie haßte solche Menschen nicht, sie fürchtete sich insgeheim vor ihnen. Vater und Mutter waren heilfroh, als das Paar endlich abreiste.

Es vergingen etliche Jahre, bis von den Voshanks ein Lebenszeichen kam. Voshank arbeitete in den Nordweststaaten als Bergmann, und Stasie hielt ein sogenanntes »Boarding-house«, in welchem meist polnische, tschechische und russische Kollegen ihres Mannes logierten, weil – wie unsere Tante schrieb – »die deutschen Leute zuviel verlangten«, was darauf schließen läßt, daß die Unterkunft in ihrem Hause wohl ziemlich primitiv gewesen sein muß. Vielleicht aber mochte auch der Voshank keine deutschen Mieter.

Die Ehe der beiden scheint haltbar gewesen zu sein. Es kamen nur sehr selten Briefe von der Stasie. Sie lobte darin ihren Mann, der so hart »workte« und das »money« zusammenhielt. Voshank schrieb nie eine Zeile dazu, nicht einmal seinen Namen.

Auf diese Briefe war unser Vater stets stolz, und zwar nicht nur deswegen, weil sie schon rein äußerlich wegen ihrer fremdartigen Marken höchst interessant aussahen, sondern weil keiner im Dorf und in der weiten Pfarrei von so weit her jemals Post bekam. »Und wer von der ganzen Umgegend traut sich denn so weit in die Welt naus und kennt, wies da zugeht?« sagte er manchmal am Wirtshaustisch und schaute ein bißchen geringschätzig auf die Herumsitzenden. Auch er war als wandernder Bäckergeselle weit in Deutschland herumgekommen, hatte den Krieg von anno 1870/71 mitgemacht, war verwundet und mit dem Eisernen Kreuz ausgezeichnet worden. Heimgekommen war er in die graue Not und Enge und hatte, obgleich das gänzlich aussichtslos zu sein schien, weil jeder Bauer sein Brot selber buk, im armen, baufälligen Haus eine Bäckerei angefangen, hatte es mit kecker List und lauter Lustigkeit, mit zielsicherer Hartnäckigkeit und witternder Voraussicht verstanden, sich langsam Kredit zu verschaffen und unsere Mutter, eine für damalige Verhältnisse vermögende Bauerntochter, zu heiraten, und war auf einmal ins unerwartete Glück gekommen, als der königliche Hof nach Berg ins Schloß kam und von ihm das Brot bezog. Die eingesessenen Bauern zählten ihn nicht zu den Ihrigen, denn »was ist er denn schon? Sein Vater ist ein herzogner Stellmacher gwesn und hat noch bettelt, daß mir ihm seine Rechen und Heugabeln abkauft habn«, sagten sie. Ein Emporkömmling war er für sie, den nach ihrem Dafürhalten nicht die solide, schwere Arbeit, sondern bloß das Glück in die Höhe gebrachte hatte. Was sie aber am meisten gegen ihn stimmte, war, daß er solch ein Selbstbewußtsein hatte. Er zeigte es zwar nie aufdringlich, aber mitunter, insbesondere, wenn er schon leicht angetrunken war und krachend laut wurde, hob er übermütig seinen Maßkrug und schrie spöttisch: »Jaja, ich bin bloß der notige Beck von Berg … Ich bin Gschäftsmann … Baur bin ich net, nana, aber ich bin Berger Bürger wie jeder.« Diese fast herausfordernd klingende Unterscheidung entsprach ganz dem, auf was er stolz war. In ihr lag der Stolz des Tüchtigen, der mit der Zeit ging und keine althergebrachte, muffige Enge mehr achtete. Der Freisinn und eine gewisse Weite, die man unter den verschiedensten Leuten in der Fremde gewinnt, sprachen daraus. Und jetzt natürlich, da seine Schwester »im Amerika drenten« war und da drüben ihr Fortkommen hatte wie überall, jetzt hatte er noch einen Trumpf gegen die Leute, die ihn als nicht zugehörig und ebenbürtig hielten, ihn und die Seinen. Zu diesen Seinen rechnete er trotz allem, was er gegen ihn gehabt hatte, auch den Voshank, von dem es – wenn die Rede zufällig auf ihn kam – überall hieß, die Stasie hätte sich auch was Besseres heraussuchen können als diesen »schelchgläubigen Böhmark«, der hinten und vorn nichts gehabt habe. »Böhmark« war dazumal, wahrscheinlich aus Österreich kommend, ein sehr herabmindernder Ausdruck für Tscheche. Da aber stieg unserem Vater stets der Kamm. Mag sein, daß ihm dasselbe widerfuhr wie uns allen: Selbst Menschen, mit denen wir nichts Rechtes anzufangen wissen, werden uns allmählich in der weiten Ferne sympathisch, insbesondere, wenn sie durch Heirat gewissermaßen familienzugehörig werden und in jeder Hinsicht ihren Mann stellen. Und von wegen der »Schelchgläubigkeit«, will sagen »Andersgläubigkeit« Voshanks? Damit konnte man unserem Vater, der zum Leidwesen unserer Mutter ein sehr laxer Gewohnheitskatholik, ein Pfaffenfeind, ein hemmungsloser Flucher und ein großer Lutherverehrer war, nichts anhaben, ganz im Gegenteil, er zeigte sogar zeitlebens ein ausgesprochenes Interesse für andere Religionsrichtungen. Vielleicht aber rührte sich bei solchen Gelegenheiten die ihm wohl nicht mehr bewußte ererbte waldensische Toleranz in seinem Innersten.

»Was?« schrie er den üblen Nachrednern kampflustig entgegen: »Was? Den windigen Maurer, den ›Böhmark‹ sagts, der nichts ghabt hat? ... Hob vielleicht ich was ghabt, wia ich mit meiner Bäckerei angfangt hab? ... Noch viel herglaufner und notiger wie der bin ich gwesn. Bis auf Amerika num sind die zwei, und hat iahna vielleicht wer das Geld dazua gebn müassn?« Eifervoll höhnisch fragte er weiter, ob vielleicht einer da sei, ders den zweien nachmachen könnte: Die Stasie und der Voshank arbeiten und jedes verdient, und ob das vielleicht eine Kleinigkeit sei, in den paar Jahren in einem fremden Land schon ein Mietshaus zu haben?

Nichts ließ er aus. Ganz besonders ärgerte ihn das »dumme Daherplappern vom schelchgläubigen Böhmark«. Er verteidigte ihn und wurde dabei fast ketzerisch, indem er laut herausschrie: »Mich hat noch koa Mensch geniert, der wo an wos anders glaubt hot ... Ob ünser Herrgott der richtige ist, dös stellt sich ja doch erst raus, wenn wir in die Ewigkeit müassn ...« Das erschreckte alle so, daß keiner mehr bei diesem Thema bleiben wollte.

Der Voshank starb in Seattle, und als unsere Tante Stasie die Todesanzeige schickte, ließ unsere Mutter insgeheim eine stille Messe für den Verstorbenen lesen, denn ihrer schlicht-frommen Meinung nach nahm sich der allerbarmende katholische Herrgott auch solch verlorener Seelen im Jenseits an.

Auch die Stasie liegt nun schon lang, lang in der amerikanischen Erde. Sie war sehr energisch und unternehmend und betrieb das »Boarding-house« bis an ihr Lebensende. Die Fotos, die sie ab und zu schickte, lassen erraten, daß sie stets auf ihr Äußeres hielt. Sie trug, der damaligen Zeit entsprechend, ihr dichtes Haar hochfrisiert. Ihre Kleidung war von einer gewissen vulgären Eleganz. Sie war eine imponierend großgewachsene Person mit breiten Schultern, starken Backenknochen und etwas stechenden Augen. Außer diesen Fotos und ihren mit vielen englischen Ausdrücken durchsetzten Briefen habe ich nur diese eine Erinnerung an sie: ihre schiefe, kraftvoll große Schrift und – einen Dollar.

Diesen Dollar legte sie einmal in einem ihrer Briefe bei. Er war größer als die heutigen Noten, auf der einen Seite grün und auf der anderen ziemlich verwischt und schmutzigschwarz. Und er zeigte – wenn ich nicht irre – einen Indianerkopf und die Pilgrims. Dieser Dollar machte in unserem Haus und der ganzen Nachbarschaft großes Aufsehen. Die Stasie hatte ihn als Sparpfennig für uns Kinder geschickt und angekündigt, daß sie hoffentlich dazu kommen werde, noch öfter so was zu schicken. Damals lebte der Voshank noch.

»Mein Mann workt bei den Miners im Bergwerk. Ist harte Arbeit«, hieß es unter anderem in dem Brief. »Die Rent from the people, wo in unserm house sind, gibt auch zwei Dollars for the man the week. In Amerika schafft alles, auch die Frau. Wir sind gesund, lieber Max, aber schreib einmal.« Kopfschüttelnd versuchte unser Vater das Kauderwelsch zu entziffern. Eine andere Stelle lautete: »Hab neulich ein newspaper gelesen, daß das house, wo Jefferson Anno 1775 the Declaration of Independence written hat, einem Graf gehört hat. Der ist in Philadelphia gewesen. Interessiert mich sehr und will einmal researchen. Dieser Graf I think muß einer von den Salzburgern gewesen sein oder herkommen davon, wo der Kastenjakl written hat . . .«

Unser Vater gab es auf. Er wollte den Brief einmal dem pensionierten Lehrer Strasser zeigen, der das sicher verdeutschen konnte. Salzburg und Kastenjakl, das interessierte ihn. Er legte den Brief hin und wurde nachdenklich. Wir Kinder hatten alle den Vater umringt und schauten neugierig auf den Dollar.

»Hm, sie meint, uns gehts schlecht«, murmelte unser Vater gerührt. »Sie glaubt, es ist noch alles beim alten.« Er schaute auf die Mutter und fuhr fort: »Soviel ich herauslesen kann, gehts nicht grad gut bei den zwei . . . Hart haben sies . . . Ich will ihr einmal schreiben, sie soll doch ihr Geld behalten, sie brauchts doch . . .«

»Dös ist doch koa Geld . . . Dös gilt doch nichts bei uns«, sagte unsere Mutter, auf den Dollar blickend. »Dös schaugt ja aus, als wia wenn sies selber macha . . .« Sicher kam ihr Amerika unfaßbar vor, ganz wild und ungefähr so weit entfernt wie der Mond. Für sie gab es nur das, was in der Pfarrei passierte und lebte. Alles andere blieb fremd.

Unser Vater war noch immer so nachdenklich. Er nahm den Dollar und musterte ihn. Dann überließ er uns Kindern die Banknote zum Spielen. Wir glotzten sie von allen Seiten an. Der Indianerkopf interessierte uns am meisten. Wir rochen an dem Schein, und es kam uns vor, als habe er einen ganz fremden Geruch.

»Hm«, machte unser Vater hinwiederum in bezug auf die Stasie: »Hm, vielleicht wärs ihr besser ganga, wenns dablieben wär . . . So gut hätt sies da auch ghabt, und da drenten z'Amerika ist sie fremd . . .« Es klang ein wenig traurig. In dem Augenblick fingen wir Kinder laut zu streiten an, weil der Maurus mit dem Dollar davonlaufen wollte. Der Vater schimpfte und nahm uns die Banknote. Er zeigte sie dem Wagner Neuner und anderen Dorfleuten. Die musterten das Papier genauso ungläubig wie unsere Mutter.

»Haha, jetzt do schaug her, dös is ja praktisch!« rief der Gemeindediener, der Schmalzerhans, der bei uns immer seinen Kornschnaps trank. »So was macht sich a jeder selber, do kanns net gfehlt sein, hahaha . . .«

»Jaja, ich habs auch schon gsagt«, bestätigte ihm unsere Mutter. Später klebte unser älterer Bruder Eugen den Dollar in der Backstube an die Wand, wo er jahrelang blieb. Kein Mensch beachtete ihn sonderlich, und schließlich ist er beim Ausmalen überstrichen worden.

Nachdem der Lehrer Strasser Stasies Brief entziffert hatte, erwachte in unserem Vater ein reges Interesse. Er suchte die Papiere vom Kastenjakl wieder und fand auch tatsächlich die Stelle, wo es hieß, daß einer von den vertriebenen waldensischen Grafs »übers Meer« geflohen sei. In einem langen Brief schrieb er der Stasie darüber, aber dazwischen kam der Tod vom Voshank, und sie antwortete nicht mehr darauf. Sie hatte andere Sorgen. Es kamen nur noch hin und wieder bunte Postkarten mit fremdartigen Ansichten von ihr . . .

Die Niederschrift meines Großonkels ist leider bei den oftmaligen Umbauten unseres Bäckerhauses verlorengegangen.

III.

Amerika rückt mehr ins Gesichtsfeld

Im Unterricht unserer Pfarrschule Aufkirchen existierte Amerika nur dem Namen nach. Der ganze riesige Erdteil war lediglich ein großer, verschiedenfarbiger Fleck auf dem Wandatlas. In unserer Familie dagegen wurde von jeher viel gelesen: Die ›Gartenlaube‹ und ›Über Land und Meer‹ waren abonniert, allerhand Geschichtsbücher gab es, und wir Buben bekamen zu Weihnachten Indianerbücher, wie etwa Coopers *Lederstrumpf*-Bände, den *Untergang der Seminolen*, und später stießen wir auf Gerstäckers *Flußpiraten des*

Mississippi und endlich auf Sealsfields Meisterwerk *Das Kajüten-buch*. Es läßt sich denken, daß unsere Vorstellung von Amerika also nicht anders sein konnte als so: kriegerische, büffeljagende Indianerstämme, undurchdringliche Urwälder, riesige Prärien und vordringende, kühne weiße Pflanzer, die, beständig von harten Gefahren umlauert, um jeden Fußbreit Boden zu kämpfen hatten.

Das änderte sich auch nicht, als ich um 1903 herum einmal in einem ›Gartenlaube‹-Heft den damaligen Präsidenten Theodore Roosevelt als sogenannten »Rauhen Reiter« abgebildet sah. Begeistert sagte ich zu meiner jüngeren Schwester Nanndl: »Du, da schau her! . . . Hergott, muß das schön sein, in Amerika reitet sogar noch der Präsident mit dem Gewehr wie ein Trapper rum.« Die Nanndl nämlich spielte immer mit uns Buben Indianer und hatte nichts für die mädchenhaften Puppen übrig.

Wie aber ging denn das zusammen mit den Karten und Briefen von den Voshanks? Die schrieben doch nie was von Indianern und Gefahren? Wo lebten denn die in dem wilden, weiten, fremden Land, wo sogar noch der Präsident . . . ?

Damals kam unser älterer Bruder Eugen vom Militärdienst heim und beschloß, nach Amerika auszuwandern. Deswegen schrieb er der Tante Stasie oft und oft und bekam viele Briefe von ihr. Er erzählte aber nur wenig davon und wenn, dann höchstenfalls den älteren Geschwistern und unserer Mutter. Unser Vater war dazumal auch schon gestorben.

Der Eugen war der Stolz unseres Vaters gewesen, und er galt viel bei uns. Er hatte einst in einer Münchner Handelsschule »auf Kaufmann studieren« dürfen, dann eine gutbezahlte Stelle als Buchhalter bei der Starnberger Brauerei bekommen und sich in eine junge Starnbergerin verliebt, die – während er noch beim Militär war – ein Kind von ihm zur Welt brachte. Offenbar sah er darin einen dunklen Fleck in seinem Leben, ein Hindernis in seinem Vorwärtskommen, denn, weiß Gott, er hatte große Ideen im Kopf. Er schwärmte davon, schnell ein reicher, mächtiger Mann zu werden. Nach seiner

Militärentlassung wieder auf schäbige Stellungssuche zu gehen widerstrebte ihm schon deswegen, weil er glaubte, damit sein Ziel nicht schnell genug zu erreichen. Er war romantisch und nüchtern zugleich. Voller Hoffnungen fuhr er über den Ozean und erreichte die Tante Stasie. In Amerika aber mußte er einsehen, daß er als deutscher Buchhalter nicht weiterkam. Er arbeitete eine Zeitlang als Bergmann und griff schließlich wieder zu jenem Handwerk, das wir daheim alle erlernt hatten: zur Bäckerei.

»Hm«, meinte unsere Mutter, »deswegen hätt er doch nicht so weit fortgehn müssen. Das hätt er daheim auch machen können.«

Nach vielen Wechselfällen faßte Eugen mehr und mehr Fuß im fremden Land und ließ seine Starnbergerin nachkommen, um sie zu heiraten. Das Kind, eine Tochter mit Namen Peppi, nahm unsere Mutter. Es wuchs in unsere Familie hinein, bis es soweit war, daß ihre Eltern sie zu sich kommen lassen konnten. Vorher war bereits unser Bruder Lorenz, der nur um zwei Jahre älter als ich war, zu Eugen nach Amerika gefahren. Sie fingen eine Bäckerei an, verstanden sich aber nicht und trennten sich. Lorenz, der »Lenz«, wie der Name auf bayrisch heißt, war ein abenteuerlicher Charakter und führte lange Jahre ein unruhiges Wanderleben: Er arbeitete zeitweise und »trampte« dann wieder.

Ein Jahr vor dem Ersten Weltkrieg kam Eugen wieder heim. Es sah anfangs so aus, als plane er, in unserer weiteren Umgegend eine Bäckerei anzufangen. Doch die Fremde hatte sich schon zu sehr in ihm eingenistet. Er befand sich zu damaliger Zeit sicher noch in jenem Stadium, das jeder Emigrant nur zu gut kennt: Er war kein Deutscher mehr und noch kein Amerikaner. Er war entwurzelt. Es trieb ihn wieder fort. Über Kanada wanderte er erneut in die Vereinigten Staaten ein, machte sich in Montana, in dem kleinen Städtchen Bozeman, seßhaft und wurde dort nach den fremdenfeindlichen Widrigkeiten während des Krieges, die seine mühsam errungene Existenz fast ganz zerstörten, endlich, endlich zum reichen Großbäckermeister, Mühlenbesitzer und angesehenen Bürger. Der Lenz dagegen blieb noch lange wandernder Geselle, wollte während des Ersten Weltkrieges über China in die Heimat zurück und als Soldat an der Front kämpfen. Natürlich nur als bayrischer. Sozusagen deutsch-patriotisch war er absolut nicht. Er war der am allerwenigst Seßhafte unter uns, eine Wandernatur, die es nirgends allzulang aushielt. Offenbar galt ihm das wilde, bunte Leben weit mehr als irgendeine feste Heimat, in welcher man verwurzelt ist. Auch sein Dasein in Amerika kam ihm damals noch als etwas Provisorisches vor. Englisch sprach er zwar halbwegs, aber sonst hatte er von der Fremde noch nichts angenommen, und eigentümlicherweise bekannte er bei jeder Gelegenheit laut und lustig: »I'm a Bavarian!« Das geschah aber, wie mir scheint, mehr aus einem herausfordernden Justament.

Das »In-den-Krieg-Ziehen« aber zog ihn magisch an. Es hatte für ihn noch den romantischen Schimmer jener Vorstellung der Raupenhelm-Heroik von 1870 und 71, die von den Kriegserlebnissen herstammte, welche uns unser seliger Vater so oft erzählt hatte. Daß die tapferen Bayern »nie nicht« zu schlagen sind und die Franzosen rudelweise vor sich her treiben – das vermengte sich dabei mit seinem jugendlichen Kraftüberschuß, seiner Rauflust, seiner Bärenstärke und dem uns allen eingeborenen urbayrischen Trieb zur Fopperei. Amerika war in den Krieg eingetreten und erließ allerhand Maßnahmen gegen Ausländer, die noch keine Bürger waren. Doch all dies – Anmeldepflicht, amtliche Reisegenehmigung usw. – scherte den Lenz wenig. Er hatte nur eine Wut, daß ihm die Heimkehr vermacht worden war. Er rebellierte gegen jede persönliche Einengung, trampte wie bisher, arbeitete, wo und wie er wollte, und verfiel in seiner Aufsässigkeit auf die seltsamsten Marotten. Politik war ihm immer fremd. Er mißtraute nur allem Amtlichen und haßte die Behörden, und die, selbstredend, überall, ganz gleichgültig, in welchem Land. Weiß Gott, wie er daraufgekommen war und wie er diese Sachen gefunden hatte, jedenfalls heftete er an die Wand seines jeweiligen Arbeitsplatzes in der damaligen Kriegs-

zeit stets zwei übereinandergekreuzte, winzige Fähnchen, ein weiß-
blau bayerisches und ein schwarzweißrot reichsdeutsches, und dazwischen hing er ein Bildchen unseres Königs und eins, das den
Kaiser Wilhelm II. zeigte. Erhob jemand dagegen Einspruch, so
verließ er die Arbeit auf der Stelle oder schlug alles kurz und klein.
Einmal aber, in einem Ort in Norddakota, sammelten sich die
erhitzten Leute vor der Bäckerei, in welcher er arbeitete, verlangten
vom Meister die sofortige Auslieferung des »German spy«. Der Kerl
mußte aufgeknüpft werden. Mit so einem Haufen, das sah auch der
Lenz ein, war nicht fertig zu werden. Der Meister, ein Ire, der ihn
gern mochte, stieg aus dem Keller und hielt den empörten Haufen
hin. Dem Lenz gelang es, sich davonzumachen. Er rannte außerhalb des Ortes dunkle Bahngleise entlang, kam bis zur nächstgele-
genen kleinen Station, schwang sich auf einen vollgeladenen Koh-
lenwagen und buddelte sich ein. Nach einiger Zeit rollte der Zug.
Der Lenz steckte den Kopf aus den Kohlen, und da schoß es. Er
sprang kurzerhand auf die Böschung hinunter, rollte abwärts, die
vorbeipfeifenden Kugeln trafen ihn nicht, er lief wieselgeschwind
einem Wald zu und hatte sein freies Leben wieder. Und nicht bloß
das. Er hatte nicht vergessen, während der Meister mit den lynch-
gierigen Leuten unterhandelte, seine Fähnchen und Bildchen mit-
zunehmen. Wieso, sagte er sich, kann jeder Amerikaner seinen
Wilson oder Pershing, jeder Engländer seinen »King George« und
jeder Franzose seinen Clemenceau oder Foch an die Wand hinhän-
gen? Und kam zu dem Schluß: »Jetzt grad mit Fleiß. Unser König
und der Kaiser sind genauso viel wert, basta.«
Das nächstemal aber hätten sie ihn wirklich bald gehängt. Sie
hatten ihn schon aus der Bäckerei in ihre plärrende Mitte geholt,
doch – Glück muß der Mensch haben – auf einmal stürzte ein
amerikanischer Anwalt daher und setzte den giftwütigen Leuten
auseinander, so einfach gehe das nicht, auch so ein Aufhängen
müsse sozusagen, wie man bei uns sagt, gerichtsmäßig gemacht
werden. Man kam nach einigem erregten Hin und Her überein, der

»German spy« müsse zuerst einmal »getestet« werden. Kurzum, eine amerikanische Fahne wurde geholt. Der Anwalt stellte sich martialisch vor den Lenz, befahl ihm, mit einer Hand die Fahne anzufassen und die andre Hand zum Schwur zu erheben und ihm die vorgesagten Worte nachzusprechen, die darauf hinausliefen, daß er nichts gegen Amerika habe und sich durchaus gesetzesloyal verhalten wolle. Der Lenz tat es mit recht lauter Stimme und – er wurde nicht gehängt. Aber er hielts doch für gut, sich nach der Arbeit unauffällig aus dem Staub zu machen.

Lustig und gesellig, wie er ist, stand er einmal nach der Arbeit an der Theke einer kleinen Bar und trank sein Bier. Weiter weg, hinten an der Ecke der Theke, zechten fünf schottische Schäfer, die jetzt, im Herbst, ihre schwerverdienten Dollars vertranken. Sie hoben ein ums andre Mal ihre Whiskygläser und ließen ihren »King George« hochleben. Das gefiel dem Lenz. Er ließ ihnen durch den Bartender eine Runde Bier hinstellen. Sie waren sehr erbaut davon, riefen ihn heran, und da hob er sein Glas und prostete: »Hoch lebe Kaiser Wilhelm!« Sofort stürzten sich die fünf auf ihn, auf den »German bastard«.

Viele, viele Jahre später, nachdem ich als Emigrant aus meinem letzten Exil in der Tschechoslowakei nach Amerika gekommen war und ihn besuchte, erzählte er mir echt krachledern fidel diese Geschichte und lachte schüttelnd. »Weißt du, da wär ich beinah totgegangen..., da, fühlst dus?« sagte er dabei und führte meine Hand über seinen schon leicht angegrauten Kopf: »Zwei große Löcher haben mir die Bastards geschlagen. Wie eine Sau hab ich geblutet und bin über drei Wochen im Hospital gelegen ... Aber weißt du, ich hab so einen Kerl gepackt und nicht mehr ausgelassen ... Ich hab ihn immer vor mich gehalten, genau wie ein Schild, weißt du ... Da haben sie immer auf den auch einhauen müssen ... Ich hab ihn nicht ausgelassen, den Kerl ... Und der hat über sechs Wochen im Hospital liegen müssen, weil ich ihm ein paar Rippen eingedrückt hab ... Well, das war gefährlich, mein Lieber.«

Er sprach ein sonderbares Hochdeutsch mit Hamburger Akzent, in das er nur selten englische Brocken mischte. Aus Hamburg nämlich, wo er etliche Jahre lang als Bäcker gearbeitet hatte, war er seinerzeit übers Meer, nach Amerika, geflohen. Geflohen? Jawohl, denn dort erreichte ihn eines Tages – es war noch die idyllische königlich bayrische und kaiserlich deutsche Zeit – ein Strafzettel des Amtsgerichtes Starnberg, demzufolge er zwei Monate Gefängnishaft absitzen sollte, weil er, kurz bevor er von daheim fort auf die Wanderschaft gegangen war, beim Wildern erwischt worden war. Entsprechend unserer bayrischen Auffassung, daß Wildern an sich nichts Strafbares sei und es erst dann werde, wenn man sich dabei vom Jäger erwischen lasse, hatte es der Lenz so gehalten, daß ihn wenigstens der besagte Strafzettel nie erreichte.

»Because«, erklärte er mir, »weißt du, in Hamburg bin ich zu lang geblieben, weil, because, ich hab dort ein knusperiges Liebchen gehabt, weißt du. Da ist der Wisch vom Gericht dahergekommen.« Wäre das nicht gewesen, vielleicht wär er nie nach Amerika gekommen. In den vielen langen Jahren, die seither verlaufen sind, hat er eine Stettinerin, die er für eine Irin hielt, geheiratet und einen Sohn und eine Tochter von ihr bekommen; er hat verschiedene Male eine kleine Bäckerei angefangen und sie schließlich wieder verkauft; getrunken hat er immer viel, und genauso unmäßig hat er gearbeitet. Selbstredend ist er dabei nicht reich geworden. Er hat sich nur ein Herzleiden geholt. Sein Sohn ist, blutjung, als amerikanischer Soldat im letzten Weltkrieg am Rhein gefallen. Das war dem Lenz das ärgste. Es ist ziemlich lang hergegangen, bis er sich von diesem schweren Schlag »derfangt« hat. Seither lebt er als kleiner Rentner in Bellingham im Staate Washington, aber immer noch sagt er: »I'm a Bavarian!« Das ist schon deswegen auffällig, weil es ihm absolut nicht in den Kopf gehen will, daß ausgerechnet eine deutsche Kugel das Leben seines Sohnes ausgelöscht hat und er infolgedessen nicht mehr gut auf die Deutschen zu sprechen ist. Indessen, er bleibt dabei, daß er ein »Bavarian« ist. Wie zäh und unverfälscht sich das Bayrische, ja, um es genau zu sagen, das Altbayrische trotz allem, was er rein äußerlich an Amerikanischem angenommen hat, in seinem Inwendigen erhalten hat, das zeigte sich, als er vor einiger Zeit nach fast fünfundvierzig Jahren unsere gemeinsame Heimat besuchte. Dort nämlich reiste er nicht etwa, wie es fast alle Deutschamerikaner zu halten pflegen, umher, um das schöne Land zu sehen. Nein, nein – der Lenz blieb in unserm Heimatort Berg und suchte in der näheren Umgebung die überlebenden Verwandten und Bekannten auf. Und weil gerade das Oktoberfest abgehalten wurde, fuhr er auch ein paarmal nach München, bloß um alle Biersorten und die vielen Würste ausgiebig durchzuprobieren. Ihn interessierte sonst nichts, radikal nichts. Das hat mich lebhaft an meine selige Mutter erinnert. Wahrscheinlich – so wills mir vorkommen – hat der Lenz nur noch einmal in seine Jugend heimkehren wollen. Er hat aber nichts mehr davon gefunden als den unveränderten Starnberger See und unser einfaches Familiengrab auf dem Gottesacker im Pfarrdorf Aufkirchen.

Und nach dem Lenz kam kurz nach dem Ersten Weltkrieg, nach der Revolution und mitten in der Inflation unsere jüngste Schwester Anna, die »Nanndl«, in die Vereinigten Staaten. In den ersten Jahren ist sie fast gestorben vor Heimweh, und 1926 ist sie wieder zurückgekommen. Außer der inzwischen eingetretenen Stabilisierung unseres Geldes hat sich damalig nichts besonders verändert gehabt: Unsere Mutter, die die »Nanndl« sehr gern mochte, lebte noch; Geschwister, Verwandte und Bekannte, die sie verlassen hatte, waren noch wie immer. Bitter und traurig hat die »Nanndl« erzählt von ihrem Heimweh und ist – doch schon fremd gewesen und ist doch wieder über den Ozean! Warum bloß? Die Not hat sie gewiß nicht davongetrieben, denn bei uns gab es seit Vaterszeiten, als die Bäckerei wuchs und wuchs, keine Not mehr. Was also trieb sie wieder fort in eine sehr schwere Zeit, die sie allein in Chikago hat durchmachen müssen? Erst nach langen, harten Jahren ist sie eine fast unverkennbare »Amerikanerin« geworden. »Aber einen Bach und Beethoven, Mozart und Haydn oder Schubert, das gibts hier doch nicht und – wenn ich ein gutes Buch lesen will, nehm ich ein deutsches«, schrieb sie einmal an mich, und keinen Schriftsteller mag sie so gern wie unseren altbayrischen Ludwig Thoma. Jetzt noch wie ehedem!

Von dem, wie ich nach Amerika gekommen bin, will ich nicht reden. Das ist unfreiwillig gekommen. Ein letzter Ausweg des Emigranten war es.

Inzwischen ist abermals ein Neffe von mir aus unserem Heimatdorf »ins Amerika« gekommen. Er hat schier noch nach Dorf und Heu und Stall gerochen. Er hat, als er vom Schiff heruntergekommen ist, blond und himmelblau, echt altbayrisch gelacht und gleich gesagt: »Ja no, gfalln wenns ma do net tuat, do geh ich glei wieda hoam … I hob scho noch Geld fürs Zruckroasn dabei …«

Ich aber kann mir nicht helfen, er wird bleiben. Jeder nimmt ja in die Fremde nur sich und seine Jugend mit, nicht einmal die Heimat, bloß das Wesen von ihr.

Und da lese ich einen Brief meines Enkelkindes, das Englisch lernt und später auch nach den USA will, lese ihn und bin ein bißl wirr darüber – denn kanns denn sein, daß sich dieses Davongehn aus allem Gewohnten, mit dem man aufwächst, noch immer vom Waldensischen in uns herleiten läßt?

»Nichts«, haben wir in der Schule gelernt, »geschieht von ungefähr …«

Kleine Betrachtung über George Washington

Als 1620 die Passagiere der »Mayflower« an Land gingen, warfen sie sich dankbar ins Knie und beschworen: »Wir, treue Untertanen König Jakobs, vereinigen uns hiermit in Gegenwart Gottes zu einem staatlichen Gebilde.« Unnötig zu sagen, daß diesem Gebilde jede Selbständigkeit und Originalität fehlte, daß es eine abhängige englische Kolonie wurde. Nach 156 Jahren hoben die Nachkommen der berühmt gewordenen Ansiedler durch die Amerikanische Unabhängigkeitserklärung diesen ehrfurchtsvollen Schwur auf und gingen für ihre staatliche Selbständigkeit in einen jahrelangen, oft fast aussichtslosen Krieg. Elf Jahre später aber, am 17. September 1787, beginnt die von den dreizehn ursprünglichen Staaten des Landes beschlossene Verfassung mit den stolzen Worten: »Wir, das Volk der Vereinigten Staaten von Amerika, beschließen und errichten ...« Von dem Feldherrn, der diesen Sieg erfochten hat, sagte sein politisch genialer Zeitgenosse Thomas Jefferson: »Sein Geist war groß und machtvoll, ohne zu denen ersten Ranges zu gehören; sein Verstand durchdringend, obwohl nicht so scharfsinnig wie der Newtons, Bacons oder Lockes; und so weit er sah, war kein Urteil so gesund wie das seinige. Er war langsam im Fassen eines Entschlusses, da er von Erfindungsgabe oder Einbildungskraft wenig unterstützt wurde, aber sicher in der Ausführung ... Seine Unbescholtenheit stand vollkommen fest, seine Gerechtigkeit war die unbeugsamste, die ich je gekannt habe; keine Beweggründe des Interesses oder der Verwandtschaft, der Freundschaft oder des Hasses waren imstande, ihn in seiner Entscheidung verwirrt zu machen.« Es gibt viele Belege, die diese »Charakteristik« bekräftigen. Man weiß, daß George Washington bei der Wahl zum Oberbefehlshaber vom Kongreß kein Gehalt verlangte und beteuerte: »Ich werde eine genaue Rechnung über meine Ausgaben halten. Diese, daran zweifle ich nicht, wird man mir bezahlen; das ist alles, was ich verlange.« Und wenn wir noch lesen, daß er gleichzeitig die erstaunlichsten

Worte, die je ein Feldherr aussprach, sagt, nämlich: »Damit nicht dereinst, wenn das Glück uns nicht begünstigt, mein guter Name verunglimpft werde, so bitte ich jedes Mitglied der Versammlung, es nicht zu vergessen, daß ich heute mit der größten Aufrichtigkeit erkläre, wie ich mich nicht für fähig halte, alle Pflichten der Stelle zu erfüllen, zu der ich so ehrenvoll erhoben werde ...«, dann ergreift diese tief menschliche Vornehmheit, die echte Bescheidenheit und klares Selbstbewußtsein großartig in sich vereinigt, gerade heutigentages um so mehr. Es muß daran erinnert werden, daß jener Krieg, der Amerika zum weltgeschichtlichen Faktum erhob, eine blutige nationale Revolution war, ein offener, gewaltmäßiger Abfall von der bisher anerkannten Gesetzlichkeit – und Washington war durchaus konservativ gesinnt. Er war, wenn er auch in verschiedenen vorhergegangenen Schlachten seinen Mann gestanden hatte, viel mehr Zivilist als Offizier. Durch geschickte Grundstücksspekulationen reich geworden, führte er das behagliche Leben eines virginischen Landedelmanns. Er war wirtschaftlich, sehr häuslich, nicht viel mehr als der Zeit entsprechend gebildet, betrieb nebenher das Geschäft eines Landvermessers und war ein gesuchter Unterhändler zwischen Weißen und Indianern. Sogar als Feldherr, wissen Zeitgenossen zu berichten, sprach er leise. Nichts war ihm verhaßter als lautes Sichvordrängen oder gewaltsame Auseinandersetzungen, und sicher wäre er zu anderer Zeit friedlich gestorben. Gerade *er* wird, nachdem man ihn förmlich dazu drängt, zu einer weltgeschichtlichen Figur. An der Spitze eines äußerst fragwürdigen Revolutionsheeres, dem es so ziemlich an allem mangelt, was der weit erfahrenere Feind hat, führt er den so merkwürdig ungleichen Krieg zu Ende und entscheidet durch seine männliche Geduld, durch seine unbeirrbare Hartnäckigkeit und sein fast geschäftsmäßig nüchternes Ausbalancieren der Kräfte den Sieg und damit das Schicksal Amerikas. Niemals hat ein Land ein solches Glück erlebt – und »Glück« ist ein sehr oft gebrachter Terminus Washingtons –, denn im allgemeinen ist es doch so, daß außer den überragenden Führern bei Revolutionen höchst zweifelhafte Gestalten sich in die leitenden Stellungen drängen und zuweilen furchtbares Unheil anrichten. Hier aber gab man einem Mann die größte Machtfülle, und er ordnete sich unter, er mißbrauchte seine Macht nie und sah sich stets als Vollstrecker der Beschlüsse des Kongresses. Dadurch, daß er es mit dem, was wir unter Demokratie im weitesten Sinne verstehen, völlig ernst nahm, wuchs ihm eine natürliche Autorität zu, eine Autorität, die sich mit vollem Recht im Laufe der Zeiten im amerikanischen Volk verwurzelte. Vielleicht hat jener kluge Mann vollkommen recht, der unter Hinweis auf die Schweiz einmal behauptete, gutgeleitete Staaten könnten nur von klugen, aber keineswegs genialen Menschen durch die Zeiten gesteuert werden. Washington war, nach meinem Dafürhalten, durchaus ein kluger Mensch mit einem echt realistischen Hausverstand. Man kann der Meinung sein, daß ihm etwa Hamilton oder Jefferson an politischer Weitsicht überlegen waren, und sicher erntete der schlaue, wendige, leutselige Benjamin Franklin zu seiner Zeit weit mehr öffentlichen Erfolg – was Washington groß und unvergänglich macht, ist seine tiefe menschliche Lauterkeit, sein unverrückbares Festhalten am einmal Erkannten und seine fast naturwüchsige Kraft, selbst das Widerstrebende in einer jungen Staatsmaschine zusammengefügt und schöpferisch gemacht zu haben. Lang vor Lincoln, als er nach Ablehnung seiner dritten Wahl seinem Nachfolger John Adams die Hand drückte, sagte er die einfachen Worte: »In der nationalen Einheit liegt das Glück des Ganzen wie des einzelnen; sie ist das Palladium eurer Sicherheit und Wohlfahrt; über ihrer Erhaltung wachet mit eifersüchtiger Sorgfalt.« Er war Realist und wußte, daß das, was er mitgeschaffen hatte, ein Stück menschlichen Glücks war, und was kann man Besseres und Schöneres von einem Staatsmann sagen, als daß er für die Erhaltung des Glücks von Millionen sein ganzes Selbst einsetzt? Es ist nicht nur erstaunlich, es ist tröstlich, sich in die Geschichte dieses Mannes zu versenken, denn es gibt wieder Zuversicht.

Zum Tode des großen Komikers Karl Valentin

Die Nachricht, daß dieser in jeder Hinsicht merkwürdige Mann gestorben ist, wird viele, die den Zauber und den Ruch des unsterblich Münchnerischen in ihr Leben mitgenommen haben, wahrhaft erschüttern. Das Merkwürdige an ihm war, daß er aus – Sachsen stammte und keineswegs das war, was man sich gemeinhin unter einem waschechten Münchner vorstellt. Er hatte keinen Bierbauch, niemals ein etwas gequollenes, gesundrotes Gesicht mit einem dichten Schnurrbart, nichts an ihm war behäbig und jovialhumorig oder schmetternd laut, sozusagen krachledern lustig im bayrisch-bäuerlichen Sinn oder sackgrob eifernd im Streit auf der Bühne oder im Alltagsleben. Er war zeitlebens ausgedörrt mager und ellenlang, litt an Asthma und Platzangst und machte stets den Eindruck eines etwas störrisch-eigensinnigen, mürrischen Menschen, der es nie zu einem befreienden Lachen, sondern immer nur zu einem verkniffenen, fast schadenfrohen Grinsen brachte. Sein Humor war von einer hintergründigen Bosheit, ohne je ins seichte Witzemachen abzusinken, und er war von einer so eindeutigen, lapidaren Kraft in allen Äußerungen, daß nichts mehr gegen ihn aufkam. Wie es kam, daß er, der Nichtmünchner, die letzten Tiefen und Feinheiten des spezifisch Münchnerischen mit geradezu genialer Präzision aufspürte, bleibt unerklärbar. Es ist nicht zuviel gesagt, wenn man den Vergleich mit dem ursprünglichen Polen Joseph Conrad heranzieht, der für viele als der englischste aller englischen Schriftsteller gilt. Karl Valentin war sicher der münchnerischste (und das ist keineswegs das Bauern-Bayrische) aller Münchener. Er war es im Leben und auf der Bühne so ohnegleichen, daß er selbst Menschen, die ihn jahrzehntelang genau kannten, immer wieder irritierte, weil sie nie wußten, ob er spielte oder nicht. Etwas Unsterbliches an einem Menschen, einem Volk, einer Stadt oder ei-

nem Land so herauszukristallisieren geht weit, weit über das Provinzielle hinaus. Es bleibt gültig für immer. Ich fürchte mich nicht, wenn man mir vorwirft, daß ich übertreibe und auf hohle Superlative verfalle, wenn ich behaupte, daß dieser ganz große, durchaus einmalige Komödiant, wäre er als junger Mensch nach Hollywood gekommen, Chaplins Ruhm erreicht hätte, und dies mit vollem Recht. Typen wie er wiederholen sich nicht mehr. Es ist bezeichnend, daß der größte deutsche Dramatiker, den die Zeit nach dem Ersten Weltkrieg hervorgebracht hat, der allzufrüh verstorbene Bertolt Brecht, offen gesteht, er habe das meiste von Karl Valentin gelernt. Für das gemütlich-phlegmatische München von gestern und heute, das noch nie ein besonderes Verständnis für wirklich Großes gezeigt hat und wohl immer ein Mittelding zwischen Dörflerei und Fremdenverkehrsbetriebsamkeit bleiben wird, bedeutet der Verstorbene nichts anderes als ein gemütliches Fidligkeitssymbol, an das zu erinnern geschäftlich vorteilhaft ist. Und nunmehr, da wir 1960 schreiben und auch Valentins kongeniale Partnerin Liesl Karlstadt gestorben ist, zeigt es sich immer deutlicher, daß sich die inzwischen zur Millionenstadt gewordene bayerische Fremdenmetropole von anderen deutschen Städten dieser Art kaum mehr unterscheidet. Sie kann wohl noch mit baulichen und einigen künstlerischen Außerordentlichkeiten aufwarten, aber nicht mehr mit dem spezifisch Menschlichen, das die unnachahmliche Münchner Atmosphäre ausmachte. Auch das berühmte Schwabing der Künstler und der weltbekannte Münchner Fasching existieren nur noch als fossile Erinnerungen. Letzterer ist nur noch Angelegenheit der Vergnügungsindustrie, wie etwa das alljährliche Oktoberfest.
Alle Menschen, die Valentin erlebt und geliebt haben, wird eine unsagbare Öde beschleichen, die trauriger ist als das Wissen um die Zerstörungen Münchens im Zweiten Weltkrieg. Das mag vermessen klingen für jene, die unmittelbar unter all diesen schrecklichen Miseren zu leiden hatten, aber es erscheint mir als das Zutreffende in diesem Fall, denn der Tod Karl Valentins löscht gleichsam etwas

von der Seele des ewigen, dennoch liebenswerten Münchens aus. Straßen und Häuser kann man schließlich und endlich wiederherstellen, das zivile Leben läßt sich irgendwann und irgendwie wieder in Ordnung bringen, Museen kann man wieder füllen, gutes Theater spielen, bisher unterdrückte Literatur wird wieder gedruckt werden, und viel Verschüttetes und Vergessenes kann neu erstehen – das Einmalige, das Karl Valentin hieß, bleibt unwiederbringlich. Er, der sich ohne jede falsche Bescheidenheit, sondern einfach, weil ihm das sicherlich als das ihm Urtümliche erschienen war, bis ans Ende seiner Tage schlicht »Komiker« nannte, er, der wirklich etwas wie eine Inkarnation dieser Bezeichnung war, etwas wie ein spezifisches Naturgenie dieser Art von Menschen, er wird nie wieder in einem anderen auferstehen, ja nicht einmal halbwegs nachgespielt werden können. Ohne ihn bleibt alles, was er hinterläßt, Surrogat, ein Bodensatz, ein ganz schwacher Schimmer. Denn er gehörte wahrhaft zu jenen, von denen Walt Whitman einmal gemeint hat: »Ich und die Meinen überzeugen nicht durch Beweise, Gleichnisse oder Reime, wir überzeugen durch unsere Gegenwart!« Sogar einen Film mit ihm in der Hauptrolle sah ich einmal vor langer Zeit. Wie bieder und gemacht war er im Vergleich zu seinen selbstverfaßten Einaktern und »Volksschauspielen«, von denen wahrscheinlich nicht einmal regelrechte Manuskripte existieren, höchstenfalls Rollenabschriften, die sehr wenig besagen. Nein, Valentin mußte uns dies alles gewissermaßen vorleben, er mußte *da* sein. Nur durch *ihn* bekam alles unheimlich echtes Leben, und er spielte dieses Leben täglich in anderen Variationen. Deswegen wird niemand mehr seine Stücke spielen können. Schon die Erinnerung an ihn würde dabei alles erdrücken.

Als geborener Komödiant im höchsten Sinn überspielte Valentin seine Stücke stets bis zum äußersten, und es gab Leute in München, die solche Aufführungen oft mehr als zehnmal besuchten und immer wieder überrascht wurden von den hinzugekommenen humorvollen Einfällen. Er war unerschöpflich im Improvisieren, und nur Liesl Karlstadt, die er allein zur großen Schauspielerin erzogen hatte, war ihm dabei gewachsen. Er hatte sie irgendeinmal entdeckt, und sie blieb – wenn man dieses Zusammenspiel erlebte – wirklich »ein Stück von ihm«. Merkwürdig war auch, daß man bei Valentin nie etwas wie eine schauspielerische Leidenschaft zu spüren schien. Alles blieb verhalten, verdeckt, vermieden. Dieser Sonderling und kranke Mensch, mit vielen inneren Hemmungen und unheimlichen Eigensinnigkeiten – dieser Karl Valentin hatte etwas wahrhaft Manisches auf der Bühne. Er schien überhaupt erst zu leben, wenn er auftrat, und er spielte im Grunde genommen immer nur die tausend Gesichter des Münchnertums. Bei aller Drastik, bei aller Derbheit blieb sein Spiel dennoch urban. Unter bayrischen Bauern zum Beispiel hätte er nicht mehr gewirkt, weil ihm das Ländliche und vor allem das Vulgäre vollkommen fehlten. Seine Gastspiele in Berlin blieben eine höchst beengende halbe Sache, die ihn peinigte, obgleich journalistische Snobs daraus in den Zeitungen einen Erfolg machten. Buchstäblich war München der Boden, aus dem seine Schöpferkraft wuchs. Vielleicht ließe er sich mit dem unvergeßlichen Wiener Girardi halbwegs vergleichen, aber auch wirklich nur halbwegs, denn jener arbeitete immerhin, wenn man so sagen darf, nach der Schablone irgendeines Bühnenstükkes – Valentin konnte das nie. Er blieb immer nur *er* als der zwerchfellerschütternde, hinreißende Umständliche und dennoch überlistige *Bittsteller* in seinem gleichnamigen Einakter. Genauso war er der altbayrische Soldat in der *Belagerung von München*, war er Fotograf und der unwahrscheinlich sture Monteur im Radioraum sowie *Firmpate*. Das eben ists, was uns für immer weggestorben ist: Erst seine Gegenwart, sein körperliches Vorhandensein machte alles leuchtend lebendig. Keiner vor ihm hat je mit einem so untrüglichen Spürsinn für Echtheit im Moment des »Darankommens« den Einfall ertastet, den entwaffnend lakonischen Einfall, der sein ureigenster Stil war.

»Wissen S', ich bin Volksschauspieler«, pflegte Valentin allen politischen Wichtigmachern zu sagen, die ihn hin und wieder für ihre Zwecke gewinnen wollten. »Ich bin fürs Publikum da und nicht das Publikum für mich, verstehen S'?« Ein solcher Mensch war natürlich für keinerlei politischen Betrieb zu verwenden. Ich erinnere mich, daß ihm 1917 von der damals noch königlichen bayrischen Regierung das Auftreten auf sechs Wochen untersagt wurde. Warum? Deswegen:

»Vorgestern bin ich am Hauptbahnhof gwesen«, erzählte Valentin auf der Bühne, »da haben sie die Gehirnverletzten von der Front auf die Rotkreuzautos gladen und ins Schwabinger Krankenhaus gfahren. Die Rotkreuzautos haben gar keine Gummiradel mehr gehabt wegen der Rationierung. Grad gscheppert und gwackelt haben sie, diese Krankenautos – aber, es war das reinste Wunder, die Verletzten habens Hirn nicht verloren dabei. Ankommen sinds damit! Und gestern hat der König sie besucht. Mit seinem Auto. Das hat natürlich schöne Gummiradel ghabt. Der hätt aber keine Gummiradel braucht, denn der hätt ja sowieso kein Hirn verloren.«

Und als Hitler kam, schickte Valentin an den ihm wesensverwandten Schauspieler Pallenberg nach Wien eine offene Ansichtspostkarte aus Garmisch; darauf stand bloß dieser eine Satz: »In Garmisch ist sogar der Schnee noch frei – Herzlichen Gruß Karl Valentin.«

Dann hörten wir im Exil die ganzen Jahre nur ab und zu einen Witz von oder über Valentin. Er hatte sich in einem Dorf in der Nähe Münchens verkrochen und bastelte wahrscheinlich an seinen weitbekannten monströsen »Universalmusikinstrumenten«. Bekannt ist, daß er jedes Instrument ausgezeichnet spielte, aber er hatte den hartnäckigen Entschluß gefaßt, alle Instrumente so zusammenzukombinieren, daß er sie alle gleichzeitig spielen konnte. Als dann endlich die Amerikaner in München waren, entdeckte ein Münchener Redakteur Valentin und interviewte ihn.

»Mitglied der Nazipartei waren Sie natürlich nie, Herr Valentin, oder?« fragte der freundlich-beflissene Zeitungsmann.

310

»Nein«, meinte Valentin darauf, »aber, wissen S', zu mir sinds gar nie gekommen.«

»Und wenn sie gekommen wären, Sie wären natürlich sicherlich nie Mitglied geworden«, stellte der befriedigte Redakteur fest.

»Ja, dann schon, wissen S'«, antwortete dieser Wahrheitskomiker mit der ihm eigentümlichen Vieldeutigkeit. »Dann schon! Aber sie sind gar nie kommen.« Zuerst Sprachlosigkeit seitens des Redakteurs, verständnislos-verlegenes Lächeln und schließlich der Ausbruch: »Was? Sie? . . . Ah, machen S' doch keinen Witz! Sie wären doch nie Mitglied dieser Verbrecherpartei geworden!« – »Ja, doch! Wenns sein müssen hätt natürlich, weil ich eben Angst gehabt hätt, wissen S', Angst!« gestand Valentin.

»Komiker« stand noch als Aufdruck seines letzten Briefes, der mich erreichte. Er war der stärkste Selbstdarsteller menschlicher Unzulänglichkeiten, den ich neben Charlie Chaplin kenne. Und nichts stellte er dar als die Wahrheit.

Man möchte wirklich wünschen, aus dem tiefsten Herzensgrund wünschen, daß das besondere Fluidum, das von Karl Valentin ausging, der kommende Geist des zukünftigen Münchens würde.

Wunsch zu meinem sechzigsten Geburtstag

Eine nicht gehaltene Rede

Schlicht und schlecht, mit einer geradezu entwaffnenden Liebenswürdigkeit, die der Generosität und dem Charme weiter Kreise der heutigen Literaturinteressenten entspricht, werde auch ich manchmal mit anderen Berufskollegen als »berühmter Autor« bezeichnet.

Das ist in meinem speziellen Fall ganz entschieden zuviel des Guten. Abgesehen von der Höflichkeit, die wahrscheinlich der Grund dieser Übertreibung ist, entspricht diese Behauptung auch keineswegs den Tatsachen. Eitelkeitshalber will ich mir natürlich gerne einreden, daß meine sporadischen kleinen Beiträge in deutschen Zeitungen und Zeitschriften hin und wieder von verschiedenen Leuten gelesen werden, aber man wird mir zugeben müssen, daß das noch lange nicht für eine »Berühmtheit« auslangt. So etwas macht höchstenfalls, um mit Heine zu reden, »berühmt bei allen Bekannten«, sozusagen also bekannt wie etwa stammtischpopulär.

Und wenn nun der eine oder andere gar darauf verfallen sollte, meine Bücher heranzuziehen, um mir partout eine gewisse »Berühmtheit« aufzuschmeicheln, bitte schön, ich kann nichts dafür, aber lassen wir das lieber. Ehrlich gesagt (ich weiß freilich, daß das für mich geschäftsschädigend ist), offen gestanden, meine sehr verehrten Herrschaften, wenn ich ein von mir verfaßtes fertiges Buch in der Hand halte, wundere ich mich heute noch genauso wie beim erstenmal. Ich begreife durchaus nicht, daß ich so was fertiggebracht habe. Ganz und gar unvorstellbar aber ist mir, daß diese Bücher tatsächlich gelesen werden, ja daß einige davon sogar von wirklich ernst zu nehmenden berühmten Leuten und von vielen Zeitungskritikern gelobt worden sind! Für mich nämlich ist so ein Buch, wenn es einmal da ist, vollkommen vergessen. *Wie* vergessen, will ich gern an einem Beispiel zeigen. Sie mögen es glauben oder nicht, ich kann nur sagen, es ist wirklich so: Freunde von mir haben mir schon oft Szenen und Geschichten aus meinen Büchern erzählt, ohne natürlich zu verraten, daß dieselben von mir sind. Ich kannte keine einzige dieser Szenen und Geschichten, ich erinnerte mich nicht im geringsten an sie. Und wenn zum Schluß diese zweifelnden Freunde zu mir sagten: »Verstell dich doch nicht gar so, Mensch, das ist doch von dir!«, war ich wahrhaftig baß erstaunt. Ich habe über diese sonderbare Vergeßlichkeit meinerseits oft nachgedacht und nie eine einleuchtende Erklärung dafür gefunden. Vielleicht rührt sie von meiner Vergangenheit her, denn mein seliger Vater war Bäcker, und wir Söhne lernten alle seinen Beruf daheim. Wurden unsere Semmeln und unser Brot gelobt, so fühlten wir uns natürlich gehoben und geschmeichelt, aber wie lange dauerte das denn schon? Nur so lange, bis die Semmeln und das Brot gegessen waren. Und was war es eigentlich, was uns an ihnen wichtig erschien? Solange wir den Teig machten und Semmeln und Brot formten, schließlich buken – bis dahin war uns alles sehr ernst, sehr wichtig. Einmal fertig, verkauft und weg, war das alles verflogen. Ich meine immer, so muß es auch mit der Schriftstellerei sein, und sicher werden mir einige Kollegen dabei zustimmen: Wichtig ist alles bloß, solange man dran arbeitet, die Worte überlegt, die Sätze formuliert – ist das Buch gedruckt und unter den Leuten, dann ists weg, fremd und vergessen.

Aber kommen wir wieder zurück zur Berühmtheit. Ich meine natürlich jene wirklich stabile, seriöse Berühmtheit, die sich nicht nur zu Lebzeiten eines damit behafteten Menschen unverändert hält, sondern berechtigterweise auch dessen Tod überdauert, also eine Berühmtheit mit der Pensionsberechtigung auf Nachruhm, wie etwa die von Thomas Mann oder Albert Einstein. Dies bloß zum Unterschied von der rustikalen Populärberühmtheit etwa von Ludwig Ganghofer, einem der Lieblingsschriftsteller meiner engeren Heimat Bayern, dessen Bücher heute noch zu Hunderttausenden gekauft und gelesen werden, obgleich der gute Mann – meiner Erinnerung nach – schon mindestens fünfzig Jahre tot ist. (Unter uns gesagt: Mir hätte ich so ein lukratives Geschäft gewünscht!)

In München hat einmal vor lang-langer Zeit eine Zeitung eine Umfrage bei ihren Lesern veranstaltet:»Was ist Berühmtheit?« Da antwortete ein Einheimischer:»Berühmtheit ist, wenn jemand überall sofort erkannt wird und wenn alles von ihm in die Zeitung kommt.«

Ich muß zugeben, nie wieder habe ich eine präzisere Definition zu lesen bekommen. Ich habe in meinem Leben nur einen einzigen mit vollem Recht hochberühmter Menschen kennengelernt, bei dem man das keinen Augenblick merkte. Das war die verstorbene, unvergeßliche Ricarda Huch, mit der ich von ungefähr 1925 bis 1932 auf vielen Faschingsfesten zusammengesessen bin. Ihr gegenüber am Tisch saß stets die ebenfalls schon verstorbene lokalberühmte Simplicissimuswirtin Kathi Kobus, und manchmal kam der selige Max Halbe dazu. Kathi sah stets aus wie eine strotzend farbige, mit dickem Schmuck behangene Frauenfigur von Goya: fett, faltig, fleischig, gewissermaßen gewalttätig prunkend. Zu ihr paßte der ostpreußisch massige, gedrungen gebaute Halbe mit dem weinroten Mopsgesicht ausgezeichnet. Komischerweise aber standen sich Kathi und Ricarda viel näher. Oft sahs aus, als wären sie nahe Verwandte, die miteinander so ein Fest besuchten. Der Unterschied ihrer Erscheinung war beinahe grotesk. Ricarda Huch sah aus wie eine hochgewachsene, vornehme, steife Adlige aus der Bismarckzeit: scheinbar ganz trocken, zugeknöpft wie eine alt gewordene Mädcheninstitutsleiterin, was besonders dadurch betont wurde, daß sie stets ein uraltmodisches Stäbchenkragenkleid trug. Ihr altes, auffallend hängebackiges, ungewöhnlich häßliches Gesicht mit den hochgekämmten wirren weißen Haaren war ebenso weingerötet wie das von Halbe, aber es zeigte alle Zerstörungen, die der unbarmherzige Geist eben in so einem Gesicht anrichtet. Nur mitten in dieser schrecklichen Gesichtslandschaft schwammen zwei große, leicht wässerige Augen, die wahrscheinlich kein Mensch, der in sie geschaut hat, je wieder vergessen hat.

Wie alle damals ins Kraut schießenden Münchner Künstler und Schriftsteller, die sehr jung waren und noch weiß Gott was von sich hielten, habe ich mich natürlicherweise oft recht ungebärdig benommen. Schon deswegen, weil ich meistens betrunken war. Kurz und gut, die Kathi Kobus, immer besorgt, daß ihre reiche Toilette nicht in Unordnung kam, hatte Angst und ärgerte sich, wenn ich, die volle Weinflasche in der Hand, unflätig laut und krawallierend an den Tisch kam, und fing stets zu schimpfen an: »Oskar, sauf nicht soviel! Mach keinen solchen Spektakel, das gehört sich nicht . . .! Wenn du dich so benimmst, da wirst du nie berühmt. Du hast überhaupt keine Art und Manier. Schäm dich, vor so einer berühmten Frau wie der Ricarda Huch aus der Flaschen zu saufen! Geh, geh . . .! Abscheulich bist du, ganz abscheulich!« Sie schaute dabei auf die leicht lächelnde Huch, aber von der kam keine Zustimmung, ganz das Gegenteil. Sie verzog ihren breitlippigen Mund und ihre hängenden Backen und sagte bloß: »Aber Kathi, das gehört doch zu ihm. Er ist doch ein Bär. Das Berühmtsein kommt ganz von selber, dagegen kann man nichts machen.«

Die Kathi schaute bloß noch finsterer und enttäuschter drein und knurrte: »Der – und berühmt . . .? Der wirds höchstens einmal vom Saufen!« Und wiederum sagte die unvergeßliche Ricarda Huch: »Besser so als anders, Kathi. Berühmtsein ist doch so fad. Das ganze Privatleben geht dabei flöten . . .«

Goldene Worte, wahrhaftig. Goldene Worte! Denn stellen Sie sich, meine sehr verehrten Herrschaften, doch einmal ganz eindringlich etwa so was vor: Was soll ein weltberühmter Mensch, von dem rein alles publik wird, was er spricht und tut, was soll der anfangen, um doch wenigstens halbwegs zu einem Privatleben, zu einer behaglichen Gemütlichkeit zu kommen? Von irgendeinem jener kleinen, wohlschmeckenden, gemeinhin aber doch ein bißchen anrüchigen Genüsse schon ganz zu schweigen! Vom Beruf kommt so ein armer

Mensch zur Berufung, von da aus zu einem wohlbestallten Ruf, zum Ruhm – und? Und was hat er davon?

Kann er vielleicht – um bloß die allermildesten Zufälle zu nennen – auch nur pfeifen oder seinem Unwillen krawallierend Luft machen, wenn er ein langweiliges, schlechtes Theaterstück sieht? Kann er etwa bei einem Vortrag, in den man ihn geschleppt hat, in den er gehen muß, weil über ihn gesprochen wird, kann er da einfach aufstehen und davongehen, wenns ihm nicht paßt? Kann er dem ungeheuren Trottel von Vortragenden am Schluß vielleicht ins Gesicht sagen: »Ihr Geschwätz hat mir Zahnweh gemacht, Sie Idiot!«?

Ausgeschlossen! Unmöglich. Und – er *wird* es übrigens auch nicht tun, wenn er auch noch so gern wollte. Er tuts nicht. Das Berühmtsein hat ihm bereits diktiert, daß er sich dabei in Geduld fassen muß, daß er eine bestimmte Maske tragen muß, daß er sich so und so benehmen muß. Er hat die schwere, unverdiente Aufgabe, fortwährend zu üben, wie er sich sein ganzes Leben lang zu langweilen hat. Ich danke dafür, mir graut vor so einem Zustand! Kalt über den Rücken rinnt es mir hinunter, wenn ich mir ausmale: So ein Weltberühmter kann und darf sich nie toll und voll betrinken und mit voller Lust auf einer nächtlichen Straße singen – das soll so einer einmal wagen! Die Berühmtheit verhält sich zu ihm wie eine bissige Gouvernante zu den ihr anvertrauten Kindern. Angst und Schrecken verbreitet sie in ihm, Unsicherheit und ganz bestimmt auch eine Art von rachsüchtiger Bosheit, aber über die will ich mich lieber nicht weiter auslassen.

Und man stelle sichs bloß einmal vor: So einem weltberühmten Mann begegnet unverhofft ein Mädchen, ein Mädchen, das ihm das Blut in den Kopf treibt, ein Mädchen mit allen Eigenschaften, die die Fleischesgier, das Herz und die Seele total in Verwirrung bringen. Kann er vielleicht rundweg und platterdings den Sprung in das Meer seiner geheimen Süchte machen? Kann er auch nur halbwegs all seine unterdrückten Lustphantasien realisieren, und zwar gleich,

316

sofort, auf dem Fleck, wo er grad steht? Ach, der arme berühmte
Mensch kann bloß trocken schlucken, resigniert heimgehen und
das alles in seinem Werk verarbeiten. Sagen Sie mir selber – ist das
nicht die reinste Hölle auf Erden? (Im übrigen, wenn ich die ganzen,
aber insbesondere die späteren Liebesverhältnisse Goethes Revue
passieren lasse, ich weiß nicht – entschuldigen Sie die Profanierung, bitte schön! –, ich weiß nicht, ich bring dabei den Verdacht nie
los, als seis auch bei ihm immer nur zum trockenen Schlucken und
resignierten Heimgehen gekommen. Die *Karlsbader Elegie* spricht
zu deutlich dafür.)
Aber deswegen hat dieser »berühmte« Mann wohl auch soviel
Berühmtes fertiggebracht.
Um ein für allemal den Gefahren des Berühmtwerdens zu entgehen, habe ich mir seinerzeit in München, als meine Schriftstellerei
schon ganz gut florierte, Visitenkarten drucken lassen: »Oskar Maria Graf, Provinzschriftsteller«, und des Geschäfts wegen habe ich
gleich darunter setzen lassen: »Spezialität ländliche Sachen.« Damit hab ich wenigstens erreicht, daß man mich damals (es war noch
die ordentliche Vorhitlerzeit) in die Kategorie der ehrsamen Ge-
schäftsleute eingestuft hat.
»Oskar«, hat mein leider auch schon verstorbener Freund, der
Maurermeister Jakob Gögl, damals lobend gesagt, »bei dir kennt
man sich aus, wennst einem die Visitenkarten gibst ... Da weiß
man, wer du bist und was du lieferst. Großartig.«
Und, Gott sei Dank, hier in New York, da habe ich mir solche
Kosten ersparen können. Ich bin endlich wieder in die glückliche,
fast anonyme Atmosphäre eines gleichgültigen Menschen hinein-
gekommen, der tun kann, was er will.
Außerdem aber auch – ich bin ein durchaus sozial denkender
Mensch –, außerdem, weil ich das Berühmtsein eines Menschen so
bedauernswert finde und jeden davor bewahren will, habe ich neulich einigen deutschen Kollegen, die hier auf Besuch waren, den
ernsthaften Vorschlag gemacht, einen Verein mittelmäßiger Schrift-

steller zu gründen. Das wäre der einzige Verein, dem ich als allzeit aktives Mitglied beitreten würde.

Aber, mein Gott, wie habe ich mich da wieder einmal geirrt: Die Herren Kollegen waren fast beleidigt, schließlich faßten sies als gutmütigen Ulk auf, und, natürlich, von so einer Vereinsgründung hat keiner etwas wissen wollen. Jeder drängt sich, damit er nur möglichst schnell berühmt wird. Ist das nicht schrecklich? Wissen denn diese guten, normalen Menschen nicht, was sie da erwartet? Bedenken sie denn keinen Augenblick, welch einem grausamen totalitären Selbstterror so ein Berühmter beständig unterliegt? Er ist viel, viel ärger daran als etwa ein wohlbehüteter, sittsam gehaltener Sprößling aus bester Familie, der höchstenfalls einmal ganz im geheimen ins Freudenhaus gehen kann. Und nichts bleibt ihm bei seiner Berühmtheit, als wie ein unanfechtbar ordentlicher Spießbürger seine Jahre zu verbringen. Alles, was das schöne Freudenhaus »Leben« für einen gewöhnlichen Menschen zu bieten hat, ihm bleibts versagt. Zum Schluß ist er weltberühmt, hat bloß Schereien und kriegt zuguterletzt dicke Kränze aufs Grab, und ebenso armselige Menschen wie er halten ihm Grabreden.

An was erinnert mich das immer? An die lang geprüfte katholische Novize, die endlich zur Klosterfrau geweiht wird. Bei einer solchen Weihe muß sie bekanntlich stundenlang auf dem kalten Pflasterboden liegen und wird dabei mit einem härenen Tuch zugedeckt. Dieser Ritus gilt gewissermaßen als Symbol ihrer Auslöschung als irdischer Mensch. Der Name wird ihr abgesprochen, sie darf keine Eltern und Verwandten mehr sehen und darf *nie, nie wieder* ihrer gesunden Natur entsprechend leben, sie muß absterben und eingehen in Gott.

Hat also der schlichte Mann in München auf die Zeitungsumfrage mit seiner Antwort nicht genauso recht gehabt wie Ricarda Huch damals beim Fasching?

In Anbetracht dessen kann ich nur mit dem gut bayrischen Spruch antworten: »Besser, du lebst, als du giltst was . . .«

Das sinnvollste Beispiel

Es mag mir vielleicht als Rührseligkeit ausgelegt werden, meinetwegen: Immer, wenn ich durch Bitternisse und Enttäuschungen niedergedrückt werde, steht das Bild meiner seligen Mutter, meiner alten Mutter, vor mir auf. Ich sehe sie nicht als irgendeine verschwommene Idealgestalt, etwa so, wie manche Dichter und Maler »gütige Mütter« darzustellen belieben. Ich kann ihr nichts hinzu- und nichts wegdenken, und es ist eigentümlich, daß in den lang-langen Jahren des Exils, das nun zu einer konstanten Diaspora auszureifen beginnt, die Erinnerungen und Vorstellungen meiner Heimat langsam ausblassen. Das Bild meiner Mutter dagegen verlor nichts an lebendiger Leuchtkraft und blieb unwandelbar.

Ich erinnere mich, als wäre ich noch einmal fünf Jahre alt, da versammelten sich einmal bei hereinbrechender Nacht die Dorfleute vor unserem Hause. Sie knieten auf die Straße und beteten mehrere Rosenkränze für eine »schwerkranke Person«. Diese »Person« war meine Mutter. Sie lag nach ihrer zehnten Geburt droben in der Ehekammer in hohem Kindbettfieber und schwebte zwischen Leben und Tod. Die Betenden hatten ernste Gesichter und seufzten mitunter. Eintönig klangen ihre frommen Worte durch die Stille. Auf einmal wurde es oben in der Kammer hell. Das Fenster öffnete sich, und meine Mutter tauchte auf.

»So weit, daß ich sterben muß, ists noch nicht! Gehts nur wieder heim!« sagte sie ruhig, fast ein wenig abweisend. Die verblüfften Beter stockten, starrten wortlos, standen endlich auf, bekreuzigten sich und gingen auseinander ...

Und es fällt mir ein – seit ihrer fünften Geburt litt sie an sogenannten »offenen Kindsfüßen«, die sehr schmerzten und oftmals eine gefährliche Blutvergiftung zur Folge hatten. Mit »Fuß« meint der Altbayer das ganze Bein, und die tiefen Wundlöcher meiner Mutter zogen sich vom Fußknochen bis zu den Waden hinauf. Blutdurchädert und krankhaft violett war die Haut um diese Löcher. Blutvergiftung nannten wir zu damaliger Zeit »Rotlauf«, und bei den Bauern meiner Heimat vertrat man selbigerzeit die Ansicht, daß so ein offner »Kindsfuß« nicht zuheilen dürfe, da sonst die »schlechten Säfte« in den Körper eindrängen und unweigerlich den Tod herbeiführen würden. Deswegen ging meine Mutter nie zum Arzt. Sie wusch ihre Wunden allabendlich, legte ein mit gelber Salbe bestrichenes Läppchen auf sie und band das Bein mit groben Leinenstreifen ein. Die Salbe galt als uraltes Universalmittel, und wahrscheinlich hatte eine Leidensgenossin dazu geraten. Im heißen Sommer dagegen benützte meine Mutter statt dieser Salbenläppchen die großen, dem Spinat ähnlichen kühlenden Blätter des Huflattichs für ihre Wundlöcher. Darüber kam der leinene Verband. Tagsüber werkelte sie wie immer. Es schien, als kenne sie keinen Schmerz oder empfinde ihn nur als lästige Störung, der man nicht nachgeben dürfe. Sie war von einer rätselhaften Mitleidslosigkeit gegen sich und klagte nur ganz selten. Ihre Gesundheit war, wie man bei uns zu sagen pflegte, eisern. Eine »feste« Natur, meinte sie, die kann jede Krankheit »durchreißen«, und wenn nicht, nun, alsdann seis einem eben »aufgesetzt«, leidend zu bleiben oder zu sterben, und:

> »Weibersterbn is koa Verderbn,
> aba 's Roßverrecka, dös konn oan schrecka!«

hieß es bei uns. Das hielt sie zeitlebens für richtig.
Einmal aber mußte sie sich doch hinlegen, weil die Wunden eiterten und die Beine sie nicht mehr trugen. Der Arzt vom Bezirksort Starnberg, der vollbärtige Doktor Penzel, mußte kommen. Der machte nach der Untersuchung ein bedenkliches Gesicht. Er genoß das Vertrauen der Leute, weil er sehr grobschlächtig war und nie viel herumredete.
»Tja, Frau Graf«, sagte er geradeheraus, »da wirds halt bald eine schöne Leich geben ... Aufstehen dürfen Sie mir vorläufig nimmer, verstanden?« Meine Mutter nickte und lächelte ein wenig, ganz so,

wie es ihre Art war: ein bißchen unsicher, ungläubig und listig, aber nicht weiter betroffen.

Nach drei Tagen, als der Doktor wiederkam, stand sie schon wieder in unserer großen Wohnkuchel am Herd. Der Penzel war außer sich und polterte, ob sie denn den Verstand verloren habe, sie müsse sofort wieder ins Bett.

»Ja, freilich, Herr Doktor!« sagte sie gemütlich und schaute ihn ungerührt an. »Wer tut denn meine Arbeit? Wer soll denn abspülen, wenn alle aufs Feld müssen?« Sie legte sich, obwohl der Arzt die schlimmsten Folgen prophezeite, nicht wieder hin, und schließlich ging es auch so. Krank werden und ins Bett legen war nicht nur zwecklos, es war schon der Anfang vom Sterben. Den Tod fürchtete sie, das Sterben war unheimlich. Besser, man werkelte über dieses Fürchten hinweg. Arbeit war ihr ein und alles, Arbeit war Leben.

Ich habe sie nur einmal wirklich zerknirscht und wütend gesehen: als wir sie, aus Angst, sie möchte wieder zu früh vom Krankenlager aufstehen, in das Bett gebunden hatten. Sie wehrte sich giftig dagegen, den Arzt zu rufen, denn Arztkosten waren für sie völlig überflüssige Ausgaben. Tee mit Rum, ein Glas Rotwein, heiße Kleieumschläge, selbstangefertigter Arnika- oder Taubeerenschnaps halfen genauso, und ein von der Apotheke gekauftes Medikament mußte für vieles herhalten. Unsere Hühner zum Beispiel bekamen manchmal den sogenannten »Zipp«, eine plötzliche Hornhaut auf ihrer Zungenspitze, die sie so am Fressen hindert, daß sie verhungern, wenn man ihnen den »Zipp« nicht gewaltsam herausreißt. Dabei bluten sie und sind noch eine Weile marode, erholen sich aber sehr schnell, wenn man ihnen eine vom Tierarzt verordnete Flüssigkeit einflößt. Wieder einmal nach dem »Zipp«-Reißen nahm unsere Mutter ein Medizinfläschchen aus dem Wandschrank in der Küche und versorgte die kranken Hühner damit. Sie schüttelten sich nach dem Einflößen, ihre Federn sträubten sich, und aufgeregt gackernd rannten sie hin und her. Auf einmal fielen sie tot um. Betroffen schüttelte unsere Mutter den Kopf: »Tja, tja, jetzt

321

hab ich ihnen doch eine Medizin geben!« sagte sie und zeigte die Flasche. Die enthielt eine alt gewordene Flüssigkeit, die unsere Schwester Emma gegen ihre gefährliche Augenentzündung verschrieben bekommen hatte. Medikament war eben Medikament und mußte allseits helfen für Mensch und Tier.

Komplizierte Gedankengänge verstand meine selige Mutter nicht. Sie dachte einfach und praktisch und handelte auch so. Sie war eine fromme Katholikin und von Kind auf in einem religiösen Orden, der sie verpflichtete, täglich zwölf Vaterunser zu beten. Da sie aber bis zu ihrem Tode in der Frühe um vier Uhr aufstand und unentwegt arbeitete bis zum abendlichen Gebetläuten, fielen ihr oft beim Mittag- oder Nachtessen, wenn sie den Löffel zum Mund führte, die Augen zu. Sie raffte sich schnell auf, lächelte fast verschämt und aß zusammengenommener. Einmal fragte ich sie verborgen spöttisch: »Jetzt sag mir doch einmal, Mutter, wenn dir vor lauter Müdsein die Augen schon beim Essen zufallen, wo und wann betest du denn eigentlich jeden Tag deine zwölf Vaterunser?« Sie sah mich arglos verwundert an und antwortete mit entwaffnender Selbstverständlichkeit: »Tja, jetz du bist gut, hm ... Ich hob doch an gutn Stuhlgang ... Wo soll is denn betn? Aufm Abtritt halt, da hab i doch die meiste Zeit dazua!« Sie begriff nicht, daß wir das komisch fanden. Glaube und Leben waren für sie eine einzige Wirklichkeit, und diese wirkliche Einzigkeit bestimmte auch das Geringste in ihrem Dasein.

Außer dem Gebetbuch las sie nur den Kirchenanzeiger im Starnberger ›Land- und Seeboten‹. Darin standen die Messen und die Todesfälle. Das war genug. Bigott war sie zu keiner Zeit, und Eiferei gegen Andersgläubige kannte sie schon deshalb nicht, weil sie sich gar keine andere als die katholische Religion vorstellen konnte. Wir Kinder beispielsweise nahmen es mit der Religion und dem Kirchengehen nicht allzu ernst. Das kam von der eigentümlichen Freigeisterei unseres Vaters und von unserem vielen Lesen. Der Pfarrer rief meine Mutter zu sich und machte ihr Vorhaltungen.

»Ja, mein Gott, Hochwürden«, sagte sie ein wenig wehmütig, »nachher muß halt ich für sie beten. Wenn sie älter sind, werden sie schon zum Verstand kommen.« Sie konnte nur wehrloses, stummes Beispiel sein. Der ererbte Glaube blieb unverrückbar in ihr. Auf den verließ sie sich, denn Generationen ihresgleichen hatten schließlich vor ihr so geglaubt, also mußte es schon seine Richtigkeit mit ihm haben. Aus dieser Beharrlichkeit floß die lebendige Weisheit ihrer Güte. Darum war sie wahrhaft demütig. »Man kann keinen zwingen«, sagte sie. Das entsprach ihrer Natur. Es gab Unrecht und Schlechtigkeit auf der Welt, das war eben so. Sie sagte: »Die Schlechtigkeit ist nicht umzubringen, bloß *wir* dürfen nicht schlecht sein.« Das hat mich, als ich viel später einmal genauer darüber nachdachte, tief überrascht, und seither ist es mir oft vorgekommen, als hätte sie damit mehr gesagt als die weitschweifigen Philosophen und Moralisten in ihren Büchern. Sie konnte nur gut sein zu anderen Menschen, mochten sie nun beschaffen sein wie immer, gehässig, mißtrauisch und böse oder arglos wie sie. Und schließlich gab es nur einen einzigen gerechten Ausgleich: den Tod. Dem konnte niemand ausweichen.

Wie alle echt katholischen Menschen hatte sie jene unausrottbare Grundhaltung, die aus der hilflosen Melancholie jeder Kreatur wächst, nämlich: »Alles, was ist, vergeht, warum also überheben wir uns? Nackt sind wir nackt, und tot sind wir ein Haufen Dreck. Warum machen wir bloß soviel Wesen von uns her?« Der Tod stand rätselhaft und unabwendbar über allem Leben. Er war mächtiger als alles Menschenwerk. Die Furcht vor ihm erfüllte ihr einfaches Leben und Fühlen, gerade *weil* sie so gesund war und mit jeder Faser am Leben hing. Deswegen ihre nüchterne Verständnislosigkeit gegenüber aller menschlichen Größe, deswegen auch das respektlos Kommode und Gemütliche in ihrem Humor.

Einmal kam einer unserer Brüder, der in Amerika reich geworden war, zu Besuch und fuhr sie im Auto nach Rom, zum heiligen Papst. Mit vielen frommen Pilgern kniete sie vor ihm und erhielt den

Segen, aber als sie nach ihrer Heimkehr von ihm erzählte, staunten wir inwendig belustigt über sie. »No«, sagte sie, »der Papst...? Wie groß kann er sein? So, so vielleicht. Größer ist er ganz gewiß nicht« – und sie deutete mit der erhobenen Handfläche die Kleinheit seiner Gestalt an –: »Ganz ein mitterner Mensch ist er, recht ein mitternes Mannsbild ...« Und sie erinnerte daran, was im Vergleich zu dem unscheinbaren (mitternen) Papst unser unvergeßlicher König Ludwig II. für ein großmächtiger, stattlicher Mann gewesen sei und was für große Hände der gehabt hätte. »Mein Liaber, dös is ein Mannsbild gwen, do hast naufschaun müssn, so groß is er gwesn! Der hat was vorgstellt ...! Und solcherne Händ hat er ghabt!« Wieder beschrieb sie andeutend die großen königlichen Hände.

»Ja, aber Mutter«, spöttelte ich, »dafür ist der Papst aber heilig und der Stellvertreter Gottes auf Erden?!« Das focht sie nicht an.

»Jaja, schon, schon«, meinte sie enttäuscht, »aber für so was Heiliges hätten sie doch auch einen größeren Menschen aussuchen können!«

Groß war nur Gott allein...

Ebenso fremd wie komplizierte Gedankengänge blieben meiner seligen Mutter auch derartige Gefühle. Gewiß konnte sie an einem Grabe weinen und bei Lustigkeiten schüttelnd lachen. Trotz ihrer »Kindsfüße« tanzte sie noch bei Hochzeiten brauchmäßig, und wenn sie vom Bier, das sie sehr gern mochte, etwas zuviel trank, fingen ihre kleinen graugrünen Augen zu glänzen an, und alles in ihrem Gesicht heiterte sich immer mehr auf; aber alles Übertriebene war ihr zuwider. Lob machte sie verlegen, und Zärtlichkeiten zeigte sie kaum einmal. »Mutter, sag einmal, hast du eigentlich damals, als du geheiratet hast, den Vater geliebt?« fragten wir sie einmal. Sie lächelte winzig und machte eine Miene, als habe man die sonderbarste Frage an sie gerichtet, und antwortete: »Hm, ich hab schon müssen.« Sie sagte es halbwegs humorvoll und dennoch unsicher, aber ohne den geringsten Mißklang. Zum Leben gehörte eben, mit einem Manne verheiratet zu sein, Kinder zu bekommen, sich etwas erarbeiten und zum Schluß das Sterben. Was darüber hinausging, das war – nach ihren eigenen Worten – »nicht mehr recht«.

Sie war Mutter und sonst nichts. Und so stand sie zu allen älteren und jüngeren Dorfleuten und Verwandten. Es gab eine Geburt, das Kind wuchs auf, ging in die Schule, wurde schließlich großjährig, wurde ein fest gewachsenes Weib oder ein Mannsbild mit einem Bart und heiratete. Für sie war es noch immer der »Marterer-Bub«, oder die »Kramerfeicht-Liesl«. Sie hing mit all diesen Menschen zusammen, als seien sie ihre eigenen Kinder, und deren Geschick lief mit dem ihrigen von jungauf ins Älterwerden bis ans Ende, fast wie das Leben und Treiben auf der Dorfstraße, das sich bei allem Wechsel im Grunde genommen immer gleich blieb. Glück und Verhängnis brachte dieser Wechsel, und beim einen wie beim anderen zeigte sichs, wie so ein Mensch geraten war, denn das eine wie das andere konnte wegführen vom »Rechten«. Derjenige, der sich ebenso unverdrossen abmühte wie sie und es schließlich zu etwas brachte, zwang meiner Mutter immer einen innerlichen Respekt ab, und wenn er dabei noch den rechten Humor aufbrachte, gewann er ihr Herz. Dieses Herz war jedem anderen gegenüber aufgetan, es ließ alles und jeden gelten, das Ohr hörte gläubig und arglos zu, und der Mund hatte nie etwas einzuwenden, aber manchmal, wenn so ein Mensch fortgegangen war, sagte meine Mutter: »Der redt auch viel, wenn der Tag lang ist.« Das hat mich, als ich großgewachsen war, zuweilen auf den Verdacht gebracht, als halte sie im großen und ganzen nicht allzuviel von den Menschen. Dennoch konnte sie ein Streit von Leuten, die sie kannte, peinigen. Ohne sich in solche Angelegenheiten zu mischen, versuchte sie die Streitenden stets zu versöhnen, denn ihr lag der altbayrische Spruch »Der Gscheitere gibt nach« gewissermaßen im Blut. Sie gab überall nach. Man nennt eine solche Nachgiebigkeit Charakterschwäche. Ihr innerstes Wesen aber bestand aus Geduld und Duldung. Nichts liebte sie mehr als den Frieden im Kleinen und im Großen. Darum mochte

325

sie den Krieg nicht. Er zog die Menschen von ihrer gewohnten, sinnvollen Beschäftigung weg, entriß die Söhne der Mutter, brachte Leid und Elend und war zu nichts nutze. Und »Vaterland«? Ich habe das Wort von ihr nie gehört. Ihre Welt lag ganz woanders. Damals, als unser reicher amerikanischer Bruder sie mit zum Papst nach Rom nahm, war sie, nachdem sie die Gemarkung der Pfarrei Aufkirchen verlassen hatte, todunglücklich. Sie fuhren durch die mächtigen Alpen, und die hohen Berge beengten sie. »Hmhm, gar nix mehr sieht man«, sagte sie, als die andern sich begeisterten: »Wost hinschaugst, nix als Berg ... Hmhm, nix wie Berg!« Und Italien blieb ihr fremd, und von keiner Stadt sah sie etwas, und als sie endlich, daheim angekommen, aus dem Auto stieg, lebte sie erst wieder auf und sagte: »Dies ist der schönste Moment vom ganzen Hin- und Herfahren!« Daheim war sie wieder, daheim in ihrer Welt, im Dorf und der Heimat, auf dem Boden mit dem Ruch nach Mist und Heu, nach Stall und gebackenem Brot, mit dem großen, ewig gleichen Himmel darüber, dem sie das Wetter ablas. Da waren die Menschen, die der Wogengang der Weltgeschehnisse recht wenig anging, weil in ihrer Welt das scheinbar ganz Große da draußen ins Kleine, ins Natürlich-Menschliche reduziert war, das sie in- und auswendig kannten, nur mit dem *einen* Unterschied, daß man sich bei allem Hinundhergetrieb der Interessen und Meinungen nicht totschlug oder niederschoß, sondern einzurichten und zu vertragen versuchte. Nur die *Ver*träglichkeit dieser Leute untereinander machte das Leben *er*träglich. Das war die schlichte Endsumme in der Rechnung ihrer Erfahrungen, ihrer Mühen und ihrer Stetigkeit. Darum hatte meine Mutter selig jene geruhigen Menschen, die gut miteinander auskamen und nichts aus sich machten, aufrichtig gern. Sie waren ihresgleichen, und es tat ihr wohl, mit ihnen an den Sonn- und Feiertagsnachmittagen gemütlich plaudernd zusammenzusitzen. Da erzählte sie mitunter in ihrer weit ausholenden, heiteren Art Geschichten von früher. Sie konnte lachen dabei, daß ihr die Tränen kamen. Der derbste Spaß war ihr in solcher Gesellschaft gerade recht, und der robuste bäuerliche Humor, der nichts Ordinär-Anrüchiges kennt, entsprach ihr vollauf, weil er alles schlecht und recht beim richtigen Namen nannte. Dennoch hätten zarter besaitete Gemüter eine solche Unterhaltung manchmal höchst anstößig empfunden, glaube ich. Sie aber fühlte sich ganz daheim dabei. Und wenn man sie dann unvermerkt von der Seite ansah, bekam man den Eindruck, als sei sie nie ganz jung gewesen, aber auch nie älter geworden. In all ihren tief mütterlichen Jahren und Jahrzehnten schien sie sich gleichgeblieben zu sein: bis zum letzten Atemzug voll natürlicher Lebenskraft.

Nein, ich sehe meine Mutter nicht als Idealgestalt. Ich sehe sie, wie sie mitten im Ersten Weltkrieg in der Backstube vor dem Trog steht. Schon über sechzig Jahre ist sie alt, hat elf Kinder geboren, hat längst ihren rebellischen, unruhig weitsichtigen Mann, unseren Vater, verloren, an dem sie mit ihrer fast kreaturgeduldigen Art hing, obgleich sie nie begriff, daß er immer hektischere Pläne aussann und aus seinen engen Grenzen hinauswollte, da steht sie und werkelt noch immer Tag für Tag. Sie krempelt ihre Ärmel auf, greift in den Teig und knetet ihn mit aller Kraft. Ihr Gesicht ist dabei ruhig, sachlich und ein wenig wehmütig. Aber das merkt niemand.

Denn das Haus war um jene Zeit »mannsbilderleer«, und das Geschäft mußte doch irgendwie weitergehen. Die Bäckerei war die einzige im weiten Umkreis. Meine drei Schwestern waren in der Stadt und lernten andere Berufe. Und die Brüder im fernen Amerika oder im Krieg draußen, und Gesellen gab es auch nicht mehr, denn - so hieß es - »die Front braucht Menschenmaterial«.

Und - ? »Ja, deswegen kann man doch die Bäckerei nicht zumachen!« sagte meine Mutter. Also buk sie. Sie stand am Backtrog, sie schob die Semmeln und Wecken in den Ofen, sie spaltete Holz, als hätte sie das alles seit eh und je gemacht. Sie rackerte unverdrossen und selbstverständlich.

Und dann kam eines Tages die Nachricht, daß der älteste Bruder, dessen Frau und drei Kinder daheim waren, im Westen gefallen sei. Und die Frau überließ sich nur noch dem Trauern und wurde sehr dick dabei. Meiner alten Mutter kamen etliche Tränen, ja! Sie ließ die üblichen Messen lesen. Aber sie stand Tag für Tag in der Backstube.

»Lieber Oskar!« hat sie mir damals an die russische Front geschrieben. »Der Maxl ist gefallen. Der elendige Krieg bringt bloß Unglück und ist kein Schuß Pulver wert. Gruß Mutter.« Schreiben war nicht ihre Sache. »Schließe den Maurus und Dich schon ins Gebet, daß nichts passiert«, stand einmal in ihren lang hingezogenen, ungelenken Schriftzügen im Brief der Schwestern.

Einst war auch sie jung gewesen. Eine Bauerntochter. Sieben Schwestern und kein Bruder, kein Mannsbild auf dem großen Hof. Ihr Vater war gestorben, als sie noch zur Schule ging. Mit zehn Jahren mußte sie jeden Tag in der Frühe um zwei Uhr aufstehen und hinaus auf die taunassen, nebligen Felder. Barfuß stand sie im kalten Gras und schwang die Sense wie die anderen, die Älteren. Und um sieben Uhr konnte sie heimgehen und mußte zur Schule nach Aufkirchen. Und als sie zwanzig war, da kam einmal ein notiger, lauter, lustiger Bäckergesell, der bislang in der Welt draußen gewesen war. Kam, hockte sich an einem Sonntagnachmittag in der rußigen Bauernkuchl an den Ofen und sagte ohne Umschweife: »Bei mir hats eine nicht schlecht, Resl! Du wärst grad recht für mich . . .« Er hatte ein schäbiges Gewand an, hatte neun Geschwister im verschuldeten Bäckerhaus daheim, aber, meinte er: »Angfangen hat noch jeder . . .«

Und nach Wochen war eine Hochzeit, und meine Mutter bekam tausend Gulden. Und sie weinte, als mein Vater mit diesem Geld anfing, Mehl und Waren einzukaufen. Denn am Geld, da klebte der Schweiß harter Arbeit, das Geld mußte man halten für die schlechten Zeiten. »Unsinn!« sagte mein Vater. »Das Geld, das ist da, daß man was anfängt damit . . .! Wein doch nicht, Resl! Verstehst mich denn nicht? Die tausend Gulden werden bald mehrer sein!«

Ja, das Geld ist »mehrer« geworden. Das Haus ist durch die Baulust vom Vater größer geworden, die Bäckerei hat sich verändert und verbessert, Kinder sind zur Welt gekommen, in den Laden kamen Leute vom Dorf und die feinen Sommergäste, aber Tag auf Tag ist meine Mutter um vier Uhr in der Frühe aufgestanden, hat uns Kindern das Brot in die Körbe gezählt, hat im Haus, im Stall und auf dem Feld gewerkelt, wie sie es von Kind auf gewohnt war. Und wir haben genauso gearbeitet. Die Buben in der Backstube, die Mädchen im Haus und auf dem Feld, und so ists, wie unser Vater immer gesagt hat, »umgegangen«.

Das Geld ist eigentlich, wenn mans recht betrachtet, gar nicht »mehrer« geworden, es hat sich nur in Dinge verwandelt, die notwendig waren. »Mehrer« ist bloß die Arbeit geworden, die redliche, die fortzeugende Arbeit!

Editorisches Nachwort

Editorisches Nachwort

»Da hab ich einen kunterbunten Band zusammengestellt, ›Bagatellen eines sechzigjährigen Erdenbürgers‹, worin ich all meine lustigen und ernsten Sachen unterbrachte, wem soll das als anziehend erscheinen, was ein Herr Graf in New York beispielsweise über ›Bildung‹, über den ›Bayrischen Humor‹ oder über sein ›sinnvollstes Beispiel‹ usf. zusammenkritzelt?« (An Hanns Arens am 16. 8. 1954.) Diese Sammlung verdankt ihren ersten Anstoß dem Bemühen Grafs, im Nachkriegsdeutschland der frühen fünfziger Jahre als Schriftsteller wieder Fuß zu fassen: Eine Übersicht von Aufsätzen und Reden hätte damals wie eine Einführung in sein literarisches Werk wirken können. Aber das Manuskript blieb liegen. Zu diesem Zeitpunkt war an eine Veröffentlichung wohl nicht zu denken. Erst die Professoren der Wayne State University in Detroit, die ihm 1960 die Ehrendoktorwürde verliehen, drängten auf einen solchen Sammelband, so daß sich Graf erneut damit beschäftigte und ein Jahr später, als Nachtrag zu seinem 65. Geburtstag, den Band veröffentlichen konnte. Es ging Graf vor allem darum, sein literarisches Gesamtwerk, das er damals sichtete und ordnete, mit einer Sammlung von Texten zu ergänzen, die zwar kursorischen Anlässen zu verdanken sind, gleichwohl aber auf zentrale Auffassungen des Schriftstellers zielen. Der Titel *An manchen Tagen* unterspielt diesen Wert eher, als daß er ihn betont: als einen Essayisten hätte sich Graf schwerlich verstanden. Seine »Reden, Gedanken und Zeitbetrachtungen« sind fast alle mit autobiographischen Episoden versehen; sie werden durch den einzelnen erst beglaubigt. Das eigene Erlebnis ist der Filter des Ausdrucks. Mögen die Anlässe noch so verschieden sein, in fast allen Texten schmuggelt sich das Passagiergut eines beteiligten Herzens hinein: Rührung, Dankbarkeit und Verehrung. Hinzu kommt der erzählerische Tonfall; was er an Ludwig Thoma, seinem bewunderten Vorbild feststellte, gilt uneingeschränkt für ihn selbst: »Er muß konkret bleiben und jedes Ding, von dem er spricht, in die Greifbarkeit rücken. *Wie* so eine Geschichte abgefaßt, aufgebaut und beschlossen wird, das muß man betrachten. Die bitterste Anklage, die hinreißendste Satire, das bewegteste Theaterstück, ja noch sogar der Zeitungsartikel – alles bleibt Erzählung. Darum diese Ausgeglichenheit. Anklage, Satire, Zorn und Bitterkeit, Spott und Hingeneigtsein zu einer Sache, alles erhält eben durch dieses Erzählerische das Maß. Thoma kann niemals fanatisieren, schon das unterscheidet ihn von den Nazis. Er kam von daher, wo man nur dann anklagen, wettern, spotten oder predigen kann, wenn sich sozusagen das Wort gleich ins Bild umsetzt. Er konnte nicht einfach sagen ›So ists!‹ oder ›So muß es sein!‹, er mußte zuerst das Drum und Dran, die Atmosphäre haben. Er war unfähig, komplizierte Erklärungen abzufassen. Ihm wurde alles zu einer Art ›Geschichte‹. Ein Erzähler braucht Zeit, er holt – wenn er gefragt wird – weit aus. Er gibt die Antwort mit dem Bericht eines Vorfalles und macht damit das Dafür und Dawider menschlich verständlich. Ein sehr lebendiger Humanismus wirkt dauernd in ihm.« Von dieser – übrigens bei vielen anderen Gelegenheiten ähnlich formulierten – erzählerischen Besonderheit sind auch die Texte dieser Sammlung geprägt.

Dem Ehepaar Fischer, Freunden aus Brünner Tagen, die nun in London lebten, ist dieser Band gewidmet. Die Sammlung wird eröffnet mit dem moralischen Paukenschlag, der den Beginn seines Exils markiert. Der Protest im Mai 1933 gegen die nazistische Bücherverbrennung, rhetorisch in die Aufforderung gekleidet, auch seine Bücher auf den Scheiterhaufen zu werfen, ist ein herausragendes Dokument seiner leidenschaftlichen antifaschistischen Entschiedenheit. Aber es ist keineswegs eines der frühen. Merkwürdig, wie Graf die Zeitgrenze für diese Sammlung ansetzt: als habe er in den zwanziger Jahren keine Aufsätze und Artikel beschrieben, als sei diese Zeit in ihm ausgelöscht. Den Abschluß bildet *Das sinnvollste Beispiel* der Mutter: » (...) es ist eigentümlich, daß in den lang-langen Jahren des Exils, das nun zu einer konstanten Diaspora auszureifen beginnt, die Erinnerungen und Vorstellungen meiner Heimat langsam ausblassen. Das Bild meiner Mutter dagegen verlor nichts an lebendiger Leuchtkraft und blieb unwandelbar.« Man kann diesen Rahmen, den die beiden Texte bilden, durchaus als repräsentativ für das ganze Buch nehmen: der Weg geht weg von der politischen Äußerung hin zur Reflexion über die humanen Werte und über die Summe der menschlichen Existenz. Wer viel von dem kämpferischen, angreifenden Tagesschriftsteller Graf erfahren will, wird in diesem Band kaum zufriedengestellt. (Deshalb wird der vorliegenden Sammlung eine weitere mit Schriften zum politischen und künstlerischen Tagesgeschehen beigesellt.)

Der Tod hat in dieser Sammlung sein eigenes Gewicht. Den zahlenmäßig stärksten Anteil haben die Nachrufe auf Kollegen und Vorbilder, Freunde und Gefährten wie Ludwig Thoma und Thomas Mann, Maxim Gorki, Tolstoi, Rilke, Joseph Scharl, Theodore Dreiser, Martin Andersen-Nexö und Karl Valentin. Gäbe es eine Waage, die zwischen den Lebenden und den Toten schwankte, sie neigte sich bis zum Anschlag den Vergangenen zu. Die Physik des Erinnerns bestimmt diesen Band – mehr als alles andere. In aller Trauer über die Toten wird Dank und Anteilnahme für Unvergängliches laut, so daß alle diese Verstorbenen zu Mitlebenden in Grafs Schriftstellerdasein werden.

Nach dem Krieg hatte er zeitweilig die Erwartung auf eine rasche Rückkehr nach Deutschland gehabt. Dafür schrieb er die Rede *Die deutsche Literatur ist unteilbar.* In ihr überwiegen noch die optimistischen Signale. Er möchte Fäden knüpfen zwischen den lange Jahre Getrennten, möchte sich den Daheimgebliebenen verständlich machen. Das Verbindende, auch der Völker, will er herausstellen. Die Abkehr vom Nationalismus ist eine Forderung; er verknüpft sie mit dem Bekenntnis zum Emigranten und seiner Notwendigkeit, »sich innerlich bewähren« zu müssen. So wird die Rede unversehens zu einer Art Bericht über das Exil und dessen eingeschränkte Möglichkeiten. Programmatisches kommt zum Vorschein: der Wille, nach der Katastrophe, die er als eine globale begreift, Lehren zu ziehen und für ihre Anwendung zu sorgen. *Dem Gedenken Ludwig Thomas* gilt eine Rede, die Graf vor Deutschprofessoren verschiedener amerikanischer Universitäten gegen Ende des Zweiten Weltkriegs gehalten hat. In dem lebenslang ambivalenten Verhältnis zu Thoma wird hier die Seite der Bewunderung aufgeschlagen. In der Abwehr des Nationalismus zugunsten des Begriffs »Heimat« habe er sich viele Jahre bewährt. Dieser »scheinbar so engstirnige Bayer« wird noch gegen seinen eigenen Nationalismus am Ende des Ersten Weltkriegs in Schutz genommen. Man kann annehmen, daß Ernst Bloch in New York den Grafschen Gefühls-Begriff »Heimat« erheblich verstärkt hat. Unversteckt spricht Graf sich im Bild Thomas als Erzähler selbst aus: Kaum ein anderer Text enthält so viel Verbindlichkeiten über Graf selbst. Einer aus dem Volk: »Solche Menschen verwenden ihre Logik durch die List der Phantasie und durch die Lust an der Kombination. Alles Knappe und Trockene ist ihnen fremd. Sie sind ohne Absicht episch und darum so ursprünglich. Um überhaupt mit einer Angelegenheit in Fühlung und mit ihr ins Reine zu kommen, dazu bedarf es bei einem solchen Menschen einer Erläuterung. Er verlangt stets nach dem sinnfälligen Beispiel. *Dies* ist das letzte Wunder des erzählerischen Menschen. Dies ist der Schlüssel zu seinem Schaffen.« Man spürt das Sehnsuchtsbild: wie Thoma wäre Graf, am Ende seiner literarischen Produktivität, wohl gerne gewesen. Feuchtwanger hat gegen solche Verehrung Thomas durch Graf manches einzuwenden gehabt.

Besonders ging es dem Autor darum, in *An manchen Tagen* die Grundlagen seines Erzähltalents im heimischen kulturellen Umkreis darzustellen. Dazu dient vor allem auch der Aufsatz *Etwas über den bayrischen Humor*. Bei entschwindender Nähe zu seiner Herkunft mußte er sich seines geistigen Klimas immer wieder und immer mehr vergewissern. So entsteht aus Bemerkungen über bayrische Wesensart und den Humor im Gegensatz zu dem der Österreicher unversehens eine Ansammlung von komischen Episoden und Witzen. Und daraus entwickelt sich eine Rede über den katholischen Glauben: über den Anteil des heidnischen Unglaubens in ihm, das hintergründige Andere, den Travestiegehalt. So hat Graf den religiösen Horizont des bayrischen Humors bedacht und in eine Ansammlung von ungläubigen Skeptizismen zerlegt. Ähnliches gilt für die Betrachtung *Unser Dialekt und der Existentialismus*: die Profanierung des Erhabenen, die Einebnung aller Hierarchien, die Verringerung des Abstands, die Eingemeindung des Fremden – das bewirkt der Dialekt. Ihm gilt es sein Recht zu erobern, er ist die Sprechinsel im Meer der menschenübersteigenden Philosopheme: »Der Dialekt vernichtet mit wenigen Worten alle unechten Übertriebenheiten und verweist uns immer wieder in die natürlichen Grenzen.« Freilich kann der Nachweis nicht gelingen, wenn sich Graf Nietzsche und Kierkegaard, vor allem aber Heidegger zuwendet. Der Versuch einer Parodie der hochtrabenden Worte, ein instinktiver Angriff auf die im Wirtschaftswunder-Deutschland sich etablierende Philosophie des blinden Nichts, wird zum baren Antiintellektualismus, zu einer bloßen Grimasse. Ganz bei seinen Möglichkeiten ist Graf, wenn er sich der Autoritäten seiner autodidaktischen Bildungsgeschichte erinnert. *Erste Begegnung mit Schiller*: der Volksschullehrer Männer (der auch in manch anderen Texten Grafs erwähnt wird) ist der Mittelpunkt einer beseligten Erinnerung. Der 100. Todestag Schillers als Feier des Dichters ist eine Memorabilie an »den stolzesten Augenblick meiner Jugend«. »Bildung«, die so mühsam und unter Kämpfen erworbene, hat er von jeder Funktion, von jedem Gebrauchszweck, »ausdrücklich« auch der »marxistischen Auffassung«, abgegrenzt und in ihr einen Wert gesehen, der »von keiner gesellschaftlichen Ordnung abhängt und ihr auch nie untertan sein kann«. So gilt die Erinnerung an unvergeßliche Bildungserlebnisse auch dem Schutz des dichterischen Worts und der Abwehr jeglichen Mißbrauchs.

Wie sehr sein Enthusiasmus zum Bild innerer Bewegung werden konnte, belegt nichts mehr als die Rede, die Graf 1936 *Zu Maxim Gorkis Tod* in Brno gehalten hat. Er entfaltet das Porträt des parteilichen Dichters, dem es nicht aufs Parteibuch, sondern auf Anschauung und Erfahrung, aufs gelebte Beispiel sowie auf die Einheit von Leben und Schreiben angekommen sei: »Man lese seine Bücher. Sie verheimlichen nichts und enthalten die wahrhafteste Odyssee des proletarischen Menschen, die ich kenne.« Das Porträt Gorkis steht im Zusammenhang mit der sozialrevolutionären Bewegung im zaristischen Rußland, ist also – ziemlich die Ausnahme in dieser Sammlung – mit politisch-historischen Fakten, einer historischen Materialität versehen. Aber das alles dient ganz und gar dazu, Gorki als Vorbild zu beglaubigen. Der getretene Junge, eine zerschundene Kindheit, die Wirren der Existenz, der glühende Wunsch, die geistigen Güter der Welt als ihr Glück zu erobern, das zeitweilige Emigrantendasein – all das verbündet Graf mit Gorki. Hinzu kommt die literarische Kraft des Realisten, so daß der bayrische »Bauerngorki« auch etwas über sich mitteilt, wenn er über den Russen schreibt: »Er will unbedingt jede Philosophie in Einklang mit dem Alltagsleben bringen, will ihre Begriffe völlig vergegenständlichen, will sie etwa so geläufig machen wie allgemeinverständliche Gebrauchsworte, mit denen man eine Nutzanwendung für dieses Leben ausarbeiten kann.« Und er hat ihn – beide schrieben ein Buch über ihre Mutter – als den Mann verehrt, der »die Isolierung des Schriftstellers aufgehoben und uns alle wieder zurückgeführt (hat) zum Volk, zu jenem Element der Menschheit, das – was immer geschehen mag – schließlich den Gang der Welt erhält«. Graf, der sich an vielen Gestalten vor allem gerieben hat, um seine eigenen Möglichkeiten und ihren Wert zu erkunden, hat niemals verehrungsvoller über einen Schriftsteller geschrieben als über Gorki. Das ist offensichtlich im Vergleich zu seiner Notiz *Tolstoj als weltgeschichtliches Ereignis*, in der er anläßlich des 50. Todestages an den »gewaltigsten Künder des Weltfriedens und der Völkerversöhnung« erinnerte. Aber wie vorläufig nimmt sich dieser kleine Text aus! Graf hat es nicht vermocht, seine lebenslange Bewunderung für den russischen Grafen, für seine antibourgeoise Haltung, sein tätiges Christentum und seine sozialethischen Lehren in einem Essay zu vergegenwärtigen. Der zeitweilige Plan einer Tolstoi-Biographie scheiterte, weil er ein Buch in die Hände bekam, das ihm seinem eigenen Projekt überlegen erschien, so daß er es aufgab.

In seiner Rede über *Rainer Maria Rilke und die Frauen* gedachte er seiner eigenen Jugend, indem er seine Verehrung für den ganz und gar anderen – »als Privatmensch und als Dichter gleichsam immer im Verborgenen, ein Einsamer von Natur aus, aber kein verstiegener Abseitiger« – mit dem Zeitbild der Münchner Jahre verband. Mit feinen Wurzeln im Geschehen, auch im politischen, habe Rilke alles Nationalistische vermieden, so daß er als Inbegriff des »naturgewachsenen Kosmopoliten« erscheint.

Graf hatte das Talent, auch gegensätzliche Naturen zu bewundern. So auch Thomas Mann. Eine ambivalente Zuwendung: »Einmal wilde Ablehnung, dann wieder glückliche Begeisterung«, wie er zum Siebzigsten schreibt. An Thomas Mann, der sechs Jahre vor Veröffentlichung von *An manchen Tagen* gestorben war, wird schon im Vorwort erinnert. Und nicht ohne Schuldgefühl. Dem alten Oskar Maria Graf schien etwas nicht zu Ende gesprochen, etwas nicht eingelöst. Er kritisierte an dem bürgerlichen Repräsentanten die Wendung hin zu Nietzsche und gegen Tolstoi, den Blick von oben auf die kleinen Leute: »Sie und der überwiegende Teil jener geistigen europäischen Generation, der Sie angehören, haben dieses Volk nie gekannt und es im tiefsten stets abgelehnt.« Er übernimmt damit einen Vorwurf Heinrich Manns aus der Zeit des Bruderzwists im Ersten Weltkrieg; noch drei Jahrzehnte danach ist ihm beinahe der Wortlaut im Gedächtnis. Aber Graf kommt immer wieder auf Thomas Mann zurück: zum Achtzigsten das unbeholfene »Staunen vor der Größe der Erscheinung Thomas Mann«, der kurze Nachruf 1955 »in unfaßbarem Schmerz«. Später hat er an Thomas Mann geradezu das Schöpferische buchstabiert.

Schließlich das Erlebnis Amerika: Wie viel er dem Land verdankte und wie sehr er in der »Diaspora« doch Wurzeln schlug, belegen vor allem die Erzählungen *Meine Familie und Amerika*. Er hat sich, obwohl er niemals richtig Englisch lernte, in New York schließlich doch heimisch gefühlt. Als Hermann Hesse 1946 den Nobelpreis für Literatur erhielt, gedachte Graf dankbar der Bücher und der pazifistischen Haltung dieses Schriftstellers. Er verstand die Auszeichnung als Ehrung für »das Unvergängliche des wesenhaft Deutschen«, für den »Geist unserer mächtigen, reichen deutschen Sprache«. Als deutscher, mehr noch: als bayrischer Schriftsteller im kosmopolitischen Amerika hat sich Graf in den sechziger Jahren gefühlt. Rabiat gegen alle Theorien, die *Die Besonderheit der dichterischen Erscheinung* etwa von psychoanalytischen Einsichten ableiten wollten, skeptisch gegenüber herrschenden Ideen im Nachkriegsdeutschland, zweifelnd am Fortbestand der moralischen Werte, an die er geglaubt hatte und für die sein Werk Zeugnis ablegte, rabiat gegenüber dem Typus des Moralisten, den er für alle Totalitarismen in der Welt verantwortlich machte, wandte er sich der Erkundung des Religiösen zu – was man nicht mit »Religion« verwechseln darf. Es ging ihm um eine Gläubigkeit, eine Kraft der inneren Gewißheit, die instinktiv wirkt: sei es bei den bayrischen Bäuerinnen, die an einen Herrgott dank ihres eingewurzelten Skeptizismus glauben, die für ihn ein »Katholischsein« ohne Bigotterie und Frömmelei vertraten; sei es die durch alle Höllen des Zweifels gegangene sozialethische Christlichkeit Tolstois; sei es das Beispiel Rilkes, dessen künstlerische Sendung nach Graf daraus erwuchs, daß er »ein begnadet Gläubiger« war. Die gleiche Frömmigkeit, die sich nicht in Begriffen, am wenigsten denen der Religion, fassen läßt, sah er in seiner Mutter wirken. Graf vertauschte keineswegs seine sozialistischen Auffassungen gegen religiöse: er erkundete vielmehr inmitten des Desasters der Vernunft, nach der mörderischen Rationalität der Nazis und der Stalinisten, unter der ihn ängstigenden Drohung einer weltweiten Atomkatastrophe die Möglichkeiten, an ein höheres, inneres Prinzip zu glauben. Es wirkt wie eine Rückkehr zur eigenen Kindheit, wenn er an Rilke eine schlichte Innigkeit feststellt. In *Einige Gedanken über Katholizismus, Freidenker und Freigeist* unternahm er den Versuch, in Auseinandersetzungen mit Judentum, mit Luther und dem Katholizismus eine Spur jener selbstgewissen Sicherheit zu sichern, die er bei gläubigen Naturen fand. Er zitiert (vermutlich: er fingiert) Briefe eines jüdischen Freundes, der zum Katholizismus übergetreten ist. Unter dessen Namen kritisiert er die Dogmen und Bornisertheiten der Religion, wie immer sie auch genannt werde, und enthüllt ein wenig von seinen späten spirituellen Neigungen, wenn er über seinen Freund mutmaßt, daß »der Überdruß vor so viel Oberflächenkult und Verlogenheit und das ohnmächtige Eingeständnis des Ausgeliefertseins an die brachialen Mächte« die Motive für dessen religiöse Suche gewesen seien. Daß der Gläubige »in seinem Glauben Genüge« finde und deshalb keiner verfaßten Amtskirche bedürfe, hat er betont. Mag in diesem Linken Graf ein eingewurzelter Konservativismus auch immer zu bemerken gewesen sein, so läßt sich dieses Tasten nach einem Maßstab der Gläubigkeit doch nur aus etwas anderem erklären: er wollte die leere Stelle auffüllen, die entstanden war, als die politische Hoffnung auf Veränderung der Gesellschaft und der tätige Antifaschismus in der Nachkriegszeit außer Kraft gesetzt wurden.

Der Text folgt der Erstausgabe, die 1961 im Nest Verlag Frankfurt am Main erschienen ist. Verschiedene Verschreibungen, vor allem von Namen, wurden stillschweigend korrigiert. Außerdem wurden einige Unstimmigkeiten in der Schreibweise von Umgangssprache und Dialekt behoben.

Wilfried F. Schoeller